PROCHY
ŚWIĘTYCH

AFGANISTAN
CZAS WOJNY

RADEK SIKORSKI

PROCHY ŚWIĘTYCH

AFGANISTAN CZAS WOJNY

Przełożył
Grzegorz Sowula

WARSZAWA 2007

Tytuł oryginału
Dust of the Saints. A Journey to Herat in Time of War

Pierwsze wydanie Chatto & Windus, London
Pierwsze polskie wydanie: Polonia Books Fund Ltd, London
Drugie wydanie polskie: ALFA-WERO Sp. z o.o. Warszawa 1995
Trzecie wydanie polskie: Wydawnictwo Książkowe Twój Styl, Warszawa 2002

Rozdziały 1–13 przełożył z angielskiego Grzegorz Sowula.
Wstęp, rozdział 14 i epilog zostały napisane po polsku
Mapki: źródło – Wydawnictwo Książkowe Twój Styl, Warszawa 2002

Redakcja
Mirosław Grabowski

Korekta
Grażyna Henel
Elżbieta Jaroszuk

Współpraca wydawnicza – REMI Katarzyna Portnicka

Projekt okładki – Andrzej Findeisen
Zdjęcia okładki Radek Sikorski

ISBN 978-83-60532-03-4

Wydawca
Andrzej Findeisen / A.M.F. Plus Group Sp. z o.o.
Al. Solidarności 91/28, 00-144 Warszawa
Tel. (22)620-7868, faks (22)620-6533
Poczta elektroniczna: amfplus@amfplus.com.pl

Wyłączny dystrybutor
Firma Księgarska Jacek Olesiejuk
ul. Poznańska 91, 05-850 Ożarów Mazowiecki
www.olesiejuk.pl

Skład, łamanie, okładki: Plus 2 Witold Kuśmierczyk, Warszawa
Druk i oprawa: Druk-Intro S.A., Inowrocław

Pamięci Andy'ego Skrzypkowiaka
spoczywającego w Walhalli

„Słońce wolności powstało nad Afganistanem
i nikomu nie uda się go przyćmić".

Leonid Breżniew, 1980

„Przypisana wam jest walka, chociaż jest
wam nienawistna. Być może czujecie wstręt
do jakiejś rzeczy, choć jest dla was dobra.
Być może kochacie jakąś rzecz, choć jest
dla was zła. Bóg wie, ale wy nie wiecie!"

Koran

„Zaprawdę Bóg miłuje tych, którzy walczą
na Jego drodze w zwartych szeregach,
jak gdyby byli budowlą solidną".

Koran

„Afgańczycy potrzebują tylko dwóch rzeczy:
Koranu i stingerów".

Ahmad Szah Masud, 1987

Spis treści

Chronologia

330 p.n.e.
Aleksander Wielki zdobywa Herat; po przebudowie nadaje mu nazwę Aleksandria Heri

1221
Herat zniszczony przez Czyngis-chana

1381
Timur Lang (Tamerlan) zdobywa miasto

1405
Szah Ruch, najmłodszy syn Tamerlana, obejmuje tron po ojcu i przenosi stolicę do Heratu – początek odrodzenia dynastii Timurydów

1438
Rodzi się Husajn Bajghara, wojownik, sułtan, sybaryta

1469
Husajn Bajghara niekwestionowanym władcą Heratu – szczyt świetności Timurydów

1492
Umiera Naruddin Dżami (ur. 1414), poeta i mistyk suficki

1501
Umiera Mir Aliszer Nawoi (ur. 1441), polityk, pisarz i mecenas

1506
Umiera sułtan Husajn Bajghara; młody Babur zwiedza Herat

1507
Nieokrzesany Uzbek Mohammad Szajbani zdobywa Herat – schyłek świetności miasta

1510–1747
Herat podlega władzy perskich Safawidów; spory o miasto między Persami i Afgańczykami

1749
Ahmad Szah Durrani odbiera Herat Persom

listopad 1837 – wrzesień 1838
Persowie oblegają Herat; angielski porucznik Pottinger zyskuje przydomek „Bohatera Heratu" za pomoc udzieloną obrońcom w obrębie murów miasta

1842
Doktor Brydon ratuje się jedyny z piętnastotysięcznego garnizonu brytyjskiego wycofującego się z Kabulu

1856
Wielka Brytania wypowiada wojnę Persji i żąda zakończenia nowego oblężenia Heratu

1885
Herat oczekuje ataku ze strony Rosji; musalla (sanktuarium) Gauhar Szad wysadzona przez saperów angielskich

1933–1934
Robert Byron podziwia miasto podczas podróży do Oxiany

1973
Mohammad Daud obala króla Zahira Szaha i rozpoczyna rządy jako prezydent

kwiecień 1978
Daud zamordowany wraz z rodziną w pałacu prezydenckim; Ludowo-Demokratyczna Partia Afganistanu dokonuje – z sowiecką pomocą – zamachu stanu; Mohammad Nur Taraki i Hafizullah Amin wprowadzają rządy terroru

15 marca 1979
Powstanie dwudziestego czwartego miesiąca hut w Heracie

1979
Zbrojny opór przeciw nowemu reżimowi we wszystkich prowincjach kraju; rząd komunistyczny bliski upadku

grudzień 1979
Hafizullah Amin ginie w czasie ataku spadochroniarzy sowieckich; główne miasta i drogi opanowane przez sowieckie wojska; nowym komunistycznym przywódcą zostaje Babrak Karmal, który ujawnia, iż za rządów jego poprzedników przeprowadzono dwanaście tysięcy egzekucji na muzułmanach

1980
Bojkot igrzysk olimpijskich w Moskwie przez państwa zachodnie; ONZ potępia inwazję sowiecką na Afganistan; opór Afgańczyków nasila się; miliony uciekinierów przekraczają granice Pakistanu i Indii; „Solidarność" w Polsce

13 grudnia 1981
Stan wojenny w Polsce, zdelegalizowanie „Solidarności"; USA
rozpoczynają pomoc dla powstańców w Afganistanie

4 lipca 1985
Lech Zondek, Polak walczący w szeregach powstańców afgańskich, ginie w Nuristanie

maj 1986
Generał pułkownik Mohammad Nadżibullah, dotychczasowy
szef policji politycznej, przejmuje rządy po Karmalu

wrzesień 1986
Powstańcy (mudżahedini) otrzymują pierwsze przeciwlotnicze
pociski rakietowe typu Stinger

lipiec 1987
Narada dowódców powstańczych w Sargahu (prow. Chor) pod
przewodnictwem Ismaela Chana

11 sierpnia 1987
Zakończony masakrą atak lotnictwa sowieckiego na Koszk-e
Serwan koło Heratu: zabitych siedemdziesięciu cywilów

październik 1987
Andy Skrzypkowiak, brytyjski operator filmowy polskiego pochodzenia, ginie w Nuristanie

15 lutego 1989
Armia Sowiecka kończy wycofywanie się z Afganistanu

marzec 1992
Mudżahedini wkraczają do Heratu i Kabulu

1994
Początki ruchu talibów w okolicach Kandaharu

1995
Talibowie wkraczają do Heratu

1996
Talibowie zdobywają Kabul

1997
Masakry w Mazar-i Szarif i opanowanie miasta przez talibów

1998–1999
Blokada Chazaradżatu i zdobycie Bamjanu

2001
Zburzenie pomników Buddy w Bamjanie; zgładzenie Ahmada Szaha Masuda

11 września 2001
Atak organizacji terrorystycznej al-Kaida (Baza), popieranej przez talibów, na Stany Zjednoczone

październik–listopad 2001
Blitzkrieg Sojuszu Północnego wraz z USA; obalenie reżimu talibów

listopad–grudzień 2001
Konferencja w Petersbergu (Niemcy) i ustanowienie tymczasowego rządu Afganistanu z premierem Hamidem Karzajem na czele

Polskie wojsko w Afganistanie

Jedenastego września 2001 roku o trzeciej po południu odbywaliśmy naradę w gabinecie ministra spraw zagranicznych Władysława Bartoszewskiego w sprawie jego zbliżającej się wizyty w Stanach Zjednoczonych. Konsul RP w Nowym Jorku, Agnieszka Magdziak-Miszewska, nie odchodziła od telefonu i stąd byliśmy być może pierwszym rządem na świecie, który dowiedział się o atakach na wieże World Trade Center. Apokaliptyczne wieści nadchodziły jedna za drugą: samolot uderzył w Pentagon, jedna z wież runęła, podobno bomba eksplodowała przed Departamentem Stanu, runęła druga wieża, prezydent Bush udał się do centrum dowodzenia nuklearnego, kolejny samolot zniknął z radarów. Czy to III wojna światowa? Z kim?

Po kilku dniach już wiedzieliśmy i znajomość Afganistanu stała się najbardziej pożądanym towarem na świecie. Doświadczenie kilku tygodni w jaskiniach Tora Bora, numery telefonów satelitarnych do dowódców polowych czy wyczucie politycznych uwarunkowań tego kraju przestały być kombatanckimi ciekawostkami, a stały się przydatne operacyjnie. Zbigniew Brzeziński poprosił mnie o szkic planu ataku, który odsunąłby od władzy al-Kaidę i talibów. Jeszcze tego samego dnia moja propozycja trafiła na biurko sekretarza obrony USA.

W następnych tygodniach Stany Zjednoczone dokonały blitzkriegu, który przejdzie do historii wojskowości jako jedna z najbardziej udanych operacji nowożytności. Użyto bomb sterowanych z satelity i zwiadowczych samolotów bezzałogowych, lecz komandosi, którzy je naprowadzali, często poruszali się konno lub na piechotę. B-52 startujące z baz w USA bombardowały kryjówki al-Kaidy i bazy reżimu talibów, kierując się współrzędnymi podanymi przez lokalnych dowódców afgańskich. Innowacyjne użycie techniki wojskowej szło w parze z mądrą strategią polityczną. Z jednej strony wykorzystano lokalnych sojuszników – Sojusz Północny i wszystkich, którym zbrzydła archaiczna dyktatura talibów. Z drugiej – międzynarodowa konferencja mocarstw i sąsiadów Afganistanu usankcjonowała nowy rząd tymczasowy. Projekt demokratycznych wyborów parlamentarnych i prezydenckich został zrealizowany. Afganistan jest dzisiaj nadal niespokojny, ale po raz pierwszy od lat w tym nieszczęśliwym kraju więcej ludzi ginie w wypadkach samochodowych niż w wyniku przemocy.

Podróżując po Afganistanie w latach osiemdziesiątych, nigdy nie sądziłem, że przyjdzie mi, jako ministrowi obrony wolnej Polski, uzasadniać wysyłanie naszych wojsk do tych samych prowincji, które kiedyś przemierzałem z partyzantami. Polscy żołnierze doświadczają wielu przeżyć podobnych do tych, które stały się moim udziałem – nie zmienił się przecież ani surowy klimat, ani prymitywne warunki, ani zachwycające pejzaże, ani gościnność i wojowniczość ludności. Metody, do których ucieka się ich przeciwnik, zapewne przypominają te, które stosowali moi towarzysze, a które są tradycyjnym środkiem walki słabych z silniejszymi. Korzystają z tych samych kryjówek na granicy afgańsko- -pakistańskiej i wspomagani są zapewne przez tych samych przywódców plemiennych i tych samych oficerów pakistańskiego wywiadu wojskowego, którzy kiedyś wspomagali antysowieckich mudżahedinów.

Natomiast kontekst tych działań jest zupełnie inny. W latach osiemdziesiątych Sowieci podtrzymywali w Afganistanie komunistyczną dyktaturę, która wymordowała dziesiątki tysięcy własnych obywateli. NATO zaś uwolniło kraj od dyktatury talibów,

Nie sądziłem, że kiedyś w Bagramie będą stacjonować polscy żołnierze

których większość Afgańczyków miała serdecznie dosyć. W latach osiemdziesiątych mudżahedini walczyli z obcą inwazją. Dzisiaj zagraniczni żołnierze przebywają w Afganistanie na mocy rezolucji ONZ i na zaproszenie demokratycznie wybranych władz państwa. W latach osiemdziesiątych Związek Sowiecki chciał włączyć Afganistan do „obozu postępu", podczas gdy żołnierze NATO o niczym nie marzą bardziej niż o tym, aby kontrolę nad całością kraju przejęli jego mieszkańcy, a oni sami mogli wrócić do domu. Ich największym atutem jest to, że po ćwierćwieczu wojen spora część Afgańczyków uważa obce wojska za jedynego gwaranta względnego spokoju.

Polska ma wobec Afganistanu dług wdzięczności. Wielokrotnie w historii walczyliśmy „za naszą i waszą wolność", ale korzystali na tym inni. W latach osiemdziesiątych to Afgańczycy walczyli, a skorzystaliśmy my. Kto wie, czy w 1980 roku sowieckie Politbiuro nie zdecydowałoby się na tradycyjne rozwiązanie problemu „Solidarności" – czyli zbrojną inwazję – gdyby nie to, że miało już otwarty jeden front w Azji Środkowej. Kto wie, jak skończyłby się komunizm sowiecki, gdyby Michaił Gorbaczow zamiast afgańskiej „broczącej rany" miał zaoszczędzone sto miliardów dolarów na modernizację gospodarki. Może udałoby się wyjść z komunizmu drogą ewolucyjną, na modłę chińską, przy utrzymaniu władzy w rękach partii, bez utraty imperium zewnętrznego i rozpadu ZSRR?

Co więcej, w Afganistanie rozstrzygnie się, czy Sojusz Północnoatlantycki jest wiarygodną siłą wojskową – a jest to kwestia najżywotniejszego polskiego interesu. NATO zaangażowało się w Afganistanie bez większego namysłu, częściowo chcąc osłodzić Stanom Zjednoczonym sprzeciw niektórych państw europejskich wobec wojny w Iraku. Decyzja zapadła w momencie, gdy wydawało się, że Afganistan jest łatwiejszą opcją, a misja spełni tylko rolę stabilizacyjno-porządkową. Tymczasem w 2006 roku intensywność ataków wzrosła skokowo; odnotowano też ataki samobójcze, którymi Afgańczycy uprzednio się brzydzili. Niemniej Polsce zależy na tym, aby każdy potencjalny przeciwnik wiedział, że gdy NATO idzie na wojnę, NATO wygrywa. Połową siły Sojuszu są bowiem nie jego czołgi, okręty czy rakiety, lecz przekonanie wrogów, że z NATO nie ma żartów.

Jednocześnie powinniśmy pamiętać, że punktem ciężkości naszego zadania nie jest pokonanie przeciwnika w polu, tylko umożliwienie rządowi afgańskiemu uzyskania kontroli nad całością swego terytorium. Sukces powinniśmy mierzyć ilością funkcjonujących programów rozwojowych, a nie liczbą zabitych talibów. Nasi żołnierze pomogą odwrócić zgubną spiralę, w której brak bezpieczeństwa prowadzi do braku aktywności rozwojowej, co z kolei zwiększa poparcie dla sił utrudniających przywrócenie bezpieczeństwa. Miło by było, gdyby międzynarodowe agendy pomocowe i organizacje humanitarne mogły rozwinąć skrzydła bez ochrony żołnierzy, lecz dopóki talibowie i niedobitki al-Kaidy grasują po całych prowincjach, obecność wojska jest niezbędna. Najlepsze, co jako Zachód moglibyśmy zrobić dla Afganistanu, to stworzyć takie warunki w handlu międzynarodowym, aby afgańskim rolnikom bardziej opłacała się produkcja winogron niż opium.

Zachowajmy umiar w podnoszeniu poprzeczki stanowiącej o sukcesie lub porażce. Za naszego życia Afganistan nie stanie się środkowoazjatycką Szwajcarią, w której różne grupy etniczne i wyznaniowe celebrują własną odrębność i w atmosferze powszechnego dobrobytu rozstrzygają spory za pomocą referendów. Jeśli kolejne wybory odbędą się w konstytucyjnych terminach, jeśli przemoc ograniczy się do sporadycznych ataków, a uciekinierzy będą wracać do swych domostw – będzie można mówić o względnym sukcesie. Ustabilizowanie sytuacji na Bałkanach zajęło połączonym siłom Stanów Zjednoczonych i Unii Europejskiej ponad dekadę. Obawiam się, że wyzwanie afgańskie jest bardziej wymagające.

Jako minister obrony nie zdołałem odwiedzić Afganistanu. Wizytę planowałem dwukrotnie, ale okoliczności jej nie sprzyjały. A to jeden z sojuszników nie dysponował helikopterami na przelot, a to strona afgańska uznała, że przejazd do Nuristanu byłby zbyt niebezpieczny. Nie dopełniłem więc smutnego obowiązku umieszczenia na grobie Andy'ego Skrzypkowiaka płyty, którą przygotowano w Ministerstwie Obrony za mojej kadencji. Nic nie dałoby mi większej satysfakcji niż to, aby wraz z żoną i córką Andy'ego stanąć nad jego mogiłą, gdy polscy żołnierze oddadzą salwę honorową pośród górskiego majestatu. Byłby to hołd dla tych wszystkich, którzy, jak on, polegli w drodze do wolnej Polski. Mam nadzieję, że jeszcze będzie mi to dane albo że dokona tego któryś z moich następców.

1

Rozgrzewka

– Masz ochotę skoczyć nad granicę? Tak na dzień–dwa, dla rozgrzewki, nim zorganizujemy ci wyjazd do Heratu? Gazik jedzie o świcie.

Mohammad, który zadał mi to pytanie, był młodym oficerem politycznym powstańczej partii Dżamijat*; siedzieliśmy właśnie w jej wygnańczej kwaterze w willi na przedmieściach Peszawaru. Piętnaście godzin później wspinałem się wąską ścieżką, coraz wyżej i wyżej, ku wierzchołkowi górskiego grzbietu. Serce waliło mi jak młotem, krew w żyłach pulsowała. Przede mną szło dwóch Afgańczyków. Obciążona kamizelka przyginała mnie do ziemi, gumowe podeszwy butów ślizgały się na drobnych kamieniach piargów. Kiedyś rosły tu drzewa, teraz na całym tym jałowym terenie sterczały nisko obcięte pieńki, które przypominały miny wystające ponad powierzchnię ziemi. Nie było gdzie się schować; znałem jednak ten grzbiet: przypomniałem sobie, że linia okopów wzdłuż szczytów łączy stanowiska ciężkich karabinów maszynowych, a po drugiej stronie wierzchołka znajdują się pieczary ze składami amunicji; można się w nich ukryć i przycupnąć na drewnianych skrzynkach.

Wysoko, może dwa tysiące metrów nad nami, leciały myśliwce bombardujące. Nawet gdybym biegł, ich piloci nie mogliby mnie

---

* Dżamijat-e Eslami-je Afghanestan, Islamskie Stowarzyszenie Afganistanu – partia działająca od 1974 roku; najsilniejsze wpływy ma wśród Tadżyków (przyp. tłum.).

zauważyć – moje pokryte kurzem odzienie stapiało się z szarym zboczem. Białe nitki spalin, jakie zostały po pierwszym przelocie myśliwców (trzy minuty wcześniej), rozmywały się już na tle bezchmurnego nieba. Usłyszałem nasilający się gwizd powracających samolotów. Od zachodu wyrastał pokryty śniegiem wierzchołek góry, z którym zrównało się teraz popołudniowe słońce. Myśliwce nadlatywały z tamtej strony. Ich ryk stawał się coraz bliższy, ale nie sposób było je dostrzec w oślepiającym blasku.

Ryk przeszedł w grzmot, kiedy przelatywały nad naszymi głowami. Z otaczających wzgórz odezwała się wreszcie broń maszynowa. Pomarańczowe trajektorie pocisków krzyżowały się na niebie, lecz daleko od celu. Uciekać? Bez sensu, bomby spadną i tak lada moment, a parę metrów w tę czy w tamtą stronę nie będzie miało żadnego znaczenia. Przykucnąłem jak najniżej i obserwowałem oddalające się samoloty; instynktownie kurczyłem się w oczekiwaniu na serię wybuchów. Zamiast nich usłyszałem pojedynczy wystrzał od strony wierzchołka grzbietu: mknąca prosto w kierunku myśliwców rakieta Stinger, ognistym nosem idąca po śladach ich dymu, zbliżała się do celu z ponaddźwiękową prędkością. Za parę sekund eksplodowała w białej chmurze; wydawało się, że minęła jeden z dwóch samolotów o dobre kilkadziesiąt metrów.

Bomby spadły na gołe, oddalone o trzy kilometry szczyty; wzbiły obłoki pyłu nad wyniszczonym lasem, ale nie spowodowały żadnych szkód. Podniosłem głowę i zobaczyłem, że jeden z myśliwców zmienił kurs – skręcał coraz ostrzej w dół. A więc jednak został trafiony! Ciemny, większy od bomby kształt oderwał się od samolotu. Po trzech długich sekundach myśliwiec uderzył niczym płomienista kula w zbocze górskie.

– *Allahu akbar! Allahu akbar!* Bóg jest wszechmocny! – Chór okrzyków dobiegał z wierzchołka.

Ciemny kształt rozwinął się tymczasem na tle nieba w spadochron. Broń maszynowa zamarła na moment – zaskoczeni strzelcy wpatrywali się w ruchomy cel. Potem znów rozległy się strzały. Trudno było nie trafić.

W kilkanaście minut później byłem na szczycie. Tłum podekscytowanych Afgańczyków kłębił się wokół mężczyzny z dymiącą wciąż rurą wyrzutni stingera, gratulując mu trafienia. Na brzegu okopu w pewnym oddaleniu siedział jakiś biały człowiek. Wyglądał na trzydzieści parę lat, pod rybacką kamizelką nosił panterkę armii brytyjskiej, wysokie czoło okalała aureola blond włosów, głowę miał małą w porównaniu z postawnym, muskularnym ciałem. Twarz mężczyzny, pokrytą trzydniowym rudym zarostem, rozjaśniały niebieskie oczy. Palił spokojnie fajkę, zaczytany w *Historii filozofii zachodniej* Russella. Na rozpostartym obok kocu leżał charakterystyczny dla jego zawodu sprzęt: kamera filmowa „szesnastka", specjalnie przystosowana do warunków bojowych, i reporterski magnetofon z dołączonym mikrofonem zewnętrznym. Mężczyzna nie wyglądał bynajmniej na człowieka, któremu dopiero co trafiła się największa gratka w karierze zawodowej: sekwencja dramatycznych zdjęć pokazujących zestrzelenie sowieckiego samolotu, które – wykorzystane w filmach o wojnie afgańskiej – staną się słynne na całym świecie. Znałem tego faceta: nazywał się Andrzej Skrzypkowiak; wszyscy w Peszawarze mówili o nim „Andy Polak".

– Cześć, stary! Jak się masz! – przywitaliśmy się serdecznie.

– Na pewno będą nas teraz ostrzeliwać w odwecie – powiedział i odłożył książkę, po czym szerokim gestem wskazał ostatnie ślady samolotowych szlaków.

Kiedy popijaliśmy w okopie herbatę, wybuchły pierwsze pociski. Wczołgałbym się pewnie do jakiejś dziury, gdyby wcześniej Andy nie stwierdził, że siedzimy w najlepszym miejscu. Górski grzbiet miał kształt żółwiego pancerza, a my byliśmy schowani tuż pod jego wierzchołkiem na stoku przeciwległym do tego, z którego – osiem kilometrów dalej – prowadzono ostrzeliwanie. Pomimo odległości celowniczy dobrze mierzyli. Rakiety spadające po trzy naraz trafiały w sam wierzchołek albo przelatywały nad nim i lądowały na zboczu trzydzieści metrów poniżej naszej kryjówki, dokładnie tam, gdzie przewidział Andy.

Andy opowiadał mi o swojej ostatniej wyprawie do doliny Pandższir. Jego najlepszym przyjacielem był tam Pannah, dowódca odpowiedzialny za organizowanie zasadzek przy tunelu Salang. Ich popisowym numerem było spożywanie posiłku pod mostem, przez który w tym samym czasie przejeżdżały sowieckie czołgi; albo kamera Andy'ego ukryta w przydrożnych krzakach filmowała ich samych, kiedy siedzieli w afgańskich strojach i wymachiwali do sowieckich żołnierzy. Pannah miał przy sobie pistolet automatyczny, którym potrafiłby – gdyby zaistniała nagła potrzeba – zaskoczyć wroga nieoczekiwaną serią, dając mu kilka sekund na przypadnięcie za jakimś występem skalnym.

Afgańczyk zwykle sam zaczynał atak: albo wrzucał granat do kabiny ciężarówki, której kierowca niczego się nie spodziewał, albo zmiatał ją całą z bliskiej odległości pociskiem z granatnika rakietowego. Andy często filmował w samym ogniu walki, przed grupą szturmową. W ostatniej wyprawie do doliny Pandższir stłukł w czasie drobnej potyczki obiektyw swego aparatu. Gdy wychodzili z zasadzki, helikopter przygwoździł ich ogniem na nieosłoniętym stoku.

– Był już jakieś sto metrów od nas – opowiadał Andy. – Pannah podniósł się wtedy, pomachał do pilota i rąbnął w niego z granatnika. Wyobraź sobie helikopter rozpadający się w powietrzu tak blisko od nas! Miałbym najlepsze zdjęcia w życiu, gdyby nie ten obiektyw! Wciąż nie mogę sobie tego wybaczyć.

Gdyby mi to opowiadał ktokolwiek inny, uznałbym całą historię za czcze przechwałki, oglądałem jednak filmy Andy'ego. Było publiczną tajemnicą, że należał do komandosów British Special Air Service i w latach siedemdziesiątych walczył w Omanie. Jego rodzice, Polacy, zostali podczas wojny wywiezieni na Syberię;

Andy urodził się w Anglii, gdzie osiedlili się jako uchodźcy. Każdą jego uwagę dotyczącą spraw wojskowych traktowałem niczym słowa ewangelii.

– Lepiej schowaj aparat – powiedział, owijając swoją kamerę kocem.

Oficer pakistański, który właśnie przebywał w obozie, mógł skonfiskować nasz film. Pakistan oficjalnie zaprzeczał przerzucaniu stingerów dla partyzantów, nasze zdjęcia zaś dowodziły, że było to dyplomatyczne kłamstwo.

Grzbiet, na którym się znajdowaliśmy, stanowił część granicy. Byliśmy około stu kilometrów na południowy wschód od Kabulu, na samym końcu pakistańskiego klina wbijającego się w terytorium Afganistanu. Powstańcze karawany z amunicją i bronią wyruszały stąd do licznych baz w głębi Afganistanu, dlatego cała ta górzysta okolica była nieustannie ostrzeliwana i bombardowana. Po pakistańskiej stronie doliny, która teraz rozpościerała się w dole, leżało małe miasto Teri Mangel. Rok wcześniej, gdy byłem tu po raz pierwszy, miasto tętniło życiem typowym dla frontowego przyczółka: w drewnianych budach na bazarze handlowano końmi, żywnością i sprzętem wojskowym, a wokół stały dziesiątki namiotów należących do szpitali i obozów dla uchodźców. Sześć miesięcy później, w styczniu 1987 roku, przywódca afgańskich komunistów, generał pułkownik Nadżibullah, ogłosił zawieszenie broni i wprowadzenie polityki porozumienia narodowego. W wyniku owego „zawieszenia broni" mieszkańcy musieli opuścić miasto, gdyż poddano je bezlitosnemu ostrzałowi.

Następnego dnia wróciłem z Andym do Peszawaru. W Paraczinarze – innym pakistańskim mieście, sporadycznie atakowanym z drugiej strony granicy – wynajęliśmy ciężarówkę i w ciągu sześciu godzin byliśmy w Peszawarze. Udało nam się przemycić przez posterunek policji sprytnie ukrytą rolkę filmu. Nazajutrz wędrowała już do Londynu w poczcie dyplomatycznej pewnego przyjaznego attaché. Dwa dni później zrobione przez Andy'ego zdjęcia zestrzelonego myśliwca i zdjęcia z ostatnich chwil życia jego pilota obiegły świat. Pokazywały je w głównych dziennikach wieczornych konkurencyjne sieci telewizyjne. W Genewie miała się właśnie rozpocząć kolejna runda rozmów w sprawie Afganistanu, więc takie zdjęcia były bardzo pożądane. W negocjacjach nie brali udziału powstańcy afgańscy, ale dzięki Andy'emu miliony ludzi na całym świecie mogły zobaczyć, iż opór partyzantów przynosi sukcesy. Zgranie tego w czasie było nieprzypadkowe – kolejny z doskonałych pomysłów Andy'ego.

Podobnie jak on, i ja chciałem początkowo jechać do Afganistanu, by wziąć udział w walce. Opuściłem Polskę w 1981 roku, tuż przed wprowadzeniem stanu wojennego. W ciągu owych szesnastu miesięcy nadziei byliśmy zbyt zajęci tym, co działo się wokół nas, by zwracać większą uwagę na odgłosy wojny dobiegające z Afganistanu. Kiedy podziwialiśmy przemawiającego do tłumów Wałęsę, nie przyszło nam do głowy, że to dzięki poświęceniu pasterzy i chłopów w dalekim Afganistanie Breżniew powstrzymał się od wysłania przeciw nam czołgów. Jednak już wtedy można było znaleźć oznaki sympatii Polaków dla Afgańczyków; w „Życiu Warszawy" ktoś zamieścił ogłoszenie: „Skóry afganów sprzedam" – i podał numer telefonu ambasady ZSRR.

Chciałem więc być użyteczny. Umierać za straconą ideę jak tylu innych polskich emigrantów? Postanowiłem walczyć. Wkrótce jednak zrozumiałem, że jeśli rzeczywiście chcę pomóc Afgańczykom, nie zaś zadowolić samego siebie, powinienem pisać o ich walce.

Przyjaciel przekonywał mnie:

– Przy odrobinie szczęścia rozwalisz paru Ruskich, którzy i tak woleliby być gdzie indziej. Ale co to da?

Miał oczywiście rację. Nie byłem żołnierzem, ale szybko zorientowałem się, że partyzanci mają więcej ochotników niż broni i oprowiantowania. Mogłem się znacznie bardziej przydać, opisując rzeczywiste wyczyny armii sowieckiej w Afganistanie. Pierwszy raz pojechałem do tego kraju na rekonesans w lecie 1986 roku. W głębi Afganistanu byłem wówczas dwukrotnie: najpierw przez dziesięć dni w prowincji Kabul, gdzie uczestniczyłem w partyzanckiej zasadzce na drodze łączącej Kabul z Dżalalabadem, potem przez miesiąc w Tora Bora, górskiej bazie Abdula Kadira w prowincji Nangarhar, na południe od Dżalalabadu. Towarzyszyłem wtedy jego oddziałowi w ataku na lokalny garnizon. Mój podziw dla partyzantów rósł. Zdobyłem ich zaufanie, poznałem i przyzwyczaiłem się do trudnych warunków terenowych, brałem udział w swej pierwszej potyczce. I dopiero wtedy uznałem, że jestem gotów do wyprawy w głąb okupowanego kraju. Tym razem – w 1987 roku – chciałem się dostać do Heratu, trzeciego co do wielkości miasta Afganistanu.

Wojna w Afganistanie rozpoczęła się jeszcze przed sowiecką inwazją. W kwietniu 1978 roku komuniści dokonali przewrotu wojskowego, ale wprowadzony przez nich terror wywołał powstania we wszystkich prowincjach kraju. Jesienią 1979 roku reżim stracił kontrolę nad prawie całym terytorium i był bliski upadku. Rosjanie, którzy w grudniu tego roku wkroczyli do Afganistanu, by podtrzymać rządy komunistyczne, nie spodziewali się dłuższego oporu. Zarówno ZSRR, jak i Zachód byly pewne, że pacyfikacja kraju zajmie parę dni, może tygodni, podobnie jak w 1956 roku na Węgrzech i w 1968 w Czechosłowacji. Rosjanie nie byli przygotowani do wojny przeciw powstańcom, a ich opór rósł; w rękach komunistów i stupiętnastotysięcznego kontyngentu sowieckiego były miasta, garnizony i lotniska, większość kraju jednak pozostawała pod kontrolą partyzantów.

W 1987 roku mijało już siedem lat sowieckiej okupacji; rok ten miał się okazać decydujący, choć wtedy nie mogłem jeszcze tego

wiedzieć. W czasie pierwszego pobytu w Afganistanie zaskoczyło mnie wysokie morale partyzantów, ale wydawało się, że mimo
odwagi i uporu zaczynają przegrywać. Rosjanie stosowali
wszystkie możliwe strategie walki: wielkie ofensywy przeciw ich
bazom, zasadzki na trasach dostaw uzbrojenia z Pakistanu,
nieustające bombardowania, które miały doprowadzić do wylud-
nienia całych prowincji. Afgańczycy opierali się, ponosząc
ogromne, głównie cywilne straty. W 1986 roku pięć milionów
Afgańczyków – jedna trzecia narodu – mieszkało w obozach dla
uchodźców. Połowa wiosek uległa zniszczeniu. Kraj planowano
spacyfikować przez objęcie kontroli nad miastami i głównymi
drogami, co miało doprowadzić do przełamania oporu ludności
cywilnej i – w konsekwencji – izolowania partyzantów w górach.
W 1986 roku wyglądało na to, że jeszcze trzy–cztery lata podobnego naporu, a sowiecki plan się powiedzie. Partyzantom brakowało jakiejkolwiek własnej strategii: większość ich po prostu
trzymała się uparcie swej ziemi.

　　W październiku 1986 roku widziałem w bazie Abdula Kadira
konwój, który dostarczył z Pakistanu pierwsze stingery. W ciągu
następnych miesięcy pociski te dotarły do wielu prowincji
i zniszczyły dziesiątki sowieckich samolotów. Koszt okupacji
Afganistanu zaczął gwałtownie rosnąć. Wkrótce dla Rosjan stało się oczywiste, że jeśli nie będą w pełni kontrolować obszaru
powietrznego, nie zdołają też utrzymać wielu z obleganych przez
partyzantów garnizonów i będą musieli je opuścić. Sprawy zaczęły przyjmować nowy obrót.

　　Od wybuchu wojny niewielu Europejczyków pojawiło się w Heracie; po części wynikało to z jego położenia geograficznego –
z dala od Kabulu, tuż przy granicy z Iranem i ZSRR. Iran, z powodu prowadzonej wojny z Irakiem i rządów islamskich mułłów,
nie wpuszczał gości z Zachodu, szczególnie dziennikarzy. Starałem się w Londynie o irańską wizę tranzytową, ale bez powodzenia. Jedyna droga do Heratu wiodła zatem z przeciwnej strony

Afganistanu – z Pakistanu, którego granicę trzeba było przekroczyć potajemnie, razem z partyzantami.

Wojna rosyjsko-afgańska, mimo iż toczona z wielką zajadłością, w wieku radia i telewizji pozostawała prawie niezauważona, głównie na skutek wprowadzonego przez Rosjan niemal kompletnego zakazu przepływu informacji. Do końca 1987 roku zapraszali oni, zgodnie ze swym starym zwyczajem, jedynie tych dziennikarzy, których przychylności byli pewni; aż do późnej fazy wojny reporterzy zachodnich rozgłośni państwowych trafiali się po stronie powstańców nader rzadko. Odnosiło się to do całego Afganistanu, szczególnie jednak do Heratu. Wiadomości, jakie stamtąd nadchodziły, spóźnione o miesiące, brzmiały niczym raporty słane z odległych zamorskich miejsc przed wynalezieniem telegrafu.

Wieści z Heratu były ubogie, sprzeczne ze sobą i niebudzące zaufania. Mówiło się, że nawet teraz, prawie osiem lat od rozpoczęcia inwazji, walki o miasto trwają nadal. Wydawało się to zupełnie nieprawdopodobne, ponieważ – inaczej niż większość powstańczych gniazd – Herat leży w szerokiej dolinie, a nie w górach. Partyzanci utrzymywali, że prawie cała dolina znajduje się w ich rękach; sam nawet widziałem film nakręcony w 1984 roku przez afgańskiego kamerzystę na bazarze w Heracie, świadczący o obecności partyzantów w mieście. Ale czytałem również artykuł jednego z zachodnich dziennikarzy, który spacerował po tymże bazarze w towarzystwie lokalnych komunistów... Nie sposób było stwierdzić, kto naprawdę kontroluje miasto.

Niewiele wiedziano również o niezwykłych wydarzeniach w Afganistanie po przewrocie wojskowym w kwietniu 1978 roku, w szczególności zaś o tym, co zdarzyło się w samym Heracie w marcu 1979, jeszcze przed inwazją sowiecką. Krążyły pogłoski, że gdy mieszkańcy miasta zbuntowali się przeciw władzy komunistycznego reżimu, tłumy uśmierciły około sześćdziesięciu rosyjskich doradców – ich głowy, ponabijane na tyczki,

obnoszono po miejskich bazarach... Masakra ta miała rozwście-
czyć Rosjan i wywołać ich najazd w czasie, kiedy rewolta roz-
szerzyła się na inne prowincje. Chciałem dojść do tego, co naprawdę się zdarzyło, zanim ostatni świadkowie tych wypadków
zginą w walkach.

Stałym tematem pojawiającym się we wszystkich przekazach
z Heratu było zniszczenie licznych zabytków miasta. Któraś
z francuskich organizacji pomocy zamieściła w swym biuletynie
zdjęcia jednej ze świątyń zamienionej w stertę gruzów. W czasach piętnastowiecznego renesansu timurydzkiego Herat był
stolicą kulturalną: jego obrazowy opis przedstawił w swej pracy
Robert Byron*. Czytałem tę książkę dla zabicia nudy podczas
pierwszej wyprawy do Afganistanu, kiedy czekaliśmy na sygnał
do wymarszu. Jeśli wierzyć nadsyłanym informacjom, słynne he-
rackie przybytki uczonych, sufich i poetów były w ruinach.

Oglądałem kiedyś zdjęcia miasta zrobione w 1915 roku przez
niemieckiego szpiega Oskara von Niedermayera. Jedna uderza-
jąca fotografia z tej kolekcji ukazywała dziewięć ogromnych minaretów wyrastających z nagiej równiny, pochylonych ze staro-
ści niczym pozbawione koron prastare palmy. UNESCO, które
wpisało Herat na swą listę światowego dziedzictwa kultury, pla-
nowało włączenie owych budowli do archeologicznego kompleksu. Ostatnie timurydzkie minarety miały podobno teraz leżeć w gruzach.

Opowiadano, że meczet piątkowy**, uznany za jeden z najświet-
niejszych w całym świecie islamu, został również trafiony pociskami. Wiosną 1986 roku Rosjanie przeszukiwali budynki wokół
meczetu. Gdy ich mieszkańcy gromadzili się na dziedzińcu świą-

---

* Robert Byron (1905–1941) – angielski pisarz i podróżnik. Jego opis
wędrówek po Persji i Afganistanie w latach 1933–1934 ukazał się w 1937
roku pod tytułem *The Road to Oxiana* (przyp. tłum.).

** Meczet piątkowy – *masdżid-e dżame* (pers.), Wielki Meczet – główny
meczet, w którym w piątki wierni gromadzą się na modły (przyp. tłum.).

tyni, rozpoczęto ostrzeliwanie. Wiadomość tę podał Bruce Wannell, angielski islamista, któremu opowiedzieli o masakrze ocaleli z niej świadkowie. Zginęło wtedy siedemdziesiąt osób, a czterdzieści zostało rannych. Zniszczeniu miał ulec jeden z wielkich łuków i jego wschodni minaret. Uchodźca z Afganistanu pokazywał mi w Londynie zdjęcie starożytnego meczetu, którego ściany frontowe były podziurawione pociskami; minarety wysadzono w powietrze i zachował się tylko jeden z wielkich łuków. Trudno mi było ocenić, czy fotografia pokazywała rzeczywiście meczet piątkowy, ponieważ jej jakość była zbyt słaba; jeśli tak, to szkody były ogromne. Cały budynek poza ową frontową ścianą zapadł się niczym trafiony gigantyczną bombą. Chciałem sprawdzić te przekazy, zbić lub potwierdzić ich prawdziwość i przywieźć nowo zrobione zdjęcia, by rozwiać jakiekolwiek wątpliwości.

Ale dlaczego właśnie Hrat wzbudzał tak wielkie moje zainteresowanie? Sam Afganistan pociągał mnie ze względu na poczucie braterskiego losu, jakiego doświadczyłem w Polsce podczas naszej rewolucji i później, w dniach mej pierwszej wyprawy, pośród Afgańczyków, kiedy wspólne niebezpieczeństwo znosiło bariery kultury i religii. W moim umyśle pojawiały się wizje świetnej przeszłości Heratu i walk o jej pozostałość. Herat kusił również tym, że był uważany za najbardziej niebezpieczne miejsce w Afganistanie. Po tygodniach spędzonych w British Library nad tomami historii i mapami archeologicznymi chciałem wreszcie zobaczyć wszystko na własne oczy.

Moja wyprawa – oprócz ustalenia losu zabytków Heratu i poznania prawdy o powstaniu 1979 roku – miała jeszcze trzy dodatkowe cele. Podjąłem się mianowicie zbadania potrzeb żywnościowych miasta; prosiła mnie o to Afghan Aid, brytyjska organizacja charytatywna pomagająca uchodźcom afgańskim. Zebrane informacje miały pomóc w zgromadzeniu funduszy na wsparcie dla mieszkańców przychylnych ruchowi oporu. Ponadto BBC wyposażyło mnie w magnetofon, na którym miałem nagrywać reportaże i wywiady, a londyński „Observer" dał mi zaliczkę na poczet moich raportów z pola walki.

Peszawar – miasto w pakistańskiej Północno-Zachodniej Prowincji Granicznej, w którym znajdowały się główne kwatery afgańskich partyzantów i skąd wyruszały wszystkie wyprawy do Afganistanu – przypominał piekarnik. Liście, trawy, krzewy były brązowe od palącego słońca i dusznego gorąca niesionego przez monsun. Peszawar składa się z trzech części: nowoczesnego miasteczka uniwersyteckiego, dzielnicy brytyjskiej z szerokimi alejami, koszarami i stajniami oraz części staromiejskiej, której hałaśliwe bazary, wypełnione zapachami przypraw, wyziewami spalin z riksz motorowych i smrodem zwierzęcej uryny, nie pozwalają zapomnieć, że jest to nadal typowe miasto graniczne Azji Środkowej. Był właśnie ramadan. Mieszkańcy budzili się między trzecią a czwartą rano, by zjeść śniadanie i modlić się aż do wschodu słońca. Przez niemal miesiąc biura, sklepy i warsztaty były czynne tylko rano. Po południu wszyscy pozostawali w domach, oszczędzając siły w chłodnych podmuchach wentylatorów. Zatłoczone zazwyczaj ulice były teraz prawie puste; wędrowni fryzjerzy i szewcy, sprzedawcy słodyczy i pucybuty gdzieś poprzepadli. W kilku otwartych sklepach właściciele rozpierający się w ocienionych fotelach odganiali wachlarzami muchy. Na bazarze Saddai przechodnie zatrzymywali się, by mnie napomnieć za jedzenie lodów w czasie ramadanu! Riksze zazwyczaj przystawały na skinienie ręki; teraz trzeba było na nie czekać ponad kwadrans.

Na pierwszy rzut oka Peszawar nie przypominał miasta w stanie wojny. Przyjezdny mógł być wręcz zaskoczony panującym tu dobrobytem. W dzielnicy brytyjskiej budowano kolejne biurowce, w nowych sklepach wzdłuż Jamrud Road sprzedawano samochody i sprzęt wideo, policjanci w białych rękawiczkach kierowali ruchem. Peszawar aż cuchnął pieniędzmi: każdego miesiąca przybywało japońskich limuzyn, a nowe wille, wszystkie spektakularne w swej brzydocie, wyrastały na podmiejskich piachach tak szybko, że z braku dróg dojazdowych można było do nich dotrzeć tylko samochodem terenowym.

Wojna dawała jednak o sobie znać. Lotnisko było otoczone bateriami czterolufowych dział przeciwlotniczych. Ulice patrolowały pełne uzbrojonych żołnierzy ciężarówki z zamocowanym dodatkowo na kabinie kierowcy karabinem maszynowym. Nisko lecące pakistańskie myśliwce sfrunęły w kierunku afgańskiej granicy, by wyłapać obce samoloty. Kolorowe budy riksz były ozdobione ręcznie malowanymi scenami przedstawiającymi naloty helikopterów na górskie osady. Z wysoka rozciągał się widok na Peszawar, który otaczały dziesiątki obozów dla uchodźców. W jednym mieszkali oni w namiotach, inne były nie do odróżnienia od pakistańskich wiosek. W owym czasie pięć milionów uciekinierów z Afganistanu stanowiło połowę wszystkich uchodźców na świecie, a ich największa liczba była skoncentrowana w Pakistanie, w Północno-Zachodniej Prowincji Granicznej.

Niemal co dzień „Frontier Post" donosiła o bombach eksplodujących na terenie prowincji, wybuchały one w kinach, autobusach, szkołach i zabijały każdego miesiąca dziesiątki ludzi. Biorąc pod uwagę liczbę zabitych i okaleczonych, była to największa kampania terrorystyczna na świecie, niewiele jednak słyszało się o niej w Anglii. Komuniści i ich najemnicy troszczyli się o to, by nic złego nie dotknęło obywateli państw Zachodu. Wieść o porwaniu Europejczyka trafiłaby na pierwsze strony zachodnich gazet, natomiast śmierć kilkudziesięciu uchodźców afgańskich czy Pakistańczyków była warta jedynie notatki wciśniętej pomiędzy krótkie doniesienia agencyjne na ósmej stronie. W Pakistanie uważano powszechnie, że bomby podkładają agenci komunistycznej bezpieki afgańskiej, szkoleni i zaopatrywani w broń przez Rosjan. Kampania ta miała na celu podburzenie Pakistańczyków przeciw uchodźcom afgańskim i zmuszenie rządu do zaprzestania pomocy świadczonej partyzantom.

Kręcąc się po mieście w swoich sprawach, przejeżdżałem nieraz na antycznym motocyklu obok rozbitych na publicznych placach namiotów. Mieszkali w nich ci spośród uciekinierów, dla których zabrakło już miejsca w obozach. Przedarłszy się przez granicę, wynędzniali i chorzy, musieli oczekiwać swej kolejki. Owe kulejące, pokręcone, przykucnięte postacie, widywane u bram szpitali i ośrodków pomocy, jakie znajdowały się w niemal co drugim budynku miasteczka uniwersyteckiego, zaliczały się do szczęśliwców. W Peszawarze patrzono na nich jednak jak na ofiary, biernych odbiorców zachodniej i arabskiej wspaniałomyślności.

Afgańczycy często posługują się zwrotem: „Jeśli Bóg zechce", zbliżonym w duchu do hiszpańskiego *mañana*. *Enszallah* wyraża ich rozbrajający optymizm: „*Enszallah*, przekroczymy przełęcz w ciągu trzech godzin" (zabiera to sześć), „*Enszallah*, w bazie będą czekały konie" (jest jeden stary osioł), „*Enszallah*, nie wpadniemy w żadną zasadzkę" (za to lecą na nas bomby). Poprzedniego lata dostałem swoją porcję *enszallah*. Chciałem poznać dowódcę doliny Pandższir – Ahmada Szaha Masuda. Człowiek, który miał zorganizować przeprawę, uspokoił mnie: „Nie ma problemu. Złapiesz jakiś konwój w ciągu dwóch, trzech dni". Nie byłem niecierpliwy, ale gdy po miesiącu ciągłego *enszallah* nadal żaden konwój nie wybierał się w obranym przeze mnie kierunku, zmieniłem plany i powędrowałem do obozu Abdula Kadira. Już w Londynie, po wielu miesiącach, dowiedziałem się, że była to trafna decyzja: Masud przepraszał w liście za sprawione mi kłopoty i tłumaczył, że „ważne powody wojskowe" uniemożliwiły moją wizytę w jego obozie.

Podczas kolejnego pobytu w Pakistanie zapytałem inżyniera Es-Haqa z partii Dżamijat, czy podejmie się zorganizowania mojej wyprawy do Heratu. Odpowiedział: – Bez kłopotu, *enszallah*, pojedziesz do Heratu.

– Czy masz na myśli, że pojadę czy „*enszallah*, pojadę"?

– Mówię: *enszallah*, pojedziesz. Gdy mówimy „z wolą boską", należy przez to rozumieć, że my dołożymy wszelkich starań, by coś się zdarzyło, a jeśli Bóg tak zechce, to się zdarzy. Tylko zły muzułmanin powie *enszallah,* myśląc przy tym: „Jeśli Bóg zechce, sprawi to, ja sobie głowy zawracać nie będę". Kiedy coś stanie nam znowu na przeszkodzie, powiem ci o tym szczerze. Mamy teraz do ciebie zaufanie – dodał zagadkowo.

O tym, którą trasą udamy się do Heratu, miałem się dowiedzieć tuż przed wymarszem. Istniały trzy możliwości. Droga północna oznaczała przekroczenie granicy w Dżadżi (w którym byłem wcześniej na „rozgrzewce") i podróż przez Bamjan, gdzie sowiecki batalion czołgów rozłożył się u stóp gigantycznych posągów Buddy wyciętych w skalnych zboczach. Idąc na zachód przez Hazaradżat, obok sowieckiego lotniska w Czakczaranie i w dół doliny rzeki Herat, mógłbym obejrzeć starożytny minaret ghorydzki w Dżamie. Z Dżamu do Heratu było już tylko kilka dni nieuciążliwej drogi. Była to najdłuższa z trzech tras, zabierająca około pięciu tygodni.

Pozostałe dwie drogi wiodły przez Kwetę, stolicę pakistańskiego Beludżystanu. Z Kwety można było jechać ciężarówką na zachód, w stronę granicy irańskiej, i dalej prosto na północ przez pustkowia wewnątrz kraju, mijając po drodze sowiecką bazę w Szindandzie. Była to trasa służąca od wieków Beludżom do przemytu broni i narkotyków, teraz jednak zrobiła się bardzo niebezpieczna – nad ciągnącymi się przez setki kilometrów nagimi płaskowyżami polowały bezkarnie helikoptery. Przy odrobinie szczęścia tą drogą mógłbym dotrzeć do Heratu w ciągu trzech tygodni.

Trzecia, pośrednia droga, zaczynała się również w Kwecie i prowadziła do drugiego co do wielkości miasta Afganistanu, Kandaharu. Konwoje ciężarówek, przemieszczające się nocami przez niemal pustynne tereny słynące z zasadzek, osiągały szosę łączącą Kabul z Kandaharem, by przemierzyć po niej około pięćdziesięciu kilometrów w kierunku tego miasta, a następnie skierować się w stronę gór. Potem należało przejść i przejechać konno górzyste tereny prowincji Farah i Ghor. W sumie wędrówka zabierała miesiąc.

Koniec maja i prawie cały czerwiec zeszły mi na przygotowaniach do wyprawy. Wydział polityczny Dżamijatu, ugrupowa-
nia partyzanckiego dominującego w Heracie, które organizowa-
ło moją wyprawę, zapewnił mi eskortę i uzyskał przez radio zgodę na podróż od Ismaela Chana, głównego dowódcy oddziałów
partyzanckich w zachodnim Afganistanie.

Oczekując na sygnał ze strony wydziału, mieszkałem w pesza-
warskiej siedzibie Afghan Aid, pobielonej willi przy torach starej
linii kolejowej prowadzącej przez przełęcz Chajber. Uczyłem się
perskiego, *lingua franca* Afganistanu, i biegałem na bazar przy-
mierzać szyty dla mnie lokalny przyodziewek. Składał się on
z obszernych workowatych szarawarów i długiej koszuli, w której kazałem powiększyć kieszeń na piersi tak, bym mógł w niej
zmieścić notatnik. Wybrałem brązową wełnę – brąz jest z powietrza prawie nie do odróżnienia na tle piasków i skał, a w nocy
nie odbija światła księżyca.

Musiałem teraz zdecydować, co zabiorę ze sobą, i nie było to
bynajmniej łatwe zadanie. Instynkt niedoświadczonego podróżnika każe mu brać jak najwięcej, gdyż posiadanie tego czy innego przyrządu lub części wyposażenia może się okazać sprawą życia i śmierci. W czasie pierwszej wyprawy miałem ze sobą drogi
filtr wodny – ceramiczną rurkę, przez którą należało przepompo-
wywać pracowicie wodę. I podczas gdy Afgańczycy pili wprost
z górskich strumieni, ja za każdym razem, gdy chciałem ugasić
pragnienie czy też napełnić manierkę, musiałem stawać, zdejmo-
wać bagaż z końskich juków i wygrzebywać filtr z głębi plecaka,
by oczyścić wodę – prawdopodobnie i tak najczystszą na świecie.

Zabrałem wtedy również specjalną kulo- i odłamkoodporną kamizelkę, którą zrobiono dla mnie w Londynie w zakładach zbro-
jeniowych RBR Armour. Aby sprawdzić jej przydatność, Abdul
Kadir strzelił w nią z pistoletu. Skrzywił się pogardliwie, gdy kula
przebiła ją na wylot. Sprawdzian nie był jednak obiektywny: warstwy włókna szklanego, którymi kamizelka była wyłożona, zatrzy-

mywały osiemdziesiąt procent odłamków pocisków i tworzyły osłonę przed kamieniami i szkłem, wyrzucanymi przy eksplozji w powietrze i powodującymi liczne wypadki śmiertelne. Kamizelka, nawet dość lekka, bardzo się nagrzewała w upalne dni. Cieszyłem się, gdy miałem ją na grzbiecie podczas ataków lotniczych, ale taszczenie jej nie należało do przyjemności. Stawiając teraz wygodę nad bezpieczeństwo, zdecydowałem się zostawić ją w domu.

Śpiwór, który miałem na poprzedniej wyprawie, okazał się w październiku niezastąpiony – obóz Kadira leżał na wysokości 3000 metrów n.p.m. Tym razem postanowiłem zaryzykować i wziąłem jedynie lekki śpiwór z goreteksu. Jego cienka powłoka nie chroni przed prawdziwym zimnem, ale nie przepuszcza wiatru, a co najważniejsze, w worku z goreteksu możemy oddychać nawet wtedy, gdy dla ochrony przed insektami zapniemy się „z głową". Worek taki jest trzy razy mniejszy od śpiwora; mogłem go włożyć do jednej z tylnych kieszeni kamizelki i zawsze mieć przy sobie.

Kamizelka ta była zresztą doskonałym pomysłem. Krawiec na bazarze uszył mi ją za śmieszną sumę, wzorując się dokładnie na rybackiej kamizelce Andy'ego, i podejrzewam, że skopiował dla siebie jej wykrój, bo po powrocie zauważyłem, że tego typu kamizelka stała się bardzo popularna.

Zdecydowałem, że nie wezmę plecaka. Był mocny i wygodny, więc nie mógłbym się oprzeć przed zabraniem ze sobą wielu rzeczy, poza tym wyglądałby zbyt „zagranicznie" na terenie Afganistanu. Chciałem przemknąć przez osady bez informowania każdego szpiega, że oddziałowi towarzyszy obcokrajowiec. Plecakiem można doskonale objuczyć własny grzbiet, tym razem jednak miałem nadzieję, że to zwierzęta poniosą ciężary, a do ich zapakowania znacznie lepiej nadają się przerzucane przez siodło tradycyjne afgańskie juki zwane *churdżin:* dwie torby z grubego płótna, w kształcie sześcianów, połączone paskami, wyrabiane w trzech wielkościach – dla osłów, koni i wielbłądów. Jak odkryłem później, można je również przewiesić przez siedzenie motocykla lub całkiem wygodnie nosić. Oglądałem kilka par na bazarze, ale większość wydawała mi się zbyt ciężka. Były to imitacje zrobione z resztek dywanów, przez co mogły służyć tylko jako ozdobne poduszki na sofach zachodnich turystów. Inne miały zbyt krótkie paski łączące, co utrudniało właściwe ich wyważenie na grzbiecie zwierzęcia.

Znalazłem wreszcie odpowiednią parę w jednym z turkmeńskich sklepików na bazarze Czauk-e Jadgar. Za nierzucające się w oczy torby rdzawego koloru sprzedawca żądał ośmiuset rupii (około czterdziestu funtów) – absurdalnie wysoka cena. Ale podobały mi się – były lekkie, mocne, właśnie takie, jakich szukałem. Zarzucałem je na ramię, wypróbowywałem złożone z kilkunastu pętelek zapięcie każdej torby. Sprzedawca odgadł, że juki są mi potrzebne do codziennego użytku, nie jako pamiątka.

– Wybiera się pan do Afganistanu? – zapytał.

Nie musiałem tego ukrywać, nie wiedział, dokąd ani kiedy wyruszam. Nawet jeśli był szpiegiem, nie mógł mi zaszkodzić.

– Tak, idę z mudżahedinami...

– Jeśli idzie pan z partyzantami, to torby kosztują trzysta rupii, bakszysz na drogę.

Za prezent nie można było tego uznać, ale cena wydawała się już uczciwa.

Kazałem zastąpić płócienne pętelki mocniejszymi skórzanymi i zacząłem pakować w juki rzeczy, które miałem zabrać, w celu sprawdzenia, czy się w nich zmieszczą, a zatem – torbę z aparatem fotograficznym, obiektywami i filmami, magnetofon z BBC, małe radio z zakresem fal krótkich, trójnóg, zapasowe mocne buty, manierkę. Był tam także mały pojemnik z jedzeniem zawierający sześć suchych racji, dwadzieścia pięć batonów czekoladowych Mars, dwie tubki miodu i trzy główki czosnku – jedyne pożywienie warte noszenia, które nie wymagało żadnych przygotowań. Gdy nie było już niczego do jedzenia, smakował nawet chleb z czosnkiem dostarczającym witamin. Rzeczy, które musiałem nosić przy sobie – dodatkowy mały aparat, notes, zestaw „na czarną godzinę" i podstawowe opatrunki – mieściły się w kieszeniach kamizelki. Zapakowałem jeszcze rolkę miękkiego różowego papieru toaletowego. Afgańczycy posługiwali się kamieniami lub palcami, co nie było oczywiście higieniczne; mimo że zawsze myli ręce przed jedzeniem, resztki ekskrementów pozostawały im pod paznokciami.

Czekając na wymarsz, próbowałem się czegoś dowiedzieć o losach Lecha Zondka, Polaka, który przyjechał do Afganistanu wcześniej niż ja, aby walczyć. Znałem go tylko z dwóch fotografii. Na jednej z nich, zrobionej w czasie jakiejś manifestacji w Australii, trzyma tablicę ze znakiem „Solidarności" – atletycznie zbudowany, z długą ciemną brodą i wysokim czołem. Na drugiej jego broda jest jeszcze gęstsza, a twarz szczuplejsza, co nadaje mu wygląd Afgańczyka. Zdjęcie najprawdopodobniej zrobiono w pakistańskim szpitalu; widać na nim, że Zondek jest ranny – prawe ramię ma w gipsie i zawieszone na temblaku.

Zondek wyjechał z Polski, podobnie jak ja, w 1981 roku. Trafił wpierw do Australii – chciał mieć „dobry" zachodni paszport, by dostać się do Pakistanu. Pracował w kopalni i zbierał pieniądze na karabin, potem ćwiczył oko, odstrzeliwując dzikie króliki. Paszport dostał w lecie 1984 roku i natychmiast wyjechał do Pakistanu, a stamtąd na front, do Kandaharu, gdzie w ulicznych walkach został ranny w ramię.

Zginął czwartego lipca 1985 roku w Nuristanie, „[walcząc] z wojskami radzieckimi u boku afgańskich powstańców", jak podała polska prasa emigracyjna*. Autor tekstu musiał mało wiedzieć o Afganistanie, bo popełnił ewidentny błąd: w Nuristanie nie było wojsk sowieckich. Jest to najbardziej niezwykła z afgańskich prowincji. Jej mieszkańcy przyjęli islam dopiero w 1885 roku; przez całą wojnę istniał tam samozwańczy niezależny rząd, który wystawiał wizy w swym pakistańskim konsulacie, rozpa-

---

* J.S., *Lech Zondek*, „Puls" nr 28, Londyn, zima 1985/86 (przyp. tłum.).

dającym się sklepiku na jednym z przygranicznych bazarów. Nuristan położony jest tak wysoko w górach, że helikoptery sowieckie nie osiągały wielu jego przełęczy.

Jeszcze bardziej zastanawiająca była fotografia grobu Zondka, zamieszczona w biuletynie jednej z organizacji partyzanckich, z podpisem, z którego wynikało, iż jest to grób polskiego żołnierza służącego w wojskach sowieckich, co by znaczyło, że Rosjanom zaczyna brakować własnych żołnierzy i sięgają po wojska Układu Warszawskiego. Znieważało to pamięć Zondka. Jego linia rozumowania była prosta: „Następnych dziesięciu Ruskich będzie za księdza Popiełuszkę"* – napisał z frontu do przyjaciół; nadał specyficznie polskie znaczenie chrześcijańskiemu przesłaniu.

Zastanawiałem się nieraz, dlaczego w ogóle poszedł do Nuristanu – nie było tam przecież Rosjan, nie toczyły się żadne poważniejsze walki. Wręcz przeciwnie: niektórzy z nuristańskich dowódców kolaborowali z komunistycznym rządem, blokując przejazd partyzanckich konwojów do doliny Pandższir. Wielu dziennikarzy, z którymi rozmawiałem, było przekonanych, że Zondka zabili komuniści – zepchnęli go po prostu ze skały. Dowiedziałem się w końcu, że w Peszawarze przebywa pewien człowiek, Jon, który był z Zondkiem do końca. Nowozelandczyk wyglądał niczym australijski tubylec. Spotkaliśmy się w „Bamboo Bar", willi na terenie miasteczka uniwersyteckiego, gdzie spragnieni obcokrajowcy mogli w każdy wtorek napić się alkoholu. Zondek często odwiedzał to miejsce.

– Lech nie cierpiał tych typów. – Jon szerokim gestem wskazał tłoczących się przy barze dziennikarzy, urzędników organizacji charytatywnych i pieczeniarzy wszelkiej maści. – Każdy z nich jest zapatrzony we własny pępek. On był inny. Pijany tupał i wrzeszczał, że robią pieniądze na czyimś cierpieniu... Do-

---

* *Op. cit.*

bra, opowiem ci, jak to było. Trafiliśmy do osady w Nuristanie. Lech wpadł na kapitalny pomysł, żeby nauczyć jej mieszkańców walki wręcz, bez broni. Kazał jednemu z nich ruszyć do ataku z nożem i rzucił go na ziemię chwytem dżudo. Ale nie zdawał sobie sprawy, że strasznie splamił honor tamtego, upokorzywszy go na oczach całej osady. Kiedy kazał mu powtórzyć atak, ten dźgnął go nożem tak, że rozciął Lechowi rękę, jeszcze słabą po poprzednim zranieniu... – zakończył mój rozmówca.

Ruszyli w góry, zanim rana zdążyła się zagoić. Przy podciąganiu ręka nie wytrzymała i Lech odpadł od ściany. Zginął na miejscu: przetrącił sobie kręgosłup o kamienie i skały. Jon go pochował; na grobie postawił drewniany krzyż z napisem: „Lech Zondek, polski żołnierz 1952–1985". Od przechodzących później tamtą drogą słyszałem, że krzyż zabrali wkrótce wieśniacy na podpałkę.

Była połowa czerwca, a ja wciąż nie znałem trasy naszej wyprawy. Spytałem w biurze Dżamijatu, czy powinienem znów starać się o wizę irańską; z Peszawaru, mówiono mi, można się dostać do Heratu w ciągu czterech dni, jeśli się pojedzie autobusem przez Iran. Pogłoski, jakie do mnie docierały, wskazywały, że na granicy irańscy „strażnicy rewolucji" okradną mnie co najmniej z filmów i notatek. Składanie podania o wizę oznaczało poza tym opóźnienie i, co gorsza, ujawniało moje plany.

Dwudziestego trzeciego czerwca w biurze Afghan Aid czekała na mnie wiadomość przekazana telefonicznie z biura Dżamijatu: „Zajrzyj do nas niebawem w sprawie pikniku w Swat". Był to umówiony sygnał – w ciągu dwudziestu czterech godzin miałem wyruszyć do Heratu.

Głowiłem się, czy wziąć ze sobą mój azylancki dokument, czy też nie brać żadnych papierów. Dokument, wystawiony przez Brytyjczyków na podstawie konwencji genewskiej z 1951 roku, był ważny na wszystkie kraje świata „z wyjątkiem Polski", co zazna-

czono w nim wielkimi literami. Jeśli wpadnę, pomyślałem, zdradzi
to moje pochodzenie. Uczynni polscy ubecy udostępnią moją tecz-
kę Rosjanom i wsiąknę jeszcze głębiej. Lepiej zatem nie brać niczego i udawać Anglika. Przesłuchujący mnie nie muszą od razu się
zorientować, że jestem Polakiem i że znam rosyjski jeszcze ze
szkoły, co może okazać się przydatne.

2

„Śmierć w Kandaharze"

Istnieją słowa, które fascynują samym swym brzmieniem i wywołują dziwne skojarzenia, drzemiące w najgłębszych pokładach naszej podświadomości. Robert Byron wybrał się w latach trzydziestych w jedenastomiesięczną wędrówkę po Persji i Afganistanie tylko dlatego, że nazwa „Turkiestan" kryła dla niego pokusę nie do wyrażenia. Zdecydował więc sprawdzić, jak wygląda rzeczywistość. Ja czułem to samo na dźwięk słowa „Kandahar", którego brzmienie przypominało mi zgrzytnięcie szabli po kościach. Wystarczyło, że zamknąłem oczy, powiedziałem „Kandahar" i zaraz pojawiały się armie przemierzające pustkowia, szeregi czerwonych mundurów strzelających salwami w hordy jeźdźców, swąd mięsa, zalegający osiedla po przejściu ekspedycji karnych, czy lecące nisko helikoptery, polujące na ciężarówki jak sokoły na króliki. „Kandahar" oznaczał dla mnie bestialstwo, kojarzył się ze zniszczeniem i rozpaczą. Nękały mnie złe myśli. „Śmierć w Kandaharze" – to zdanie prześladowało mnie dzień i noc niczym głupawa melodyjka.

Wszyscy na ogół zgodnie twierdzili, że Kandahar jest nieprzyjemnym, mało wyróżniającym się miastem, a jego mieszkańcy zajmują się produkcją, sprzedażą i przemytem narkotyków. Od początku inwazji sowieckiej toczyły się o to miasto ciężkie walki, w których wyniku prawie zrównano je z ziemią. Część miasta była w rękach partyzantów jeszcze w 1984 roku – Zondek wspominał noce przespane w domach znajdujących się naprzeciwko stanowisk komunistów po drugiej stronie ulicy. Do Kandaharu jest zaledwie około stu kilometrów od granicy pakistańskiej, ale wieści o prowadzącej do niego drodze nie były najlepsze. W dwie noce można nią dotrzeć do miasta, ale jest to jedna z najniebezpieczniejszych tras w Afganistanie. W 1984 roku francuska ekipa telewizyjna została otoczona przez oddział armii afgańskiej zaledwie kilka kilometrów od granicy. Jednego z dziennikarzy, Jacques'a Aboucharda, pojmano i skazano na osiemnaście lat więzienia; wyszedł z niego dzięki bardzo ostrym oficjalnym protestom Francji. Wtedy to właśnie ambasador sowiecki w Islamabadzie oświadczył publicznie, że każdy następny reporter złapany w Afganistanie zostanie „zlikwidowany".

Dwa miesiące przed moim przyjazdem znajomy dziennikarz brytyjski wpadł w zasadzkę koło Kandaharu. Partyzanci zgubili drogę i jego ciężarówka została zatrzymana salwami z posterunku na obrzeżach miasta. Zdążył szczęśliwie zeskoczyć z samochodu i po kilkudniowej wędrówce dotarł do granicy.

W czerwcu 1987 roku pojawiły się wiadomości o nowych walkach między powstańcami i siłami komunistów. Straty partyzantów szły w setki, do czego przyznawali się sami – było to niezwykłe i świadczyło o zaciętości walk. Wnioskowałem, że jeśli bitwa będzie się przeciągać, powstańcy spróbują przerzucić na front świeże siły, które Rosjanie będą chcieli przechwycić, więc zorganizują dodatkowe zasadzki.

O tym, którą trasą ruszymy do Heratu, powiedziano mi w brudnym, pełnym komarów pokoju hotelowym w Kwecie. Miała to być druga z trzech możliwych tras, wiodąca obok Kandaharu i dalej przez prowincję Helmand, gdzie skręcała na północ w stronę masywu górskiego Ghor. Wiadomość przekazał mi Amanullah, młody Afgańczyk, który miał mi towarzyszyć jako tłumacz. Przylecieliśmy z Peszawaru do Kwety razem; posługiwaliśmy się fałszywymi nazwiskami. Amanullah miał dwadzieścia cztery lata, pucołowatą, myślącą twarz i kiełkujący dopiero zarost. Był nieśmiały, lecz inteligentny i znał nieźle angielski.

W czasie naszego pierwszego spotkania przyjrzał mi się uważnie i zakomunikował, że nie może mi obiecać, iż przejdzie ze mną całą drogę aż do Heratu. Dopiero później wyszło na jaw, że chciał w ten sposób zapewnić sobie możliwość wycofania się – rok wcześniej prowadził do doliny Pandższir amerykańskiego dziennikarza, który zupełnie stracił panowanie nad sobą, kiedy obiecanych w zwykły sposób koni – *enszallah* – nie było w umówionym miejscu. Amerykanin zwymyślał partyzantów, uderzył jednego z nich, po czym próbował siekierą wyłamać drzwi do budynku. Amanullah nie chciał znów być zmuszony do wyjaśniania powodów nieodpowiedniego zachowania kolejnego przybysza z Zachodu.

Jego ucieczka do Pakistanu w dziwny sposób przypominała mój wyjazd z Polski. Amanullah pochodził z tadżyckiej rodziny mieszkającej w pogranicznej północnej prowincji Tachar. Gdy komuniści przejęli rządy, chodził jeszcze do szkoły. Prowincja, tak jak i inne, powstała przeciw władzy; podobnie jak w Heracie, urzędy państwowe przejęła ludność, do której przyłączyli się żołnierze. Amanullah rozprowadzał ulotki i przemycał broń dla ruchu oporu; ostrzeżony, że śledzi go służba bezpieczeństwa, uciekł do Pakistanu. Po skończeniu szkoły studiował przez dwa lata religioznawstwo na uniwersytecie w Islamabadzie. Letnie wakacje spędzał, pomagając dziennikarzom w Afganistanie. Poprzedniego roku uczestniczył w ataku przeprowadzonym pod dowództwem Masuda na garnizon w Farkharze. Ponieważ było to blisko jego rodzinnej osady, spędził jedno popołudnie – po raz pierwszy od sześciu lat – ze swoją rodziną. Bardzo chciał zostać lekarzem; ludzie tej profesji cieszą się wśród Afgańczyków największym prestiżem.

Amanullah opowiadał, a ja kreśliłem mazakiem na laminowanej mapie naszą prawdopodobną trasę, ciągnąc grubą linię przez żółte plamy oznaczające płaskowyże i góry. Na przekroczenie szosy Kabul–Kandahar będziemy potrzebować jednej, może

dwóch nocy. Jeszcze jednej – co najmniej – na dotarcie do Sanginu, oazy na północny zachód od Kandaharu, skąd będziemy już
mogli podróżować w dzień. Cztery, pięć dni marszu i będziemy
w Tajwarze, gdzie powinniśmy znaleźć Ismaela Chana. Z wydziału politycznego Dżamijatu w Peszawarze przekazano mi, że mam
być świadkiem „narady", ale nie od razu doceniłem prawdziwe
znaczenie tej zapowiedzi. Owa „narada", jak ją określili Afgańczycy, miała być w istocie zgrupowaniem dowódców oddziałów
powstańczych z terenu całego Afganistanu, zorganizowanym
przez Ismaela Chana w górskiej osadzie w Tajwarze; powoli zaczynałem się orientować, jak poważnie podchodzili do przedsię-

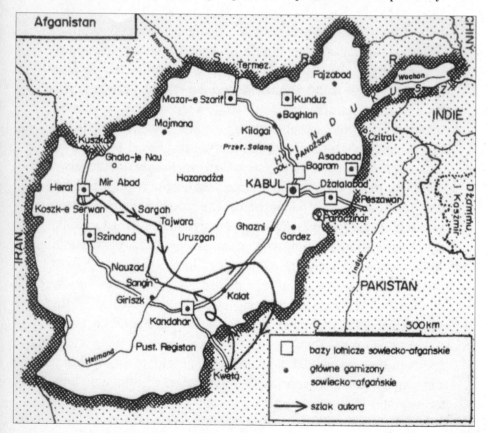

wzięcia sami Afgańczycy. Byłem jedynym zachodnim dziennikarzem zaproszonym w roli obserwatora. Po naradzie miałem kontynuować podróż do Heratu jako protegowany Chana.

Nie mogłem doprawdy oczekiwać lepszej opieki. Chan był głównym dowódcą partyzantów w rejonie Heratu oraz na obszarach całego zachodniego i południowego Afganistanu. Przed wybuchem wojny był oficerem armii. Powiedziano mi, że od niego właśnie uzyskam najlepsze informacje o powstaniu dwudziestego czwartego hut* w garnizonie herackim – Chan był jednym z jego ostatnich żyjących przywódców. Mówiąc o nim, Afgańczycy instynktownie zniżali głos, a jego wizerunki można było znaleźć nawet w kwaterach partyzantów z ugrupowań innych niż Dżamijat – niezaprzeczalny znak ogromnej popularności. Jego imię, a jeszcze bardziej jego towarzystwo, będzie najlepszą gwarancją bezpiecznej podróży. Z Ismaelem Chanem, stwierdził Amanullah, powinienem dojechać do samego Heratu w ciągu niecałego tygodnia. Wiedziałem, że robienie jakichkolwiek sztywnych planów nie ma sensu, ale wyglądało na to, że mniej więcej za trzy tygodnie możemy się znaleźć w mieście, *enszallah.*

Amanullah zatrzymał się poza granicami Kwety w domu zajmowanym przez Dżamijat; partyzanci przygotowywali tam konwój, wyładowując ciężarówki bronią i amunicją. Uprzedził mnie, że w każdej chwili mam być gotów do natychmiastowego wymarszu. Musiałem więc zabijać czas, nie ujawniając jednocześnie swych planów.

Kweta jest miastem mniejszym od Peszawaru. W latach trzydziestych zniszczyło ją trzęsienie ziemi, wszystkie więc zabudowania są nowe, brzydkie i pozbawione miejscowego stylu. Na bazarach można kupić „szwarc, mydło i powidło", przemycane z Dubaju i Omanu. Riksze przypominają rydwany z *Ben Hura* – mają szpice nałożone na piasty kół. Zaletą tego miasta było

---

* Piętnastego marca (przyp. tłum.).

wówczas istnienie kilkunastu doskonałych restauracji z lokalną kuchnią, usytuowanych przy głównej Jinnah Road, jak też fakt, że gazety brytyjskie pojawiały się w dwóch tamtejszych księgarniach z trzydniowym zaledwie opóźnieniem.

Zachowanie dyskrecji było tu jeszcze ważniejsze niż w Peszawarze – przebywaliśmy na mało nam przyjaznym terytorium. W drodze z lotniska Amanullah musiał zbesztać rikszarza, który zaczął zadawać zbyt wiele pytań. Szukając dodatkowych części mego przyodziewku na lokalnym bazarze, celowo udawałem turystę. Wymigiwałem się od pytań ciekawskich sklepikarzy i kaprysiłem, wybierając gładką pomarańczową myckę, turban i biało-czarną chustę, która służyła mi później jako ręcznik, opaska na głowę i szmatka do czyszczenia obiektywów.

Na terenie prowincji znajdowało się tylu Pasztunów, uciekinierów z Afganistanu, że w Kwecie, stolicy Beludżystanu, było ich więcej niż rodowitych Beludżów, co wywoływało zrozumiałą niechęć. Zaledwie dziesięć lat wcześniej Zulfikar Ali Bhutto* bezlitośnie zdławił powstanie Beludżów, prowincja więc kipiała wciąż ukrytym buntem. Jej mieszkańcy nie pogodzili się z dominacją rządu centralnego i obwiniali USA zarówno o stłumienie ich powstania, jak i o wojnę w Afganistanie; agitacja komunistyczna inspirowana przez Rosjan padała więc na podatny grunt. Jeden z moich znajomych badał napisy pokrywające budynki i mury w Kwecie: sześćdziesiąt procent było skierowanych przeciw uchodźcom, reszta dzieliła się równo na antypakistańskie i antyamerykańskie. Dziesiątki poważnych młodych ludzi rozłożyły się na ulicach wokół rezydencji gubernatora prowincji. Prowadzili strajk głodowy, protestując przeciw obniżce zarobków

---

* Zulfikar Ali Bhutto (1928–1979) – polityk pakistański, prezydent (1971–1973) i premier (1973–1977) kraju. Obalony w wyniku przewrotu wojskowego generała Zia ul-Haqa (piątego lipca 1977 roku), został aresztowany, skazany za zorganizowanie mordu politycznego i powieszony (przyp. tłum.).

i wysokim cenom, i z ochotą wyjaśniali mi szatańskie metody amerykańskiego imperializmu.

Poruszanie się samopas po terytorium Pakistanu nie było więc bezpieczne. W 1986 roku poznałem Jenny Lade, Amerykankę, która wykładała na Uniwersytecie Beludżystanu. Jenny i Robert Williamson – ekspert leśnictwa – zostali uprowadzeni w okolicach Kwety przez członków lokalnego plemienia, przewiezieni helikopterem armii afgańskiej do Kandaharu, a później uwięzieni w Kabulu. Po pięciu miesiącach spędzonych w małych celach, odizolowani całkowicie od świata, zostali oskarżeni o nielegalne wkroczenie na terytorium Afganistanu i wywrotową robotę dla CIA – po czym nagle ich zwolniono. Dzielna kobieta wróciła do Pakistanu, aby kontynuować pracę.

Rozłożony teraz na trawniku hotelowego ogrodu, popijałem pozbawioną smaku herbatę i czytałem Gibbona[*]. Miałem zamiar wziąć go ze sobą do Afganistanu, ale zdążyłem się z nim uporać, zanim wyruszyliśmy. Lekturę dobrałem bardzo starannie: spodziewałem się dni, nawet tygodni, podczas których mógłbym tylko czekać i czytać. To zatem, co zdecydowałem zabrać, miało stanowić moją jedyną strawę duchową. Książki nie są lekkie, więc autobiografia mongolskiego cesarza Babura, zdobywcy Indii, w której daje on żywy opis swej wizyty w Heracie w 1506 roku, a która jest tomiszczem nieomal średniowiecznych rozmiarów, musiała zostać w domu. W zamian wziąłem *Biesy* Dostojewskiego, *Arabian Sands* Wilfrieda Thesigera, Clausewitza i mój ulubiony tom Nietzschego.

Dla zabicia czasu przeczytałem zapis niedawnego wywiadu z dowódcą partyzanckim z okolic Heratu. Rosjanie przeprowa-

---

[*] Edward Gibbon (1737–1794) – najwybitniejszy historyk angielski XVIII wieku, autor *The History of the Decline and Fall of the Roman Empire* (1776–1788; wyd. pol. *Upadek cesarstwa rzymskiego*, Warszawa 2000), dzieła przedstawiającego nadal dużą wartość naukową ze względu na bogate źródła oraz oryginalne ujęcie tematu (przyp. tłum.).

dzili właśnie ofensywę w pobliżu miasta; zaatakowali czołgami i piechotą pozycje Afgańczyków i założyli dwadzieścia przyczółków. Według relacji powstańca wszystkie te punkty zostały już odebrane przez partyzantów.

Takiej wypowiedzi należało się spodziewać. Z jednej strony wiele z tego, co mówił powstaniec, brzmiało prawdziwie: nie przynosiło mu bowiem żadnej natychmiastowej korzyści. Twierdził na przykład, że proponowane przez komunistów „porozumienie narodowe" nie jest tylko czczą propagandą. Urzędnik państwowy w Heracie obiecywał mu, że jeśli wycofa się z walki, komuniści zwolnią czterystu więźniów, przyznają mu dwa tysiące worków cementu na budowę meczetu i mianują go lokalnym emirem*. Z drugiej strony zaś opowiadał, że wokół Heratu stacjonuje trzydzieści tysięcy żołnierzy, pięć tysięcy czołgów i dwieście pięćdziesiąt samolotów rosyjskich, czyli jedna czwarta sowieckiego kontyngentu – naturalnie czysty wymysł.

Nie było to jednak zamierzone kłamstwo. Człowiek ten widział przerażającą moc żołnierzy sowieckich i ich sprzętu. Opowiadał o tym w typowo afgański sposób – liczby były dalekie od rzeczywistości, miały natomiast wyrażać poczucie zagrożenia. Jeden z moich znajomych przeprowadził kiedyś eksperyment: czekał w zasadzce na grzbiecie wzgórza, leżąc tuż obok dowódcy oddziału partyzanckiego, i liczył przejeżdżające przed ich oczyma sowieckie czołgi, transportery opancerzone, łaziki i ciężarówki. Było ich razem sto dwadzieścia – wystarczająco dużo, by się przestraszyć na samą myśl, że wróg zaatakuje takimi siłami.

– Ile naliczyłeś? – zapytał Afgańczyka.

– Osiemset czołgów – odparł tamten.

Obraził się, gdy Anglik umieścił w swym raporcie właściwą

---

* Emir – dowódca, książę. Początkowo (za panowania dynastii Umajjadów) zarządzał wojskiem, administracją i finansami, później jego władza była stopniowo ograniczana (przyp. tłum.).

liczbę – uważał bowiem, żc podaje się w wątpliwość jego odwagę. Wobec takiego widzenia rzeczy dziennikarze słusznie podchodzili z rezerwą do afgańskich relacji. Zatem tylko człowiek z zewnątrz mógł zdać rzetelnie sprawę z sytuacji na herackim froncie.

W hotelowym ogrodzie spotkałem francuską lekarkę; po rozmowie z nią uświadomiłem sobie, że wyposażenie mojej podróżnej apteczki jest niewystarczające. Andy mówił mi, że nigdy nie brał ze sobą żadnych medykamentów: „Jeśli jesteś w stanie iść, dojdziesz tam, gdzie cię wyleczą; jeśli dostaniesz kulę w brzuch, toś i tak stracony". Nie zabierał nawet najprostszych opatrunków; do zatamowania krwi wystarczał mu oddarty kawałek chusty. W mojej apteczce miałem i opatrunki, i porcję silnych antybiotyków. Zapakowałem również witaminy, środki antyseptyczne, aspirynę, resochin przeciw malarii i kilkanaście opakowań środka przeciw biegunce amebowej. Francuzka doradziła mi, abym zabrał również środki do znieczulenia miejscowego. W razie trafienia śmierć z bólu i szoku jest równie prawdopodobna jak wywołana zniszczeniem tkanki. Miałem pójść do szpitala, żeby lekarka zobaczyła, co da się zrobić.

Nie poszedłem, bo tego samego popołudnia, w niedzielę dwudziestego ósmego czerwca, w ogrodzie pojawił się Amanullah. Przysiadł w fotelu obok.

– Gotowy jesteś? – zapytał.

– Tak.

– To dobrze. Samochód będzie za pół godziny.

Pomyślałem, że przez ten czas zatuszuję jakoś powód mego nagłego wymeldowania się z hotelu. Zapłaciłem w recepcji rachunek, wróciłem do pokoju i przebrałem się w afgańską odzież. Miałem nadzieję, że w opuszczającej hotel, przystrojonej turbanem postaci nikt z personelu nie rozpozna leniwego turysty, który kilkanaście minut wcześniej na murawie ogrodu oddawał się lekturze i niezliczonym filiżankom herbaty. Pozbyłem się moich spodni i koszuli, zawiązałem *churdżin*, zarzuciłem na ramię i okryłem dodatkowo kocem, po czym szybkim krokiem przeszedłem z Amanullahem obok recepcji; nie patrzyłem w jej stronę – ot, dwóch Afgańczyków wychodzących z hotelu na ulicę. Wydawało mi się, że nas nie rozpoznano.

Przecięliśmy małe podwórko, za rogiem była już ulica. Spodziewałem się pustego auta, które miałoby nas dowieźć do punktu zbornego, ale z tyłu małej półciężarówki było ściśniętych niczym śledzie w beczce dwudziestu chłopa. Pokazano mi, że mam tam wejść. Wkrótce okazało się, że stoję przyciśnięty do wysokiego, szczupłego mężczyzny po trzydziestce, który przedstawił mi się jako Moallem Szah Wali, dowódca. *Moallem* oznacza „nauczyciel", i rzeczywiście przed wybuchem wojny Szah Wali był nauczycielem geografii. Dowiedziałem się później, że spędził w Kwecie kilka miesięcy, mając nadzieję, iż Dżamijat przyzna mu broń. Jego starania i wydatki dały efekty – zdobył parę kałasznikowów i jeden granatnik, nie dostał jednak karabinów przeciwlotniczych, na które miał wielką ochotę.

Kiedy silnik był już zapuszczony i mieliśmy właśnie odjeżdżać, o mało nie ogłuszyło mnie niecierpliwe walenie w okno tuż przy mojej głowie. Był to gruby właściciel hotelu „Bloomstar".

– Pan, pan, wybaczyć pan, jeszcze rachunek z pralni, ja zapomnieć! Dwadzieścia rupii ekstra, no tak, pan!

Wrzeszczał tak głośno, że przechodnie odwracali ku nam głowy. Grzebałem gorączkowo po kieszeniach w poszukiwaniu pieniędzy, wepchniętych wcześniej gdzieś głęboko, ponieważ miałem ich nie potrzebować przez najbliższe dwa miesiące. Znalazłem wreszcie banknot, opuściłem szybę i wepchnąłem hotelarzowi zapłatę w rękę. Suma prawdopodobnie przekraczała mój dług, ale nie chciałem już czekać na resztę i wreszcie ruszyliśmy. Moje przebranie okazało się gorsze, niż przypuszczałem.

Kweta leży blisko krawędzi doliny wyglądającej niczym krater księżycowy. Pruliśmy szybko po jej płaskim dnie w kierunku północno-zachodnim, prosto w słońce, które zachodziło powoli za szczyty w pełnej kurzu, pomarańczowej mgle. Obserwowałem zanikające ślady cywilizacji. Jechaliśmy w coraz bledszym świetle dnia wzdłuż linii kolejowej z biegnącymi obok słupami telegraficznymi, mijając baraki armii pakistańskiej i wiejskie bazary ozdobione wielkimi czerwonymi tablicami reklamującymi po arabsku coca-colę.

Kilkakrotnie zatrzymywały nas plemienne posterunki; ciężarówkę oświetlano bardzo dokładnie. Za każdym razem, przykryty kocem, udawałem, że śpię, ale żołnierze musieli się orientować, że wśród podróżujących jest obcokrajowiec, ponieważ dochodziły mnie podniesione głosy, a przez koc przenikał blask kierowanej na mnie latarki. Mógł to być z łatwością kres mojej wyprawy. Kilka dni w pakistańskim więzieniu na pewno nie należałoby do przyjemności, ale gorsze byłoby zmarnowanie następnych kilkunastu tygodni w oczekiwaniu na nowy konwój. Musiałaby mnie aresztować regularna policja, bo zapuszczanie się na tereny plemienne było zabronione. Brak jakiegokolwiek dokumentu pogorszyłby jeszcze sprawę. Za każdym razem Szah Wali przeciskał się obok mnie na zewnątrz i słyszałem, jak rozmawia z żołnierzami. Czy to łapówką, czy też samym wyjaśnieniem, tak czy owak przekonywał ich i za chwilę ruszaliśmy w dalszą drogę, pozdrawiani okrzykami na pożegnanie.

Jeszcze godzina i znaleźliśmy się w zupełnej nieomal dziczy; towarzyszył nam tylko pojedynczy tor kolejowy. W szarości zmierzchu mogłem rozróżnić namioty jakiegoś wyjątkowo nędznego obozu uchodźców i setki wielbłądów objadających przydrożne krzaki. Uśmiechnąłem się do siebie – wiedziałem, że niedługo będę wspominać zapuszczoną Kwetę jako oazę piękna i wytworności. Była już noc, gdy zjechaliśmy z trasy wiodącej ku granicy i garnizonowi komunistów, który woleliśmy ominąć. Samochód skręcił w prawo i nagle zaczęliśmy podskakiwać na wybojach drogi gruntowej. Byłem zadowolony. Niepokój związany z przygotowaniami został wreszcie za mną. Oczekiwałem tej chwili od miesięcy. W tym czasie namawiałem różne redakcje na sfinansowanie wyprawy, bałem się, że Pakistańczycy nie wbiją wizy w moim podejrzanie wyglądającym dokumencie azylanckim, martwiłem się, czy Afgańczycy zorganizują ekspedycję, i wreszcie czekałem na moment wyjazdu. Świat gorączkowych rozmów telefonicznych, formularzy do wypełnienia i rachunków do zapłacenia był teraz daleko. Nawet strach, jaki nawiedzał mnie tuż przed wyjazdem, nie dawał o sobie znać. Życie nagle nabrało prostoty, jakiej zawsze pragnąłem – powietrze było czyste, gwiazdy jasno świeciły, a ja wierzyłem swemu szczęściu. O północy dobiliśmy do bazy w Tobah.

Poszedłem za Szahem Walim i Amanullahem do jasno oświetlonej chaty. W kącie paliła się lampa gazowa, na dywanach klęczeli modlący się Afgańczycy. Niespodziewanie, mimo otaczających mnie ludzi, poczułem się samotny.

Pojąłem nagle, jak odmiennie będzie odtąd wyglądać moje życie. Pieniądze stracą znaczenie, języki, które znam – polski, angielski, rosyjski – będą niezrozumiałe, sposób zachowania może zostać opacznie odebrany. Poza Amanullahem, poznanym tydzień wcześniej, wszyscy byli obcy, niewiele jeszcze różniący się od siebie. Wyruszałem w nieznane; zawierzyłem swój byt grupie złożonej w większości z niedorostków.

Zakończyli właśnie swój rytuał.

– Jak się nazywasz? – spytał dowódca bazy.

– Nazywam się Rahim – odparłem w moim elementarnym perskim. Amanullah wymógł na mnie wcześniej, bym dla bezpieczeństwa przybrał afgańskie imię; Rahim było najbliższe mojemu.

– O, to bardzo piękne imię. Mister Rahim, prosimy do nas na herbatę!

Nieogolone twarze wokół uśmiechały się tak szeroko, jakbym miał być podany na kolację do tej herbaty. Byłem wśród przyjaciół.

W ciągu godziny ciężarówki zostały przeładowane i ruszyliśmy dalej. Zaproszono mnie do kabiny kierowcy, wspiąłem się jednak na tył samochodu z resztą podróżnych. Jeśli zostaniemy zaatakowani, będę mógł zeskoczyć i uciec, podobnie wybuch miny wyrzuci mnie przez burtę, a nie spali w kabinie jak w pułapce. Chciałem zresztą pokazać, że nie potrzebuję komfortu i mogę znieść ciężkie warunki podróży.

Po bezdrożach wokół Kandaharu przedzieraliśmy się nocą

A okazały się rzeczywiście ciężkie. Samochód był wypchany po brzegi bronią i amunicją, z naszą dwudziestką ściśniętą na paczkach – mała półciężarówka była przeznaczona dla ośmiu pasażerów. Sierp księżyca wkrótce znikł i tylko gwiazdy oświetlały drogę.

Jechaliśmy bez świateł – niedaleko rozciągały się tereny łowieckie helikopterów. Samochód szarżował przez wydmy i rowy z niebezpieczną szybkością, wzbijając tumany kurzu niczym ślizgacz bryzgi wody. Dygotałem w zimnym powietrzu pustyni, przed którym nie chroniła mnie cienka odzież; kurz lepił mi włosy i trawił skórę twarzy. Ze względu na przeładowanie musieliśmy nieraz zeskakiwać i popychać półciężarówkę pod górę. Po kolejnej godzinie takiej jazdy osiągnęliśmy leżącą na wysokości niecałych 200 metrów n.p.m. przełęcz. Samochód zatrzymał się na szczycie. Afgańczycy wyszli z samochodu, kilku zaczęło się modlić, inni zaintonowali posępną pieśń, jeszcze inni tylko wzdychali. Granica. Byliśmy w Afganistanie.

Po dwóch godzinach półciężarówka zatrzymała się; nadszedł czas noclegu. W kamienistym łożysku wyschniętego strumienia spaliśmy aż do świtu. W południe dotarliśmy do małego zagajnika, w którym obozowało około pięćdziesięciu partyzantów. Pod drzewami stały byle jak zakamuflowane samochody: jedna duża ciężarówka i dwie mniejsze półciężarówki. Dowódcą grupy był Sajid Odżan, starszy mężczyzna z białą brodą, wysokim czołem, grubymi wargami i głosem zdartym od krzyku. Okazało się, że wiadomości są niepomyślne: trzy dni wcześniej kilku jego ludzi zginęło w pułapce parę kilometrów dalej. Odżan umieścił wzdłuż naszej trasy dobrze uzbrojonych partyzantów, mając nadzieję, że dopadnie organizatorów owej zasadzki. Na razie droga wydawała się czysta – wypełnione ludźmi ciężarówki mknęły szybko w kierunku granicy, zostawiając za sobą chmury pustynnego piachu. Niektóre wiozły rannych do szpitali na terenie Pakistanu – wielu z nich miało nie przeżyć tej jazdy.

To, że na drodze panował normalny ruch, nie wykluczało bynajmniej możliwości kolejnej zasadzki. Dwa lata wcześniej amerykański dziennikarz Charles Thornton padł ofiarą podobnej iluzji bezpieczeństwa. Niedaleko Kandaharu oddział, któremu towarzyszył, ostrzeżono o sowieckiej zasadzce, kiedy jednak z przeciwnego kierunku nadjechała ciężarówka, uznali, że droga jest czysta, i ruszyli. Zaatakowały ich śmigłowce, które oświetliły teren dla żołnierzy piechoty. Thornton zginął.

Otaczały nas niskie wzgórza i krzewiaste równiny, poprzecinane dolinami wyschniętych rzek. Północna część Afganistanu z łańcuchami wysokich gór stała się zbyt niebezpieczna dla helikopterów, ale tu, na pustyniach południa, mogły wciąż polować. Za dnia konwoje partyzanckie atakowała artyleria, nocami specjalne oddziały sowieckie zakładały pułapki. Spadochroniarze albo żołnierze Specnazu* lądowali w ciemnościach daleko poza trasami partyzantów, by następnej nocy zaskoczyć ich z przygotowanej zasadzki. Ostrzeliwani z małej odległości bronią maszynową i rakietami, partyzanci nie mieli żadnych szans.

Nasz konwój – cztery półciężarówki, dwie ciężarówki i prawie sześćdziesięciu ludzi – wyruszył następnego ranka. Naczelne dowództwo powstańcze – gdyby takie istniało – powinno nakazać dzielenie podobnych konwojów na kilka grup, których ruchy trudniej byłoby przewidzieć i zauważyć, mniejsze też byłyby straty, jeśliby nieprzyjaciel zaatakował. Afgańczycy woleli duże konwoje, ponieważ czuli się bezpieczniej w większej grupie: „Jeśli wpadniemy w zasadzkę, może wywiąże się długa bitwa i może właśnie mnie uda się wyrwać z okrążenia". Samochody nie trzymały się razem przez całą drogę i w nocnym bałaganie często nie potrafiłem się ich doliczyć. Czasem jechaliśmy

---

* Specnaz (*Otriady Spiecjalnogo Naznaczenija*) – doborowe oddziały komandosów armii sowieckiej (przyp. tłum.).

w zorganizowanej kolumnie, innym razem pojedyncze ciężarówki ruszały własną drogą, by dopiero wieczorem zebrać się w jednym punkcie. Z początku myślałem, że była to specjalna, uwa-
runkowana latami praktyki technika unikania wroga. Prawdę
miałem poznać później.

Naszym celem był Sangin, oaza u podnóża gór na północny
zachód od Kandaharu, dokąd mieliśmy dotrzeć w ciągu dwóch
nocy. Wpierw mieliśmy przekroczyć szosę Kandahar–Kabul, którą za dnia przemierzały konwoje nieprzyjacielskich czołgów, transporterów opancerzonych i samochodów ciężarowych.

Usadowiłem się z tyłu wielkiej sowieckiej ciężarówki; jej klak-
son ryczał niczym syrena strażacka. W przedniej szybie była
dziura po kuli: samochód został zdobyty przez partyzantów podczas ataku na szosę. Nowe przeciwlotnicze karabiny maszynowe, worki ziarna, skrzynki amunicji i beczki z ropą były przykryte plandekami chroniącymi je od nieznośnej spiekoty, nie dość
jednak grubymi, by się wygodnie usadowić na całym tym skła-
dzie. Gdziekolwiek przysiadłem, zawsze jakaś metalowa część
uzbrojenia, róg skrzynki z pociskami czy stercząca lufa wbijały
mi się w zmęczone ciało. Wcisnąłem się między wór z ziarnem
a burtę samochodu zbitą z grubych desek i uchwyciłem znajdującej się nade mną stalowej ramy. Starałem się poddawać koły-
saniu i wstrząsom, aby nie wypaść z ciężarówki. Podobnie jak
inni osłoniłem twarz przed piachem czarną chustą – wyglądaliśmy niczym banda staromodnych włamywaczy. By zapobiec wy-
sychaniu warg, zaciskaliśmy je na tkaninie.

Posuwaliśmy się wzdłuż rzeki, prawdopodobnie dopływu Kuszki; letni upał spowodował znaczne obniżenie poziomu wody pomiędzy piaszczystymi brzegami. Jazda była teraz o wiele łatwiej-
sza niż na otwartym terenie wśród pagórków i rowów. Trzymaliśmy się więc biegu rzeki, mimo że nie płynęła dokładnie w kierunku, w którym podążaliśmy. W ciągu pół godziny pokonaliśmy
przełęcz i zjechaliśmy w „Dolinę Ciężarówek", ochrzczoną tak

przeze mnie. Pierwsze z zarytych tutaj aut musiało być bardzo stare, bo tkwiło zapadnięte głęboko w piaszczysty brzeg, drugie chyba było nowsze, może sprzed dwóch lat, ponieważ piach nie zdołał go jeszcze pochłonąć. Łapało powietrze sterczącą maską silnika, tonąc powoli w ruchomych piaskach. Dolina była zbyt otwarta na zorganizowanie zasadzki, ciężarówki musiały więc zostać trafione z helikopterów. Inne wraki wyglądały na świeższe. Kamienne piramidy z zatkniętymi flagami na długich tyczkach znaczyły groby tych, którym nie udało się przekroczyć doliny. Mijając je, wznosiliśmy dłonie i szeptaliśmy modlitwy.

Konwój wjechał w boczny wąwóz, tak stromy, że musieliśmy iść przed pojazdami. Było to najwyraźniej ulubione miejsce zasadzek. Co kilkaset metrów stały wypalone wraki samochodów, a ich ładunek był rozrzucony po ziemi. Większość ich wjechała do Afganistanu w konwojach sowieckich, z których „wyrwali" je partyzanci, aż w końcu padły ofiarą sowieckich komandosów. Inne, toyoty i simurgi, dotarły tu z Pakistanu. Zacząłem je liczyć; doszedłem do trzydziestu i przestałem. Nasze ciężarówki wspinały się teraz z wyjącymi silnikami na skalne przejścia i pokonywały wąskie gardziele – wymarzony teren dla ataku komandosów. Niebezpieczeństwo wzmagały wielkie beczki z olejem napędowym, jakie wiózł każdy pojazd. Gdyby w którąś z nich uderzył pocisk, samochód poszedłby z dymem.

Woń paliwa pocisków rakietowych unosiła się w powietrzu – dwa dni temu inny konwój wpadł w zasadzkę. Wzdłuż drogi leżały łuski stupięciomilimetrowych pocisków, a ich pokrywy były porozrywane w wyniku eksplozji podczas bitwy albo z powodu strasznego upału. Z metalowych cylindrów kipiał pomarańczowy płyn; dobywały się z niego smugi białego dymu. Płomienie zamieniły pojazdy w matowoczarne szkielety. Lufy ciężkich karabinów maszynowych, wykonane ze specjalnie hartowanej stali, która miała wytrzymywać wysoką temperaturę przy długim strzelaniu, były czarne od sadzy, poskręcane niczym stopiona guma. Przechodząc obok wraków, spoglądałem przez ramię na szczyty najbliższych wzniesień. Trzeba się było pospieszyć – porzucone skrzynki z amunicją mogły eksplodować w każdej chwili. Świadczyły o tym rozsiane wokół kawałki drewna i setki rozmaitych pocisków.

Nieco dalej, wzdłuż niskiej skarpy, leżało kilkadziesiąt skrzynek: wydawać się mogło, że to uratowany ładunek jakiejś ciężarówki. Wyglądały na nietknięte i zastanawiałem się, dlaczego Afgańczycy nie sięgają po ich zawartość. Wojskowe racje w próżniowych opakowaniach miały angielskie napisy: „Potrawka z kury", „Sałatka warzywna", „Hamburgery" – standardowe wyposażenie armii amerykańskiej. Leżały też niezliczone srebrzyste pudełka z chińskimi znakami, wypełnione nabojami kalibru 12,7 milimetra. Pociski do moździerzy spoczywały równo przy drodze, jakby specjalnie przygotowane do odpalenia. Zatrzymałem się i nabrałem rozmachu, by kopnąć wierzch jednej ze skrzynek. Wrzask z tyłu dobiegł zbyt późno: but uderzył w drewniane wieko z dużą siłą. Odskoczyło – wewnątrz były zestawy opatrunkowe, strzykawki i fiolki ze środkami uśmierzającymi ból. Obejrzałem się za siebie: trzej ludzie leżeli na pylastej drodze, ramionami nakrywając głowy. Po chwili biegli już do mnie i krzyczeli:

– Mister Rahim, odejdź od tego natychmiast! Wielu naszych zginęło w ten sposób. Rosjanie zostawiają to wszystko celowo, w środku często kryją miny. Powinniśmy cię byli uprzedzić.

Partyzanci strzegli okolicznych wzgórz, czuliśmy się więc w miarę bezpiecznie. Atak mógł nastąpić tylko w nocy, kiedy obserwacja wzniesień była niemożliwa, a ciężarówki stanowiły pewny, pozbawiony obrony cel.

– Dlaczego nigdy nie jedziecie tędy w ciągu dnia? – zapytałem Amanullaha. – Można przecież umieścić na samochodach ciężkie karabiny maszynowe, które zapewniałyby choć częściową ochronę przed helikopterami, przodem zaś wysłać zwiadowców, by szukali zamaskowanych w terenie nieprzyjaciół...

Próbowano i tego – odparł – ale straty były zbyt wysokie. Helikoptery wylatywały na patrole dwójkami, czwórkami, nawet szóstkami, i jeden czy dwa karabiny maszynowe nie wystarczały, by je odpędzić. Brzuchy Mi-24 są okryte kuloodpornymi płytami kilkucentymetrowej grubości, a pleksiglasowe szyby wytrzymują nawet strzały ciężkokalibrowej broni. Każda maszyna jest wyposażona w sto dwadzieścia pocisków rakietowych i karabin maszynowy typu Gatling, jedna zaś rakieta potrafi zniszczyć ciężarówkę. Dzięki doskonałemu układowi celowniczemu helikoptery mogą bez trudu atakować z odległości dwóch kilometrów.

Wieczorem dopiero pojąłem, dlaczego jednak przejechaliśmy ten teren w ciągu dnia. Kiedy rozsiedliśmy się koło meczetu w jakiejś opustoszałej wiosce i popijaliśmy herbatę, zza rogu wyszedł Afgańczyk z długą ciężką rurą na ramieniu. Oczy wszystkich skierowały się ku niemu. Zebrani spoglądali z czułością na podłużny przyrząd, a do mężczyzny zwracali się z respektem. Chroniono nas o wiele skuteczniej, niż przypuszczałem. Obiektem owej powszechnej admiracji była rakieta typu Stinger, przygotowana do odpalenia w każdej chwili, a „opiekujący się" nią partyzant spędził cały dzień na szczycie wzgórza; ubezpieczał nasz przejazd. Szkoda, że akurat dziś helikoptery nie nadleciały, pomyślałem. Nie widziałem jeszcze zestrzelonego śmigłowca.

Skończyliśmy posiłek i wkrótce po zapadnięciu zmroku siedzieliśmy znów na ciężarówkach. Szosa miała być oddalona o sześć godzin jazdy na północ. Przy odrobinie szczęścia powinniśmy ją przekroczyć jeszcze tej nocy, dojechać aż do posterunków nieprzyjacielskich na przedmieściach Kandaharu, po czym pruć dalej na północ aż do świtu.

Jechaliśmy w ciemnościach, bez świateł. Wąski sierp księżyca wkrótce znikł i szoferzy włączyli reflektory. Ich blask był skierowany w dół poprzez umocowane na zderzakach wąskie, podobne do ruchomych żaluzji kratki, co pozwalało oświetlić kilka metrów drogi przed pojazdem. Teoretycznie ciężarówka wyposażona w takie urządzenie miała być trudniejsza do rozpoznania z powietrza, jednak każdy skok samochodu na wybojach powodował, iż światło reflektorów omiatało teren i niebo we wszystkich kierunkach.

W czasie poprzedniej podróży do Afganistanu strzelano do mnie, tyle że z daleka. Teraz wciąż mi się wydawało, że gdzieś za jakąś skałą kryje się ktoś, kto kładzie już palec na spuście – ktoś zupełnie mi nieznany, mimo to gotów mnie zabić. Gdy się siedzi na ciężarówce mijającej strome zbocza i skały, za którymi może się czaić wróg, człowiek czuje się tak, jakby był celem. Czujność, wytężona uwaga przy każdym kroku, odpowiednie sformowanie grupy – wszystko to przestaje się liczyć. Zacisnąłem tylko dłonie na poręczach i ufałem szczęściu. Tak wyobrażałem sobie wtedy pierwszą noc na Manhattanie, z tym że tu nie miałbym nawet szansy na oddanie portfela.

Strach, choćby najsilniejszy, nie ściska jednak stale za gardło, lecz powraca co jakiś czas. Jeśli nic nowego się nie dzieje, przy największym nawet niebezpieczeństwie pojawia się rozluźnienie, nuda. I wtem sytuacja się zmienia: raca świetlna wspina się na niebo, z oddali dochodzi odgłos wymiany strzałów, kamienie w rzece hałasują niczym łopatki rotora helikoptera – nagle wszystkie nerwy znów się napinają.

Pompa paliwowa wydawała normalne dźwięki, lecz rura wydechowa strzelała w powietrze długimi iskrami, zdmuchiwanymi zaraz przez wiatr. Nagle coś eksplodowało pod samochodem. Stanęliśmy. Nie była to dętka, znacznie gorzej: koło wpadło na ostrą skałę i opona poszła w strzępy. Na szczęście byliśmy w pierwszym samochodzie; zapasowe koła wiozła ciężarówka z tyłu. W przeciwnym razie moglibyśmy czekać godzinami, aż ktoś z przodu zorientowałby się, że coś się nam przydarzyło.

Zaczynałem powątpiewać w kompetencje Odżana. Jego komendy rozbrzmiewały głośno w nocnej ciszy, ale ludzie wykonywali je ospale, jakby chcieli pokazać, że i tak wiedzą wszystko lepiej. Kiedy nasz kierowca zmieniał koło, reszta rozsiadła się na ziemi. Rozmawiali głośno, zamiast czekać w ciszy i nasłuchiwać, czy nie nadlatują skądś helikoptery. Kilka minut wcześniej poprawialiśmy niecierpliwie, z dokładnością do centymetra, ustawienie osłon reflektorowych, by ze śmigłowców nie dostrzeżono naszych świateł, teraz natomiast paliły się pochodnie i jarzyły ogniki papierosów. Nagle z odległości około pięciu kilometrów dobiegł odgłos strzałów – nikt nie zwrócił na to uwagi.

Nie przekroczyliśmy szosy tej nocy. Po paru kilometrach dalszej jazdy złapaliśmy kolejną gumę. Mieliśmy jeszcze jedno zapasowe koło, ale jeśli w którymkolwiek z pozostałych dwóch samochodów przedziurawiłaby się dętka, nawet w pobliżu szosy – znaleźlibyśmy się w kłopotliwej sytuacji. Nie byłoby czasu na naprawę czy rozłożenie bagażu na dnie ciężarówki, musielibyśmy zostawić ładunek. Po wymianie pełnych złości okrzyków między Odżanem i kierowcami zdecydowano poszukać kryjówki na noc i rano naprawić szkody. O północy wjechaliśmy do małej osady; ciężarówki wcisnęły się między niskie drzewa, które miały je kamuflować. Znalazłem kawałek płaskiego gruntu na podwórzu jakiejś lepianki i zmęczony natychmiast zasnąłem.

Allahu akbar! Bóg jest wielki! Trzeci poranek w tej samej osadzie. Obudziłem się, jak zwykle, o świcie na podwórku glinianej chaty. Mężczyźni, którzy spali wokół mnie, zaczęli się niemrawo podnosić, a następnie ruszyli w kierunku strumienia. Zaśpiew muezina, wzywającego do modlitwy z dachu jednego z domów, niósł się ponad osadą:

Zaprawdę nie ma Boga jak tylko On!
Zaprawdę Mahomet jest jego Prorokiem!
Spieszcie na modlitwę!

Spieszcie do własnego szczęścia!
Modlitwa jest lepsza niż sen! Bóg jest wielki!
Zaprawdę nie ma Boga jak tylko jeden i prawdziwy On!

Modlitwa o świcie

Postacie w turbanach klęczały już w rzędzie na derkach i po-
chylały głowy w kierunku Mekki.

Poprzedniej nocy Sajid Odżan otrzymał wiadomość od partyzantów z innego zgrupowania. Droga jest wolna, twierdzili,
i chcieli się do nas przyłączyć. Kolejne informacje, przynoszone
przez kurierów, napływały w czasie posiłku. Za każdym razem
Odżan wkładał na nos okulary i z powagą, słowo po słowie, odczytywał notatki. Po naradzie z kierowcami postanowił, że spę-
dzimy w osadzie jeszcze jedną noc. Podejrzewał, że droga przed
nami nie jest w rzeczywistości zupełnie „czysta" i że inne grupy
chcą się do nas dołączyć, aby zwiększyć swoją szansę na przebi-
cie się, gdyby przyszło nam walczyć z nieprzyjacielem.

Po modlitwie schowaliśmy się wszyscy w budynku, by spokojnie przedrzemać upał. Spałem w lekkim śpiworze z goreteksu. Nagle obudziły mnie odgłosy gorączkowej bieganiny i tupania – ponad nami narastał grzmot, jakby ktoś świdrem pneumatycznym wwiercał się w dach. Potrzebowałem kilkunastu sekund, aby pojąć, co się dzieje, i dopiero wtedy trzęsącymi się rękami zacząłem szarpać zapięcie śpiwora. Gdy się z niego wyplątałem, w budynku był tylko Amanullah, a wiercenie zmieniło się w nawałnicę huku tak głośną, że mięśnie kurczyły mi się pod skórą. Ponad kakofonię przedarły się wybuchy. Budynek dygotał jak przy trzęsieniu ziemi, a z sufitu sypał się pył.

Torba z aparatem wisiała nade mną na gwoździu wbitym w ścianę; w pierwszym odruchu chciałem ją chwycić i uciekać na zewnątrz. Nagle całkowicie przytomny, spróbowałem nastawić mechanizm aparatu, ale nie mogłem; palce ślizgały mi się na pokrętłach i przyciskach, którymi w normalnych warunkach operowałem bez trudności. Warkot i wybuchy osiągnęły crescendo gdzieś nad moją głową. Po chwili nabrałem odwagi, by wyjrzeć z chaty. Dostrzegłem cztery śmigłowce. Płynęły po niebie niczym wieloryby; odfruwały bez pośpiechu i zawracały nad pagórkiem powyżej osady. Ich brzuchy przywodziły na myśl pojazdy kosmiczne z filmów science fiction: stalowe powierzchnie, z których sterczały drążki, anteny, pokrętła i uchwyty. Helikoptery płynęły majestatycznie, odwracając się do mnie bokiem. Z tyłu, za krótkimi lotkami, do których były podwieszone rakiety, widniała wymalowana na podkładzie barw ochronnych wielka czerwona gwiazda. Śmigłowce były piękne i wcale nie tak niemrawe jak wieloryby. Piaskowozielone, przypominały raczej cztery gigantyczne skaczące pantery, idealnie zgrane w doskonale wyćwiczonym cyrkowym numerze. Nie były to jednak oswojone zwierzaki. Wyrzutnie rakiet miały zwrócone na boki jak łapy sięgające już po zdobycz.

Unosiły się nisko, może pięćdziesiąt metrów nad dachami domów – zapewne chcąc uniknąć naszych stingerów, których minimalny pułap wynosi trzysta metrów. Kołowały nad pagórkiem, zanim przeniosły się nad osadę; po drodze wszystko niszczyły. Ich rakiety były odpalane tak szybko, że z początku wziąłem je za strzały z broni maszynowej. Gładka dotąd powierzchnia podwórka, na którym spaliśmy tej nocy, teraz była zryta powykręcanymi kawałkami metalu, w glinianej ścianie po przeciwnej stronie tkwił szrapnel, dach budynku tlił się.

Hałas łopat zaczął znów narastać.

– Rąbnijcie z granatnika, to polecą wyżej, a ja wtedy wystrzelę stingera! – krzyknął ktoś, ale helikoptery zbliżały się szybko i nikt nie odpowiedział.

Obsługa granatnika była, jak zwykle u Odżana, nieprzygotowana, a pociski z kałasznikowa nie mogły przebić pancerza śmigłowców, nie było zatem sensu strzelać i ryzykować życia. Wycofałem się do budynku i kucnąłem przy ścianie, z głową osłoniętą rękami i wciśniętą między kolana, by stanowić jak najmniejszy cel. Ciężarówki szlag trafił, pomyślałem.

Następny kwadrans ciągnął się bez końca. Helikoptery powracały siedem, osiem razy, detonacje coraz bardziej się przybliżały. Amanullaha i mnie pokrywał opadający wciąż z sufitu pył; wyglądaliśmy niczym pomniki „ozdobione" przez gołębie. Rozproszony pył przyćmiewał światło wpadające przez drzwi i zmuszał nas do kaszlu. Nie miałem wcale ochoty na modlitwę – autorzy powieści łżą, kiedy tak piszą. Myślałem wyłącznie o tym, gdzie mogłoby mi być lepiej: czy dalej w niezmienionej pozycji pod ścianą, czy też w rogu pomieszczenia, gdzie miałbym ochronę z dwóch stron – ale strach paraliżował mi ruchy. Na zewnątrz detonacje były tak częste, że doszedłem do wniosku, iż są to serie z gatlinga, a przed nimi ściany powinny nas ochronić. Nagle przez ryk śmigłowców przebił się huk eksplodującej rakiety, od którego zatrzęsła się moja ściana.

Niespodziewana cisza. Kaszląc, prawie ogłuszony, krzyknąłem do Amanullaha, że teraz nadlecą myśliwce, więc powinniśmy uciekać. Najważniejszą sprawą stało się dla mnie nagle ocalenie moich rzeczy. Mimo iż helikoptery zataczały tylko kolejne, szersze koło, każda chwila bez osłony groziła niebezpieczeństwem. Jednak ratowanie za wszelką cenę mojego dobytku – torby fotograficznej, manierki, reszty – wydawało mi się zupełnie oczywiste. Wszystko było porozrzucane, przykryte grubą warstwą pyłu i gruzu. Wepchnąłem co się dało w moje juki – zmiętoszony śpiwór z goreteksu, aparat, jedzenie – i złapałem dodatkowo koc. Jeżeli helikoptery dopadną nas na otwartym terenie, przycupnę gdzieś i narzucę na siebie koc; może wróg nie zauważy mnie na tle ziemi i skał. Przeklinałem pętelki juków, niedające się szybko zasznurować, wreszcie, z manierką dyndającą u pasa i kocem zarzuconym na ramię, wybiegłem z budynku.

Osada, w której spaliśmy przez trzy dni, była w gruzach. Nad drzewami przysłaniającymi nasze ciężarówki unosił się gęsty czarny dym. Różowe fluorescencyjne płomyki przygasały w bruzdach wyrytych przez eksplodujące rakiety. Nad całą wioską, a także na zboczu wzniesienia, stały nitki ciemnego dymu. Sto metrów od osady znaleźliśmy mały jar z kałużą wody na dnie. Poczułem nagle, jak bardzo chce mi się pić. W zielonej wodzie aż gęsto było od insektów i roślin, ale piliśmy zachłannie, na nic nie zważając. Ulokowaliśmy się potem w skalnej dziurze osłoniętej krzakami; śmigłowce nie mogły nas tu dosięgnąć, należało się jedynie obawiać bezpośredniego trafienia bombą.

– Teraz wyślą komandosów, żeby nas tu wyłapali albo dopadli gdzieś po drodze – powiedziałem.

– Nie, wiedzą już, że zniszczyli nasze samochody, więc mogą wycofać żołnierzy, którzy na nas czekali – odparł Amanullah.

On optymista, ja realista, pomyślałem. Jedyny pozostały mieszkaniec osady minął nas pospiesznie; ciągnął za sobą osła, na którym siedziała zawoalowana kobieta. Przez następny kwadrans usiłowałem sobie przypomnieć, czy również wepchnąłem do juków niebieską plastikową torbę z książkami. Byłem już gotów to sprawdzić, gdy ktoś krzyknął do nas, że po drugiej stronie wzgórza, dziesięć minut drogi stąd, jest lepsze schronienie. Zaryzykowaliśmy szybki marsz przez otwartą przestrzeń i dotarliśmy do głębokiego, stromego wąwozu, na którego dnie wił się strumień. Na górze, w cieniu skalnego nawisu, siedział ranny Sajid Odżan.

Zgrupowani przy nim kierowcy powiedzieli, że w czasie ataku pobiegł jak stał w kierunku ciężarówek, wykrzykując niepotrzebne rozkazy, gdy wokół niego eksplodowały pociski. Jedna z rakiet trafiła w drzewo; ścięła je tuż przy ziemi, zaledwie parę kroków od Odżana, i odłamek pocisku trafił go między oczy. Kawałek metalu wielkości ziarna kawy wbił się w jego kość nosową, nie dosięgnął jednak mózgu. Pozbawiony instrumentów i środków znieczulających, nie odważyłem się próbować operacji, przemyłem tylko Odżanowi ranę, by uniknął zakażenia, i zalepiłem plastrem. Ranny obejrzał się w lusterku i wyraźnie zadowolony ze swej walecznej aparycji przybrał przed moim obiektywem bohaterską minę.

Po godzinie spędzonej w ukryciu zaryzykowaliśmy powrót do wioski. Chciałem wyjąć Odżanowi odłamek i odszukać moje juki. Skradaliśmy się do ruin osady ostrożnie, jakby wciąż mogło stamtąd nadejść zagrożenie. Dopiero teraz zobaczyliśmy, ile mieliśmy szczęścia. Większość drzew nosiła świeże rany – jasne nacięcia, z których sterczały wielkie drzazgi. Jałową ziemię pokrywały opadłe liście, połamane gałęzie i powalone pnie. Gliniane ściany chat i gliniane zapory rozdzielające tarasowe pola były zniszczone, a ich ocalałe fragmenty nabite poskręcanymi kawałkami metalu. Części pocisków rakietowych leżały na ziemi – przypominały zgniecione puszki po piwie, rozrzucone jak po meczu piłkarskim. Kiedy szedłem wzdłuż jednego z poletek, nagle zapadła się pode mną ziemia i zjechałem po pas w jamę wypełnioną pyłem. Przez moment myślałem, że to mina zrzucona przez helikoptery, ale wybuchu nie było. Wydostałem się na zewnątrz, pokryty kurzem przemieszanym z drobinami metalu. Rakieta musiała uderzyć w skarpę, po której biegła ścieżka, i wyryć w niej jamę; gdy stanąłem w tym właśnie miejscu, grunt osunął się pod moim ciężarem.

Drzewa w osłaniającym nasze samochody zagajniku, gdzie Odżan dostał odłamkiem, były tak strasznie zniszczone, że zastanawiałem się, jak w ogóle ktoś mógł stamtąd ujść z życiem. Srebrzysta sowiecka ciężarówka, którą przyjechałem, była teraz wrakiem. Pocisk przeszedł gładko przez dach kabiny i eksplodował w silniku. Kabina, wypalona w środku i wyrwana z zawiasów, była pochylona do przodu, a srebrna farba odchodziła z niej płatami. Kierowcy przykucnęli obok i spokojnie omawiali najlepsze sposoby ocalenia reszty ładunku. Odważni, uratowali wcześniej pozostałe dwa samochody, stojące pod drzewami obok. Gdy wszyscy szukali schronienia, a helikoptery krążyły nad głowami, oni

Po uderzeniu rakiety naprawienie ciężarówki nie będzie łatwe

gasili palącą się ciężarówkę. Gdyby zbiorniki paliwa – umieszczo- ne tuż za ogarniętym płomieniami silnikiem – wyleciały w powie- trze lub gdyby pocisk trafił zaledwie metr dalej, płonący olej na- pędowy spłynąłby ze zbocza, docierając do pozostałych pojazdów i niszcząc je, a w każdym razie ich opony, co spowodowałoby cał- kowite unieruchomienie samochodów, ponieważ nie mieliśmy już zapasowych kół. Okazało się teraz, że zniszczona została jeszcze tylko jedna półciężarówka, a i to, dziwnym trafem, przez szrap- nel, który podziurawił opony. Spędzenie trzech dni w jednej wios- ce było głupotą, ale braki w ocenie niebezpieczeństwa partyzanci nadrobili – tym razem – odwagą.

Gdy podeszliśmy do budynku, który dawał nam schronienie podczas ataku, Amanullah krzyknął:

– Spójrz, tu uderzył pocisk!

W murze była dziura wielkości sporego talerza. Pocisk przebił zewnętrzną ścianę i utkwił w niej o trzydzieści centymetrów od cienkiej ścianki działowej postawionej między naszym a sąsied- nim pomieszczeniem. Ścianka nosiła ślady wybuchu, ale detona- tor został pobudzony przez zewnętrzny mur, który poniósł naj- większe szkody, gdyż pocisk eksplodował w izbie obok; ścianka działowa ocalała. Była to zapewne owa ostatnia, tak groźna, blis- ka detonacja. Gdyby rakieta uderzyła kilkanaście centymetrów dalej, wybuch nastąpiłby w naszym pomieszczeniu – i czy kulił- bym się wtedy pod ścianą, czy też w rogu pokoju, nie miałoby to najmniejszego znaczenia. Pusty sąsiedni pokój był zdewastowa- ny. Podmuch eksplozji w ograniczonej murami przestrzeni roz- rzucił odłamki pocisku dosłownie wszędzie – wbił je w ściany, a także pokrył nimi podłogę.

3

Rosyjscy mudżahedini

Straciliśmy wprawdzie dwa pojazdy, ale Sajid Odżan nadal utrzymywał, że nie zostaliśmy odkryci przez nieprzyjaciela.

– Owszem, zniszczyli ciężarówki – mówił – ale to czysty przypadek; piloci dostrzegli je podczas normalnego lotu patrolowego.

Był pewien, że nie podejrzewali, iż w wiosce kryje się cały oddział. Żaden z jego ludzi nie strzelał do helikopterów, wróg musiał więc odlecieć zadowolony z dobrze wykonanej roboty.

– Może zauważyli dym, gdy przygotowywaliśmy herbatę? – zapytał jeden z ludzi Odżana.

– A może jednak przyfrunęli uprzedzeni o naszym postoju? – usiłowałem przekonać dowódcę, gorączkowo szukając właściwych słów w rozmówkach perskich.

Jeśli rzeczywiście był to zwykły lot patrolowy, dlaczego lecieli tak nisko? Czyżby wiedzieli, że mamy stingery? Czy należało zatem czekać na atak myśliwców albo komandosów? Czy nie lepiej było ruszyć natychmiast, może nawet podzielić się na kilka grup, co pomieszałoby plany wroga? Amanullah popierał mnie: jeśli nieprzyjaciel nie wiedział o naszym postoju w wiosce, po co w ogóle ją zaatakował? Wokół rozciągały się pustkowia – helikoptery nie mogły prowadzić rozpoznania z niskiej wysokości, jak więc wpadły na nasz trop? I czy naprawdę było przypadkiem, że pocisk trafił akurat w kabinę kierowcy ciężarówki? Jeden z kierowców zgadzał się z nami, ale reszta nas przegłosowała: chcieli czekać na nadejście nocy – osiem godzin w tym właśnie miejscu.

Spodziewałem się więc najgorszego. Było dla mnie oczywiste, że piloci wiedzieli doskonale, co atakują. Mogli nie zauważyć mężczyzn kręcących się po osadzie, ale z pewnością dostrzegli ciężarówki, nawet bez pomocy noktowizorów, w jakie było wyposażonych wiele Mi-24 w celu swobodnego „podglądania" drzew. Po liczbie pojazdów musieli się zorientować, że konwój jest wart przechwycenia, i na pewno powiadomili o tym bazę. Przewidywałem więc atak bombowy lub zasadzkę na drodze; byłem pewien, że właśnie teraz wróg coś dla nas szykuje.

Moallem Szah Wali również uważał, że nie powinniśmy zwlekać, lecz ruszyć natychmiast, ale wyczuwałem, że stosunki między nim i Odżanem są napięte. Oddział Szaha Walego i mnie dołączono w ostatniej chwili do konwoju prowadzonego przez Odżana, i to na wyraźne żądanie biura Dżamijatu. W związku z tym Odżan uważał nas za kulę u nogi. Ale Szah Wali martwił się o dalszy rozwój wypadków.

– Chcesz kałasznikowa? – zapytał mnie znienacka.

Trudno było mi się zdecydować. Przecież jestem dziennikarzem, nie żołnierzem, i nie powinienem być uzbrojony, ale... jaki sens miało przestrzeganie konwencji, jeśli wróg nie respektował żadnych układów? W cywilizowanych, jeśli można tak powiedzieć, wojnach – na przykład w kampanii falklandzkiej – którym przypatrują się niezależni obserwatorzy, obie strony przestrzegają zasad dla własnego interesu, ponieważ jakiekolwiek ich pogwałcenie jest natychmiast wykorzystywane przez przeciwnika. Oznaczanie czerwonymi krzyżami pojazdów i mundurów personelu medycznego było podczas sporu o Wyspy Falklandzkie niepozbawione racji. Ale na przykład w Korei lekarze i sanitariusze szybko odkryli, że znaki Czerwonego Krzyża wzmagają ataki nieprzyjaciela i służą jako cel; przestali więc ich wkrótce używać.

Wojna afgańska była starciem koncepcji politycznych i odpowiednie naświetlenie w zachodnich mediach informacji o walkach miało nieraz większe znaczenie niż sam rezultat walk. Rosjanie rozumieli to doskonale, wobec czego tropili towarzyszących partyzantom zachodnich dziennikarzy niczym robactwo. Moja obecność wystawiała mych afgańskich gospodarzy na większe ryzyko: konwój czy wioska pomagające obcokrajowcowi były bardziej narażone na atak. Pojmanego cudzoziemca można było przedstawić w czasie konferencji prasowej jako szpiega – jeszcze jednego agenta imperialistycznej agresji skierowanej przeciw demokratycznemu Afganistanowi. Komendant każdego sowieckiego i afgańskiego garnizonu wiedział, że podobny łup jest murowaną gwarancją awansu, nic więc dziwnego, że stare wygi reportażu wojennego cechowała zawsze wyjątkowa dyskrecja i ruchliwość.

Broń zatem przyjąłem z wdzięcznością. Chińska produkcja, prosto z fabryki. Oksydowany metal był wciąż czarny, nieozdobiony jeszcze islamskimi hasłami, naklejkami ani zieloną taśmą, tak lubianą przez Afgańczyków. Rok wcześniej nauczyłem się obsługiwać kałasznikowa. Potrafiłem nawet wyzerować celownik, a także wyczyścić lufę i zamek – podstawowe, zdawałoby się, umiejętności, ale i tak było to więcej, niż opanowała większość Afgańczyków. Spodziewałem się, że za sprawą dowództwa Odżana wpadniemy prosto w zasadzkę, tej nocy lub następnej. Za dnia mogłem liczyć na Szaha Walego i jego ludzi – osłanianie mnie było dla nich sprawą honoru – w nocy jednak łatwo się zgubić. A jeśli złym zrządzeniem losu Szah Wali czy Amanullah oddzielą się ode mnie albo zginą? Reszta partyzantów, mimo iż przyjazna, nie zna celu mojej podróży i nie musi się czuć związana rozkazami z Peszawaru. Jeśli dalsza droga miałaby się okazać naprawdę ciężka, wtedy każdy musi myśleć o sobie. Gdyby przyszło mi wracać do Pakistanu samemu, broń przydałaby mi się z pewnością. Otoczony, zawsze mogę ją odrzucić i udawać, że stoję z pustymi rękami.

Nie wahałbym się jednak jej użyć. Mogliśmy w każdej chwili natknąć się na profesjonalnych zabójców: spadochroniarzy czy

sowieckich komandosów z jednostek Specnazu. Zadania tego typu – przygotowania zasadzki w obcym terenie – nie zleca się
zwykłym poborowym. Jeśli nie uległbym ich „specjalizacji", bez
skrupułów sprzątnąłbym któregoś z tych zbirów. Poborowi to inna sprawa. W większości byli to uczciwi, niechętni walce żołnierze, zastraszeni przez swych oficerów. Znałem ich kilku.

Rok wcześniej w Tora Bora u Abdula Kadira poznałem trzech
sowieckich żołnierzy, uciekinierów z oddziałów okupacyjnych:
Władysława Naumowa, Siergieja Busowa i Wadima Płotnikowa.
Rdzenni Rosjanie. Ryzykowali życie, ale przeszli na stronę powstańców. Udało im się, a Afgańczycy sprytnie ich wykorzystali
do propagandy i szkolenia.

Wadim przyjechał do Afganistanu już z zamiarem ucieczki.
Miał wuja w Bostonie i chciał się tam osiedlić. Celowo więc obraził oficera w swojej macierzystej jednostce, bo miał nadzieję, że
za karę zostanie wysłany do Afganistanu. Zdezerterował w tydzień po przybyciu.

Siergiej nie planował ucieczki. Gdy się poznaliśmy, był już
mocno wszystkim zmęczony. Palił jedną albo dwie paczki papierosów dziennie – zależnie od częstotliwości bombardowań. Każdego
dnia wspinaliśmy się na szczyt wyrastający nad naszym obozem,
taszcząc rakietę przeciwlotniczą, za pomocą której zamierzaliśmy
strącić jeden z nurkujących odrzutowców. Grzmot ich silników wy-
woływał u Siergieja nerwowy skurcz. Rosjanin pochodził z Permu
na Uralu. Dopiero tu, z książek przysyłanych mu do Afganistanu
przez rosyjskie organizacje emigracyjne, dowiedział się o istnieniu
dziesiątków obozów pracy rozsianych wokół jego rodzinnego miasta. W Afganistanie był kierowcą transportera opancerzonego
w Dywizji Bagramskiej stacjonującej koło Kabulu. Zaledwie dziewiętnastoletni, zdezerterował ze strachu przed terrorem wprowa-
dzanym przez starików, „wiarusów", czyli żołnierzy, którzy odsłu-
żyli już więcej niż rok. Pobili go kiedyś, opowiadał, bo nie miał
przy sobie regulaminowych igieł do szycia z białą i zieloną nitką.

„Następnego dnia oberwałem znów, bo miałem trzy igły, a starik pełniący służbę zdecydował, że to o jedną za dużo". Innym razem leżał już na swojej pryczy, gdy dwóch „wiarusów" rozpoczęło zapasy. „Jeden z nich rozkazał mi z wrzaskiem, bym polał jego partnera zimną wodą. Tamten powiedział: «Spróbuj, a cię zabiję». Cokolwiek bym zrobił, dawało im pretekst do sprawienia mi kolejnego lania". Co też uczynili.

Żołnierze głodowali, ponieważ stariki kradli ich racje; z głodu poborowi przerzucali śmietniki, szukając odpadków. „Ale w listach do domu pisałem, że wszystko w porządku, jedzenie dobre i jest go dużo. Poczta do Rosji była cenzurowana i listy ze skargami po prostu niszczono. W dniu mojej ucieczki miałem w kieszeni list do matki. Znowu jej powtarzałem, jak nam tu dobrze i żeby się nie martwiła, że nie dostaję dość dużo żarcia". Przez cały czas mego pobytu w obozie Siergiej ani razu nie odmówił jedzenia, nawet jeśli dopiero co wstał od obfitego posiłku.

Uciekł w końcu, gdy ktoś ukradł części silnika jego transportera. „Za karę mogli mnie zakatować". Jeden ze starików poradził mu „odkraść" je komu innemu, po czym skonfiskował kałasznikowa. Siergiej ukradł więc trzy bagnety i trzy pełne magazynki, żeby mieć czym handlować w drodze do Pakistanu, i uciekł. Wysłano za nim patrole. Raz mało nie natknęła się na niego kilkudziesięcioosobowa kolumna żołnierzy, gdy śmiertelnie wyczerpany spał jak kamień. Uciekał w kierunku gór, aż spotkał dwóch pastuchów, którzy ku jego zdumieniu zorientowali się, kim jest, nakarmili go i doprowadzili do partyzantów.

Władysław był bardziej świadomym dysydentem. Urodzony w Wołgogradzie-Stalingradzie – był sierżantem 66 brygady stacjonującej w Dżalalabadzie. Opowiadał, że w jego oddziale jakiś „wiarus" zabił rekruta, który przez omyłkę włożył nie swój płaszcz. „Ale oni łgali od samego początku – mówił. – Zanim wsiedliśmy do samolotu, oficer powiedział nam, że lecimy do Polski. Bali się dezercji jeszcze przed startem. Wyobraź sobie naszą rozpacz, gdy odkryliśmy, że jesteśmy w Kabulu. Byliśmy w tej bazie praktycznie więźniami, wokół pola minowe i drut kolczasty..."

Na placówce koło Dżalalabadu przekazał powstańcom trochę broni. Ktoś doniósł na niego i trafił do więzienia. „Major Makarow z KGB kazał wlać do mojej celi chlorowaną wodę. Stałem w niej po kostki, a opary paliły mi oczy, nos, gardło... Przez miesiąc dostawałem sto pięćdziesiąt gramów chleba i, prawie codziennie, po kościach. W końcu zgodziłem się zaprowadzić Makarowa do moich «wspólników», ale powiedziałem mu, że przychodzą do wioski wyłącznie nocą. Poszliśmy więc w nocy i gdy puścili mnie wolno, bym znalazł ludzi, prysnąłem ile sił w nogach uliczkami wioski, a potem przepłynąłem rzekę. Patrole KGB strzelały za mną, ale miałem wrażenie, że kierują ogień nad moją głową".

Abdul Kadir (pierwszy z lewej) z Siergiejem, Władysławem i Wadimem w Tora Bora

Wierzyłem im – wszyscy trzej uciekli w tym samym czasie niezależnie od siebie. Przez przypadek trafili na tę samą grupę partyzancką, trzymani więc byli razem. Gdy poznałem ich na jesieni 1986 roku, walczyli już od dwóch lat u boku powstańców. Pierwszy rok spędzili więzieni w kryjówce w Peszawarze. Wreszcie wyrwali się z niej i przez kilkanaście godzin uciekali przez miasto – trzej Rosjanie wśród tysięcy Afgańczyków. Partyzanci dopadli ich tuż przed osiągnięciem celu, czyli konsulatem USA. Paradoksalne, lecz przez ową próbę ucieczki zdobyli zaufanie Afgańczyków. Chcieli się przedostać dalej na Zachód, nie z powrotem do Związku Sowieckiego, i to przekonało dowódców powstańczych, że ci trzej to prawdziwi dezerterzy.

Wydaje mi się, że to Władysław wpadł na pomysł, by przyjąć islam. Nie znali nawet podstawowych modlitw, poruszali tylko bezgłośnie wargami podczas skłonów nazywanych przez nich *zariadka,* czyli gimnastyka. Abdul Kadir, który był ich dowódcą, najprawdopodobniej się w tym orientował, ale nie sprzeciwiał się niczemu. Karawana, z którą przyszedłem do obozu, przywiozła również kilkanaście kartonów dunhilli i wideokamerę. Siergiej kręcił za dnia, a wieczorem oglądaliśmy rezultaty jego wysiłków na ekranie wielkiego telewizora przytaszczonego tu na oślim grzbiecie i zasilanego prądem z obozowego generatora. Do oglądania, niestety, mieliśmy tylko jeden film, dreszczowiec według Agathy Christie, i powtarzaliśmy go do znudzenia. Dla Afgańczyków Siergiej, Władysław i Wadim nie byli dezerterami, tylko rosyjskimi mudżahedinami. Rozmawiałem z nimi swobodnie po rosyjsku – partyzanci nie rozumieli tego języka i w gruncie rzeczy mogłem dla nich być jeszcze jednym Rosjaninem, który wspólnie z rodakami planował ucieczkę. „Rodacy" jednak cieszyli się pełnym zaufaniem, czego widocznym znakiem były oddane im trzy najlepsze kałasznikowy.

Miesiąc wspólnie przeżywanych niebezpieczeństw bardzo nas do siebie zbliżył. Cechowała ich wielkoduszność i spontaniczność, tak pociągające dla cudzoziemców u Rosjan. Otaczali mnie opieką; gdy spaliśmy na przykład razem na dachu domu Kadira, kazali mi kłaść się pomiędzy nimi, dzięki czemu miałem zapewnioną lepszą ochronę. Po owych dwóch latach walk w terenie byli bardzo sprawni fizycznie i mogli maszerować o wiele szybciej niż ja. Kiedy partyzanci zakończyli oblężenie garnizonu i uchodziliśmy w góry, zaatakowały nas bombowce. Siergiej i Władysław nie wyrwali się jednak do przodu, by umknąć przed zagrożeniem, lecz pozostali przy mnie, wzięli część mojego ekwipunku i razem dotarliśmy do bazy; po drodze kryliśmy się w jaskiniach.

Wbrew panującemu przekonaniu Polacy lubią Rosjan – w polskiej literaturze na przykład pojawia się dużo pozytywnych rosyjskich bohaterów – zbyt często jednak na przeszkodzie staje polityka. Nasi intelektualiści dręczą się od dziesiątków lat problemem stosunków polsko-rosyjskich, dylemat jest jednak całkiem prosty: przez dwa ostatnie wieki reżimy rosyjskie uważały gnębienie Polaków za cel swej polityki, ponadto najeżdżały kilkakrotnie Polskę i nasyłały najgorszą swołocz jako przedstawicieli narzuconych nam rządów.

Byłem zadowolony, że udało mi się zaprzyjaźnić z tą trójką i że historia naszych narodów nie stanęła nam tu na przeszkodzie. Byliśmy mniej więcej w tym samym wieku – pamiętali nawet *Czterech pancernych i psa*, tę słynną telewizyjną propagandówkę wojenną, która najwyraźniej z równym powodzeniem przerobiła nas na dobrą komunistyczną młodzież. Wciąż uśmiecham się mimowolnie, kiedy wspominam mych trzech rosyjskich przyjaciół. Z pewnością musiało być wielu im podobnych po drugiej stronie – nie byli to moi wrogowie.

Władysław, Siergiej i Wadim przydawali się partyzantom. Pamiętam Siergieja, jak z uchem przyklejonym do krótkofalówki podsłuchiwał rozmowy pilotów w śmigłowcach. W czasie ataków montowali ciężką wyrzutnię pocisków rakietowych, napro-

Siergiej pisze list do królowej Anglii

wadzali ją na cel i strzelali. Kiedyś Władysław wypalił w kierunku atakujących bombowców i najprawdopodobniej strącił jeden. Widziałem, jak pocisk eksplodował tuż przy odrzutowcu, a w późniejszych relacjach mówiono, że samolot spadł na ziemię.

Nasi trzej Rosjanie chcieli wysadzić w powietrze zaporę w Sorubi, skąd płynął prąd dla Kabulu, ale okazało się, że nie wystarczyłoby środków wybuchowych. Potem zaczęli planować coś jeszcze bardziej smakowitego: porwanie sowieckiego generała. Znali dobrze zwyczaje komendanta garnizonu w Dżalalabadzie: każdego piątku upijał się w towarzystwie pielęgniarek w garnizonowym lazarecie, skąd odwożono go parę kilometrów do jego kwatery; trasa wiodła przez niestrzeżony teren. Generał czuł się bezpieczny, ponieważ wiedział, że droga przecina obsadzony wielo-

Nie ma to jak kąpiel w kraterze po bombie

ma posterunkami obszar okupowany przez siły rządowe. Moi ro-
syjscy przyjaciele twierdzili jednak, że potrafią się tam zakraść
pod osłoną nocy, przebrani w mundury sowieckiej armii, z kilkoma zaledwie partyzantami dla osłony. Pozostałe grupy miały zaatakować w innym miejscu w celu odwrócenia uwagi przeciwnika. Chcieli, bym poszedł z nimi i filmował przebieg akcji. Tego typu zdobycz przedstawiałaby dla Afgańczyków niewymierną
wprost wartość. Rosjanie nie uznali nigdy mudżahedinów za rze-
czywistego przeciwnika; ujętych partyzantów traktowali jak zwykłych bandytów, nie jak jeńców wojennych, w związku z czym od-
mawiali również jakiejkolwiek wymiany pojmanych żołnierzy.
Sowiecki generał wart byłby zatem co najmniej kilku setek
Afgańczyków. Niestety, naszym Rosjanom zabrakło czasu, by
wprowadzić plan w życie.

Wszyscy trzej pragnęli się przedostać na Zachód; Afgańczycy
nie mieli nic przeciwko temu, ale żadne z zachodnich państw nie

chciało Rosjan przyjąć. Działo się to w parę miesięcy po „redezercji" do ZSRR kilku sowieckich żołnierzy, atmosfera nie była więc sprzyjająca. Dezerterom, którzy trafili do Anglii i Stanów Zjednoczonych, nie zapewniono właściwej opieki. Po kilkunastu miesiącach spędzonych w Afganistanie w szeregach armii sowieckiej i po całych latach przepracowanych w odosobnionych kołchozach żołnierze ci trafili nagle do Londynu czy na Manhattan. Zamiast zapewnić im naukę języka i przygotować do jakiejś pracy, władze pozostawiły ich praktycznie własnemu losowi – mieli troszczyć się o siebie sami, byli teraz przecież wolni... Pozbawieni przyjaciół, przepełnieni melancholią, stanowili łatwy łup dla sowieckich wysłanników, którzy przekazali im listy od rodzin i zapewnienie o całkowitym bezpieczeństwie w razie powrotu. Dezerterzy dali się skusić z czystej rozpaczy.

Wadim, Siergiej i Władysław słuchali codziennie radia i znali te historie. Byli przeświadczeni, że wracający do Związku Sowieckiego są natychmiast likwidowani.

Prezydent Reagan obiecywał wprawdzie naszym trzem Rosjanom, że będą się mogli osiedlić w USA, ale od jego zobowiązania minęło już sześć miesięcy... Powiedziałem im, żeby zwrócili się ponownie raczej do pani Thatcher. Specjalny list zabrał do Londynu Sandy Gali, dziennikarz telewizji brytyjskiej, ale nie otrzymali żadnej odpowiedzi. Urzędnik z Foreign Office, któremu przekazałem ich list po powrocie do Londynu, dawał łatwe do przewidzenia odpowiedzi: Czy wiem, ile to może kosztować? Czy zdaję sobie sprawę, że pani premier ma wkrótce złożyć oficjalną wizytę w Moskwie? Czy mam zamiar zatruć klimat owej wizyty, może nawet spowodować, że brytyjskie firmy zostaną pozbawione wielomilionowych zysków? A jeśli owa trójka to narkomani, którzy sprawią tylko kłopot? I jak w ogóle mogę zagwarantować, że nie są to sowieccy agenci?

Całe szczęście, że kiedy użerałem się z apatycznymi londyńskimi urzędnikami, opracowano już sposób na wyrwanie moich rosyjskich przyjaciół z Afganistanu. Wszyscy trzej pojawili się nagle na konferencji prasowej w Toronto. Kanada zaoferowała im azyl polityczny.

Przewiesiłem kałasznikowa przez pierś, dla bezpieczeństwa z lufą skierowaną ku ziemi, ale poluzowałem rzemienie, aby w każdej chwili móc poderwać broń do góry i strzelić. Mały plecak Amanullaha i mój *churdżin* zostały wydobyte spomiędzy gruzów; moja plastikowa torba z książkami była nienaruszona. Spodziewałem się wielu jeszcze dni podobnych do tych ostatnich, kiedy bezczynność usypia czujność i stwarza złudne wrażenie bezpieczeństwa. Bez czegoś do czytania można się wtedy rozchorować z nudów. Lektura dawała mi tu więcej satysfakcji niż w domu: czytałem bez pośpiechu, pozwalając sobie na wyobrażanie jakichś scen czy roztrząsanie argumentów. Inspiracja płynąca z książek przeczytanych na tym odludziu była głębsza, pamiętam je dokładniej niż inne, połknięte pośród wielkomiejskiego hałasu.

Robiło się coraz upalniej, aby więc ochronić filmy trzymane w jukach, schowałem torbę w skalnej jamie i dodatkowo nakryłem ją gałęziami. Zszedłem potem z Amanullahem w dół przepaści do położonej nad strumieniem osady; mieliśmy nadzieję, że uda nam się złapać trochę ryb na obiad. Po godzinie schodzenia natknęliśmy się w nadrzecznej chacie na rannego. Dwudziestodwuletni mężczyzna z naszego oddziału siedział ubrany w pomarańczowy wełniany sweter mimo ogromnego upału. Przez kilkanaście miesięcy pobytu w Peszawarze zbierał pieniądze na aparat słuchowy dla swojego ojca. W obozie pokazywał mi z dumą ów przyrząd, z którym wracał teraz do rodzinnej wioski nad brzegami rzeki Oxus*. Gdy zaatakowały go helikoptery, drzemał na ze-

---

* Starożytna, używana jeszcze niekiedy nazwa Amu-darii (przyp. tłum.).

wnątrz; pocisk uderzył w ścianę dwa metry od niego. Rękaw pomarańczowego swetra był sztywny od zakrzepłej krwi – odłamek trafił partyzanta w ramię, przebił mu skórę i mięśnie, ale szczęśliwie nie naruszył kości. Gospodarz chałupy przyniósł w porcelanowej filiżance do herbaty odrobinę wody. Rozpuściłem w niej sporą porcję nadmanganianu z mojej podręcznej apteczki. Środek ten bardzo się w takich wypadkach przydaje: parę kryształków wystarcza, by oczyścić z bakterii kilka litrów wody, natomiast roztwór o większym stężeniu ma właściwości antyseptyczne. Przemyłem dokładnie wlot i wylot rany i poprawnie ją zabandażowałem. Duża chusta posłużyła jako wygodny temblak.

Chałupa i położona niedaleko druga stanowiły całą osadę, wyglądały jednak lepiej niż wioska, w której spędziliśmy ostatnie trzy dni. Płynął tu strumień, w którym poiło się bydło i który nawadniał uprawy. Nareszcie, pierwszy raz od czasu ataku, mogliśmy się umyć; posłużył nam do tego kanał irygacyjny biegnący przed domem. Właściciel zaprosił nas na posiłek. Jedliśmy już, kiedy w drzwiach przyczaił się wyglądający na przestraszonego trzy- albo czteroletni chłopiec.

– Widzicie go? – Gospodarz wskazał ręką dziecko. – Bawił się w polu, a ci strzelili do niego, tak sobie, dla przyjemności.

Gdyby helikoptery leciały na wysokości dwustu albo więcej metrów, można by przyjąć, że strzelcy wzięli dziecko za partyzanta, choć w takim wypadku cała osada zostałaby zniszczona. Leciały jednak nie wyżej niż pięćdziesiąt metrów nad ziemią, a z tej wysokości już doskonale rozróżnia się cel. Kule ominęły chłopca o zaledwie parę metrów.

Wypadek ten przypomniał mi usłyszaną w Peszawarze opowieść o zdarzeniu, jakie miało miejsce rok czy dwa lata wcześniej w dolinie Pandższir. Podczas ofensywy partyzanci zmusili do przymusowego lądowania na swoim terenie uzbrojony w cekaem helikopter. Pilot ocalał – wyskoczył z ogarniętego płomieniami wraka i zaczął uciekać w kierunku gór. Po kilku krokach zauważył zbliżających się ze wszystkich stron Afgańczyków. Przystanął wtedy, rozejrzał się wokół, pojął, że ucieczka jest niemożliwa – i pomaszerował z powrotem w rozpalone piekło.

Jaką miał szansę na przeżycie konfrontacji z partyzantami? Może pięćdziesiąt procent. Gdy Afgańczyków nie ponosił zanadto ferwor bitwy, na ogół woleli brać Rosjan żywcem, by pokazywać ich potem dziennikarzom. Ten jednak wybrał śmierć, przekonany prawdopodobnie, że czekają go tortury. Podejrzewam, iż w gruncie rzeczy połowicznie tylko wierzył w owe opowieści o męczeniu więźniów, które bez wątpienia rozpowszechniało sowieckie dowództwo.

Widocznie miał nieczyste sumienie. Pilot odrzutowca nie jest w stanie rozpoznać ludzi, tylko zaledwie doliny i skupiska domów; z kabiny helikoptera widać, kto i co jest atakowane. Zanim partyzanci otrzymali stingery, śmigłowce krążyły często tuż nad wioskami, niszcząc je metodycznie. Jaskrawe okrycia kobiet i dzieci szczególnie dobrze odróżniały się od szarego tła ziemi.

Po powrocie do Londynu oglądałem w telewizyji zebranych na lotnisku sowieckich pilotów. Jeden z nich stał na płycie, za nim, w tle, olbrzymie larwy helikopterów kołowały na swoje pozycje. Pilot był młody, miał może dwadzieścia lat, i przystojny, w szykownej skórzanej kurtce i zielonej czapce polówce. Na jego twarzy pojawił się smutek, kiedy opowiadał, co przydarzyło się jego towarzyszom: zaledwie czterdzieści sekund po starcie ich śmigłowiec został trafiony stingerem, który przebił boczne osłony. Pilot zginął natychmiast, stery przejął radiooperator. Nagranie jego ostatniej rozmowy z bazą zagłuszyło teraz wywiad:

– Siedemdziesiąt pięć zero jeden, co się dzieje? – pytała wieża kontrolna.

– *Proszczajtie, riebiata!* – odkrzyknął radiooperator.

Mówił coś jeszcze, ale odbiór słabł i jego ostatnie słowa utonęły w gwizdach i piskach, po czym trzask, jak przyciśnięcie wyłącznika, zerwał wszelki kontakt.

– Siedemdziesiąt pięć zero jeden, skacz natychmiast! – krzyczała wieża. – Siedemdziesiąt pięć zero jeden, czy mnie słyszysz?!

Nie było już odpowiedzi.

– Najtrudniej jest pogodzić się ze stratą kogoś bliskiego – mówił dalej pilot z lotniska. – Służyliśmy razem ponad rok. To były dobre chłopaki...

Kilku żołnierzy zaśpiewało następnie ponurą pieśń zatytułowaną *Czarny Tulipan*: była to nazwa samolotu, którym z Kabulu do ZSRR przewożono zwłoki ich kolegów.

Wyglądali na porządnych facetów. W ich oczach nie było zła ani fanatyzmu, nie okazywali radości z tego, że byli w Afganistanie. Dlaczego więc musieli sami umierać albo zabijać innych „dobrych chłopaków" – moich afgańskich współtowarzyszy?

Zaskoczyło mnie, że kiedy patrzyłem na twarz człowieka, który mógł mi zadać śmierć, nie czułem do niego wrogości.

Dlaczego walczą przeciwko Afgańczykom, pytałem wciąż sam siebie, oglądając raz po raz nagrany na taśmę wideo wywiad. Dlaczego biorą udział w tej brudnej wojnie, która nie jest przecież ich wojną? Muszą z pewnością zdawać sobie sprawę, że walczą ze zwyczajnymi Afgańczykami, nie zaś z mitycznymi najemnikami z Chin i USA. Po ośmiu latach wojny było to oczywiste nie tylko dla żołnierzy na froncie, ale i dla większości mieszkańców Związku Sowieckiego. Uzbeccy i tadżyccy rekruci zbuntowali się podobno już we wczesnych miesiącach walk, większość Rosjan odbywała jednak służbę bez protestu. Niektóre rodziny próbowały uchronić synów od frontu afgańskiego i przekupywały oficerów z biur werbunkowych, nie istniał jednak w ZSRR powszechny ruch protestu przeciw tej wojnie. Jedynie Andriej Sacharow od samego początku się sprzeciwiał.

Dalej w tym samym programie reporter, który przeprowadzał wywiad z pilotem, rozmawiał na moskiewskim cmentarzu z przeciętną rosyjską kobietą: w średnim wieku, otyłą, o cerze zniszczonej codziennym mozołem, ubraną w jaskrawe fiolety, oranże i zielenie, niemodne od dwudziestu lat. Wraz z innymi podobnymi jej kobietami zawiązała nieformalną grupę „cmentarnych matek". Każda z nich wiedziała wszystko o zmarłych synach swych współtowarzyszek. Wiedziały, gdzie zginęli, ale słowo „Afganistan" nie mogło się pojawić na nagrobkach. Władze dopiero niedawno pozwoliły na umieszczanie formuły: „Zginął podczas wypełniania internacjonalistycznego obowiązku".

– Przywieźli ich wszystkich w metalowych trumnach, nie mogliśmy ich zobaczyć, nie mogliśmy ich nawet pożegnać – łkała kobieta. Mówiła, stojąc przed miejscem pochówku syna, kamieniem nagrobnym z czarnego marmuru, na którym widniała dumna czerwona gwiazda. – Myślę o nim bez przerwy. Pamiętam, jak pisałam do niego każdego dnia, gdy wstąpił do armii. Kiedy przyszło zawiadomienie o jego śmierci, obwiniałam się, że wszystkie moje listy były takie patriotyczne. W jednym wspomniałam, zdaje się, *Pieśń o sokole* Gorkiego, który mówi w niej, że lepiej przeżyć tylko dwadzieścia pięć lat, lecz pić świeżą krew, niż żyć wiecznie i żywić się ścierwem. Rozumie pan? Może gdybym tego tak nie podkreślała, mój syn byłby wciąż wśród żywych.

Trudno mi było szczerze jej współczuć. Czy umacniając syna w patriotycznym duchu, zastanawiała się, jak rzeczywiście wygląda jego walka? Wątpliwe, bo zapewne bezmyślnie łykała oficjalną propagandę. Czy pomyślała kiedykolwiek o afgańskich matkach, których rozpacz była wynikiem „patriotyzmu" jej syna? Miała rację, że obarczała się winą. Dopóki miliony podobnych jej zwyczajnych Rosjan będą uważały, że ich patriotycznym obowiązkiem jest popieranie rządu podejmującego okupację innych krajów, dopóty rząd ten będzie posyłał młodych ludzi – ich synów – by zabijali synów innych rodziców.

Mimo zabezpieczenia, jakie dawał mi ciążący na ramieniu karabin maszynowy, czułem się na tym pustkowiu jak przyparty do muru. Byłem przekonany, że gdzieś pośród niczmierzonych zarośli czai się coś złego. Wróciłem do osady. Ciężarówka jeszcze się dopalała; resztki ładunku zwalono na ziemię. Wieczorem ruszyliśmy piechotą w drogę, z przodu Sajid Odżan i Moallem Szah Wali, za nimi Amanullah i ja. Osioł, który wkrótce zniknął nam z oczu, niósł moje juki i plecak Amanullaha. Kiedy opuszczaliśmy osadę, kierowcy ściągali z samochodów kamuflujące plandeki i gałęzie. Byłem pewien, że wpadną niebawem w zasadzkę, więc maszerowałem bez oporów.

Szliśmy przez błyszczącą piaszczystą łachę. Bałem się, że zgubimy w ciemności drogę. Dwaj dowódcy mieli jakieś sprawy do omówienia, trzymaliśmy się więc w odpowiedniej odległości z tyłu. Ścieżka rozchodziła się co kilkaset metrów i wiła łagodnie pośród górskiej roślinności. Od czasu do czasu na tle gwiaździstego nieba pokazywały się dwie sylwetki w turbanach – to Odżan i Szah Wali osiągnęli kolejny szczyt jakiegoś wzniesienia. Gubiliśmy ich często i musieliśmy wtedy w świetle mojej kieszonkowej latarki szukać śladów na piaszczystej ścieżce. Odżan szedł boso, więc przynajmniej byliśmy pewni, że podążamy we właściwym kierunku.

Niespodziewanie pojawiały się osady – w jednej chwili ginęły nagie wzgórza ciągnące się aż po nocny horyzont, a otwierała się mała dolina z drzewami i zabudowaniami otaczającymi źródło wody. Osady były opuszczone, gliniane lepianki rozpadały się niczym antyczne ruiny.

Przynaglałem Amanullaha do pośpiechu – mogliśmy się tak łatwo zgubić. Słabo się orientowałem, w jakim kierunku należałoby iść, by dotrzeć do pakistańskiej granicy, oddalonej teraz o co najmniej sto pięćdziesiąt kilometrów. Marsz powrotny, połączony z omijaniem nieprzyjaciela, zabrałby nam minimum tydzień. Nie miałem nawet przy sobie szczegółowej mapy tego rejonu; moja ogólna mapa Afganistanu nie na wiele by się przydała, zresztą i tak spoczywała na dnie juków, które przepadły razem z osłem. Wyrzucałem sobie, że tak łatwo spuściłem z oka mój ekwipunek. Przekonywałem Amanullaha, że powinniśmy maszerować tuż za naszymi dowódcami, znającymi przecież drogę. Założenie, że mają lepsze rozeznanie, okazało się błędne. Dopiero później zauważyłem, że Odżan jest równie jak my nieświadom tego, co może się znajdować przed nami. Szedł po prostu w kierunku najbliższej zamieszkanej osady, ufając Allahowi i licząc na napotkanie kogoś, kto mógłby nam pomóc.

O północy, już ledwo idąc, trafiłem z Amanullahem między gliniane lepianki i zaułki jakiejś wioski. Odgłosy rozmowy doprowadziły nas do wyłożonego dywanami i poduszkami ganku, na którym pod ścianą rozpierał się Odżan.

– Jak się masz, mister Rahim! – zagrzmiał na mój widok. – Zmęczony? Ale lubisz marsz! Uważaj na siebie, nie przemęczaj się!

Niepotrzebnie się obawiałem; mieszkańcy wioski sprzyjali partyzantom. Zaraz postawiono przede mną chleb, herbatę i słodycze. Znalazł się również osioł z moimi jukami. Odżan mógł być rzeczywiście mało kompetentnym dowódcą, wystawiającym swoich ludzi na niepotrzebne ryzyko, ale uratowali go znów zwykli Afgańczycy, którzy okazywali poparcie powstańcom. Mogliśmy wejść do nieznanej nam wioski i oczekiwać, że zostaniemy gościnnie podjęci. A może, widząc, że jesteśmy uzbrojeni, mieszkańcy woleli dać nam wszystko, o co prosimy, byle tylko pozbyć się nas bez walki? Wiele oznak sugerowało, że było przeciwnie. Chłopi mogli przecież twierdzić, że nie mają zbędnego pożywienia, albo też zbyć nas kilkoma kawałkami czerstwego chleba – co wydawało się całkiem przekonujące, zważywszy na to, że przybywaliśmy niespodziewanie. Było jednak inaczej. Wieśniak spojrzał na mnie z uśmiechem i wcisnął mi do ręki jeszcze ciepłe gotowane jajko. Trochę później inny wyciągnął w moją stronę chustę ciężką od moreli, Bóg wie gdzie zerwanych. Tego typu bezinteresowne gesty wyryły się w mojej pamięci; udowadniały przecież, po której stronie leży sympatia większości Afgańczyków.

Po godzinach marszu bez jedzenia odpoczynek na miękkich poduszkach, wyciągnięcie ciężkich niczym ołów nóg, filiżanka herbaty oraz słodycze były czystą rozkoszą. Mięśnie powoli rozluźniały się, ciepły płyn koił spękane wargi i zmywał z gardła piaskowy osad. Jeśli nie brakowało cukru, wsypywano go do połowy filiżanki, następnie dopełniano ją – bez mieszania – herbatą. Cukier oczywiście nie rozpuszczał się w całości i pozostający na dnie ulepek osładzał dolewaną herbatę. Czasem zamiast cukru podawano słodycze; trzymałem wtedy kawałek czegoś słodkiego pod językiem, a napój opłukiwał to dokładnie. Z każdym łykiem herbaty czułem, jak przybywa mi energii, a zmysły odzyskują wigor.

Afgańska gościnność obejmuje rozmaite uprzejmości, jakich my, ludzie Zachodu, nigdy nikomu nie świadczymy. Życzliwość okazywana mi wyłącznie dlatego, że byłem gościem, wprawiała mnie w zakłopotanie. Zjawiając się zwykle bez zaproszenia i zapowiedzi, otrzymywałem niezliczone posiłki, za które gospodarze nie chcieli przyjąć jakiejkolwiek zapłaty. Afgańczycy nie pozwalali mi samemu prać mojego ubrania, nawet skarpet: mężczyźni odkładali na bok kałasznikowy i prali w rękach moją brudną koszulę czy spodnie. Szlachetność ewidentnie nie była ograniczona zakazami. Przypomniałem sobie owe wzruszające przysługi wiele miesięcy później, kiedy, już w Anglii, czytałem jakiś artykuł opisujący Afgańczyków jako „dzielnych, acz barbarzyńskich ludzi". Dla redaktora z Fleet Street cywilizacja oznaczała mieszczański komfort i kołtuński sposób myślenia.

Odległy warkot zagłuszył naszą paplaninę na ganku – czy aby nie był to dźwięk tnących powietrze śmigieł helikoptera? Wstaliśmy, by się rozejrzeć. Nisko, tuż nad ziemią, ujrzeliśmy światło. Jeszcze minuta i żółty odblask, jaki dawały założone na samochodowe reflektory osłony, stał się jaśniejszy. Dojechała nasza najlepsza ciężarówka, lekka toyota wioząca skrzynki ze stingerami. Owa noc była szczególna: samochody – nasze i z innych oddziałów – nadjeżdżały i znów znikały, ludzie maszerowali, zamiast jechać, bo bali się zasadzki, po czym nagle decydowali, że jazda ciężarówką będzie jednak bezpieczniejsza. Nikt, a najmniej Odżan, nie próbował nawet opanować panującego zamieszania.

Wiadomości były niedobre. W ciemnościach straciliśmy jeszcze dwa pojazdy. Dopiero teraz odkryto, że w czasie ostatniego ataku chłodnicę jednego z nich musiał przebić pocisk, i samochód został porzucony. Drugi miał wypadek po drodze – pasażerowie wykrzykiwali jeden przez drugiego, że kierowca jechał za szybko i przeładowany pojazd przewrócił się na wyboju, przy czym trzej mężczyźni zostali ranni. Jeden podszedł do mnie. Miał złamaną rękę i było widać, że cierpi. Nie dysponowałem żadnymi środkami znieczulającymi i złościło mnie, że nie mogę mu pomóc.

Sajid Odżan nie wydawał się zaniepokojony przypadłościami swoich ludzi. Ani nie próbował ratować utraconego wyposażenia, ani też nie starał się pomóc rannym. Wypytywał mieszkańców wioski o dalszą drogę, ale prognozy były mizerne: patrol czołgów przeszkadzał w marszu do przodu. Jeśli było tak rzeczywiście, nie mogliśmy jechać prosto w kierunku szosy, lecz czekał nas objazd przez rozciągający się wśród zarośli zaminowany obszar.

Nie dotarliśmy tej nocy do szosy. Osioł został w wiosce, a my, mimo że poruszaliśmy się dość szybko, dojechaliśmy o trzeciej nad ranem do następnej na wpół zamieszkanej osady, gdzie na podłodze meczetu przespaliśmy resztę nocy. Dzień zszedł mi na drzemce przeplatanej lekturą, w pokoju gościnnym jednego z mieszkańców.

Po podwieczorku wziąłem się do czyszczenia mojego aparatu fotograficznego – jeden z Afgańczyków oddał przypadkowy strzał w sufit i zasypał nas wszystkich suchym torfem. Partyzant z grupy Odżana zaczął się bawić aparatem: był to ten sam chłopak, który obsługiwał wyrzutnię stingera. Nie zapisałem jego imienia, ale pamiętam go dobrze: zawsze nosił tę samą chińską czapkę polówkę, a na ramieniu miał wytatuowaną swastykę. Pozował radośnie do moich zdjęć, wyciągając rękę w nazistowskim salucie. Był niewątpliwie przekonany, że Hitler, który zlikwidował tylu Rosjan, musiał być wspaniałym człowiekiem. Zdecydowanym gestem odebrałem mu aparat i zapowiedziałem wszystkim obecnym, że chętnie pokażę im całe wyposażenie, ale niech nigdy nie próbują sięgać po nie sami.

Partyzant powiedział po chwili namysłu:

– Jesteś taki sam jak ten fotograf, który zmarł w naszym obozie. Wściekał się, gdy braliśmy aparat bez pytania, ale poproszony objaśniał nam wszystko.

Baza Odżana w Szindandzie leżała, podobnie jak Herat, w głębi kraju i byłem zaledwie trzecim cudzoziemcem, jakiego w niej widziano. Nikt jednak się nie domyślał, że jeden z dwóch wcześniejszych gości – Dominik Vergos, francuski weteran walk, który spędził czternaście miesięcy z partyzantami – był moim znajomym. Dominik powiedział mi, że w bazie zaintrygowała go jedna rzecz: pokazano mu profesjonalny aparat fotograficzny z zestawem wysokiej klasy obiektywów. Na pytanie, skąd wzięli taki sprzęt, usłyszał odpowiedź, że miał go oficer armii afgańskiej, którego zabili. Brzmiało to wiarygodnie – bazar w Kabulu był pełen wszelakiego przemycanego dobra, sprzedawanego po zdumiewająco niskich cenach – ale mało prawdopodobnie. Oficer mógł kupić aparat z najwyżej jednym standardowym obiektywem, może nawet i teleobiektyw, ale nie całe wyposażenie zawodowca.

– Co się z nim stało? – spytałem.

– To było cztery lata temu. Był w naszym obozie przez miesiąc, robił zdjęcia zasadzek na szosie łączącej Herat z Kandaharem. Któregoś dnia podczas ataku kula z kałasznikowa drasnęła go w głowę. Nie stchórzył, obandażował tylko ranę i poszedł dalej fotografować. Ale potem dostał następną kulę, w pierś, i zmarł parę godzin później.

Tajemnica pojawienia się w dzikich górach profesjonalnego aparatu została rozwiązana. Partyzanci okłamali Dominika. Słyszałem, że ojciec Staale Gundhura – owego norweskiego fotografa, który zginął – przyjechał do Pakistanu w 1982 albo 1983 roku. Ofiarowywał dużą nagrodę pieniężną za ciało syna czy chociaż za pozostały po nim dobytek oraz informacje dotyczące jego śmierci. Nie uzyskał niczego.

Podzieliłem się moimi podejrzeniami z Amanullahem:

– Staale Gundhur stracił życie. Pomagał wam przecież, a ci nawet nie oddali jego rodzinie zapisków i drobiazgów osobistych. Niedobrze...

– Masz rację, prawdziwy wstyd. Ale to prości ludzie, nie wiedzieli nawet, co powinni uczynić. Gdyby coś przytrafiło się tobie, co mamy zrobić?

– Przekażcie moje notatki i filmy do Peszawaru. Afghan Aid będzie wiedzieć, co z nimi dalej robić.

Po wieczornej modlitwie znowu ruszyliśmy. Pozostałe dwa samochody odnalazły nas w jakiś sposób; znowu tworzyliśmy jedną grupę, choć daleko jej było do konwoju. Nie chciałem, żeby mnie pytano, którą ciężarówką wolę jechać – nie lubiłem takich wyborów. Prowadząca grupa, wyobrażałem sobie, może odebrać główne uderzenie atakującego wroga albo pierwsza nadziać się na minę. Ostatnia może w razie awarii zapodziać się w tyle albo wpaść w ręce czatujących nieprzyjaciół, którzy dostrzegą w niej łatwą zdobycz, bo inne pojazdy wtedy uciekną, ratując własną skórę. Tym razem wybrałem toyotę wyładowaną stingerami. Był to najlepszy samochód. Ponadto spodziewałem się, że Odżan otoczy swą najskuteczniejszą broń większą opieką.

Tej nocy, czwartego lipca, po raz pierwszy posunęliśmy się sporo naprzód mimo łapania gum i zatrzymywania się za każdym razem, gdy niebo jaśniało od pocisków oświetlających.

Z każdą upływającą godziną narastały odgłosy walki toczącej się przed nami – wystrzały artylerii, ogień z broni maszynowej, czasem odległy warkot czołgu czy helikoptera. Znajdowaliśmy się nie więcej niż pięćdziesiąt kilometrów od Kandaharu; szosa była już blisko. Jechaliśmy wytrwale przez falujące zarośla, wyschniętymi łożyskami strumieni i ubitymi traktami. Kamienie uderzały o podwozie, a kiedy samochód ześlizgiwał się po stromiznach rowów i wydm, słychać było, jak groźnie trzeszczy. W takim terenie swobodnie poruszają się czołgi; bezwodne koryta nie sprawiają im żadnego kłopotu, więc z łatwością mogłyby nas okrążyć. Księżyc jednak zrobił się pełniejszy i świecił dłużej. Kierowcy przyzwyczaili się do jazdy przy jego blasku i dla bezpieczeństwa wyłączyli nawet reflektory. Nikt więc nas nie wypatrzył.

O pierwszej po północy byliśmy już na szosie. Przez ruiny sporej osady, zniszczonej specjalnie, by zapobiec organizowaniu w niej zasadzek, dotarliśmy wreszcie do drogi – ponad tydzień później, niż to zamierzano. Wbrew planowi nie jechaliśmy teraz ku Kandaharowi, ale w przeciwnym kierunku, wymijając ogromne dziury w asfaltowej nawierzchni. Po nocach spędzonych w podróży przez wertepy nagłe zetknięcie z gładką nawierzchnią i znakami drogowymi sprawiło, że czułem się jak jaskiniowiec w mieście. Przekroczyliśmy niezniszczony wciąż betonowy most nad wyschniętą rzeką i pomknęliśmy na północ jej korytem. Ze wszystkich twarzy zniknęło napięcie, niektórzy zaczęli gawędzić, odzyskiwali zwykły, dobry nastrój. Niebezpieczeństwo malało z każdym kilometrem oddzielającym nas od szosy.

Po drodze do Nauzadu czekał nas jeszcze łańcuch niepowodzeń, z których każde mogło położyć kres mojej podróży, nie wszystkie jednak, trzeba przyznać, zostały spowodowane talentami dowódczymi Odżana. Ciężarówki nawalały raz po raz. W nocy po przekroczeniu szosy dotarliśmy do rzeki Arghandab. Znaleźliśmy bród, ale jeden z samochodów zepsuł się na samym środku przeprawy i minęły godziny, nim wyciągnięto go na brzeg i naprawiono. Nie ujechaliśmy więc daleko. Ciężarówki zamaskowano nad małym dopływem, a my spędziliśmy następny dzień na kąpieli, opalaniu się i łowieniu ryb.

Amanullah pokazał mi, jak się łapie ryby na sposób afgański, bardzo prosty i wydajny. Na głębokiej wodzie można było się posłużyć granatem, tu jednak nie było takiej potrzeby: dziesiątki

Amanullah pokazał mi, że ryby najlepiej się łowi za pomocą kałasznikowa

pstrągów kłębiły się w rozlewisku strumienia. Amanullah strzelił więc pomiędzy nie krótką serią; uważał przy tym, by nie trafić w kamienie na dnie, bo pociski mogłyby wtedy rykoszetować. Ryby wypłynęły po chwili białymi brzuchami do góry – bynajmniej nieporanione, po prostu ogłuszone. Wybieraliśmy je rękami. Wystarczyło ich na ucztę dla całego oddziału; smażone na oleju były wyśmienite.

Następnej nocy – kolejna katastrofa. Moja ciężarówka zepsuła się po przejechaniu zaledwie kilkudziesięciu metrów i cenne pięć godzin zmarnowaliśmy na jej naprawę. O świcie, pośrodku wielkiego pustkowia, znów nieszczęście: toyota złapała dwie gumy naraz. Byliśmy gdzieś w rejonie Szawalikotu, około stu kilometrów na północ od Kandaharu, na szlaku regularnych transportów partyzanckich, idących obok okupowanego przez komunistów Szawalikotu do zajmowanego przez powstańców Arghandabu, gdzie toczyła się walka. Helikoptery z pewnością musiały tu polować. Świt był najgorszą porą; konwoje często stały wtedy unieruchomione, bez żadnej osłony, i piloci dobrze o tym wiedzieli.

Niebo zmieniło kolor z różowego na żółty, ale naprawa dziurawych dętek musiała potrwać. Kierowcy, jak zwykle, męczyli się przy pracy i wystawiali na największe niebezpieczeństwo. Nie mieliśmy czasu do stracenia. Amanullah, Szah Wali i ja postanowiliśmy ruszyć bez zwłoki. Mój kałasznikow był brudny, dysponowałem tylko jednym magazynkiem z trzydziestoma nabojami, ale nie miało to znaczenia. Przerzuciłem rzemień karabinu przez ramię i ruszyliśmy. Znowu zostawiałem z tyłu mój ekwipunek, ale zanim przyszło mi to do głowy, byliśmy już daleko od naprawianej ciężarówki.

Po zachodniej stronie wyrastał na równinie niewysoki grzbiet górski. Instynktownie chciałem tam pójść, by się schować i przeczekać dzień w skałach. Ledwo jednak zanikł warkot silników innych samochodów, usłyszeliśmy odległe szczekanie psa. Garnizon? Nie, obaj Afgańczycy twierdzili, że w niewidocznej nadal dolinie musi być wioska. Zwykle pustynia kojarzy się z rozległą przestrzenią piaszczystych wydm, tu jednak była to surowa pofalowana równina, z rzadka porośnięta suchymi, nie większymi od ostów roślinami. Maszerowaliśmy w takim tempie, że mimo porannego chłodu wkrótce zacząłem się pocić. W manierce miałem trochę przegotowanej wody, postanowiłem jednak zostawić ją na inną okazję. Szczekanie nie przybierało na sile i nie było słychać nawoływań do modlitwy, mimo iż nadeszła jej pora. Ukrycie się nie wchodziło w grę – znajdowaliśmy się na płaskowyżu pozbawionym nawet rowów, tak charakterystycznych dla obszarów tego typu.

– Skąd mamy wiedzieć, czy ta wioska jest przyjazna? – spytałem Amanullaha.

– Jeśli to dobrzy ludzie, pomogą nam – odparł.

Po kolejnej godzinie marszu nagle pojawiła się przed nami wioska, ukryta w jednej z tych zadziwiających, schowanych w zagajnikach dolin, zaskakujących niespodziewanie bujną roślinnością.

I znów moje obawy okazały się bezpodstawne. Ludność osady była po naszej stronie; solidarność Afgańczyków dorównywała wyższości militarnej przeciwnika. Okolica była biedna i na wpół wyludniona, ale wszędzie tam, gdzie zostali jacyś ludzie, mudżahedini zawsze znajdowali oparcie. Los zagubionego oddziału partyzanckiego był na pewno lepszy niż lądującego przymusowo sowieckiego pilota.

Do Sanginu dotarliśmy wreszcie rankiem dziewiątego lipca, dwa tygodnie po wyruszeniu z Kwety – a podróż miała trwać dwie, trzy noce... O świcie byliśmy jeszcze godzinę jazdy od miasta, ale wszyscy zachowywali się już tak niecierpliwie, że kierowcy przydusili gaz i przemknęliśmy przez ostatni kawałek pustyni z niebywałą wprost prędkością siedemdziesięciu kilometrów na godzinę. W Sanginie pożegnałem się z Odżanem. Miał jechać dalej wzdłuż szosy do podnóża gór, do swej bazy koło Szindandu, my zaś – Amanullah, Szah Wali i ja – kierowaliśmy się do Nauzadu i potem na północ, do leżącej wśród szczytów Tajwary, gdzie spodziewaliśmy się spotkać Ismaela Chana.

Nie zaufałbym już nigdy Odżanowi. Gdy nawaliła nasza ostatnia sowiecka ciężarówka, Odżan zaczął bić szofera kolbą karabinu i powstrzymali go dopiero jego ludzie. W pokojowych czasach byłby najpewniej nieszkodliwym wioskowym tyranem, napastliwym pyskaczem w czasie posiedzeń lokalnej dżirgi*, ale dowódca partyzancki, który miał walczyć z supermocarstwem, był z niego żaden.

– Gdyby wpadł w ręce Rosjan – powiedział mi później Ismael Chan – puściliby go wolno. Tacy jak on nie stanowili dla nich żadnej groźby. W ciągu ostatnich trzech lat zaatakował lotnisko jeden jedyny raz, teraz ma stingery, których nie umie skutecznie używać. Zmarnuje je albo mu je odbierze nieprzyjaciel.

Nie potrafiłem jednak, mimo wszystkich wad, niekompetencji i krzyku, przestać lubić Odżana.

Tworzyliśmy teraz jedną grupę – Amanullah, ja, młody heratczyk Abduh i Szah Wali z szóstką swoich ludzi. Każdy z tych sześciu miał broń. Byli wprawdzie mułłami**, ale ich religijne powołanie nie stało w konflikcie z praktyką walki z „niewiernymi", można nawet powiedzieć, że ją wręcz wspierało. Uśmiechnąłem się na myśl, jak też zachowałby się w podobnej sytuacji mój uniwersytecki kapelan.

Wyszliśmy z Sanginu, gdyż miasto, jak mówiono, roiło się od szpiegów. Chcieliśmy przekroczyć rzekę Helmand, ale najbliższe

---

* Dżirga – dosł. „krąg ludzki" – zebranie, rada starszych grupy lub plemienia, podczas której rozstrzygane są sprawy istotne dla społeczności. Por. Loya Jirga, Wielka Rada, zbierająca się w wyzwolonym Afganistanie (przyp. tłum.).

** Mułła (arab. *mulla*) – „nauczyciel", „mistrz", tytuł nadawany duchownym muzułmańskim (przyp. tłum.).

przejście było na kontrolowanej przez komunistów zaporze w Kadżaki, ruszyliśmy więc ciężarówką w dół rzeki, by dotrzeć do promu. Ostatni kilometr dzielący nas od brzegu rzeki przeszliśmy pieszo, objuczeni bronią i ekwipunkiem – wynajęty samochód zarył się w piaszczystej łasze i musieliśmy go zostawić. Prom – metalowa balia dziesięciometrowej długości, zaczepiona na rozciągniętej nisko nad wodą stalowej linie – był po drugiej stronie rwącej rzeki. Jeden z naszych ludzi rozebrał się, przepłynął ją wpław, asekurowany sznurem, i przyciągnął tę łódź.

Słońce wprawdzie zaszło, ale księżyc był w pełni. Mimo to nie mogłem dostrzec śladów ludzkich osad. Szah Wali rozkazał posłać w niebo serię pocisków smugowych – był to nasz sygnał. Po godzinie zjawiły się dwa wychudzone osły pobrzękujące dzwonkami. Objuczyliśmy je bagażem i pomaszerowali poprzez błota i dopływowe strumienie, by wreszcie dotrzeć do gospodarstwa Abdula Chalegha, znajomego Szaha Walego i dowódcy lokalnego oddziału Hezb-e Eslami (frakcji Hekmatjara)*.

Resztę nocy spędziłem na płaskim dachu budynku. Po śniadaniu, gdy upał zrobił się nie do wytrzymania, zaproszono nas do pokoju gościnnego. Nie widziałem w Afganistanie większego pomieszczenia tego rodzaju: ogromna, mroczna izba zbudowana z umiejętnie stawianych glinianych cegieł i zakończona doskonale zaokrąglonym łukiem sklepienia kolebkowego. Ściany musiały mieć odpowiednią grubość – cały dzień siedzieliśmy w przyjemnym chłodzie.

Po południu, przypadkowo się zorientowałem, do czego jeszcze służy dom Chalegha. Szedłem z moimi bagażami do pokoju gościnnego, wpierw po schodach, potem przez małe podwórko, w którego rogu wznosiła się góra – co najmniej tona – dorodnych

---

* Partia Hezb-e Eslami dzieli się na dwie frakcje: radykalną, dowodzoną przez Golbuddina Hekmatjara, i umiarkowaną, na której czele stoi Junus Chales (przyp. tłum.).

orzechów. Ich łupiny były porysowane niczym pocięty południkami globus. Naprawdę były to suszone makówki.

Z narkotykami już się w Afganistanie zetknąłem. Rok wcześniej Kadir, komendant obozu, w którym przebywałem z trzcma Rosjanami, przechwycił karawanę wiozącą opium. Do obozu przyprowadzono kilkanaście objuczonych koni i zwalono ich ładunek na ziemię. Kadir zatrzymał przemytników, przepytał ich dokładnie i zwymyślał za okazaną chciwość. Twierdzili, że wiozą transport do Dżalalabadu, gdzie działała prowadzona przez komunistyczne władze oczyszczalnia. (Nie udało mi się sprawdzić, czy była to prawda, ale w artykułach prasy zachodniej, jakie zaczęły się ukazywać następnego lata, twierdzono, iż narkotyki rzeczywiście są przemycane z Afganistanu przez ZSRR do Europy Zachodniej). Kadir szybko się z nimi rozprawił: ludzi pozamykał, konie wziął do przerzucania broni na teren oblężenia, po czym rozpuścił przemytników, wlepiwszy każdemu po tuzinie kijów. Opium zostało spalone.

– Widziałeś makówki? – spytałem Amanullaha.

– Tak. Niedobrze, bardzo niedobrze. To wbrew religii, islam zabrania narkotyków. Masud wyplenił narkotyki ze swojego terytorium całkowicie, jego żołnierze nie palą nawet papierosów ani nie zażywają naswaru*. Ci tu to źli muzułmanie.

Abdul Chalegh powiedział mi, jak powstaje opium: mak, zasiany w listopadzie, zbiera się w kwietniu. Gdy płatki kwiatów opadną, zielone jeszcze makówki skrobie się wieczorem ostrym narzędziem. Gęsty sok, jaki wycieka przez noc, jest zbierany rano i odparowywany. Tę samą procedurę powtarza się kilka dni później. Wyschnięte makówki potem się rozcina, a ich zawartość dodaje do ciast i chleba.

– Lubisz opium? – spytałem zachęcająco Chalegha w czasie posiłku. – Pokaż mi, jak się je pali.

---

* Naswar – naturalny środek pobudzający, produkowany z mielonego na pył tytoniu (przyp. tłum.).

– Nie, nie! – zaprotestował niczym pruderyjna bajzelmama. – Nigdy nie palę opium, islam nie pozwala.

– A czy islam pozwala produkować narkotyki, które zabijają innych?

– Też nie, ale jesteśmy w potrzebie. Rosjanie palą pszenicę, a zostawiają mak. Potrzebujemy pieniędzy na wojnę.

Kłamał w żywe oczy. Rzeczywiście trudniej było wypalić mak niż zboże, ale nie dlatego sadzono mak; dochody ze sprzedaży opium były nieporównywalnie większe od tych, jakie dawała pszenica, a ponadto robiono to od stuleci.

Chalegh przyniósł mi kwadratową torebkę z niebieskiej tkaniny; ważyła około czterech kilogramów. Jej zawartość przypominała brązowy cukier. Sprzedana na bazarze w Sanginie, miała trafić do Robat-e Dżali, małej miejscowości na granicy Afganistanu, Pakistanu i Iranu, gdzie skupiał się handel. Za taką torebkę dostałby, jak mówił, dwanaście tysięcy afghani, to jest sześćdziesiąt dolarów. Wytworzona z jej zawartości heroina miała dla nowojorskich narkomanów wartość sześćdziesięciu tysięcy dolarów.

Lokalny mułła uznał produkowanie opium za *haram* – niezgodne z prawem – ale plantatorzy zagrozili mu śmiercią.

– Dowódcy starają się temu zapobiec, lecz nie zawsze im się to udaje. Ludzie tu są bardzo biedni – tłumaczył mi zakłopotany Amanullah.

Ten akurat, zauważyłem, mając na myśli Chalegha, nie przykłada się chyba zbytnio do owych starań, skoro składuje makówki na podwórzu własnego domu. W sklepionym przejściu stał japoński motocykl, symbol bogactwa na afgańskiej wsi – Chalegh nieźle sobie radził.

Dochody z opium nie wspierały jednak wysiłków wojennych. Chalegh kupił pewnie za nie kilka karabinów do ochrony pól i karawan, może nawet jakąś broń przeciwlotniczą. Ogólnie biorąc, handel narkotykami szkodził jednak ruchowi oporu. Moje doświadczenia wskazywały, że na terenach, na których powstańcy byli dobrze zorganizowani, uprawa maku jest wzbroniona. Ludzie pokroju Chalegha urabiali ruchowi oporu złą opinię, przede wszystkim zaś zmuszali powstańców do ustępstw. Obie strony wiedziały, że komuniści za cenę nominalnego zaakceptowania ich władzy pozwolą sadzić i zbierać absolutnie wszystko. Plantatorzy straszyli zatem przejściem na stronę komunistów, jeśli powstańcy spróbują zabronić uprawy. Nie zdziwiło mnie wcale, gdy miesiąc po moim wyjeździe wybuchły w okolicach Sanginu walki o dochody między uprawiającymi mak. Życzyłem im sowieckiej ofensywy, która pomogłaby ustalić priorytety.

Dostatek płynący z handlu narkotykami sprawił zapewne, że w wiosce była szkoła. Kiedy szliśmy we trzech do strumienia wzdłuż plantacji maku, minęła nas na ścieżce grupa chłopców.

– Patrzcie, patrzcie! – usłyszałem podekscytowany głos jednego z nich. – Mudżahedini złapali Rosjanina! – Skupiło się na mnie kilkanaście par oczu.

– Tylko jednego?! – krzyknął do Amanullaha prowodyr grupy. Patrzyli na mnie raczej z ciekawością niż wrogością.

– Tylko jednego – odpowiedział Amanullah ze śmiertelną powagą. – Wieczorem pójdzie pod ścianę.

Spotkałem później dwóch z tych chłopaków w naszym domu. Cały ranek spędzili w szkole, wkuwając na pamięć wersety z Koranu. Uczyli się również alfabetu i arytmetyki, a poza tym tłumaczono im, dlaczego kiedy dorosną, muszą być dobrymi bojownikami. Mieli może pięć i siedem lat, nosili barwnie wyszywane czapeczki i białe tuniki; szkoła wyraźnie sprawiała im przyjemność. Ich ożywione twarze zasnuło rozczarowanie, kiedy się dowiedzieli, że nie jestem Rosjaninem i nie będę rozstrzelany. Pokazali mi jednak z dumą swoje podręczniki: jeden przez drugiego przechwalali się wiedzą. Pięć kałasznikowów – wskazali na podany w książce przykład z rachunków – plus siedem ka-

łasznikowów równa się dwanaście kałasznikowów. Trzy razy po
pięć pocisków równa się piętnaście pocisków. Powiązanie teorii
z praktyką rzeczywiście daje wyniki.

4

Modlitwa mister Rahima

Oaza Nauzad lśniła z oddali jak zielona wyspa na migoczącym od blasku jeziorze. Jak okiem sięgnąć, rozciągały się na horyzoncie zamglone szczyty górskie. Mieliśmy wrażenie, że za chwilę, za kilkaset metrów, wjedziemy w płytką wodę, której szklana tafla leżała przed nami; linia wody nieustannie nam jednak uciekała. Jechaliśmy przez otwartą pustynię – wyimaginowanego jeziora ubywało z każdym kłębem spalin wypluwanych przez rurę wydechową naszej rozklekotanej ciężarówki. Siedząc w pozbawionej szyb kabinie, obserwowałem owo złudzenie poprzez obłoki pary unoszące się z obnażonej chłodnicy – w upale południa woda gotowała się, mimo że zdjęto pokrywę silnika.

Każdego lata rzeka płynąca w pobliżu Nauzadu wysycha i oaza staje się zależna od tradycyjnego systemu irygacyjnego: woda płynie z gór w starych podziemnych tunelach, dzięki czemu pozostaje zimna. Tunele te były budowane przez wieki na sposób perski; każdy odcinek drążono osobno. Budowniczy kopali studnię, którą łączył z następną studnią tunel dwunastometrowej głębokości. Oglądane z lotu ptaka rzędy otwartych studni wyglądają jak linie krecich jam wśród piachów. Pilotom, którzy parę miesięcy wcześniej zbombardowali Nauzad, musiało to przypominać zieloną piastę koła z rozchodzącymi się niczym szprychy w kierunku gór liniami kretowisk.

Godzinę później nasz samochód wtaczał się w boczną uliczkę pomiędzy glinianymi murami osłaniającymi sady i ogrody. Gdy zatrzymaliśmy się przy jednym z nich, Szah Wali wskazał nam

bramę prowadzącą do jego sadu. Rozsiedliśmy się na dywanach
w cieniu morelowego drzewa. Zaraz przyniesiono na wielkich
owalnych tacach herbatę i słodkości, potem migdały, morele,
jabłka i spęczniałe od wody ogórki, wspaniale gaszące pragnienie. „Idź już do swoich" – nalegałem, ale Szah Wali towarzyszył
nam dalej. Dopiero gdy podano chleb i ociekające tłuszczem smażone jajka, poszedł, by przywitać się z rodziną i zobaczyć syna,
który urodził się dwadzieścia dni przed naszym przybyciem. Mimo sześciu miesięcy spędzonych poza domem gościnność jednak
stała na pierwszym miejscu.

– Jestem pielęgniarzem – powiedział do mnie po angielsku
mężczyzna trzymający lekarską walizeczkę z jedną nieuszkodzo-
ną rączką.

Miało to oznaczać, że wypełniał tu powinności lekarskie – jeden człowiek z ograniczoną ilością medykamentów na trzydzieści tysięcy mieszkańców Nauzadu, którym zasady higieny były
obce. Afgańczycy dbają o czystość ciała – codzienne ablucje są
wymagane przez religię. Mężczyźni są poza tym próżni: każdy
miał pojemnik do przechowywania naswaru, kryjący także małe lusterko, w które właściciel wgapiał się z samouwielbieniem,
przyczesując brodę i wąsy. Ale w Nauzadzie szerzyła się mala-
ria, żółtaczka i pokrewne im „choroby brudnej wody". Nawet
tu, w mieście, większość domów nie miała należytych ustępów;
w razie potrzeby szło się do odosobnionej części ogrodu. Eks-
krementy szybko wysychały, po czym wiatr przenosił ich drobi-
ny do kanałów irygacyjnych, skąd brano wodę do picia i gotowania... Rezultaty były łatwe do przewidzenia. Próbowałem
kiedyś wyjaśnić jakiemuś prostemu Afgańczykowi, czym są
bakterie.

– Więc twierdzisz, że są takie małe, że ich w ogóle nie widać? –
spytał.

– Tak, bez specjalnych przyrządów nie można ich zobaczyć.

– No to nie mogą być niebezpieczne. Nie boję się ich.

Pielęgniarz powiedział mi, że zanim wybuchły walki między partyzantami z Dżamijatu a partią Harakat*, miał trochę niezbędnych instrumentów: stetoskop, przyrząd do pomiaru ciśnienia, a nawet mały mikroskop.

– Wśród mułłów nie ma żadnego lekarza, nie wiedzą więc, do czego służą te przyrządy – skarżył się. – Gdy chory przychodzi do nich po lekarstwa, chcą być jednak sprytni i wysyłają go na bazar po różne kolorowe pigułki. Pomagałem zawsze każdemu, kto się zgłaszał, nie interesowało mnie, z jakiej jest partii, ale i tak ukradli mi moje przyrządy. – Wyciągnął z kieszeni zawiniątko: był to obwiązany starym bandażem rewolwer. – A teraz mam to na mułłów. – Sprawdził, jak działa zabezpieczenie. – Niech spróbują jeszcze raz, a poczęstuję ich moją własną medycyną!

Nie miał antybiotyków, jak powiedział, więc pokrywał rany chlebem zagniecionym z pajęczyną, co działało jak penicylina.

W południe po posiłku ruszyliśmy razem na bazar. Wieść o moim przybyciu do oazy rozeszła się już szeroko i towarzyszył mi wszędzie przyjazny, mniej więcej dwustuosobowy tłum.

Wiele arkad zostało zniszczonych, sterczące ceglane łuki były osmalone sadzą. Medyk wyjaśnił mi, że sześć miesięcy temu miasto wpadło w ręce wroga: najpierw zbombardowały je samoloty, potem nadeszły czołgi i transportery, rozpoczynając regularne ostrzeliwanie.

Wzdłuż ulicy biegły nadal płytkie okopy łączące poszczególne domy. Nowy budynek szpitalny pełnił rolę głównej cytadeli, na nim więc skupiła się cała siła ataku. Grube kamienne ściany podziurawione były pociskami, dach ze zbrojonego betonu zapadł się. Z ulicy można było dostrzec poznaczone kulami i sczerniałe od ognia białe ściany szpitalnych pomieszczeń. Wśród gruzów walały się szczątki łóżek.

---

* Harakat – organizacja terrorystyczna działająca z terytorium Pakistanu (przyp. tłum.).

Zginęło wtedy czterysta osób, głównie w czasie bombardowania. Widziałem budynek – krater z powalonych ceglanych murów, które trafione pojedynczą bombą pogrzebały czterdziestopięcioosobową rodzinę. Mieszkańcy innego domu mieli szczęście – dziesięć kobiet ukrytych pod arkadami podwórza przeżyło wybuchy dwóch bomb eksplodujących zaledwie kilkanaście metrów dalej. Byłem jak zwykle ostrożny, gdy przychodziło do oceny podawanych przez Afgańczyków statystyk – wskazywały one raczej na ogrom tragedii, niż przytaczały prawdziwe liczby – ale tym razem byłem skłonny w to wierzyć. Cmentarz, na którym odmówiliśmy modlitwę, przypominał wielkością małe lotnisko – ogromną płaszczyznę znaczyły wzgórki ziemi, kamienne płyty nagrobne i drzewce pogrzebowych tyk.

Nauzad był przed wojną stolicą powiatu i dzięki temu szybko się rozwijał. Oprócz więzienia – dużego, barakowego budynku przy szpitalu, również zniszczonego – w Nauzadzie znajdowały się biura zarządu powiatu i szkoła średnia. Budynek szkoły był nowy, postawiony w całości z betonowych elementów, najpewniej w ramach amerykańskiego planu pomocy regionalnej (tak zwanego Helmand Valley Project). Teraz też obrócił się w ruinę. Zewnętrzna powłoka i wszystkie wewnętrzne ściany zniknęły; sterczał tylko nagi szkielet, jak gdyby budowniczowie nigdy nie skończyli swej pracy.

Wróg wysadził w powietrze nawet jedyny budynek, w którym nie kryli się partyzanci – główny meczet miasta. Świątynia nie wyróżniała się niczym specjalnym: duża szopa z wielką kiblą, czyli ścianą zwróconą w kierunku Mekki. Jak większość prowincjonalnych afgańskich meczetów nie miał minaretu (pers. *menar*). W kwadratowym basenie (pers. *hauz*), przeznaczonym do rytualnych ablucji, nie było wody. Zburzenie meczetu utwierdziło Afgańczyków w przeświadczeniu, że „niewierni" rzeczywiście dążyli do zniszczenia islamu, w związku z czym prowadzenie „świętej wojny" (dżihadu) jest usprawiedliwione. Nie trzeba dodawać, że meczet został odbudowany – była to sprawa honoru. Wewnątrz ściany wyglądały jak z czekolady – brązowa glina pozostawała jeszcze wilgotna. Pachniało świeżym drewnem; dopiero co położono masywne belki, które miały wspierać dach. Mieszkańcy podkreślali z dumą, że sprowadzili je z bardzo daleka, nie szczędząc kosztów.

Sytuacja Rosjan w Nauzadzie stanowiła doskonałą ilustrację ich położenia w Afganistanie. Gdyby zastosowali odpowiednie siły, mogliby w każdej chwili zająć każde miasto lub dolinę, wkrótce jednak odkrywali – i odnosiło się to do całego kraju – że zdobycie jakiegoś terenu to jedna sprawa, natomiast utrzymanie go – druga, zupełnie odmienna. Spotkawszy się w Nauzadzie z silnym oporem, armia miała do wyboru osadzić tu garnizon albo się wynieść. Gdy partyzantom skończyły się granaty do moździerzy i kule do karabinów, wycofali się w góry – ale wkrótce byli z powrotem i zaatakowali na pustyni konwoje z zaopatrzeniem. Po dwóch tygodniach kontrolowanie miasta zaczęło kosztować zbyt wiele i czołgi odstąpiły od rumowiska. Resztki bazaru zniszczono miotaczami płomieni.

Ta brutalność w zachowaniu Rosjan zdziwiła mnie, ponieważ na ogół podchodzili do religii ostrożnie. Po osadzeniu Babraka Karmala w Kabulu w grudniu 1979 roku ostra kampania antyreligijna prowadzona przez jego poprzedników została przyhamowana, a w 1987 komuniści ogłosili się nawet rządem islamskim. Konstytucja zatwierdziła islam jako religię państwową, a władze zwróciły część skonfiskowanych dóbr muzułmańskiego kleru. Każdego ranka i wieczoru Radio Kabul nadawało bez końca recytacje Koranu.

Afgańczycy pozostali jednak sceptyczni. Pewnego razu, kiedy przysłuchiwali się owym recytacjom, spróbowałem się z nimi poprzekomarzać i powiedziałem, że rząd, który zezwala na audycje religijne, nie może być przeciwny religii. „Ich mułłowie to komunistyczni mułłowie", odparli, i nie było to pozbawione logiki.

Wielu duchownych przekupiono stanowiskami i pensjami, ale akty destrukcji, takie jak w Nauzadzie, przekreślały zyski płynące z omamienia części kleru w miastach.

Nadszedł wieczór. Mój medyk poprowadził mnie z powrotem do ogrodu Szaha Walego. Szliśmy przez zrujnowany bazar, gdzie na rozłożonych na ziemi derkach i amerykańskich pojemnikach, w zawalonych sklepionych przejściach, kupcy wystawiali swoje towary:

Z braku pokoi gościnnych Moallem Szah Wali podjął nas kolacją w skrzyni ciężarówki

chińskie baterie, japońskie kasety i *ghetto-blasters*, czyli olbrzymie radia tranzystorowe, rosyjski miód, pakistańskie cukierki, kanarki z Polski, guziki z Czechosłowacji, długopisy z Iranu, garnki z Dubaju i inne zadziwiające przedmioty w wielkiej liczbie.

Kiedy siedzieliśmy przy herbacie, do ogrodu wszedł Szah Wali. Kręcił się niespokojnie i unikał mego spojrzenia jak chłopak przed rozpoczęciem spowiedzi.

– Mister Rahim, mamy kłopot z kolacją – powiedział w końcu. – Wybacz mi, jesteś moim gościem, ale nie możemy cię przyjąć w pokoju gościnnym. Pozwól ze mną.

Poszliśmy pomiędzy ścianami ogrodów w dół wąskiej uliczki wychodzącej na skraj pustyni, gdzie została nasza ciężarówka. Gdy zbliżaliśmy się do samochodu, Szah Wali rzekł:

– Mister Rahim, daruj mi, proszę, ale nasz pokój się nie nadaje, będziemy jeść tutaj.

Przed oczami miałem tylko mur ostatniego ogrodu, znikający już w ciemności pusty teren, nad którym unosił się kurz, i samochód, którym tu przyjechaliśmy.

– O, tu, proszę, proszę... Chcemy cię ugościć, wierz mi, ale podczas bombardowania najlepsza izba została zniszczona...

Poszedłem za nim na tył pojazdu i dopiero wtedy pojąłem wszystko: skrzynia ciężarówki zmieniła się nie do poznania. Rodzina Szaha musiała pracować cały dzień, wymiatając podłogę, czyszcząc drewniane burty, rozkładając maty, dywany i poduszki.

– Szahu Wali, naprawdę... Jestem ogromnie zaszczycony i wzruszony. – Ścisnąłem jego dłoń; nie mogłem inaczej wyrazić mego poruszenia. – Tę właśnie izbę będę pamiętał najlepiej – powiedziałem, a jego twarz rozpromieniła się radością.

Posadzono mnie na dywanie na honorowym miejscu w kącie samochodu, tuż obok Szaha Walego i Amanullaha; poduszki wspierały mi plecy. Dwie lampy naftowe zawieszone na gwoździach oświetlały to całkiem spore pomieszczenie, którego sklepienie ozdabiał księżyc w pełni i gwiaździsty firmament.

Jeden z synów Szaha Walego przyniósł duży aluminiowy
dzban i zaczął polewać ręce obecnych ciepłą wodą. Przesuwał się
z prawej na lewą stronę, podczas gdy drugi chłopak podstawiał
każdemu naczynie. Przed siedzącymi po turecku gośćmi rozłożo-
no potem długi kawałek ceraty. Zdążyłem się już przyzwyczaić
do jedzenia na podłodze, ale sztuka przyjmowania stosownej pozycji wymagała więcej czasu – niejeden raz zdarzało mi się
usprawiedliwiać, gdy trafiałem stopą w talerz sąsiada... Wznieśliśmy ku niebu otwarte dłonie i odmówiliśmy modlitwę *W imię
Boga Miłosiernego, Litościwego*.

Przez ostatnie dwa tygodnie żyliśmy o chlebie i rozwodnionym
mleku albo jogurcie z dodatkiem przypraw bądź kawałków ogór-
ka, zwanym *dugh*. Czasem udało nam się znaleźć kilka jajek lub
jabłek; ryż z sosem był już smakołykiem. Teraz przygotowano
nam ucztę: owalne talerze parowały górami ryżu przybranego
kawałkami kruchego mięsa i winogronami, w miskach piętrzyły
się gotowane jarzyny, świeże chlebowe placki były jeszcze ciepłe.
Szah Wali wyszukiwał najlepsze kąski i kładł mi je na talerz –
oznaka specjalnej sympatii i uhonorowania. Kiedy dorośli oddawali się jedzeniu, chłopcy urządzili pokaz fajerwerków: zdobycz-
nych rakiet sygnałowych, które w czerwonych, zielonych i białych błyskach wybuchały teraz nad naszymi głowami.

Jednym z gości był Abdul Ali, lokalny emir zgrupowania Dżamijatu, który miał się z nami zabrać na spotkanie z Ismaelem Chanem.

– *Szoma az Inglistan, mister Rahim?* (Czy jest pan z Anglii?) –
zapytał.

Trudno było czasem znaleźć odpowiedź na tak bezpośrednie
pytanie. Wykształceni Afgańczycy słyszeli o „Solidarności"
i orientowali się w zbieżnościach naszych losów, mówiłem więc
wtedy bez wahania, że jestem Polakiem. „U nas jest Nadżib,
u was Jaruzelski. Jak pokonamy Rosjan, przyjdziemy wam pomóc" – słyszałem często. Jeśli jednak znajomość była przelotna
lub jeśli pytający sprawiał na mnie wrażenie mało obytego

w świecie, oszczędzałem sobie wyjaśnień i mówiłem o sobie *isavi* (chrześcijanin), co zwykle wystarczało, lub *Inglisi* (Anglik). Dla wielu Afgańczyków *Inglisi* uosabiał wszystkich posługujących się językiem angielskim, głównie zaś Amerykanów. Czasem nazywano mnie *Farangi* (Frank); termin ten, o lekko ujemnym zabarwieniu, oznacza ogólnie cudzoziemca.

– *Bale man az Inglistan.* (Tak, jestem z Anglii.)

– A czy słyszał pan o doktorze Brydonie?

Spotkałem się z tym pytaniem już wcześniej. Jedynym angielskim nazwiskiem znanym powszechnie przez Afgańczyków było nie „Shakespeare" ani nawet „Thatcher", które mogli słyszeć w wiadomościach radiowych, lecz właśnie „doktor Brydon". „Wiesz, co się stało z doktorem Brydonem?" – pytano mnie zawsze.

Był to Szkot, wiktoriański chirurg. Jego sława w Afganistanie była spowodowana faktem, iż jako jedyny Europejczyk ocalał w czasie odwrotu korpusu brytyjskiego z Kabulu w styczniu 1842 roku. U kresu tej najbardziej chybionej i najgorzej poprowadzonej ekspedycji w dziejach armii brytyjskiej spoczęło w śniegach między Kabulem a Dżalalabadem ponad szesnaście tysięcy zamarzniętych trupów. Brydon uważał, że przeżył, bo miał po prostu szczęście. Gdy trafiono konia, na którym galopował, uratowało go poświęcenie jednego z hinduskich subadarów* mającego wtedy powiedzieć: „Sahibie, moja godzina nadeszła; jestem śmiertelnie ranny i nie mogę dalej jechać. Ty jednak masz szansę, bierz więc mojego konia, z którego nie będę miał już pożytku, i niech cię Bóg doprowadzi bezpiecznie do Dżalalabadu". Według relacji sir Macrory'ego był to jednak dopiero początek kłopotów doktora.

„Pozostał więc z całej armii Kabulu jedynie chirurg Brydon, uciekający desperacko na poranionym okrutnie kucu. Kiedy za-

---

* Subadar (*dari*) – jedna z niższych rang oficerskich piechoty w dawnej armii kolonialnej (przyp. tłum.).

grodziło mu drogę dwudziestu wrogich jeźdźców, każdy z kamieniem szykowanym na jego powitanie, [Brydon] poderwał swego rumaka do galopu i przedarł się przez ich kordon. Druga grupa jeźdźców stanęła mu na drodze i drugi raz udało mu się wyrwać, choć [rzucony] kamień złamał klingę jego szpady, że sześć ledwie cali u rękojeści zostało. Trzeci raz przecinają mu szlak żołnierze wroga, których dla ich szkarłatnych tunik wziął przez krótki radosny moment za patrol kawalerii z garnizonu w Dżalalabadzie. Poznał swą omyłkę, gdy jeden z nich pędził już na niego, krzycząc i wywijając szablą. Brydon odparował [atak] złomkiem swej szpady, ale resztki głowni odpadły od rękojeści. Bezbronny i doprowadzony do rozpaczy chirurg rzucił rękojeść tamtemu w twarz i schylił się, by zebrać wodze, które wypadły mu z dłoni; napastnik, myśląc, że on pistoletu dobywa, odwrócił konia i galopem uciekł. Afgańczycy, czego przewidzieć się jak zwykle nie dało, przestali się [nim] interesować i Brydon został nagle sam, bez obaw mogąc jechać wolno dalej do oczekującego nań [...] garnizonu"*.

Afgańczycy twierdzili zawsze, że ich przodkowie specjalnie wypuścili Brydona cało, by mógł opowiedzieć o rzezi i tym bardziej wystraszyć Anglików. Uważam, że podana przez Macrory'ego relacja doktora dopuszcza i taką interpretację – ów ostatni atakujący go żołnierz mógł rzeczywiście pozwolić mu ujść z życiem. Tak czy inaczej nie psułem im zabawy i nigdy nie kwestionowałem otwarcie ich wersji, bo wiedziałem, jaka będzie odpowiedź. Zgodnie z rytuałem Abdul Ali wyprostował się teraz, obnażył zęby, przybrał najgroźniejszy wyraz twarzy, na jaki go było stać, spojrzał na ziomków kiwających aprobująco głowami i ze śmiertelną powagą powiedział:

– Mister Rahim, pana przodkowie byli naszymi wrogami.

---

* Patrick Macrory, *Signal Catastrophe. The Retreat from Kabul 1842*, London 1966 (przyp. tłum.).

Walczyliśmy z nimi i pokonaliśmy ich! – Okrutny grymas na jego twarzy zmienił się w uśmiech. – Ale pan, mister Rahim, jest naszym gościem. Cieszymy się, że jest pan wśród nas.

Według znanego mi już obyczaju i ja zrobiłem marsową minę, potoczyłem srogim spojrzeniem i odparłem, że gdybyśmy („my", czyli Anglicy) zmienili wówczas odpowiednio wcześnie dowódcę, moglibyśmy owo starcie wygrać, „a zresztą czy nie rozbiliśmy was w puch podczas trzeciej wojny?". Przemawiałem z wyraźnym brakiem przekonania, w odpowiedzi więc zapewniono mnie, że „my", Anglicy, byliśmy zawsze lepszymi wrogami niż Rosjanie.

– Ostatnia wojna z Anglikami to prawdziwa wojna, pamiętam ją – powiedział jeden ze starców. – A teraz, gdy są czołgi, helikoptery, samoloty? Nie można nawet zobaczyć twarzy przeciwnika...

Kiedy wyczerpaliśmy już pulę wzajemnych uprzejmości, mogliśmy wrócić do popijania herbaty.

Posiłek dobiegł końca. Obmyliśmy ponownie dłonie, a resztki tłuszczu wtarliśmy sobie w skórę, co zastępowało krem nawilżający. Wznieśliśmy znów ręce i Szah Wali wypowiedział słowa modlitwy: „Chwała niech będzie Panu, który dał nam jadło i napoje i sprawił, że jesteśmy Jego wyznawcami". Panujący wśród Afgańczyków obyczaj udawania się na spoczynek wkrótce po posiłku nie może być zdrowy. Tym razem jednak, po dwóch tygodniach nocnego podróżowania, spałem bez kłopotów. Następnego dnia mieliśmy ruszyć w góry. Wszystkim nam należał się dobry odpoczynek.

Z Nauzadu nasza trasa prowadziła na północ w kierunku gór. Półciężarówka należąca do lokalnego zgrupowania Dżamijatu miała nas wieźć wyschniętym korytem rzeki dokąd tylko się da, potem czekała nas piesza wędrówka. Przez czternaście dni albo siedziałem skulony w kabinie, albo przenosiłem się na tył samochodu i czułem, że jakaś lufa wrzyna mi się w plecy. Miałem już

tego dość. Czekałem na chwilę, kiedy wreszcie zacznę maszerować, ruszać zwiotczałymi nogami, decydować sam, kiedy odpocząć, kiedy zaczerpnąć wody ze strumienia, kiedy szukać schronienia. Wydawało się, że będzie to przyjemna trzy- albo cztero-
dniowa wycieczka. Moja mapa pokazywała leżące na wysokości
3000 metrów n.p.m. przełęcze, co znaczyło, że będziemy poza
zasięgiem lotnictwa nieprzyjaciela; helikoptery nie przekraczały
ostatnio ciągnącej się wzdłuż rzeki Helmand linii ciężkiej broni
maszynowej partyzantów, a dla pieszych wędrowców, którzy
mieli czas schronić się wśród skał, odrzutowce nie stanowiły
zbyt wielkiego zagrożenia.

   – Moallemie Szahu Wali – próbowałem mu przemówić do rozsądku – ty i twoi ludzie jesteście doświadczonymi partyzantami,
zahartowanymi tubylcami, a ja słabym Europejczykiem. To ja powinienem zostawać za wami w tyle, rozumiesz? Zamiast tracić
teraz czas na szukanie osłów i organizowanie żywności, czy nie
lepiej wysłać przodem dwóch ludzi, na przykład godzinę przed
nami, aby przygotowali wszystko na nasze przybycie? Posiłki
i świeże zwierzęta będą akurat gotowe, gdy nadejdziemy.

   Amanullah zgodził się ze mną i zapytał:

   – Jak się nazywa grupa idąca z przodu?

   – Zwiad.

   – Właśnie, zwiad. Wyślijmy zwiadowców, żeby potem nie było żadnych opóźnień. Jeśli rozminiemy się z Chanem, to z twojej
winy, Szahu Wali.

   Pod wieczór ruszyliśmy ku przełęczy. Droga była zwodnicza;
co kilkaset metrów wydawało się nam, że szczyt, kres naszych
wysiłków, jest tuż-tuż, a za jakiś czas okazywało się, że to kolejny fałszywy wierzchołek. Zachodzące słońce rzeźbiło góry w gigantyczne stalagmity: wysokie granie były jeszcze oświetlone,
ale doliny pokrywał głęboki cień, przez co zbocza wydawały się
bardziej strome. Natężenie światła zmienia się wieczorem wolniej, nasza wrażliwość na te zmiany jest większa niż o poranku,

zaraz po przebudzeniu. Pięliśmy się teraz ścieżką prowadzącą przez wielobarwne formacje skalne przypominające czekoladowy przekładaniec, wtopione w pionowe ściany. Szedłem sam, pięć minut za prowadzącymi, ale dobrze przed resztą grupy. W końcu znaleźliśmy się na szczycie; rozciągający się z niego widok był niezwykły.

Łany dojrzewającego zboża kołysały się lekko z wiatrem, w bujnej trawie pasło się bydło, kanały irygacyjne były pełne czystej wody. Znajdowaliśmy się na wysokości 2500 metrów n.p.m. Roślinność rzedła w miarę naszej wspinaczki, lecz tu, na niewielkim płaskowyżu poniżej przełęczy, znajdowało się górskie sanktuarium. Dolina, kilkusetmetrowej zaledwie szerokości i długości, którą dałoby się przemierzyć marszem w ciągu piętnastu minut, powinna w zasadzie wyglądać podobnie jak otaczające ją tereny, gdyby nie jedna różnica: w dole pastwiska, prawdopodobnie dzięki nietypowemu układowi skał, tryskało źródło. Amanullah leżał już na brzuchu i pił prosto z naturalnego zbiornika, którego powierzchnię znaczyły bańkami i pęcherzykami, niczym w publicznej fontannie, zasilające strumienie. Właściciel doliny, Mohammad, którego Amanullah zdążył już poznać, stał obok zbiornika, skłaniając głowę na powitanie. Schyliwszy się, usunął źdźbła trawy unoszące się przy brzegu na powierzchni wody. Podałem mu manierkę. Napełnił ją zimną wodą, a aluminiowa powierzchnia pokryła się natychmiast drobnymi kropelkami rosy.

Amanullah podniósł się i przedstawił mnie Mohammadowi. Broda, turban i dumna postawa sprawiały, że każdemu Afgańczykowi dawałem dwa razy więcej lat, niż miał w rzeczywistości. Mohammada oceniłem na jakieś czterdzieści pięć. Nie sposób rzec, czy się omyliłem, bo sam, jak mi potem powiedział, nie znał swego wieku. Wysoki, szczupły, bosonogi, pod czarnym turbanem miał beludżystańską czapkę wyciętą nad czołem na kształt hinduskiego łuku, wyszywaną złotą i różową nitką. Jako uzbrojenie służył mu angielski karabin marki Lee Enfield, załadowany ostatnimi trzema nabojami. Amanullah zdradził mi wkrótce, że przedstawił Mohammada jako władcę doliny powodowany czystą grzecznością – właściwie Mohammad krył się tu przed prawem. Oskarżony przed wojną o morderstwo, został skazany wyrokiem sądu na dwadzieścia osiem lat więzienia. Uciekł, raniąc po drodze strażnika, i tu znalazł schronienie.

– Skąd pochodzisz? – zapytał.

– Stamtąd.

Wskazałem ku zachodowi, gdzie ostatnie promienie słońca nakładały wierzchołkom gór aureole jak na kiczowatym obrazku. Czy mieszkałem w oddalonej o osiem tysięcy kilometrów Polsce, czy o tysiąc sześćset kilometrów dalej na zachód Anglii – nie miało tu znaczenia.

– Tam – pokazał w tym samym kierunku – jest Iran. Tam – wyciągnął ramię ku wschodowi – Pakistan, a tam – obrócił się na północ – Rosja. A tu – wskazał najpierw ziemię, potem siebie – tu ja.

Jako „pan na dolinie" pomagał partyzanckim konwojom i ostrzegał je przed nieprzyjacielskimi helikopterami i samolotami, które mógł dostrzec w promieniu wielu kilometrów. Ten niepiśmienny banita był jednym z najgrzeczniejszych i najdelikatniejszych w obejściu Afgańczyków, jakich spotkałem, a to naprawdę coś mówi, zważywszy na afgańską gościnność. Zasłał podłogę swej chaty czystą matą, przesiał cukier w mojej filiżance i powyciągał z niego martwe insekty, rozjuczył osła z bagażu – wszystko z największą uprzejmością, pozbawioną jakichkolwiek śladów uniżoności. Wydaje mi się, że teraz lepiej rozumiem jego gorliwość. W takim kraju jak Afganistan spotkać kogoś czy choćby tylko dostrzec podróżnika było wydarzeniem. Czy przejeżdżał galopem, czy przechodził znużonym krokiem, czy po prostu gapił się z werandy – z każdym należało nawiązać kontakt, nie zaś mijać bez słowa. Nieznajomych pozdrawiano „niech cię Bóg prowadzi" i życzono im osiągnięcia celu bez wysiłku, a jeśli czas pozwalał, wymieniano z nimi nowiny. Mohammad, samotny w swej odległej posiadłości, musiał łaknąć towarzystwa.

Tej nocy Afgańczycy próbowali po raz pierwszy namówić mnie do przejścia na islam. Już wcześniej Amanullah pytał, dlaczego się nie modlę. Powiedziałem mu wtedy, że robię to co niedziela w kościele. Gdy nadeszła niedziela, zadał mi to samo pytanie.

– A dlaczego w Afganistanie nie ma żadnego kościoła? – odparłem; podejrzenia o bezbożność nie można było zlekceważyć, mogło ono prowadzić co najmniej do utraty ich zaufania, musiałem więc podać jakiś „wiarygodny powód". – Gdy przyjedziesz do Londynu, zabiorę cię do wspaniałego meczetu w Regent's Park*. Ale w Afganistanie nie ma przecież chrześcijańskich kościołów...

– Może w ambasadzie w Kabulu jest kaplica.

– Jak nie ma kościoła, to nie mogę brać udziału w nabożeństwie. Ale modlę się w zamian do...

W ostatniej chwili udało mi się znaleźć wyjście. W notesie miałem przysłany mi z Polski przez babcię obrazek Matki Boskiej Częstochowskiej, która miała się mną opiekować. Wręczyłem mu obrazek i skierowałem światło latarki na kolorowy wizerunek.

– Modlisz się do tego? – Amanullah, spojrzawszy wpierw na obrazek, potem na mnie, wykrzywił się ze wstrętem.

– Tak. To Maria, matka Chrystusa. Uznajecie ją przecież...

– A, Mariam. Tak, szanujemy ją jako matkę proroka Jezusa. Wiesz oczywiście, że go nie ukrzyżowano?

Słyszałem już o tej doktrynie islamskiej: ukrzyżowanie, owszem, miało miejsce, mówi Koran, ale nie Jezus był jego ofiarą. Koran ma być jedynym objawieniem wolnym od błędów i przeinaczeń. W przeciwieństwie do innych boskich przekazów, obwieszczanych wiernym ustami proroków – jak Tora czy Nowy Te-

---

* Największy meczet w Londynie; w jego budynku mieszczą się także biblioteka, szkoła i centrum kulturalne (przyp. tłum.).

stament – Koran, twierdzą muzułmanie, przetrwał wieki w tej dokładnie wersji, w jakiej ogłosił go sam Mahomet, niezmieniony w jednym choćby zawijasie arabskiego pisma*. Muzułmanie wierzą zatem, że Koran stanowi swego rodzaju punkt odniesienia dla wszystkich innych zapisów. W umysłach chrześcijan rodzi się w tym momencie zasadniczy problem: jeśli Chrystus nie został ukrzyżowany, nie mógł swą śmiercią odkupić naszych grzechów, nie mówiąc już o zmartwychwstaniu. No cóż, albo mylą się muzułmanie, albo chrześcijaństwo to mistyfikacja, albo też – jako że świadectwa są podobne – można odnieść się sceptycznie do obu wersji. Do takich to herezji prowadzi naiwny racjonalizm.

– Tak, wiem, ale nasi mułłowie potrafią dowieść, że Chrystus rzeczywiście był ukrzyżowany – odparłem.

Amanullah zwrócił mi obrazek: nigdy więcej nie kwestionował już moich praktyk religijnych. Inni jednak, nieświadomi naszej konwersacji, rwali się do pozyskania dla Allaha nowego wyznawcy. Zachęcało ich bez wątpienia to, iż z respektem uczestniczyłem w ich modlitwach przed posiłkiem i po posiłku. Także rok wcześniej wziąłem udział w ceremonii odprawionej przed zasadzeniem się na wroga: każdy z nas przechodził pod derką, w którą zawinięty był Koran. Całowaliśmy nabożnie księgę przez tkaninę; miało to zabezpieczyć nas od kul, a w razie śmiertelnego postrzału gwarantowało natychmiastowe dostanie się do raju.

---

* Pogląd powszechny, ale błędny: za życia Proroka jego objawienia były w przeważającej większości przechowywane w pamięci i dopiero po jego zgonie (632 n.e.) zaczęto zbierać i spisywać cały materiał. Do czasu przyjęcia jednolitej kanonicznej wersji Koranu (651) istniały i były używane cztery nieidentyczne redakcje tekstu. Wersja obowiązująca, zwana al-Imam (Przewodnicząca Modlitwie), została przygotowana przez byłego sekretarza Proroka, Zajda Ibn Sabita, na polecenie trzeciego kalifa Usmana. Ze względu na ówczesną niedoskonałość zapisu (brak znaków na oznaczenie samogłosek i znaków diakrytycznych) i ten tekst umożliwiał wiele odchyleń interpretacyjnych. Ostateczna, przyjęta przez muzułmanów wersja powstała dopiero w połowie X wieku, czyli w trzysta lat po śmierci Mahometa (przyp. tłum.).

Ucałowanie Koranu zawiniętego w patu gwarantowało przetrwanie

Trudno powiedzieć, że nie działało, skoro w czasie ataku nikt nie został nawet zadraśnięty.

– Mister Rahim, czy wiesz, co oznacza twoje imię? „Miłosierny", bardzo pięknie, ale to cecha boska, nie może więc służyć jako twoje jedyne imię. Będziemy cię nazywać Abdul Rahim.

– A nazywajcie mnie, jak chcecie.

Dawno już się zorientowałem, że nadanie mi przez nich afgańskiego imienia, podobnie jak naleganie, bym nosił lokalny ubiór, wynikało nie ze względów bezpieczeństwa, lecz stanowiło swoistą sugestię, iż jako gość powinienem przestrzegać obowiązujących w ich kraju zwyczajów. W każdej napotkanej wiosce ludzie zaczynali niebawem szeptać, że pojawił się chrześcijanin. Nietrudno było mnie zauważyć: moja kamizelka, torba fotograficzna, rysy twarzy, oczy – wszystko mnie zdradzało. Podobnie żołnierze znali moje prawdziwe nazwisko i mówili o nim każdemu, czy dla zwykłego gadulstwa, czy też by się pochwalić znajomością sekretów.

– Mister Rahim, powtarzaj za mną – rzekł Szah Wali. – *Laila-ha Ula Llah. – Muhammadun rasul Allah.* – Czy wiesz, co to znaczy? – W jego oczach zapalił się entuzjazm, jakby Wali był stojącym na mym progu świadkiem Jehowy.

– Tak, to dogmat islamu: „Nie ma boga jak tylko Bóg", a Mahomet jest Posłańcem Boga*. Ale obawiam się, że nie dostaniesz mojej duszy: jestem katolikiem i ogromnie się tym szczycę. Rozumiesz?

– Modli się do obrazka Mariam – wyjaśnił Amanullah. Pokazałem im wizerunek.

– I do papieża też – dodałem.

– Kto to jest papież?

– To naczelny mułła mojej religii, który mieszka w Rzymie. Ubiera się na biało jak bogaty Kuwejtczyk, jest nieomylny w sprawach wiary niczym Koran i jeśli się do niego modlić, dostaje się częściowe odpuszczenie grzechów – zełgałem. – To się nazywa odpust. Odpust skraca czas przebywania w czyśćcu. Wiecie, co to czyściec?

Wiedzieli. Prorok był mądrym człowiekiem**.

– Dostałem odpust stuletni, więc pewnie jeszcze parę lat mi

---

* Wyznanie wiary (*szahada*), pierwszy z pięciu obowiązków religijnych islamu (przyp. tłum.).

** Islam nie zna właściwie pojęcia czyśćca w znaczeniu katolickim. Zmarły przepytywany jest po śmierci przez anioły; jeśli jego odpowiedzi nie są zadowalające, zostaje pobity przez boskich wysłanników i ta udręka ma trwać aż do dnia Sądu Ostatecznego, kiedy to zapadnie ostateczny wyrok: raj albo piekło (przyp. tłum.).

na koncie zostało – brnąłem konsekwentnie. – Mam również zaświadczenie, że w czasie tej podróży wolno mi nie brać udziału w niedzielnych modłach. W normalnych warunkach to ciężki grzech, ale z takim zaświadczeniem grzechu nie popełniam i nie zmniejszy mi się czas odpustu. Nazywamy to dyspensą.

Islam zabrania oddawania czci wizerunkom – jednym z wczesnych zarządzeń Mahometa był nakaz zniszczenia pogańskich bożków zdobiących kiblę w Mekce. Z tego powodu artyści muzułmańscy, jak wiadomo, wyrażają treści duchowe poprzez estetykę – kaligrafię i architekturę raczej niż przez malarstwo i rzeźbę.

Szah Wali i inni przyjrzeli się z niedowierzaniem obiektowi mej czci, po czym rozpoczęli dłuższą dyskusję. Pokiwali w końcu mądrze głowami i zwróciwszy się do mnie, obwieścili, że w gruncie rzeczy nie aprobują takich bzdur, lecz skoro jestem ich gościem, będą tolerancyjni wobec mych nieszkodliwych przesądów. Moje religijne listy uwierzytelniające zostały tym sposobem przyjęte.

Następnego ranka wstaliśmy przed świtem. Po dwóch godzinach ostrego marszu wywiązała się kolejna dyskusja: czy iść dalej, czy też odbić w jedną z bocznych kotlin i zjeść śniadanie. Amanullah i ja przekonywaliśmy pozostałych, że należy iść aż do południa, ale hałastra – daleki byłem od nazwania ich oddziałem partyzanckim – była zmęczona. Po czterdziestu pięciu minutach ostrego podejścia znaleźliśmy obozowisko: szałas nad ledwo cieknącym strumykiem; po godzinie piliśmy już gorącą herbatę.

– No co, rozkładamy się tu na noc? – zapytałem. – A może uda się nam jeszcze trochę pomaszerować? Moallemie Szahu Wali, to ma być święta wojna czy wakacje w ośrodku wypoczynkowym? Wiesz, co to ośrodek wypoczynkowy? Nie, pewnie, że nie. To właśnie jest taki ośrodek – docinałem mu.

Bez skutku, odpowiedź była niezmienna:

– Musimy zmienić osły.

Nie wysłano oczywiście przodem żadnych zwiadowców, jak sugerowaliśmy z Amanullahem, i znów nie sposób było nigdzie znaleźć wypoczętych zwierząt. Miałem wrażenie, że Szah Wali i Abdul Ali nie dostrzegali związku między obecnym działaniem a późniejszymi konsekwencjami. Nie mogli pojąć, że jeśli będziemy marnować teraz czas i spóźnimy się na konferencję, nasz wysiłek okaże się niepotrzebny. Sądzili, że się bezzasadnie złoszczę.

– Uszy do góry – powtarzał Abdul Ali.

– Zadowolony? Wszystko w porządku? – dopytywał się Szah Wali.

Amanullah i ja ponaglaliśmy ich. Od Tajwary dzieliła nas już niewielka odległość, a nasze bagaże były stosunkowo małe. Tłumaczyliśmy, że gdyby każdy z nas niósł część ładunku, nasz marsz przebiegałby wolniej, ale bez zbytecznych opóźnień. Dla Afgańczyków objuczenie się bagażem jest hańbą na honorze: mężczyznom przystoi tylko broń i amunicja, ewentualnie lekka derka. Gdyby rozdzielić ładunek dwóch osłów pomiędzy nas wszystkich, byłby to mniejszy ciężar niż standardowe wyposażenie rekruta w czasie ćwiczeń. Ale, jak zwykle, duma była silniejsza od logiki.

W normalnych warunkach powstrzymałbym się od krytyki, by nie okazać zniecierpliwienia. Poprosiłbym najpewniej o herbatę i siedział zadowolony, zapisując wydarzenia lub czytając. Zorientowałem się już, że czas ma dla Afgańczyków inny wymiar niż dla mnie, pogodziłem się więc z ich tempem. Co za różnica, czy zaatakujemy jutro, czy w przyszłym tygodniu? Rosjanie nie zając, nie uciekną.

Doszedłem również do wniosku, że to ślimacze tempo ma też swoje plusy. Zorganizowanie czegokolwiek rzadko się udawało, ale musiało to mieszać szyki nieprzyjacielowi, dla którego zebranie rzetelnych danych wywiadowczych stawało się w tych warunkach zmorą. Afgańczycy mogli nie należeć do najbardziej energicznych czy dokładnych ludzi, cechował ich jednak nieprawdopodobny upór. Tocząca się wojna nie zmieniła, mimo wszelkiej gwałtowności, sposobu ich życia w takim stopniu, w jakim podobny kataklizm dokonałby tego w uprzemysłowionym kraju. Wiele wsi zostało zniszczonych i opuszczonych, te jednak, które przetrwały, radziły sobie zadziwiająco dobrze. Energia elektryczna, poczta czy szpitale pojawiły się dopiero niedawno w niektórych miastach, ludność była więc przyzwyczajona do obywania się bez tych udogodnień. Każda dolina, każda wioska była samowystarczalną jednostką gospodarczą: zebrane plony zjadano, wszystko inne, bez czego nie można się było obejść, sprowadzano kilka razy do roku.

Dzięki temu na prowincji można było kontynuować walkę – Rosjanie zdawali sobie z tego sprawę, zastosowali więc klasyczną taktykę dławienia oporu. Jeśli wystarczająco duży odłam społeczeństwa uzna, że ze względów ekonomicznych należy popierać *status quo,* wtedy reżim może się czuć w miarę bezpiecznie. Jeśli grupy społeczne kierują się w działaniu własnym interesem, najlepszą długoterminową bronią jest centralizacja, rozwój biurokracji państwowej, z czego z kolei rodzi się zależność. Na przykład energia elektryczna, którą wytwarza kupiony wspólnie przez mieszkańców wioski generator na olej napędowy, ma zdecydowanie inne znaczenie niż energia płynąca z będącej pod zarządem państwowym zapory czy elektrowni. Nie bez powodu północne prowincje Afganistanu były podłączane do sowieckiej sieci energetycznej, a afgańscy technicy z prowincjonalnych miast wysyłani do ZSRR, by poznawać scentralizowany system energetyczny, choć ich miasta otaczali już partyzanci. Autonomia wsi przynosiła tym ostatnim korzyści. Zawziętość wieśniaków powstrzymywała postęp „normalizacji" w równej mierze jak spektakularne zasadzki i oblężenia. Czułem respekt dla tej niespiesznej wytrwałości Afgańczyków.

Teraz jednak mieliśmy dotrzeć do Tajwary w określonym czasie, co wyraźnie kłóciło się z ich instynktownymi odczuciami; w okolicy nie było wroga, więc po co się spieszyć? Pozwalałem sobie na skargi, gdyż popierał mnie Amanullah. W oddziale Ma-

Kobiety koczowników nie zasłaniały twarzy nawet przed niewiernym

suda zobaczył, jak skuteczni mogą być partyzanci, jeśli tylko są sensownie zorganizowani i działają energicznie.

– U Masuda buty zdejmowaliśmy tylko do modlitwy – mówił – przez co wszyscy byli zawsze gotowi szukać schronienia. Dzięki temu straciliśmy jedynie czterech ludzi w ciągu dwudziestu bombardowań.

Namawiał innych do wzmożonego wysiłku jeszcze gorliwiej niż ja.

Posiłek zjedliśmy razem z nomadami z plemienia Iszaghzaj, z którego pochodził nasz Abdul Ali, dzięki czemu przyjęcie było serdeczne. Rozłożyliśmy się na dywanach i poduszkach wewnątrz jednego z namiotów. Łatwo je było zauważyć: zawsze rozbite w pewnej odległości od osiedli, zwykle na jałowej ziemi, nieodmiennie czarne, z oddali przypominały armię pająków. Myślałem, że pod czarną tkaniną nagrzaną palącym słońcem panować będzie upał nie do wytrzymania, ale byłem w błędzie. Namioty są stawiane na kwadracie o boku dwudziestu metrów, wsparte na sześciu lub więcej drewnianych masztach na tyle wysokich, by dorosły człowiek mógł stanąć w środku wyprostowany. Pomiędzy brzegami tkaniny a ziemią pozostawia się ponadmetrową przerwę. Czy dlatego, że wiatr może swobodnie dostać się do wewnątrz, czy też ze względu na dość rzadki splot tkaniny, w namiotach nomadów jest zawsze przyjemny chłód.

Rwałem na kawałki świeże, cienkie jak papier chlebowe placki i maczałem je w wybornie słodkim, złotego koloru, płynnym kozim maśle[*]. W namiocie, nieskrępowane naszą obecnością, pracowały trzy kobiety. Trudno byłoby uznać je za powabne: jednej brakowało wszystkich przednich zębów, druga miała przerażająco zdeformowane biodra, twarz trzeciej zaś przywodziła na myśl ogromnego żółwia. Wśród rzędów ściegów na ich podartej odzieży można było jednak dostrzec delikatne hafty: wyszywane różowym, niebieskim i pomarańczowym jedwabiem kwiaty na soczyścieczerwonym tle, obramowane złotą koronką uszlachetnioną przez czas. Pomarszczone szyje i ramiona były ozdobione grubymi sznurami błękitnych szklanych paciorków, srebrnych monet i perłowych guzików. Kobiety siedziały, przędąc kozią wełnę. Każda miała pracować przez rok, by uprząść jej tyle, by starczyło na jeden namiot.

Pośrodku, na piramidzie dywanów, siedział siwobrody starzec w ogromnym białym turbanie, wyglądającym niczym góra bielizny. Oczy zakrywały mu zwitki waty umocowane bandażem –

---

[*] Półpłynny tłuszcz zwany *ghi*, uzyskiwany przez odciągnięcie wody i wyklarowanie masła pochodzącego z mleka zwierząt domowych; może być przechowywany przez wiele miesięcy. Podstawowy składnik pożywienia na Półwyspie Indyjskim i w okolicznych krajach (przyp. tłum.).

niewidomy, najpewniej z powodu katarakty. Mamrotał coś cicho do siebie i kiwał się rytmicznie.

– Jak długo to ma? – spytałem jego syna, a naszego gospodarza.

– Trzy miesiące. W zeszłym roku wzięliśmy go do doktora w Pakistanie. Przeszedł operację i było dobrze, ale teraz znów się pogorszyło. Gdy odsłoni oczy, czuje ból. Pojedziemy z nim znów do Pakistanu... A czy pan jest doktorem?

– Dlaczego nie zaprowadzicie go do Heratu, gdzie jest państwowy szpital?

– Nie, tamci lekarze są do niczego. Zresztą on sam nie może iść, a mnie, gdybym poszedł, komuniści wcieliliby do wojska.

Następnego dnia pokonaliśmy wreszcie porządny kawał drogi. Do wioski Abdula Alego był dzień marszu, wysłał więc nocą dwóch swoich ludzi, dzięki którym w połowie szlaku czekały na nas cztery konie z wyściełanymi siodłami. Wędrowaliśmy odtąd szybko, na przemian to jadąc, to idąc, z bagażami podskakującymi na końskich grzbietach. Po południu dotarliśmy do wioski; pozdrowiono nas powitalną palbą. Odpowiedzieliśmy salwami z kałasznikowów i lekkiej broni maszynowej. W niebo poszło sporo amunicji, ale znajdowaliśmy się w rodzinnej osadzie Alego, który nie widział swoich ziomków od dwóch lat, więc strzelanina była usprawiedliwiona. Oczekiwał nas sześćdziesięcioosobowy komitet powitalny złożony ze skośnookich Uzbeków o niskich czołach, mężczyzn o jasnych włosach i niebieskich oczach, jakby żywcem przeniesionych z ukraińskich wiosek, i innych, smagłych niczym perscy derwisze. Z części kraju zamieszkanej przez Pasztunów wkraczaliśmy na tereny, gdzie żyły obok siebie rozliczne plemiona, rzadko łączące się w związki małżeńskie poza własnym obrębem. Ściskałem ich twarde dłonie, czując się niczym królowa matka, gdy po premierowym przedstawieniu przechodzi wzdłuż szeregu aktorów na zapleczu sceny. Zza okiennic, zdawałoby się pustych, drewnianych lepianek doszły mnie podniecone odgłosy przepychanki:

pozostała część mieszkańców – kobiety – też chciała zobaczyć przybyszów.

Po pierwszych powitaniach zebraliśmy się przed budynkiem, nad którego wejściem wisiał zielony plakat z godłem Dżamijatu – znak siedziby lokalnego dowództwa. Wróg znajdował się o ponad tydzień marszu stąd – mieszkańcy wsi od miesięcy nie widzieli żadnych walk. Może dlatego przybierali szczególnie bojowe miny, kiedy ustawiali się do inspekcji przed Abdulem Alim. Zasiedliśmy w końcu na ganku, Ali pośrodku, starsi wioski po prawej, Szah Wali, Amanullah i ja po lewej stronie.

Wcześniej, podczas powitalnej salwy, zauważyłem, że jeden z ludzi Szaha Walego ma kłopoty z zamkiem swego karabinu maszynowego; kilkakrotnie odbezpieczał go i zabezpieczał. Był to sowiecki diegtiariow montowany na dwunogu, z magazynkiem bębnowym zawierającym sto pocisków na metalowej taśmie. Chłopak siedział teraz naprzeciw nas, a karabin spoczywał na nóżkach obok; jego lufa była skierowana w naszą stronę. Sięgałem właśnie po filiżankę, na wpół świadom, że chłopak manipuluje przy zamku.

Strzał padł nagle. Rozlałem herbatę, inni zamarli w bezruchu. Rysy strzelca wykrzywił dziwny grymas, a z twarzy Alego odpłynęła powoli krew. Nikt nie powiedział ani słowa. Chłopak podniósł karabin i odwrócił go w kierunku pól. Dopiero wtedy wszyscy stłoczyli się wokół niego. Do rękawa koszuli Alego przyczepiły się czarne i siwe włosy – obcięte przez pocisk z jego gęstej brody. Gdyby kula poszła nieco dalej w prawo, przeszyłaby mu kark.

Ściana domu była zbudowana z dużych bloków granitu – kula odbita rykoszetem mogła również trafić Alego w plecy. Na szczęście kamienie były połączone gliną i pocisk utkwił gdzieś w zaprawie.

– Nie dotknąłem nawet spustu, chciałem tylko usunąć nabój z zamka, żeby go zabezpieczyć – jęknął chłopak.

– To rzeczywiście bardzo zły sprzęt – rzekł do mnie Amanullah. – Wiele razy już tak było. Tyle że zwykle idzie cała seria, a nie pojedynczy strzał... Mieliśmy szczęście.

– Mało brakowało, a byłbym jak ciężarówka, która złapała gumę, prawda, mister Rahim? – Abdul Ali wrócił już do siebie i zgrywał bohatera.

Chciałem im uświadomić zatrważającą beztroskę, z jaką obchodzili się z bronią. Wielu z nich nosiło umocowane na stałe bagnety, by odpędzać nimi sfory bezpańskich psów. Nie składali ich nawet w nocy i parę razy o mało nie nadziałem się w ciemnościach na ostrze.

Po natarciu chłopakowi uszu wszyscy wrócili jednak do picia herbaty i gwarzyli teraz, powtarzając coś po arabsku takim tonem, jakby byli zadowoleni.

– Co oni mówią? – spytałem Amanullaha.

– Że ich wiara w Boga jeszcze się umocniła. Przytaczają fragment Koranu:

> Jeśliby Bóg karał ludzi
> z powodu ich niesprawiedliwości,
> to nie pozostawiłby na ziemi
> żadnego stworzenia.
> Lecz On daje im zwłokę do oznaczonego czasu.
> A kiedy nadejdzie ich termin,
> to oni nie będą mogli opóźnić go ani przyspieszyć
> nawet o jedną godzinę*.

Naiwnością z mojej strony byłoby przekonywanie ich, że słuszności cytowanych wersetów mogłaby równie dobrze dowieść śmierć Abdula Alego.

---

* Sura XVI: *An-Nahl* (Pszczoły), werset 61; cytat według *Koranu*, z arab. przełożył i komentarzem opatrzył Józef Bielawski, PIW, Warszawa 1986, s. 324 (przyp. tłum.).

Amanullah zaskoczył mnie swoją nieśmiałą uwagą:

– Prorok, pokój z Nim, rzekł również: „Dobrze uwiąż swego wielbłąda, a Bóg weźmie go w opiekę". Byłoby chyba lepiej, gdyby ustawiano karabin tylko w tę stronę, w którą ma wystrzelić...

Następnego dnia wyruszyliśmy wcześnie rano. Cały dzień maszerowaliśmy szybkim krokiem, zatrzymaliśmy się tylko krótko na obiad i popołudniową herbatę.

– Mister Rahim, czy dostrzegł pan już po drodze ruiny angielskich fortów? Sporo ich tu w okolicy...

Pytaniu towarzyszył pełen zadowolenia uśmiech, jak zwykle, gdy chodziło o badanie stanu mojej wiedzy na temat doktora Brydona. Tym razem jednak nie miało to sensu. Dwie przedsięwzięte w XIX wieku (w latach 1839–1842 i 1878–1880) ekspedycje brytyjskie do Afganistanu trwały zbyt krótko, by dotrzeć daleko w głąb kraju. Jaki zresztą byłby powód dla zakładania garnizonów w tych odległych dolinach? W tworzeniu narodowych mitów Afgańczycy nie ustępują innym nacjom. Na przykład Anglicy do dziś nie zdają sobie sprawy, iż Afganistan był *de facto* ich kolonią. Wprawdzie na mapie Imperium Brytyjskiego nigdy go nie oznaczano czerwonym kolorem jak inne posiadłości, nie zmienia to jednak faktu, że każdego roku Afgańczycy obchodzą Święto Odzyskania Niepodległości... spod panowania Wielkiej Brytanii*.

Angielskie czy nie, owe kamienne wieże i cytadele, barbakany i osłonięte przejścia musiały niezaprzeczalnie stanowić umoc-

---

* „Odzyskanie niepodległości" jest określeniem nieprecyzyjnym, jako że Afganistan nigdy nie był kolonią angielską, choć był od Wielkiej Brytanii w różnoraki sposób uzależniony (na przykład w polityce zagranicznej). Po raz pierwszy wypędzono Anglików w 1843 roku, ale święto, o którym mowa w tekście, odnosi się do zwycięstwa w trzeciej wojnie angielsko-afgańskiej i traktatu zawartego w Rawalpindi, gwarantującego Afgańczykom polityczną niezależność (przyp. tłum.).

nienia wojskowe. Był czas, kiedy pieszo i konno przemykali między nimi posłańcy, a za pomocą specjalnych sygnałów przekazywano informacje z jednej twierdzy do drugiej. Dziś, stojąc w ruinach, górowały złowieszczo nad wioskami lub sterczały na piachach i potrzaskanych kamieniach niczym kości dinozaurów. Niektóre musiały być rzeczywiście ogromne; zachowało się z nich wystarczająco dużo, by nadal mogli tam mieszkać ludzie. Na ścianach widniały zniszczone już płaskorzeźby: węże, gwiazdy, regularne zwoje. Setki budowniczych musiały pracować przy wznoszeniu tych budowli. Ani jednak ich konstrukcja, ani też ornamentacja nie wskazywały na wpływy europejskie, kojarzyły mi się raczej z zabytkami buddyjskimi. Ruiny wyrastały teraz gęściej, co kilometr bez mała. Zbocza gór również nosiły ślady ludzkiej działalności: równolegle do siebie ciągnęły się na nich regularne poziome wzniesienia – resztki starożytnych tarasów. Zbierane z nich plony musiały kiedyś wspierać znacznie liczniejszą i lepiej rozwiniętą społeczność.

Przed oczami miałem ostatnie ślady królestwa Ghorydów, przeżywającego rozkwit w XII stuleciu, kiedy rozciągało się od Heratu po Kalkutę. Wynika to jasno z map historycznych tego terenu, pokazujących niezliczone miejsca archeologicznych wykopalisk z tego właśnie okresu. W Delhi władcy z dynastii ghorydzkiej wznieśli słynny Ghotb Menar, najwyższy minaret świata, w Heracie zbudowali przypuszczalnie pierwotny meczet piątkowy, który chciałem obejrzeć. W Dżamie, na północ od Heratu, znajduje się inny słynny minaret, do dziś drugi co do wielkości na świecie – jedyna ocalała budowla położonej nad rzeką Herat letniej stolicy dynastii, Firozkuh. Panowanie Ghorydów zakończyło się oficjalnie w XII wieku. Zostali wchłonięci przez szachów Chorezmu, a następnie przez Mongołów pod wodzą Czyngis-chana. Lokalna dynastia Kartów w Chorasanie pozostawała lennikiem Mongołów aż do najazdu Tamerlana. Prowincja zapłaciła za porażkę makabryczną cenę: aż do ostatniego stulecia góry dostarczały niewolników na rynki Heratu, Buchary i Sa-markandy.

Tajwara, ważne centrum za panowania Ghorydów, przed woj-ną była trzydziestopięciotysięczną stolicą powiatu. Zaledwie kilkadziesiąt lat wcześniej teren ten był równie nieznany jak Nuristan, choć zdawano sobie sprawę, iż pomimo dużej wysoko-ści – prawie 2300 metrów n.p.m. – dolina jest kwitnąca i może zapewnić „doskonałe obozowiska, obfitą paszę, wystarczające na tydzień zaopatrzenie dla dwóch batalionów piechoty i jedne-go regimentu kawalerii", jak relacjonował w 1914 roku szpieg brytyjski.

Dotarliśmy na miejsce wieczorem, zmęczeni po dziewięciu go-dzinach marszu, ale zadowoleni z osiągnięcia celu. Nagle otwar-ła się przed nami dolina – wystarczyło przejść most nad bijącą ze skał rzeką, źródłem czystej wody zapewniającej miastu bogac-two. Podobnie jak w Nauzadzie, tak i tu wszystkie budynki zo-stały zniszczone. Po półgodzinie drogi wśród żyznych pól wspię-liśmy się na wzgórze. Kiedyś musiały tu stać domy. Budowane z tej samej rdzawej gliny jak wszystko inne, nic różniły się teraz od ruin warowni ghorydzkiej na pobliskim wzniesieniu. Nad sklepionymi łukami kramów bazaru górowały opustoszałe, zna-czone otworami strzelniczymi wieże wojskowego posterunku. Stado owiec skubało trawę pośrodku najruchliwszego niegdyś skweru. Szkoła, więzienie, biura – wszystko przedstawiało ru-inę. Centrum miasta było zażarcie bronione przez garnizon wojsk rządowych, ewakuowany w końcu za pomocą helikopte-rów.

Jak powinienem się spodziewać, Ismaela Chana nie było w Taj-warze.

5

Ismael Chan

Każdy dzień spędzony z Amanullahem sprawiał, że coraz bardziej lubiłem tego Afgańczyka. Był najpobożniejszy z moich towarzyszy, a jednocześnie najbardziej spośród nich energiczny i rozgarnięty: nie zdarzyło mu się nigdy przepuścić modlitwy, a często, gdy inni odpoczywali, siadał w oddaleniu, całował z uszanowaniem mały zielony Koran, który nosił na piersi, i melodyjnie recytował półgłosem jego wersety.

Ciągnącymi się bez końca popołudniami, kiedy czekaliśmy na zapadnięcie ciemności, by móc jechać dalej, rozmawiałem z nim godzinami o polityce i religii muzułmańskiej.

– Dlaczego Afgańczycy są tacy zacofani? – pytał Amanullah. – Dlaczego nie potrafią być równie sprawni w interesach i pomysłowi jak twoi ziomkowie? Przecież lenistwo czy niedotrzymywanie słowa przy załatwianiu interesów są zabronione przez islam... Nasi ludzie nie starają się być dobrymi muzułmanami. Afganistan dla nich to więzienie: nie mogą się uczyć, nie mogą kupić nowoczesnego sprzętu, nie wiedzą, jak uchronić się przed chorobami. Gdybym nie uciekł do Pakistanu, nie znałbym angielskiego ani nawet nie potrafił przeczytać gazety. Kiedy wreszcie zwycięży nasza islamska rewolucja, każdy będzie miał miejsce w szkole i będzie musiał pracować.

Porządek dnia moich towarzyszy był regulowany praktykami religijnymi. W ich wierze wymagane są trzy modlitwy, ale zwyczaj nakazuje pięć – pierwszą odmawia się między brzaskiem a wejściem słońca. Każdego ranka mułła bądź ktoś znany z pobożności wyśpiewywał po arabsku – „w języku niebios" – wezwanie do modlitwy. Śpiący podrywali się wtedy, by przy strumieniu czy studni dokonać ablucji. Myli dłonie i ramiona do łokci, opłukiwali trzykrotnie twarz i uszy, wycierali mokrymi dłońmi szyję, czyścili nozdrza, wciągając przez nie wodę, obmywali stopy. Mycie jest obowiązkowe po przebudzeniu i zawsze po wydalaniu. Jeśli brak wody, używa się symbolicznie piasku.

Podczas modlitwy zwracano się w kierunku Mekki. Starsi klęczeli zwykle w pierwszym rzędzie, choć w teorii nie obowiązywała żadna hierarchia. Drugą modlitwę odmawiano między południem a godziną, w której słońce przemierzyło już pół drogi do zachodu, trzecią – tuż przed zachodem, czwartą – między zachodem a chwilą, w której znika z horyzontu czerwony blask słoneczny, ostatnią – już w ciemnościach. Za każdym razem wierni klękali na kawałku jakiejś tkaniny, wznosili dłonie do uszu na znak, iż dociera do nich głos Proroka, skłaniali głowy, by na przemian bić pokłony i unosić tułów, kręcili głową na boki, na końcu zaś ocierali symbolicznie twarz i brodę. Recytacje były każdego dnia te same, potwierdzające moralną spójność grupy. W indywidualnych medytacjach miało być pomocne czytanie Koranu. Zarost na twarzy, czasem barwiony henną na kolor pomarańczowy, uważano również za oznakę pobożności, jako że Mahomet sam nosił brodę.

Byłem wśród ludzi, dla których islam stanowił jedyny wyobrażalny świat.

– Nie jesteś muzułmaninem? – pytali zdziwieni napotkani chłopi.

– Nie. Przyjechałem z Anglii, a Anglia nie jest muzułmańska.

– Naprawdę? – Spoglądali na mnie z niedowierzaniem. – Jak to?...

Europa, jej narody, języki – były dla nich pojęciami pozbawionymi znaczenia, tak samo jak słowa „Wschód" i „Zachód" rozpatrywane politycznie.

– Jestem chrześcijaninem, człowiekiem Księgi – odpowiadałem. Rozumieli to od razu: Koran uznaje żydów i chrześcijan za zbłąkanych braci w Bogu i nakazuje wobec nich tolerancję.

– Ameryka też nie jest muzułmańska – droczyłem się z nimi.

– Też nie? – Zdziwieni, znów podnosili brwi. – Ale Ameryka to nasz przyjaciel.

– Zgoda, lecz nie muzułmański. To kraj niewiernych. *Kafir ast.* Więc dlaczego przyjaciel?

– Bo stinger jest przyjacielem.

W niczym nie byli podobni do owych gnębionych schizofrenią muzułmanów spotykanych w krajach, które są bardziej wystawione na wpływy zachodnie – rozdartych między poczuciem dumy nakazującej lojalność wobec islamu a zdrowym rozsądkiem, sugerującym na każdym kroku wyższość świeckiego Zachodu. Afgańczycy reprezentują „Azję bez kompleksu mniejszości". Jak określił to Robert Byron: nie przestali być azjatyckimi Masajami. Islam jest religią, którą wyznają nie dla zrównoważenia „za" i „przeciw" – to po prostu sposób, w jaki żyją, innego nie znają. Bardziej nawet niż bitność Afgańczyków budziła we mnie respekt ich duchowa samowystarczalność. Ignorancja stanowiła ich siłę.

Nazywałem ich na przemian „partyzantami" i „mudżahedinami", żołnierzami świętej wojny[*] – nie tylko dlatego, że tak sami się określali. W wiosce niedaleko Kandaharu zagadnąłem kilku obszarpanych wyrostków, dezerterów, którzy wędrowali o głodzie kilka dni, nim wreszcie znaleźli powstańców.

– Dlaczego uciekliście? W wojsku przysługiwały wam za dar-

---

[*] Mudżahedin to bojownik dżihadu, „świętej wojny", podejmowanej dla szerzenia lub obrony islamu. Dżihad nie należy jednak, jak się powszechnie uważa, do obowiązków religijnych każdego muzułmanina, lecz jest zaledwie zaleceniem – obowiązkowe są: wyznanie wiary (*szahada*), modlitwa (*sałat*), jałmużna (*zakat*), post (*saun*) i pielgrzymka do Mekki (*hadżdż*) (przyp. tłum.).

mo mundury i mocne buty, ryż w południe i mięso wieczorem, nawet mały żołd. Mudżahedini nie dadzą wam niczego takiego. Dlaczego ryzykujecie życie, by wstąpić do partyzantki?

– Nie rozumiesz, naprawdę? – Patrzyli na mnie zaskoczeni, bez wątpienia zastanawiając się, jak ktoś może być równie głupi. – Służba w armii to grzech, w razie śmierci trafimy do piekła. Jako mudżahedini służymy swą walką Bogu i jeśli zginiemy, to pójdziemy do raju.

Koran mówi wyraźnie:

Zwalczajcie na drodze Boga
tych, którzy was zwalczają,
lecz nie bądźcie najeźdźcami.
Zaprawdę Bóg nie miłuje najeźdźców!
I zabijajcie ich, gdziekolwiek ich spotkacie,
i wypędzajcie ich,
skąd oni was wypędzili!
– Prześladowanie jest gorsze niż zabicie.
– I nie zwalczajcie ich przy świętym Meczecie,
dopóki oni nie będą was tam zwalczać.
Gdziekolwiek oni będą walczyć przeciw wam, zabijajcie ich!
– Taka jest odpłata niewiernym!*

Dżihad zbliżony jest zatem w swych założeniach do chrześcijańskiej koncepcji „wojny sprawiedliwej". W gruncie rzeczy wyznawcy obu religii powinni przystąpić do walki w chwili, kiedy społeczności zagraża wróg. W przeciwieństwie jednak do dysydenta z Nazaretu Mahomet był cieszącym się doczesnym poparciem władcą arabskich terytoriów – stąd też odmienny ton Koranu: zamiast nadstawiania drugiego policzka Bóg ustami swego Proroka nakazywał wiernym walkę.

---

* Sura II: *Al-Bakara* (Krowa), wersety 190–191; *op. cit.*, s. 37 (przyp. tłum.).

Dla nich była to walka o zachowanie religii – uzasadniona, jak orientuje się każdy obeznany z sowiecką Azją Środkową. W całym ZSRR jest około czterystu meczetów – w samym Stambule jest ich cztery razy więcej. W 1987 roku komunistyczny reżim Afganistanu proklamował się rządem islamskim. Generał pułkownik Nadżibullah zaczął brać udział w publicznych modłach, a podczas jego wystąpień powiewało więcej zielonych chorągwi z koranicznymi hasłami niż kiedykolwiek nad którymkolwiek z meczetów. Nadżibullah, wyszkolony przez KGB dawny szef afgańskiej policji politycznej, spełniał wymagania islamskiego rytuału z polecenia Rosjan. „Diabeł przebrał się w ornat i ogonem na mszę dzwoni", powiedzielibyśmy w Polsce.

Być może mój organizm sam powrócił do swego naturalnego biologicznego rytmu, w każdym razie nie sprawiło mi trudności dostosowanie się do trybu życia dyktowanego religią: pobudka przed brzaskiem, dzień kończący się o zachodzie słońca... Po niedługim czasie wydawało mi się to tak naturalne, że obiecałem sobie utrzymanie tego rygoru po powrocie do Londynu – co oczywiście okazało się niemożliwe. Tu jednak było to najpraktyczniejsze rozwiązanie. W lecie, gdy w polu jest dużo pracy, dni są długie, zimą, gdy nie ma zbyt wiele ani do roboty, ani do jedzenia, okres aktywności jest krótszy. Bieda sprawia, że Afganistan jest prawdopodobnie jednym z ostatnich miejsc na ziemi, gdzie z łatwością można docenić, jak wspaniale wymogi islamu przystosowane są do trybu życia plemiennego, rolniczego społeczeństwa, dla jakiego zostały pomyślane.

Ismaela Chana nie było w Tajwarze, ale stary mułła, jego przedstawiciel, wskazał nam wysoką przełęcz w kierunku północno-zachodnim, za którą w odległości osiemnastu godzin marszu leży Sargah, kolejna stolica powiatu opanowana przez partyzantów. Narada, powiedział, już się zaczęła; byliśmy ostatnią spodziewaną delegacją.

Po całodziennym trudzie miałem dość wszystkiego. Nasz posiłek składał się tylko z chleba i herbaty, sięgnąłem więc do jednej z moich „kosmicznych" racji. Zalałem wrzątkiem proszek w foliowych opakowaniach i po chwili wygarniałem gęstą, pożywną papkę.

Droga do Sargahu powinna nam zająć dwa dni, ale nie wierzyłem, że to się uda. Wyruszyliśmy dopiero w południe następnego dnia, podejście do przełęczy odbywało się więc w najgorszym upale. Odpoczywaliśmy niemal do wieczora w chacie, której główną ozdobą była ogromna mapa Ameryki Południowej z napisami po arabsku – bez wątpienia „zdobycz" pochodząca ze szkoły w Tajwarze.

Zjedliśmy razem posiłek: Amanullah, ja i mieszkający tu człowiek. Bał się z początku mówić, ale gdy obiecałem, że nie wydam jego imienia, opowiedział swoją historię. Jeden z jego braci był w więzieniu w Heracie, aresztowany w chwili przekraczania granicy irańskiej. Drugi, złapany podczas ataku na sowiecki posterunek, siedział w Pul-e Czarchi, ciężkim więzieniu koło Kabulu. Trzeciego powołano do wojska. On sam miał dwadzieścia dwa lata, pochodził z Szindandu i zatrzymał się tu w trakcie ucieczki. Do niedawna służył w oddziale niejakiego Sajida Odżana, ale, jak powiedział, dowódca był niekompetentny, bez przerwy krzyczał, więc nasz gospodarz odszedł z oddziału. Po drodze, przed dwoma tygodniami, przyłączył się w górach Raitalu do niecodziennej grupy partyzanckiej. Złożona z szulerów, palaczy haszyszu i podobnych obwiesiów, nie miała dowódcy ani nie związała się z żadnym ugrupowaniem politycznym, sławna jednak była z bitności w walkach z wrogiem, mimo iż nie toczyła ich nigdy wespół z mudżahedinami. Któregoś dnia nad doliną pojawiły się cztery śmigłowce, które zrzuciły na spadochronach małe pojemniki. Powstańcy podejrzewali, że są w nich bomby, i ukryli się wśród skał, ale pojemniki nie wybuchły, więc podeszli bliżej.

– Otworzyliśmy jeden, bez trudu, bo był zrobiony z korka. W środku znajdowały się paczki banknotów o nominale dziesięciu afghani i ulotki z informacją, że dostaniemy więcej pieniędzy, jeśli tylko zaprzestaniemy ataków. Poza tym namawiano nas do spróbowania płynu w zrzuconych butelkach. Butelki wyglądały tak – narysował w moim notesie dziwnie znajomy kształt – po jednej w pojemniku, z przezroczystym płynem w środku. Ostry był jak chili. Jeden z partyzantów wypił całą flaszkę. Po dwudziestu minutach oszalał: zaczął mówić od rzeczy, wydzierać się, śpiewać na cały głos o dżihadzie. Musieliśmy go związać i przetrzymać w jaskini. Wszystkie butelki porozbijaliśmy o skały. Jeden z mułłów powiedział mi potem, że musiało to być rosyjskie wino, które oni nazywają „wódka", i że nie wolno nam go pić.

W Peszawarze słyszałem później jeszcze dziwniejszą historię: ciężarna uciekinierka afgańska chodziła po wszystkich biurach pomocy, opowiadając, że powodem jej utrapienia stał się nalot na wioskę, w czasie którego Rosjanie zrzucili „bomby nasienne". Biedna kobieta została wyklęta z rodziny i w końcu przypuszczalnie ukamienowana.

Następnego dnia, dziewiętnastego lipca, przyszło po nas o jedenastej pięciu żołnierzy heratczyków. Wreszcie mieliśmy dołączyć do zgromadzenia. Przyglądałem się im z zaciekawieniem: różnili się bowiem od spotykanych dotąd przeze mnie Afgańczyków. Jeszcze trzy pokolenia temu heratczycy nie uważali się za Afgańczyków – mianem tym określano Pasztunów (*Pasztun*, także *Patan*). Heratczycy należą do innej niż Pasztunowie grupy etnicznej, kulturowo są bliżsi Irańczykom, ich językiem jest perski, nie afgański (*paszto*), wielu z nich wyznaje islam odłamu szyickiego (*szi'a*)*. Nawet w zachowaniu różnili się od kapryśnych Pasztunów: byli opanowani, ruchy mieli pewniejsze, spojrzenie wnikliwsze, a sposób wypowiedzi bardziej przemyślany, jakby

---

* Religią większości w Afganistanie jest islam odłamu sunnickiego (*sunna*) (przyp. tłum.).

każdy z nich był udzielnym władcą. Towarzyszący nam żołnierze nieśli na ramieniu karabiny automatyczne, a torby na ich piersi kryły dodatkowe magazynki. Głowy heratczyków okrywały zamiast turbanów wyszywane czarno-białe chusty, zawiązane w specjalny sposób i przypominające czapki, z rogami przysłaniającymi uszy i szyję.

Uzbrojenie mieli sowieckie; składało się ono nie tylko z kałasznikowów, zdobytych albo kupionych od żołnierzy armii afgańskiej, ale i z nowych, nieznanych mi wcześniej kałakowów AK-74. Wyglądają jak kałasznikowy, są jednak lżejsze i różnią się konstrukcją kolby. Ładowane do nich pociski są mniejsze, szybsze i bardziej niebezpieczne, ponieważ wiercą w ciele jamę: wnikająca w ciało z ponaddźwiękową prędkością kula nie przechodzi na wylot, lecz rwie i popycha przed sobą tkankę, powodując okropne rany. Kałakowy można łatwo rozpoznać po tłumiącym błyski stalowym zgrubieniu na końcu lufy. Należały do wyposażenia wyłącznie sowieckiego personelu, zatem każdy taki karabin w rękach partyzantów oznaczał śmierć jego poprzedniego właściciela.

Przez cały czas spędzony z heratczykami nie dostrzegłem ani jednego chińskiego czy egipskiego kałasznikowa, jakich dostarczano z Ameryki. Lekka broń była zdobyczna – oto najlepsze świadectwo ich wojskowych zdolności.

Poprzedzani przez eskortę, maszerowaliśmy żwawo wzdłuż nagiego, piaszczystego zbocza, mijając po drodze posterunki broni maszynowej. Placówki te formowały trzy obronne kręgi wokół terenu zgromadzenia. Po kolejnej godzinie zobaczyliśmy Sargah, rozsiadłe na górskiej grani niczym klasztory na Athos. Jego usadowione wysoko na skałach arkadowe budynki przywodziły na myśl toskański kasztel – z daleka glina i drewno nie różniły się od cegieł i marmuru. Teren między nami a granią migotał w gorącym powietrzu: wydawało się, że domy wibrują, jakby za chwilę miały się unieść w niebo.

Miasto okazało się większe, niż przypuszczałem; widziana przez nas część stanowiła wschodnie podejście. Za szczytem rozpościerała się dolina, nieoczekiwanie bogata w zestawieniu z rosnącymi wszędzie wyschniętymi krzakami. Na terasowych polach woły ciągnęły drewniane brony, konie i osły pasły się na łąkach, gałęzie drzew brzoskwiniowych uginały pod ciężarem dojrzałych owoców, ich liście, zwisające za obmurowania ogrodów, tworzyły nad wąskimi dróżkami zielony dach. Źródło tego bogactwa było to samo co zwykle: huczący górski strumień, który – rozdzielony na kanały, użyźniał pola i sady, miejscami przelewając się na ulice. Woda omywała skaliste ścieżki i sprawiała, że w ocienionych pasażach było tak przyjemnie, jakby działała tu klimatyzacja. Wodna mgła moczyła nasze stopy i ochładzała powietrze.

Zanim doszliśmy do odkrytego terenu, przemierzyliśmy kilka ulic, obserwowani na każdym zakręcie przez wartowników. Nagle uliczki otwarły się na ocienioną polanę. Pod drzewami, wzdłuż niezliczonych dywanów rozpostartych na ziemi w linii prostej, siedziało około trzystu uzbrojonych i groźnie wyglądających Afgańczyków. Przewodził im brodaty czterdziestoparoletni mężczyzna w szarej kurtce; zgromadzenie poddawało się bez szemrania jego autorytetowi. Znałem go z plakatów wiszących w każdym partyzanckim skupisku. Był to Ismael Chan. Na dywanie przed nim leżał złożony szyszaków, rzadka broń, używana, jak mówiono, wyłącznie przez sowieckich oficerów. Na kolanie Ismael trzymał notatnik z zieloną gwiazdą Dżamijatu. Wydawało się, że stojący za nim młodzi bojownicy chłoną każde jego słowo. Gdy wstał, by nas przywitać, zaskoczyła mnie jego mizerna postura – podświadomie ludzi dzierżących władzę wyobrażamy sobie jako postacie słusznego wzrostu.

Wymieniliśmy uścisk dłoni.

– Bardzo się cieszę, że cię widzę – powiedział po angielsku. – Peszawar zapowiadał wasze przybycie na ubiegły tydzień...

– Wyszliśmy z Kwety trzy tygodnie temu z Sajidem Odżanem.

– Rozumiem. – Kiwnął głową i uśmiechnął się. – Zwykle podróż zabiera siedem dni.

Nasze przybycie przerwało toczącą się dyskusję. Chan przedstawił mnie swoim zastępcom. Po obu jego stronach siedzieli: mułła Nadżibullah, dowódca sił Dżamijatu prowincji Kandahar; hadżi Abdul Karim, dowódca prowincji Badghis; Malakdin Ahmad Chel z prowincji Wardak, doktor Faizullah z Logaru i kilku innych. Było to największe zgromadzenie wyższych dowódców sił mudżahedinów.

Przysiedliśmy na brzegach dywanów, po czym wznowiono debatę. Każdy przemawiający rozpoczynał od zwyczajowego pozdrowienia: *Bi-Smi Llah-i r-rah-man-i r-rahim-i* – „W imię Boga Miłosiernego, Litościwego". Niektórzy recytowali krótki fragment Koranu, co w moich uszach brzmiało jak głos starca cierpiącego na ciężkie zapalenie krtani, któremu z wolna podrzyna-

Ismael Chan (pośrodku)

no gardło tępym nożem. Po każdej trwającej nie dłużej niż pięć minut wypowiedzi, w czasie której Chan robił notatki, przenośny megafon wędrował do kolejnego mówcy.

Posiłek podali młodzi partyzanci – rozłożyli na dywanach kawałki czystej tkaniny, szybko przynieśli jedzenie i pozostali w pobliżu z wiadrami wody. Woda była twarda, o dużej zawartości minerałów. Kiedy piłem ją chciwie z aluminiowego naczynia, siedzący obok mężczyzna odezwał się po angielsku:

– To niedobra woda. Pełno zarazków ameby. Zaszkodzi panu.

– Wszystko mi szkodzi. A amebę i tak już mam.

– Nie powinien pan w takim razie pić *dugh* – zauważył nieznajomy. – Wysoka kwasowość – zaakcentował ostatni wyraz, jakby chciał podkreślić profesjonalność swej wypowiedzi.

Był to doktor Faizullah, wielkie chłopisko o wydatnych wargach. Wyładowany pociskami bandolier przecinał jego duży brzuch. Mój rozmówca opowiedział, że skończył trzy lata studiów medycznych na uniwersytecie w Kabulu. Zgodnie z przyjętym zwyczajem używał tytułu doktora – studia przerwane z powodu wojny honorowano jako ukończone. Miał zresztą większe ku temu prawo niż inni, zdarzyło mi się bowiem spotkać wielu ledwo piśmiennych „inżynierów".

– Studiowałem psychologię – mówił, mierząc mnie wzrokiem – i mogę powiedzieć, kim pan jest. Na pewno nie zwykłym dziennikarzem, o nie, to widzę od razu. – Pokręcił głową, nie dopuszczając sprzeciwu. – Rękawy ma pan wywinięte, chustę mocno zawiązaną, pewny krok... Wiem, komandos – zniżył głos, jakby ktoś mógł usłyszeć ten wielki sekret – oddziały specjalne, prawda? Albo wywiad brytyjski? Nie, niech pan nie zaprzecza, i tak nie wolno panu powiedzieć. Zresztą to bez znaczenia. Cieszę się, że pan tu jest. Dziennikarze siedzą za biurkami, nie przyjeżdżają do nas.

Odebrałem to jako komplement. Powiedziałem, że jestem Polakiem.

– A, wiem, „Solidarność", Lech Wałęsa... Dzielny, bardzo dzielny, rewolucjonista jak my. Ale dlaczego nie walczy? Nie chcecie w Polsce wolności?

Wytłumaczyłem mu, że Polska nie jest krajem górzystym, w miastach walka jest trudna, a Wałęsa wypowiada się przeciw używaniu przemocy.

– W miastach trudno walczyć? Bzdura! To zupełnie proste, żaden problem, zobaczy pan zresztą w Heracie. Moja prowincja, Logar, też jest płaska, ale bijemy się. Pan opowie to Wałęsie! – Potrząsnął głową z przekonaniem. – On naprawdę mówi, że nie możecie walczyć z wrogami?

– Tak, jest chrześcijaninem.

– Aha, teraz rozumiem! Tak, wy, chrześcijanie, macie przecież miłować waszych nieprzyjaciół, czyż nie?

– Zgadza się.

– W takim razie islam jest lepszy, nie sądzi pan? Kochamy naszych wrogów, gdy ich wpierw pokonamy.

Doktor Faizullah podejmował nas tego wieczoru posiłkiem w swojej kwaterze.

– Wojna nie skończy się z odejściem Rosjan – perorował. – Będę ich ścigał przez Oxus do Samarkandy i Buchary, aż do Moskwy. Myśli pan, że żartuję? Nie poświęcalibyśmy aż tyle po to tylko, by się ich pozbyć. Moi ludzie pójdą za mną do Moskwy, zobaczy pan!... Niech pan przyjedzie do Logaru, zapraszam serdecznie, przygotuję dla pana dobrą zasadzkę! – Nachylił się do mnie nad talerzem. – W zeszłym roku było u mnie dwóch Amerykanów, ale tuż przed planowanym atakiem skończył im się niespodziewanie film i zostali w bazie. Panu filmu nie zabraknie, mam nadzieję?...

Na noc ulokowano nas – Amanullaha i mnie – w nieskazitelnie czystym pokoju gościnnym w domu na skraju miasta. Jego właściciel był majster-klepką: elektryczny wentylator zawieszony u sufitu ciął powietrze, nie dając, niestety, orzeźwiającego powiewu, gdyż konstruktor nie zorientował się, że śmigła muszą być ustawione pod kątem. Innym nowoczesnym urządzeniem był przełącznik umieszczony w naszym pokoju i podłączony do żarówki lub dzwonka w dalszej, kobiecej części domu; sygnał powodował, że po dziesięciu minutach w pokoju zjawiał się chłopiec z tacą pełną słodyczy i herbatą.

Następnego dnia ujęto szpiega. Próbował się przedostać przez kordon posterunków powstańczych, zobowiązany przez komunistów do wykonania kilku zadań: miał obserwować zgromadzenie, ukraść broń i zabić przynajmniej jednego z dowódców. Powiedział, że płacą mu miesięcznie półtora tysiąca afghani, niecałe dziesięć dolarów. Przyprowadzono go do naszego domu. Miał bystre, inteligentne spojrzenie, ubrany był po miejsku i nie wydawał się wcale zastrachany. Na imię miał Amanullah; był dwunastoletnim chłopcem. Przyznał się dobrowolnie i zdobył zaufanie partyzantów. W czasie odbierania instrukcji w garnizonie komunistów widział mężczyznę z Sargahu, który dostarczył raport o przygotowaniach do zgromadzenia. Mężczyzna ten przedstawił się jako Bismillah i podawał się za sprzedawcę brzoskwiń na bazarze. Imię było prawdopodobnie fałszywe, ale chłopak twierdził, że rozpozna jego konia.

Parę miesięcy wcześniej napisałem opowiadanie zainspirowane autentycznym wypadkiem: partyzanci wykonali wyrok śmierci na parobku, który chciał zgwałcić dziennikarkę. Aż się wzdrygnąłem, gdy wszedłem do pokoju służącego jako tymczasowa cela i zobaczyłem w nim Bismillaha, pojmanego tego ranka przez ludzi Chana. Jego podobieństwo do opisanej przeze mnie postaci było niesamowite – około dwudziestu pięciu lat, czarny wąs, nieogolony zarost, czoło pokryte potem i sfałdowane z napięcia. Tkwił dokładnie w pozycji, jaką sobie wyobrażałem – w kucki, z oczami utkwionymi w podłodze.

Strażnicy docinali mu:

– Ile ci płacili? Ile miałeś dostać za wydanie nas?

– Nie zrobiłem tego dla pieniędzy.

– Nadszedł czas, byś pokazał, że jesteś mężczyzną.

Spytałem, jak będzie wyglądał proces. Mułła, który miał go sądzić, przejechał dłonią po krtani.

– Tak – odparł.

Myślałem, że mnie źle zrozumiał, więc powtórzyłem pytanie: jak będzie zorganizowany proces, jakie dowody zostaną przedstawione, ilu sędziów i świadków potrzeba do skazania winnego. Zwykle, wyjaśnił mi Amanullah, potrzebny był mułła i dziesięciu członków sądu oraz przynajmniej dwóch świadków. W tym wypadku oskarżony już wyznał winę, więc jego los był przesądzony.

– A jeśliby się nie przyznał? Za cały dowód jego winy mielibyśmy wtedy tylko wątpliwe zeznanie chłopaka...

– Ale się przyznał, a zresztą ustaliliśmy, że poszedł na bazar w Tulaku, który jest opanowany przez komunistów. Nie wolno mu było tego robić; wielu członków jego rodziny pracuje dla komunistów i takich ludzi jak on obowiązuje stały zakaz odwiedzania miejsc kontrolowanych przez rząd.

– Czy będzie miał obrońcę, który zna prawo równie dobrze jak sędzia i może za nim przemawiać?

– Adwokata? Nie, to niepotrzebne, wystarczy, że powie prawdę. Nie mamy zwyczaju płacić prawnikom kupy pieniędzy po to, by wymyślali łgarstwa i ratowali przestępców przed karą.

Znajdowałem się w pokoju obok celi, oddzielony od skazańca tylko glinianą ścianą. Myślałem, że rozstrząsając jego los, nie będę mógł zasnąć. I rzeczywiście nie mogłem – ale wyłącznie z powodu gryzących mnie wściekle pcheł.

Po paru dniach usłyszałem przez radio, że strażnik ambasady amerykańskiej w Moskwie, który wpuścił do budynku sowieckich agentów, gdyż bał się ujawnienia swego związku z pracującymi dla KGB prostytutkami, stanął przed sądem pod wieloma zarzutami i grozi mu dożywotnie więzienie. Nasz skazaniec nie żył już, rozstrzelany trzeciego dnia od chwili ujęcia, zanim amerykańskiemu żołnierzowi odczytano oskarżenie.

W Sargahu nie ruszałem się nigdzie bez magnetofonu, który dostałem z BBC. Czarny, dość ciężki, z jasnopomarańczowym znakiem rozgłośni na skórzanej osłonie, został mi wręczony w ciemnym pokoju londyńskiego Bush House* przez jednego z szefów rozgłośni. Po rozmowie na temat rodzaju wywiadów i reportaży, jakie miałem nagrywać, poprosiłem go o pismo, z którego by wynikało, że zostałem zaangażowany przez jego sekcję; chciałem mieć dowód – na wypadek pojmania – że jestem dziennikarzem. Spostrzegłem, że mój rozmówca stara się energicznie zdrapać pomarańczową nalepkę, która uparcie nie dawała się oderwać.

– Niech pan to sam usunie – powiedział w końcu, gdy stracił cierpliwość. – Wolałbym, aby pana nie złapali z tym właśnie – wskazał na znak.

Pisma, oczywiście, też nie dostałem. Choć BBC samo się do mnie zgłosiło, szef sekcji zlecającej mi zadanie powiedział, że wydanie podobnego „glejtu" jest niemożliwe.

– Praktycznie rzecz biorąc – rzekł – przekroczy pan granicę Afganistanu nielegalnie. Gdyby pan wpadł, byłby to dla nas wielki kłopot, musielibyśmy się wyprzeć jakichkolwiek związków z panem. Nie możemy dopuścić do takich kontrowersji.

Przez długi czas nie mogłem zapomnieć tej rozmowy, tak byłem nią zaskoczony. Wydawało mi się, że BBC powinno być dumne, gdyby jeden z jego reporterów był nękany za przekazywanie informacji o brudnej wojnie, które usilnie starano się ukryć.

Wziąłem jednak ów magnetofon. Wręczający mi go człowiek okazał w gruncie rzeczy odwagę, gdyż nie zastosował się do narzuconych przez dyrekcję BBC reguł. („Góra boi się, że posyłając ludzi do Afganistanu, stracimy dostęp do Moskwy" – powiedział

---

* Siedziba Serwisu Światowego BBC (przyp. tłum.).

mi prywatnie jeden z redaktorów). Dzięki „nieustępliwej" nalepce Afgańczycy brali mnie za wysłannika owej wielkiej instytucji i chętniej udzielali informacji. Nie mówiłem im, że w ciągu prawie ośmiu lat najsłynniejsza rozgłośnia na świecie nie potrafiła się zdobyć na wysłanie w swoim imieniu choćby jednego dziennikarza, który by towarzyszył partyzantom.

Na paru kasetach miałem nagrane swoje ulubione utwory; wpadłem teraz na pomysł, by puścić je Amanullahowi.

– To *II Symfonia* Mahlera – wyjaśniłem mu – zatytułowana *Zmartwychwstanie,* tak jak zmartwychwstanie... no, mniejsza z tym. To najbardziej poruszający utwór, jaki znam. Myślę nieraz, że jest odbiciem waszej wojny: wyraża cierpienie i nadzieję. Lubię go słuchać w nocy, na nieosłoniętym szczycie, tuż przed atakiem... Chciałbym, żeby to były ostatnie dźwięki, jakie przyjdzie mi słyszeć.

Chyba go zainteresowałem, bo odsunął swój nowy aparat fotograficzny i włożył słuchawki, przez które docierały do mnie słabe dźwięki koncertu. Rozpoznałem obój; jego ton rósł w obsesyjny trans – nikłe echo burzy dźwięków, jaką Amanullah musiał słyszeć. Miałem nadzieję, że udzieli mu się mój entuzjazm.

– A tak, to muzyka klasyczna – powiedział po kilkudziesięciu zaledwie sekundach. – Bardzo ją lubię. – Zdjął słuchawki i znów zajął się aparatem.

Zgromadzenie w Sargahu dawało wyśmienite możliwości przeprowadzania rozmów z dowódcami odległych prowincji. Mahler musiał ustąpić miejsca nagrywanym wywiadom.

Ostatni, kulminacyjny dzień zebrania przypadł na dwudziestego pierwszego lipca. Wstaliśmy o brzasku i poszliśmy z Ismaelem i paroma jego ludźmi w górę wąwozu, do chaty, w której zjedliśmy śniadanie. Po dziesięciu minutach pojawiła się długa procesja uzbrojonych mężczyzn niosących zielone sztandary i wykrzykujących bojowe hasła. Ismael dołączył do nich, a ja za nim, i wspólnie pięliśmy się skalnym żlebem, którego ściany były pokryte na-

Z pieczar mogła nas wykurzyć tylko broń masowego rażenia

pisami, a przecinające go dojścia i przerzucone drewniane mosty – udekorowane islamskimi chorągwiami. Idący na czele heratczycy wykrzykiwali: *Takbir!*, a setki gardeł odpowiadały przedłużonym echem: *Allahu akbar! Allahu akbar! Allahu akbar!*

Po kolejnej godzinie wspinaczki byliśmy u celu. Spojrzałem w górę i powiodłem wzrokiem po stromej ścieżce, którą mieliśmy przejść. Ponad nami, mniej więcej w trzech czwartych wysokości pionowej ściany, wcinały się poziomą linią ogromne groty i skalne półki. Proklamacja manifestu miała nastąpić z trybuny wciśniętej pod gigantyczny granitowy nawis. Zauważyłem jeszcze więcej zielonych sztandarów, platformy i drewniany pulpit okryty materiałem. Nie była to łagodna dróżka... Ludzie Chana musieli przygotowywać wszystko od tygodni: groty były wyłożone dywanami, hasła pokrywały ich sklepienia i ściany, a wystąpienia miały być nagrywane kamerą wideo. Rozstawieni wzdłuż drogi żołnierze eskorty wskazywali każdemu jego miejsce i donosili pojemniki z wodą.

Gdy wszyscy byli już usadzeni, na rozkaz Ismaela wciągnięto na maszt zielony sztandar. Powitało go zbiorowe *Allahu akbar!* i palba z pistoletów maszynowych. Do grzmotu setek kałasznikowów dołączyło się głuche dudnienie ciężkiej broni, bijącej z otaczających wzgórz w orgii radości. Po skończonej strzelaninie dywany pokrywała warstwa łusek.

Było to pierwsze zgromadzenie tego typu. Większość dowódców należała do Dżamijatu, partii Chana. W torbie, którą mi pokazał, pełno było jednak wyrażających poparcie listów, które nadeszły od wielu innych dowódców. Niektórzy z obecnych wędrowali przez trzy tygodnie albo dłużej, by dotrzeć do Sargahu. Każdy komendant przybył w otoczeniu straży osobistej i współpracowników – w sumie zebrało się ponad tysiąc dwieście osób. Żywność skupowano wcześniej po cichu na bazarze w Heracie, który, jak się teraz dowiedziałem, był w rękach wroga, i transportowano przez góry na grzbietach wielbłądów i osłów. Zgromadzenie byłoby oczywiście wybornym kąskiem dla nieprzyjaciela – jeden zdecydowanie przeprowadzony atak bombowców mógł zlikwidować sporą część przywódców ruchu oporu – broniły nas jednak liczne stanowiska ciężkiej broni przeciwlotniczej, po jednym na każdym wzgórzu, i stingery. Ismael szepnął do mnie, że wie od swoich agentów z bazy lotniczej w Szindandzie, iż jej komendant, chcąc nas zaatakować, domagał się stu samolotów bojowych, przy czym swoje straty szacował na pięćdziesiąt procent. Byliśmy rzeczywiście nie do wzięcia. Z wnętrza grot mogliśmy spokojnie obserwować bombowce i ewentualny zrzut ich ładunku na leżącą poniżej dolinę. Załogi samolotów wywiadowczych krążących wysoko nad nami musiały mieć trudności nawet z robieniem zdjęć. Nikt nas nie zaatakował.

Powinienem może usprawiedliwić moją sympatię dla setek ludzi wykrzykujących hasła obcej mi wiary. Rozumiałem doskonale ich religijny ferwor – komuniści wzięli się bez osłonek do rugowania religii; stosowali w tym celu najbardziej brutalne metody: masowe egzekucje duchownych, konfiskatę wyposażenia meczetów, prymitywną propagandę antyreligijną. Wystarczy wmawiać komukolwiek, że wiara jego przodków, jego zasady moralne i codzienne obyczaje są wsteczne i nieprzydatne, zmuszać go, z palcem na spuście karabinu, do przyjęcia sposobu życia, jakim nauczył się gardzić, wreszcie sprowadzić obce wojska, by spaliły jego wioskę i wybiły rodzinę. Jeśli będzie się opierać – stanie się fanatykiem, bez względu na epokę czy społeczność. Biorąc pod uwagę ogrom dotychczasowych poświęceń, zadziwiało mnie, jak rozsądni i dobroduszni byli spotkani przeze mnie Afgańczycy.

Co jest jednak większym fanatyzmem? Podtrzymywanie tradycyjnej kultury własnego kraju – jakkolwiek nienawistna może się ona wydawać obcym – czy też ignorowanie zasad uznawanych przez przeważającą większość społeczeństwa i narzucanie mu przemocą obcych wartości? Przywódców afgańskiego ruchu oporu uważano na Zachodzie za zwykłych reakcjonistów. W rzeczywistości wielu z nich popierało modernizację kraju, byle w trakcie jej przeprowadzania respektowano jego historię. Pragnęli współczesnych zdobyczy, lecz nie za cenę stania się jeszcze jednym narodem podporządkowanym ZSRR. Godność, nie nowoczesność, była ich celem. Hume i Burke byliby z nich dumni. Islam stworzył wielką cywilizację, zdolną do przystosowania się do współczesności poprzez własne prawa filozofii i polityki. Obejmujące cały świat wysiłki muzułmanów, by pogodzić wartości ich religii z wymogami dzisiejszego świata, mogą być skazane na niepowodzenie, zamysł to jednak szlachetny i zasługujący na coś innego niż szyderstwo.

Ismael Chan wzniósł palec niczym Chrystus na bizantyjskiej mozaice

Oczy wszystkich były utkwione w stojącej za pulpitem nie-
pozornej, acz mocnej postaci ostatniego mówcy. Ismael Chan
podkreślał ważność jednego ze swoich stwierdzeń, wznosząc palec niczym Chrystus na bizantyńskiej mozaice. Przemawiający po
nim ogłosił „założenia Manifestu Naczelnej Rady naszego bro-
czącego krwią narodu, podjęte w Sargahu pierwszego dnia miesiąca asad 1366 roku"*. Po każdym punkcie proklamacji robił
pauzę i odczekiwał, aż zgromadzeni wyrażą aprobatę głośnymi
okrzykami: *Allahu akbar! Allahu akbar!*

Niektóre sformułowania manifestu pobrzmiewały dziwną dla
nas retoryką: „Nasza niepokalana muzułmańska nacja, na-
tchniona przez Boga do walki o uświęcone ziemie islamu, nasi
przelewający krew mudżahedini, gotowi do męczeńskiej śmierci..." Perski świetnie się nadaje do kwiecistych oracji. Pod koniec
nawet Afgańczycy stracili nieco zapału i ich *Allahu akbar!* powoli słabło. Pomimo rozdmuchanej retoryki proklamacja zawie-
rała jednak kilka istotnych punktów: afgańscy lekarze przeby-
wający na wygnaniu zostali wezwani do powrotu, by podjąć
opiekę nad chorymi i rannymi; nawoływano do współpracy między ugrupowaniami politycznymi, do czego konieczne było zorganizowanie sieci łączności radiowej; na terenach, gdzie ruch
oporu mógł kontynuować walkę przez wiele lat, miały powstać
bazy i szpitale.

Jakakolwiek ugoda z komunistami czy Rosjanami nie wcho-
dziła w grę. Zdecydowano, że ci drudzy mieli się bezwarunkowo

---

* Lata w kalendarzu muzułmańskim są liczone od daty ucieczki (*hidżry*)
Proroka z Mekki do Medyny w 622 roku n.e. Według ustaleń kalifa Uma-
ra I pierwszym dniem pierwszego miesiąca ery mahometańskiej był szesnasty
lipca 622 roku. W Afganistanie obowiązuje kalendarz słoneczny (*Szamsi*)
o 365 dniach (6 miesięcy po 31 dni, 5 po 30 i ostatni 29-dniowy, w roku
przestępnym wydłużający się do 30 dni), w odróżnieniu od kalendarza księ-
życowego (*Qamari*) o 354 dniach (miesiące mają w nim po 29 i 30 dni)
(przyp. tłum.).

wycofać i zabrać ze sobą pierwszych, a ponadto ZSRR będzie musiał wypłacić reparacje wojenne. Najistotniejszym zapewne punktem było stwierdzenie, iż dowódcy partyzanccy nie ufają skłóconemu przywództwu politycznemu w Peszawarze. O przyszłości kraju, powiedziano, powinni decydować ci, którzy w nim walczą – przekonanie to miało wzrastać w następnych latach. Dla powstańców zgromadzenie okazało się zatem najdonioślejszym wydarzeniem politycznym roku.

6

„Zabiłem tego Ruska"

Zabrałem w podróż mapy *Archeological Survey of Afghanistan* Balla. Rozłożyłem teraz na kolanach mapę prowincji Ghor. Numerem 974 oznaczono na niej Sargah: „Resztki pałacu dynastii ghorydzkiej – trzydziestometrowy minaret z wypalanej cegły, XII–XIII wiek".

Odszukałem ów minaret – wyrastał wprost z ulicy w odległości mniej więcej dwudziestu minut drogi od naszej kwatery, sięgając prawie wierzchołków drzew morelowych w sadzie na jego tyłach. Zgodnie z informacją miał prawie trzydzieści metrów wysokości. Mocno nadwerężyła go erozja – wieża, około pięciometrowej średnicy u podstawy, zwężała się ku górze, gdzie szkody dokonane przez naturę były większe. Najbardziej charakterystyczną jego częścią był prawie trzymetrowej szerokości dekoracyjny pas u szczytu, uformowany z zachodzących na siebie cegieł. Stary właściciel sąsiedniego domu pozwolił mi wejść na dach, skąd mogłem dokładniej przypatrzyć się budowli. Obserwując mnie z zadziwieniem, starzec powiedział, że przypomina sobie, iż według słów jego dziadka stały tu kiedyś w okolicy jeszcze trzy podobne minarety. Stanowiło to frapującą zagadkę – jeśli było tak rzeczywiście, w miejscu tym wznosiłby się nie pałac, jak podawał *Survey* Balla, lecz raczej wczesna medresa, czyli szkoła islamska. Cztery wieże były prawdopodobnie rozmieszczone symetrycznie w rogach dziedzińca lub budynku. Z ich najwyższych galerii muezini nawoływali o uświęconych porach do modlitwy – tak jak słyszałem to codziennie...

Kiedy wśród pobliskich ogrodów i ulic szukałem resztek pozostałych kolumn, natknąłem się na stary kamienny mur, wystający niecałe pół metra ponad grządką ogórków i pomidorów. Ziemia wyglądała tu na piaszczystą, nietrudno byłoby więc pokopać metr czy dwa w głąb. Ale słońce rzucało już długie cienie, a ja wciąż miałem ochotę zrobić zdjęcie ocalałego minaretu. Nie starczyło czasu, by obejrzeć wnętrza przynajmniej niektórych domów. Resztki starych budowli przetrwały najprawdopodobniej jako ściany, schody czy łuki w strukturze stawianych później pomieszczeń. Ponadto proszenie właściciela każdego domu o pozwolenie zwiedzenia wnętrza byłoby zbyt kłopotliwe – nie tylko dlatego, że kobiety musiałyby opuszczać oglądane przeze mnie pokoje.

Kiedy wracaliśmy już z ogórkowego zagonu, o coś się potknąłem. W trawie leżały trzy kamienne płyty; o czwartą, zakopaną do połowy w ziemi, zahaczyłem stopą. Przykucnąwszy, by przyjrzeć się im z bliska, odwróciłem jeden ze stalowoczarnych kamieni, potem wygrzebałem ów przysypany i ułożyłem wszystkie cztery obok siebie. Na każdej płycie były wyryte arabskie inskrypcje, wyglądające na antyczne.

Amanullah znał język arabski na tyle, by się zorientować, że są to kamienie nagrobne. Morelowy sad musiał zatem wyrosnąć na niegdysiejszym cmentarzu, co potwierdzałoby mój domysł, że minaret był pozostałością centrum religijnego, a nie pałacu. Kto chowałby zmarłych tak blisko pałacowych murów?

Sfotografowałem każdą inskrypcję. Afgańczycy przypatrywali mi się zdziwieni, że robię tyle zamieszania nad paroma starymi kamieniami.

Zaledwie dziesięć minut po naszym powrocie do kwatery – nowy niepokój. Stałem w ocienionym wejściu, kiedy po przeciwnej stronie doliny rozległy się strzały – nie terkot kałasznikowa, lecz dudnienie ciężkiej broni maszynowej. Wyglądało na to, że strzały zostały skierowane prosto na nasz dom z jednego ze wzgórz w dolinie. W zapadającym zmroku pomarańczowe smugi pocisków przebiegały kilka metrów nad naszym dachem.

Rzuciłem się na podłogę wewnątrz budynku, obok leżał już Amanullah.

– Nie mamy broni! – krzyknął. – Dlaczego pozwoliliśmy odejść temu strażnikowi?!

Wydawało się to podejrzane: nieprzyjaciel był daleko, do kogo więc strzelano? Ciemności udaremniały ewentualny atak lotnictwa, serie szły zresztą tak nisko, że pociski biły we wzgórza na naszych tyłach.

– Ktoś próbuje sprzątnąć Chana – rzekł Amanullah i zacisnął usta.

Kanonada ciągnęła się jeszcze przez kilkanaście minut, dopiero następnego ranka poznaliśmy jej przyczynę.

Zaraz o świcie udaliśmy się do kwatery Chana. Jeden z jego ludzi przyniósł właśnie porzuconego kałasznikowa. Zza muru doszły nas odgłosy zawodzenia – grupa mieszkańców wioski otaczała złożonego na derce trupa mężczyzny w czarnych gumowych butach i kolorowej turkmeńskiej czapeczce, z pełną jeszcze pocisków ładownicą na piersi. Był ubrany w luźne niebieskie spodnie i długą bluzę, spod której wystawał pasiasty marynarski podkoszulek. Zabity nie mógł mieć wiele lat. Zbliżywszy się do niego, zobaczyłem, że jest mocno poturbowany: kość jednego ramienia sterczała na zewnątrz; czarna od zakrzepłej krwi, wykręcona dziwacznie dłoń trzymała się przegubu skrawkiem skóry, spodnie były przesiąknięte krwią. Obrażenia te nie wskazywały na bezpośrednią przyczynę śmierci, ponadto na głowie i ciele zmarłego nie było śladu ran. Być może zabił go od razu szok uderzeniowy, a może zmarł z upływu krwi, nim go znaleziono. Wieśniacy zawinęli ciało w derkę i wynieśli, by je pochować.

Bezzwłocznie rozpoczęto dochodzenie. Cały ranek brat zabitego odpowiadał na pytania kilkunastu członków starszyzny, którzy rozsiedli się wzdłuż ścian pokoju Ismaela. Z początku myśleliśmy, że zaszła pomyłka: mężczyzna zbliżył się do jednej z kwater dowódczych, a że nie znał hasła, strzelono do niego w ciemnościach. W miarę jednak tłumaczeń brata stawało się jasne, że mieliśmy do czynienia nie z przypadkową strzelaniną, tylko z morderstwem.

Przed dwoma miesiącami Ghafur (tak nazywał się zabity) pokłócił się z niejakim Mussą o kobietę i ziemię. Mussa zastrzelił kobietę: rada starszych nakazała go aresztować, lecz zabójca uciekł. Wrócił dopiero w czasie zgromadzenia, sześć dni temu, mimo iż nie był na nie zaproszony. Teraz przepadł po nim ślad. Podejrzenie o drugie morderstwo spadło oczywiście na niego. Sprawę komplikował fakt, że obaj, Ghafur i Mussa, należeli do istniejącej w mieście dziesięcioosobowej grupy fanatycznej partii Hezbollah[*]. Nie byli szyitami, ale przyłączyli się do kierowanej przez Iran organizacji w zamian za broń.

Wypadki ubiegłej nocy były niemożliwe do rozwikłania. Amanullah podejrzewał szerzej zakrojony spisek, wiele bowiem wskazywało na to, że Ghafur nie zginął w miejscu, w którym go znaleziono – na ziemi nie było żadnych śladów krwi. Poza tym w jaki sposób bojownikom Hezbollahu udało się przemknąć przez kordon dziesiątków mudżahedinów, broniących wszystkich dróg dojazdowych do kwater dowódców?

Chętnie zostałbym dłużej, by spróbować dojść sedna sprawy; dałoby mi to więcej informacji o Afgańczykach niż miesiące powierzchownych konwersacji. Chan był jednak przekonany, że całą aferę wywołały zadawnione lokalne waśnie i porachunki, może nawet zemsta rodowa, niegasnąca z pokolenia na pokolenie.

Przechodziłem kiedyś przez wioskę, której mieszkańców dzielił spór klanowy. Podjęto mnie posiłkiem w jednym z domów; jego właściciel siedział w nim niczym w potrzasku od dwunastu lat. Każdy budynek w wiosce przypominał fortecę: kamienne

---

[*] Hezbollah (pers.) – Partia Boga (przyp. tłum.).

wieże były zwieńczone stanowiskami karabinów maszynowych i granatników przy otworach strzelniczych. Gdy ktokolwiek wychylił się poza swój teren, sąsiedzi od razu otwierali ogień. Ta bezsensowna jatka przyniosła dziesiątki ofiar, ale żaden klan nie chciał dać za wygraną ani zgodzić się na rozejm. Honor wymagał, by morderstwa zostały pomszczone: żadna strona nie miała również ochoty płacić odszkodowania. Nie osiągnęli jeszcze etapu „oko za oko, ząb za ząb" – biblijnej koncepcji ograniczającej prawo zemsty, wedle którego winnemu jest wymierzana proporcjonalna do przewinienia kara, a niekończące się waśnie rodowe są zabronione. Jedynie kobiety nie stanowiły tu celu – ktoś musiał mozolić się w polu, by nakarmić walczących mężczyzn... Większość afgańskich rodów przerwała na czas wojny wewnętrzne walki, chociaż znajdowaliśmy się daleko od nieprzyjaciela, więc potrzeba ugody nie była tak nagląca. Perskojęzyczna ludność była, ogólnie biorąc, mniej skłonna do sporów.

Grupa partyzantów miała pozostać w Sargahu, by zająć się usunięciem wzniesionych wcześniej fortyfikacji: Chan rozkazał im również aresztować Mussę, którego miała sądzić według zwyczajowego prawa rada starszych. Po podjęciu tej decyzji heratczycy zdemontowali przenośną radiostację, zwinęli rozpięty u stropu w pokoju Chana długi spiralny drut anteny – i nagle byliśmy gotowi do wymarszu. Nareszcie do Heratu!

Ruszyliśmy szybkim krokiem zapuszczoną górską drogą, pełną wybojów i zniszczoną w wielu miejscach. Niegdyś można nią było dojechać jeepem aż do Heratu, ale nie była w użyciu już od siedmiu lat, gdyż jej wschodni i zachodni kraniec blokowały stanowiska komunistycznej milicji, a na lotnisku w Czakczaranie stacjonował sowiecki garnizon. Mieliśmy się przemykać, dopóki to będzie możliwe, tą fatalną drogą między posterunkami rządowymi, a później przez surowe tereny do górskiej bazy Chana w pobliżu Heratu. Zapewniono mnie, że z bazy do miasta można dojść w ciągu zaledwie trzech dni.

Wyruszając, mieliśmy tylko cztery konie; jechało na nich dwóch partyzantów ze stingerami, jeden obładowany radiostacją, która wyglądała niczym płaski plecak, i sam Chan. Za pomocą radia Chan porozumiewał się z biurem Dżamijatu w Meszhedzie na terenie Iranu. Meszhed łączył się z Peszawarem i w ten to pośredni sposób Ismael rozmawiał z emigracyjnymi przywódcami Dżamijatu. Stingery, gotowe do odpalenia w ciągu trzydziestu sekund, podróżowały owinięte w derki; jeden z nich niesiono zawsze jak buzdygan przed lub za Chanem, ponieważ tylko on decydował o użyciu tak bezcennej broni.

Ranek dwudziestego czwartego lipca był, jak zwykle w górach, zimny. Wstaliśmy przed świtem. W miarę jak bladła ciemność, dolinę zalewała biała jak mleko mgła. Wyłaniały się z niej nieosiodłane konie; słyszałem stukot ich kopyt o kamienie, gdy krę-

Czekając na helikopter

ciły się w tę i z powrotem, głośno wyszarpując kępki trawy. Piały koguty – ich godzina miała nadejść za trzy tygodnie, w święto Id*. Z góry dochodził dźwięk mosiężnych dzwonków wielbłądów, które pasły się na zboczu wśród suchych porostów.

Przed stojącym namiotem nomadki wypiekały chleb. Każdy afgański dom ma zwykle piec chlebowy – mierzącą pół metra w głąb i trzydzieści centymetrów w poprzek dziurę wygrzebaną w ziemi. Gliniane ścianki wewnętrzne są gładkie: wyłożone gorącymi węglami nagrzewają się, a wtedy rozciąga się na nich płaty wilgotnego ciasta i piecze. Natomiast nomadowie nie budują pieców; zamiast tego umieszczają nad ogniem duży arkusz stalowej blachy, który pokrywają cienką warstwą ciasta. Metoda ta jest znacznie mniej pracochłonna, ale chleb nie smakuje już tak dobrze.

Przysiadłem w pobliżu rozstawionego krosna; obserwowałem jeden z etapów konstrukcji namiotu. Cztery drewniane tyczki wbite w ziemię wyznaczały cztery rogi prostokąta; między nimi rozciągały się i napinały niezliczone nitki osnowy.

Po modlitwie zasiedliśmy wspólnie do herbaty, owinąwszy się *patu*. Tym kawałkiem lekkiej tkaniny Afgańczycy okrywają głowę i ciało – nieosłonięte ręce mogą w każdej chwili chwycić za broń. Moje *patu,* gdy kupowałem je na peszawarskim bazarze, miało kolor zielony, ale podobnie jak reszta przyodziewku – kamizelka, spodnie i bluza – teraz było powycierane od ciągłego kontaktu z ziemią i spłowiałe od słońca; wyglądało jak ufarbowane w miodzie. Próbowałem je kilkakrotnie zarzucić na siebie sposobem afgańskim – dawało to doskonały kamuflaż: *patu* osłaniało moją obcego kroju kamizelkę i moją twarz – ale bez powodzenia. Ku przerażeniu Afgańczyków rozprułem w końcu kawałek szwu

---

* *Id al-Azha* (arab.), *Id-e Ghorban* (pers.) – Święto Ofiary; coroczne święto przypadające w ostatnim miesiącu roku muzułmańskiego, znaczące koniec pielgrzymki do Mekki. Odbywają się wówczas walki kogutów (przyp. tłum.).

pośrodku i przerobiłem *patu* na pierwszorzędne poncho. Zaakceptowali to szybko.

Dźwięk nurkującego bombowca jest charakterystyczny – każdy, kto słyszał startującego lub lądującego jumbo jeta, może to sobie doskonale wyobrazić. Nasz leniwy poranek został przerwany o ósmej; wróg musiał się dowiedzieć, że Ismael Chan wyszedł już z Sargahu, i chciał go zaskoczyć. Nieruchome ciała wokół poderwały się nagle w poszukiwaniu osłony przed zbliżającymi się z hukiem bombowcami. Obsługujący stingery powinni być gotowi, ale dopiero w tej chwili jeden z nich pędził z rakietą na wierzchołek wzgórza. Nim zdążył wszystko nastawić, było już za późno; bomby spadały kilka kilometrów dalej. Informacje nieprzyjaciela okazały się niedokładne, ucierpiała więc inna dolina.

Ismael zarządził wymarsz. Utrata wielu towarzyszy nauczyła go i jego ludzi, że najlepszą ochronę daje ciągłe przemieszczanie się. Dziesięć minut później wszystkie konie były osiodłane. Ismael pożegnał się z wodzem nomadów, po czym zbliżył się do mnie.

– Czy jeździsz konno, mister Rahim?

Nie chciałem teraz, w kluczowym momencie, powiedzieć „nie" i opóźnić nasz wymarsz. Wszyscy ludzie Ismaela siedzieli już w siodłach, panując bez wysiłku nad zwierzętami. Wstyd mi się było przyznać, że mizerny ze mnie jeździec. Prawdę powiedziawszy, mój kontakt z końmi był ograniczony do wiwatowania na lokalnych zawodach zorganizowanych przed czterema laty w Oksfordzie podczas Bożego Narodzenia...

– Trochę – odparłem. Starałem się, by zabrzmiało to jak niedopowiedzenie.

– To dobrze, dostaniesz dziś konia.

Wódz nomadów, od którego nasz oddział pożyczył kilka świeżych koni, w tym silnego białego ogiera przeznaczonego dla Ismaela, zbliżał się właśnie, trzymając za cugle młodego czarnego rumaka. Ale jakiego! Koń parskał i podskakiwał, ledwo dając się prowadzić. Pod skórą jego smukłych nóg drżały wszystkie mięśnie.

Mężczyzna wręczył mi bicz, po czym przytrzymał siodło, gdy wsadziwszy nogę w strzemię, wskakiwałem na konia. Ujałem wodze, wyprostowałem się – w porządku. Koń wiercił się nerwowo, ale trzymałem go w cuglach. Przykróciłem wodze. Nie niepokoiłem się tym, że siodło kiwa się na grzbiecie zwierzęcia...

– *Bisjor taszakkor* – podziękowałem nomadzie.

– *Choda hafez*, niech Bóg ma cię w swej opiece. – Uśmiechnął się i pomachał mi ręką na pożegnanie.

Ismael i jego ludzie pocwałowali z tętentem kopyt kamienistą ścieżką w dół. Na mój znak koń ruszył za nimi wolnym krokiem, ale niebawem zaczął, ku memu rosnącemu zaniepokojeniu, zbaczać na prawo w kierunku skał pośrodku doliny. Ściągnąłem wo-

Stare i nowe: stinger zawinięty w patu

dze, by go zatrzymać, ale po krótkim czasie już wyprzedziłem wszystkich w szalonym galopie; straciłem zupełnie kontrolę nad zwierzęciem. Próbowałem ujarzmić wierzchowca, kierując go na lewo pod górę – miałem nadzieję, że zmęczy się wspinaczką i wreszcie stanie, ale szarpiąc wodze, czułem jednocześnie, że zsuwam się z siodłem na bok. Po następnych kilkunastu metrach przerażającego galopu usłyszałem swój krzyk i świat przewrócił się do góry nogami,

Mój anioł stróż musiał chyba nade mną czuwać, ponieważ w ostatniej chwili przed upadkiem but wysunął mi się ze strzemienia. Sztywne gałęzie pokiereszowały mi twarz, ale chusta owijająca głowę ochroniła czoło. Podniosłem się, oszołomiony, na miękkich nogach: udo i biodro były również pokrwawione. Instynktownie sięgnąłem po kamerę, która – trzymana w torbie przy pasie – złagodziła częściowo upadek. System elektroniczny działa – gruba wyściółka torby przejęła siłę uderzenia. Afgańczycy podjechali do mnie i pozsiadali z koni. Kiedy upewnili się, że wszystko ze mną w porządku, niektórzy zaczęli się śmiać, inni przepraszali. Wytłumaczyli mi, żc koń posłużył się z pewnością starą sztuczką – przy siodłaniu nadął brzuch i tym samym obluzował popręg.

Dostałem mniej narowistego i ruszyliśmy znów w drogę.

Przemieszczaliśmy się wąwozami w dół, zboczami w górę, mijając obozowisko nomadów, wioski i terasy pól. Tworzyliśmy teraz, jak to prywatnie określałem, oddział kawalerii *hi-tech*: dwudziestu lekko uzbrojonych jeźdźców, dzięki stingerom jednak prawie nieosiągalnych dla sowieckich odrzutowców. Koni nie starczyło dla wszystkich, więc niektórzy z partyzantów biegli na zmianę z tyłu, nieobciążeni niczym: w rezultacie posuwaliśmy się prawie dwa razy szybciej niż przy zwykłym marszu. Każdego dnia wysoko ponad nami krążyły sowieckie samoloty zwiadowcze, grubo poza zasięgiem naszych pocisków. Raz po raz pojawiały się bombowce, zawsze niespodzianie i zawsze zrzucały swój ładunek z dala od celu. Parę sekund dzielących gwizd zbliżającej się bomby od jej wybuchu pozwalało nam się rozbiec, zatem w wypadku bezpośredniego trafienia w drogę zginęłoby zaledwie kilku z nas. Starałem się zwykle być w pobliżu Chana i naszych stingerów. Najtrudniejszą rzeczą było spętanie albo mocne przytrzymanie wierzgających ze strachu koni.

Afgańskie siodła różnią się od używanych w Europie. Należące do partyzantów miały drewnianą, nie zaś skórzaną konstrukcję, pokrytą kawałkami grubych starych dywanów. Czasem popręg przytrzymywał ułożoną na nich poduszkę, którą większość jeźdźców przykrywała dodatkowo swoim *patu*. Strzemiona i puśliska (paski mocujące strzemię do siodła) zazwyczaj były zrobione ze zniszczonych kawałków nylonowych lin. Nawet jeśli użyto do tego skóry, była przeważnie tak często zszywana przy rozmaitych naprawach, że jakakolwiek regulacja długości stawała się niemożliwa. Kiedy zmienialiśmy wierzchowce w obozach nomadów, cieszyłem się, jeśli strzemiona były jednakowej długości, choć i tak moje nogi albo dyndały luźno, albo musiałem je podciągać niczym dżokej. Cugle trafiały się czasem klasyczne, skórzane, częściej jednak był to pojedynczy kawałek sznura, za pomocą którego nie sposób było zapanować nad zwierzęciem. Liczyłem wtedy tylko na to, że koń podda się obwiązanemu wokół szyi powrozowi.

Pierwszego dnia już po godzinie nieustannego podskakiwania w siodle zaczęły mnie boleć plecy; jechaliśmy dziewięć godzin, nawet długo jeszcze po zapadnięciu zmroku. Zrobiło się bardzo zimno – byłem zadowolony, że wziąłem ze sobą wełniany sweter. Afgańczycy poowijali się derkami, ja zaś naciągnąłem na głowę jedwabną czarną kominiarkę. Nosiłem ją w kieszeni; zajmowała niewiele miejsca i ważyła tyle co nic, a teraz chroniła mnie przed wiatrem. Gdy skończyliśmy wreszcie jazdę, odkryłem, że od ciągłego tarcia o szorstką końską skórę moje uda są pokryte krwią – cienkie bawełniane spodnie nie były dostatecznym zabezpieczeniem. Amanullah wymiotował z wycieńczenia.

Aby zamienić wyszukaną aparaturę techniczną wartości dwóch milionów rubli na złom sprzedawany po dwadzieścia siedem afghani (dwadzieścia pięć centów) za kilogram, wystarczy wziąć materiałów wybuchowych i elektroniki za sześćdziesiąt tysięcy dolarów i zderzyć jedno z drugim. Spędziliśmy tę noc w wiosce, nad którą mudżahedini Chana zestrzelili dwa tygodnie wcześniej, w drodze na zgromadzenie, sowiecki helikopter; użyli do tego amerykańskiego stingera. Śmigłowiec został już rozebrany na kawałki: większość przetransportowano do najbliższego garnizonu wojsk rządowych, gdzie komuniści ochoczo nabyli to, co pozostało z ich własności. Inne części posłużyły wieśniakom: płyty pancerne ze znakami lotnictwa afgańskiego przydały się do podzielenia ogrodów, a płaty śmigieł utworzyły zagrodę dla owiec. Jeden z wieśniaków paradował w skórzanej pilotce, natomiast tablica kontrolna z czerwonym przyciskiem opatrzonym rosyjskim napisem *wzryw bomb* stała się podstawą spluwaczki.

Nad stepem zapadł mrok

Bomby mają swoje pokojowe zastosowania

Następnego dnia przemierzyliśmy jeszcze dłuższy odcinek. Byliśmy wśród stepów, więc gnaliśmy. Siedząc mocno w siodle, puściłem konia galopem i pędziłem łeb w łeb z ogromnym chłopem w brudnym turbanie i angielskiej marynarce w prążki, która musiała być zapewne krzykiem mody na wytwornych przyjęciach lat pięćdziesiątych. Brakowało mu przednich zębów; w szczerbie po nich zaciskał trójrzemienny bicz, którym okładał koński grzbiet. Koniec turbanu trzepotał szarpany wiatrem, kiedy gnaliśmy, pokrzykując do siebie. Minąwszy karawanę wielbłądów, przekroczyliśmy drogę do Tulaku, miasta powiatowego pozostającego pod kontrolą komunistów. W kurzu nawierzchni łatwo można było dostrzec wyraźne ślady czołgowych gąsienic, zadające kłam twierdzeniom partyzantów, że od zeszłego roku Tulak jest izolowany.

Nowy wierzchowiec reagował na każdy mój kaprys z niesłabnącą gotowością. Zgodnie z komendą rwał do przodu lub czekał na resztę grupy bądź też stał w miejscu na tyle spokojnie, że mogłem robić zdjęcia z siodła. Pod wieczór zwolniliśmy tempo, przyjęliśmy szyk bojowy i Afgańczycy zaczęli śpiewać. Gdy skończyli, popisałem się wszystkimi pieśniami polskiej kawalerii, jakie tylko mogłem sobie przypomnieć. Ponieważ partyzanci nalegali, powtórzyłem cały repertuar. W ciągu kilku następnych dni sporo się posunęliśmy w tym stepowo-górskim terenie: jechaliśmy średnio sześć godzin dziennie.

Byliśmy wśród stepów

Dwudziestego dziewiątego lipca po czterogodzinnej wspinaczce, w czasie której musiałem prowadzić konia za wodze, osiągnęliśmy szczyt ostatniej przed Heratem przełęczy w paśmie Safid Kuh. Z wierzchołka zasięg krótkofalówki był znacznie większy, zatrzymaliśmy się zatem i Chan, nie zsiadając z przytrzymywanego przez jednego z żołnierzy konia, wydawał zakodowane rozkazy dowódcom z całej prowincji.

Czułem na twarzy podmuchy górskiego wiatru. Siedziałem mocno w siodle, napawając oczy widokiem doliny Heratu. Przypomina wciśnięte między góry koryto, tak rozległe, że osady na szczycie przeciwległej krawędzi wyglądają niczym kępy. Środkiem biegnie wstęga zieleni, w której wije się migocząca srebrna nitka Harirudu. Rzeka, kontrastująca ostro ze spaloną słońcem resztą doliny, i ciągnący się po jej obu stronach pas żyznej ziemi utrzymują przy życiu setki osad. W górnym biegu Harirudu, gdzie dolina staje się węższa, leży Czeszt-e Szarif; na zachodzie rozszerza się w miejscu, gdzie w starożytności, jak i dzisiaj, rozciąga się już prowincja Chorosan (północno-wschodni Iran). Rzeka płynie do granicy irańskiej, po czym skręca na północ i wsiąka w piachy pustyni Kara-kum. Wzniesiony na kopcu na północnym brzegu Harirudu, otoczony murami Herat, leży w połowie drogi między Czesztem a Iranem; w prostej linii dzieliło nas od miasta zaledwie około pięćdziesięciu kilometrów, aczkolwiek przeszkadzało nam je dostrzec pasmo niewysokich szczytów.

W stromym jarze, gdzie konie musiały być prowadzone za uzdy, biły liczne źródła; stawaliśmy przy nich raz po raz. Kamienisty wąwóz, przez który można było już przejechać, wypełniał coraz głośniejszy szum Koughanu. Musiałem chyba wyglądać na pewnego siebie jeźdźca, gdyż Afgańczycy wypchnęli mnie na czoło grupy. Prowadziłem teraz ostrożnie konia wśród ostrych złomów skalnych. Po czterech godzinach powitały nas okrzyki – dotarliśmy do Hazrat-e Belal, górskiej bazy Chana.

Teren bazy rozciągał się na ponad dwudziestu kilometrach kwadratowych i obejmował kilka wiosek. Dziesiątki posterunków i placówek pilnowały umieszczonych w jaskiniach składów amunicji i obsługiwały stanowiska obrony przeciwlotniczej na wzgórzach. Spędziliśmy w bazie tylko jedną noc, zakwaterowani w szpitalu – kamiennej budowli na końcu wąskiej doliny, którą trudno byłoby zbombardować. Stołu operacyjnego ani sześciu łóżek wprawdzie nie używaliśmy, ale dostaliśmy szpitalny wikt. Przez całą zresztą drogę karmiono nas tym, co było najlepsze, czyli – jak wszędzie, gdzie nie dało się uprawiać ziemi – tłuszczem i mięsem, rzeczywiście podtrzymującymi nasze siły. Mimo to jednak miałem wysypkę w postaci pryszczy i czerwonych plam. Pielęgniarz szpitalny chciał mi zrobić zastrzyk przeciwko, jak myślał, uczuleniu; bojąc się, że igły i strzykawki nie są zdezynfekowane, odmówiłem. Słusznie, jak się wkrótce okazało – wysypka znikła, gdy tylko udało mi się zjeść trochę pomidorów i cebuli. Brakowało mi po prostu witamin.

W dole rzeki, mniej więcej w połowie drogi między źródłami Koughanu i Harirudu, znajduje się ogromna, przewyższająca niejedną katedrę skała, którą woda przebiła na wylot i w której uformowała pionową szczelinę szeroką na kilka koni, kilkaset metrów długą i kilkadziesiąt głęboką. Szczelina rozszerza się w jednym miejscu, tworząc piaszczystą łachę o powierzchni kortu tenisowego. Kiedy przekraczaliśmy progi rzeki, podchodząc do łachy, kopyta koni ślizgały się na niewidocznych kamieniach, a juki przemoczył deszcz drobnych kropel. Na dnie tej ogromnej studni mogliśmy się nie bać bomb. Zostaliśmy tam przez cały następny dzień. Siedziałem na derce, pijąc herbatę za herbatą, i przysłuchiwałem się rozmowom Chana z nadchodzącymi bez końca petentami. Pomimo tajemnicy, w jakiej dla bezpieczeństwa utrzymywał informacje o swoich ruchach, ludzie ci w jakiś sposób dowiedzieli się, że w tym właśnie niezwykłym miejscu będzie mógł poświęcić im czas.

Niektórzy chcieli, by rozsądził spór, inni prosili o pieniądze, jeszcze inni przybyli, żeby zadeklarować w imieniu wioski czy plemienia gotowość do walki u jego boku. Afgańczycy witają się zgodnie z niepisanym protokołem; pozdrawiają każdego z należnym mu szacunkiem. Swym zachowaniem Chan przypominał papieża. Radość ze spotkania okazywał objęciem przybyłego za ramiona i serdecznym potrząsaniem obydwu jego rąk. Jeśli nie znał dobrze swego rozmówcy, ściskał mu tylko dłonie; nie miał powodów do nieufności. Jeśli jednak witał się na sposób europejski, nie uśmiechał się, a pytania o rodzinę i przyjaciół nie wykraczały poza dopuszczalne minimum – oznaczało to brak aprobaty. Chan potrafił przemawiać z pasją, czego przykład dał w Sargahu, tu jednak mówił spokojnie, czekając, aż członkowie starszyzny wypowiedzą się pierwsi.

Ci, którzy zgłaszali chęć pomocy i przyrzekali lojalność, wysłuchiwali zwykle kazania, dobrze mi już znanego, jako że Chan powtarzał je w każdej osadzie, w której zatrzymywaliśmy się po drodze.

– Dlaczego nie zbudujecie szkoły? – przekonywał. – Otwórzcie prawdziwą muzułmańską szkołę, a ja opłacę nauczyciela. Niech wasze dzieci uczą się Koranu, matematyki, fizyki i biologii. Do prowadzenia dżihadu potrzebujemy wykształconych mudżahedinów. Jeśli dzieci nie będą się uczyć, rząd w końcu wygra. Waszym wojennym obowiązkiem jest posyłanie dzieci do szkoły. Spójrzcie tylko, co się dzieje: kiedy komuniści przejęli władzę, byliśmy bez broni, tylko z wiarą, ale zajęliśmy wszystkie miasta. Teraz uzbrojenia jest w bród – każdy z was ma kałasznikowa, macie granatniki i miny – tyle że miasta nie należą już do nas. Gdy ludzie chcą załatwiać interesy, idą na bazar i tam muszą kumać się z komunistami. Jeśli nie zorganizujemy się lepiej i nie połączymy, komuniści nas pokonają!

Po ożywionej dyskusji białobroda starszyzna zwykle godziła się na podjęcie akcji: budują szkołę, szpital albo drogę.

Robiłem właśnie zapiski w moim notatniku, kiedy wysoki mężczyzna w czarnym turbanie i zielonej kurce dotknął mego ramienia. Podsunął mi przed oczy czerwoną książeczkę wojskową sowieckiego żołnierza.

„Zabiłem tego Ruska. To jego broń".

– O, zobacz! Zabiłem tego Ruska. To jego broń. – Potrząsnął trzymanym kałasznikowem.

– Jak to „zabiłeś"? – spytałem.

– Zrobiliśmy zasadzkę.

Zdjęcie w książeczce przedstawiało blondyna o zaczesanych do przodu włosach i obciętej równo grzywce. Ubrany w biały pulower, patrzył na mnie wytężonym wzrokiem – inteligentna twarz o wystających kościach policzkowych i dołku w brodzie. Nazywał się Oleg Walerowicz Filipow, ukraiński murarz z Chersonia, miasta u ujścia Dniepru do Morza Czarnego. Urodził się w listopadzie 1967 roku, musiał więc iść do wojska prosto po skończeniu szkoły zawodowej. Kiedy miał piętnaście lat, wstąpił do Komsomołu, składki opłacił do stycznia 1986 roku. W maju wydano mu po raz ostatni broń. Nie dożył swych dwudziestych urodzin.

– Jak wpadł w zasadzkę?

– Rok temu Ruscy otoczyli naszą wioskę i zaatakowaliśmy ich znienacka. Ten trafił do mojego ogrodu.

Odpowiedź była, jak zwykle u Afgańczyków, mglista.

– Jak się nazywa wioska?

– Mir Abad, powiat Pasztun Zargun.

– Opowiedz mi dokładnie, jak to było.

– Ruskie czołgi nadeszły z bazy po drugiej stronie pustyni i otoczyły nas. Jego czołg zatrzymał się na skraju wioski, jakieś sto metrów od mojego ogrodu. Cały dzień nie dawałem znaku życia, w końcu musiało im się znudzić takie siedzenie. Przyszedł sam do ogrodu, odłożył broń i zaczął zrywać winogrona. Gdy tylko się odwrócił, wychyliłem się z okopu i strzeliłem. Wywaliłem do niego cały magazynek... Złapałem potem jego kurtkę i broń. Ruscy przez godzinę ostrzeliwali wioskę, zanim zabrali ciało.

Afgańczyk nazywał się Mohammad Nabi Talib i był gospodarzem; miał synów w wieku Filipowa. W 1979 roku komuniści aresztowali go z kilkunastoma innymi mężczyznami za podburzanie przeciw rządowi. Tamtych „złamano" podczas tortur i zostali straceni. Talib był torturowany jak reszta – stopy miał nadal zniekształcone i pokryte bliznami po uderzeniach kijem, na skutek czego chodził z trudem – ale nie przyznał się do niczego. Nie zmieniało to faktu, że następnego dnia miał pójść pod ścianę, ale właśnie wtedy, dwudziestego czwartego hut (piętnastego marca), wybuchło w Heracie powstanie, które objęło wioskę Taliba, i ten został uwolniony. Gdy komuniści odebrali miasto, uciekł w góry. Teraz dowodził oddziałem w sile pięciuset ludzi.

Za okładkę legitymacji Filipowa był zatknięty kawałek wyrwanej z notesu kartki; nieskończony list. Podobnie jak Siergiej, który mi opowiadał, że w specjalny sposób formułował listy do domu, tak i on musiał pewnie zastanawiać się uważnie, co napisać, świadom, że cenzura może list skonfiskować. Czy wierzył zapewnieniom swego komsomolskiego komisarza, że „spełniają internacjonalistyczny obowiązek"? Afgańczykowi nie można było odmówić racji – Filipow nie powinien się pchać niezaproszony do jego ogrodu i do jego kraju. Trudno mi było jednak nie czuć sympatii dla zabitego chłopaka. To przecież mogłem być ja. To ja mógłbym być okupantem tego kraju. Gdyby sowieckie władze uznały, że udział bratnich oddziałów Ludowego Wojska Polskiego wzbogaciłby internacjonalistyczny charakter pomocy ofiarowanej demokracji afgańskiej w jej walce przeciw feudalizmowi i imperialistycznej agresji, jedna czy dwie polskie dywizje mogły zostać z łatwością wysłane do Afganistanu. Polacy wzięli udział w inwazji na Czechosłowację w 1968 roku i bez wątpienia plany na wypadek zorganizowania podobnej akcji musiały być omawiane przez bratnie rządy Polski i ZSRR. Wyjechałem z Polski w 1981 roku – gdyby nie to, byłbym akurat w odpowiednim wieku do wcielenia w skład takiego korpusu ekspedycyjnego.

Mogło też być inaczej. Bywało, że w mojej ojczystej, by tak rzec, części świata przemieszczano w ciągu wieków bądź wręcz likwidowano całe narody. Gdyby któraś z minionych bitew, wojen czy wywózek zakończyła się inaczej, gdyby moi przodkowie stanęli w jakiejś zaprzeszłej rebelii czy buncie po przeciwnej stronie – kto wie, gdzie bym się urodził? Może właśnie na Ukrainie, jak Filipow. W Związku Sowieckim żyje nadal ponad milion Polaków; jedna z gałęzi mojej rodziny mieszkała kiedyś na Litwie, od 1940 roku okupowanej przez ZSRR. To, że urodziłem się po polskiej stronie granicy, uważam za szczęśliwy zbieg okoliczności.

Chciałem teraz opuścić na parę dni Chana i jego grupę. Wioski w dolinie Heratu były oddalone o kilka zaledwie godzin marszu, czekałem więc niecierpliwie na sposobność, by zacząć zbieranie informacji potrzebnych Afghan Aid do badań stanu rolnictwa. Organizacja ta chciała pomóc cywilnym ofiarom wojny; moim zadaniem było postawienie tych samych, szczegółowych pytań jak największej liczbie mieszkańców w trzech co najmniej powiatach, zanotowanie cen zarówno zbiorów, jak i towarów importowanych oraz przygotowanie propozycji dotyczących możliwego do zrealizowania programu pomocy. Mój raport miał stanowić dowód na to, jak niezbędna jest pomoc dla Afganistanu i zgromadzenie odpowiednich funduszy na ten cel. Wioski, które odwiedzaliśmy, były coraz większe. Chan potrzebował zatem więcej czasu na rozmowy ze starszyzną i apele. Powiedziałem, że chciałbym się oderwać na parę dni, by porobić wywiady; przystał na to bez oporu.

Kiedy przebudziłem się następnego dnia, leżałem w półśnie na podłodze, bezmyślnie śledząc ruchy wartowników przygotowujących wodę na herbatę. Opanowałem już sztukę odgadywania miejsca, w którym Afgańczycy przystąpią do pierwszej modlitwy. Nie lubili, gdy ktoś znajdował się „na linii" ich modłów, czyli między nimi a leżącą na wschód Mekką, jeśli więc chciałem spać dłużej bez przeszkód, musiałem kłaść się za nimi. Poprzedniego wieczoru wybrałem dobre miejsce, pozostawiono więc mnie w spokoju długo po wschodzie słońca. Nagle kucnął przede mną młody jeszcze mężczyzna. Wydawało mi się, że mówi w moim ojczystym języku: „Dzień dobry, jak się pan ma?" Miał brodę, turban i pistolet maszynowy – makarowa – z taśmą pocisków. Uosobienie Ali Baby, jak cała reszta. Niewątpliwie był to efekt zjedzonych wieczorem moreli, które musiały wywołać owe dziwne halucynacje – bo przecież nie mógł mówić do mnie po polsku?...

– Jak się spało?

Nie, pomyłka była wykluczona, słowa dochodziły spomiędzy jego poruszających się warg, nie były produktem mojej wyobraźni. Otrząsnąłem się i usiadłem ożywiony.

– Pan zna polski?

– Troszeczkę – odparł i zaśmiał się.

Jego znajomość języka była rzeczywiście elementarna, ale mimo to zaprzyjaźniliśmy się – rozmawiając po angielsku – przy porannej herbacie. Nazywał się Nurullah. W Polsce, w kopalniach odkrywkowych koło Konina, uczył się swego zawodu – górnictwa. Małgosia, jego żona, Polka, pochodziła z miasta, w którym mieszkają moi krewni.

Powierzono mu opiekę nade mną i Amanullahem w czasie naszego wypadu. Zabrawszy dwa silne konie, dwóch partyzantów jako ochronę i krótkofalówkę, co miało nam umożliwić dołączenie do Chana w jego drodze z Heratu, wyruszyliśmy jeszcze tego samego ranka.

– Spotkamy się za dwa, trzy dni – powiedział Ismael na pożegnanie.

Kilkugodzinna przejażdżka w dół Koughanu przywiodła inżyniera Nurullaha, Amanullaha i mnie do Czinaranu. Spędziliśmy tam dwie noce; w naszej kwaterze konał z powodu ran postrzałowych mężczyzna doglądany przez wioskowego medyka, który miał do dyspozycji jedynie butelkę czerwonego płynu dezynfekującego. Po dolinie wędrowaliśmy przez trzy dni; udało mi się przeprowadzić wywiady z ponad dwudziestoma jej mieszkańcami.

Nurullahowi bardzo się podobała krótkofalówka: „Halo, halo, tu inżynier Nurullah. Jestem w Czinaranie, towarzyszy nam chrześcijanin. Będziemy u was dzisiaj, przygotujcie dobry posiłek, bo on wygląda na zmęczonego. Jaka jest do was najkrótsza droga? Rozumiem, dobrze. Załatwcie nam osła, bo musimy wieczorem dojechać do Faszgunu. Tak, będziemy nocować w domu Gola Mohammada. Jeśli macie ochotę, możecie razem z nami obchodzić święto Id. Dla chrześcijanina zabiją pewnie kurę, więc będzie uczta. Nie, emir nie jedzie z nami, został w bazie, może dołączy jutro". I tak dalej, i tak dalej, póki nie wyczerpał baterii. Nieprzyjaciel musiał widocznie uznać, że były to zakodowane informacje, ponieważ nikt nas nie zaatakował. Czy ktokolwiek mógłby być równie lekkomyślny, by podawać przez radio swoją dokładną pozycję? Minęło pięć dni, lecz Ismael Chan nie zjawiał się; postanowiliśmy więc czekać na niego w Mir Abadzie. Zatrzymaliśmy się w domu oddalonym o rzut kamieniem od ogrodu, w którym Filipow zrywał winogrona.

7

Śmierć w Koszk-e Serwan

Dom był, jak na afgańskie warunki, mały. Wejście prowadziło przez ciemne pomieszczenie ze stojącym nad żłobem i puszczającym wiatry chorym koniem. Izba, w której spędzałem całe dnie, była pokryta ciężką kopułą z wysuszonej gliny, dzięki czemu do południa utrzymywały się wewnątrz chłód i mrok. Łukowate nisze w ścianach wypełniono książkami, które przysłonięto kawałkami różowej tkaniny. Rząd mat rozłożonych na podłodze kończył się wielką górą poduszek, które – gdy nie mogłem już dłużej spać – służyły mi za siedzisko. Z izby wychodziło się na mały dziedziniec; rosło na nim parę słoneczników sięgających okna. Po przeciwnej stronie dziedzińca znajdowała się jeszcze jedna izba i małe pomieszczenie kuchenne z otworem w sklepieniu. Drzwi były otwarte; dostrzegłem ogromny aluminiowy czajnik, w którym służący Nadir gotował na otwartym ogniu wodę. Z jednej strony dziedziniec rozszerzał się i w tym miejscu tworzyła się ograniczona wysokim murem przestrzeń. Miał to być ogródek warzywny z zagonami pomidorów, wielkości sześć na dziesięć kroków. Między zakurzonymi liśćmi nie znalazłem jednak żadnego owocu. Każdego dnia zmuszałem się do przynajmniej piętnastominutowego spaceru wśród grządek, by nie zapomnieć, jak się rusza nogami.

Byłem chory. Niemyte owoce jedzone po drodze, wycieńczająca jazda albo brak witamin – nie wiem, co było powodem, ale czułem się fatalnie. Miałem suchy kaszel, lało mi się z nosa, bolało mnie gardło i męczyła wysoka gorączka. Ostrzegano mnie przed wieloma chorobami, teraz podejrzewałem każdą z nich. Zastrzyki z gamma-globuliny nie zapewniały całkowitej ochrony, mogły więc to być symptomy żółtaczki bądź malarii, przeciw którym nie wziąłem tabletek. A może było to zapalenie krtani? Włożyłem na siebie wszystko, co miałem, i owinąłem się kocem; nie zdjąłem nawet skarpet. Wkrótce byłem mokry od potu. Starałem się odpocząć, ale zamiast pokrzepiającego snu nękały mnie jakieś koszmary. Raz mi się śniło, że spędziłem upojną noc z panią Thatcher...

Nigdy nie wyjdę już z tego pokoju, myślałem w chwilach większej przytomności. Dobrze, napiszę za to pogodny list pożegnalny.

Przejezdny medyk dał mi kilka kapsułek owiniętych w skrawek irańskiej gazety. Nie połknąłem ich jednak, bo przy herbacie usłyszałem, jak mówi, że nie wierzy w komunistyczne kłamstwa – na przykład w to, że człowiek pochodzi od małpy.

Przedrzemywałem większość dnia i nie mogłem spać w nocy. Co wieczór musiałem decydować: zostać wewnątrz i znosić upał czy spać na powietrzu? W pokoju musiałem się cały zapinać w lekkim śpiworze z goreteksu, by moskity nie pokąsały mi twarzy, za to w cieple śpiwora dokuczały bardziej pchły. Na dachu, pomiędzy dwiema kopułami, chłodził mnie powiew dmącego bez przerwy słynnego „wiatru stu dwudziestu dni", musiałem jednak schodzić przed brzaskiem, by nie dostrzeżono mnie w świetle słońca.

Ukrywaliśmy naszą obecność. Czasem odważałem się stanąć u szczytu drabiny i ponad murem przypatrywać polom i uprawiającym je ludziom. Każdy z sierpem, każdy na swym małym spłachetku ziemi. Z obawy przed szpiegami siedzieliśmy zwykle w budynku. Mijały dni, a Ismael Chan wciąż do nas nie dołączał – musieliśmy czekać.

W Mir Abadzie natknęliśmy się na człowieka, który wzbudził nasze podejrzenia. Przy jednym z boków idealnie kwadratowej sadzawki stał meczet. Wokół basenu rosły wysokie drzewa, siedzący w ich cieniu starcy omawiali ściszonym głosem księgi rozłożone na niskich pulpitach – sielankowa scena. Kiedy przechodziłem obok nich, zza muru wyszedł nagle dziwny osobnik. Jego włosy i nos miały murzyńskie cechy, ale skóra była biała. Odezwał się pierwszy; mówił po amerykańsku z akcentem południowych stanów.

– Hej, jak się masz? Słyszałem, że pracujesz dla BBC. Masz nadajnik? I broń?

Wiadomości najwyraźniej rozchodziły się szybko. Takie nawiązanie rozmowy wydało mi się jednak zbyt obcesowe.

– Nie, nie mam nadajnika ani broni. Mało by mi zresztą pomogła przeciw samolotom.

– Samoloty to nie problem – odparł.

Brzmiało to dziwnie. Wioski, przez które Chan przechodził w drodze na zgromadzenie, były potem mocno bombardowane, wszędzie stały świeże groby...

– Co tu robisz? – zapytałem.

– Nic, obserwuję – powiedział to ze szczególnym naciskiem. – Siedzę tu już trzy miesiące. Jak się nazywasz?

– Abdul Rahim.

Nie podobało mi się jego wścibstwo i zastanawiałem się, co zrobić, by się odczepił.

– Jestem Abdur Rahman.

Miałem wrażenie, że użycie przeze mnie pseudonimu sprawiło mu ulgę. Nie przestał jednak zadawać pytań.

– Masz legitymację prasową? Ciekawe, ile by za ciebie dali komuniści...

Próbuje przełamać lody, żartując w ten sposób, czy też zdradził się z prawdziwymi zamiarami? – zastanawiałem się. Obserwowałem go uważnie, aż wreszcie powiedziałem:

– O ile wiem, co najmniej dwieście tysięcy afghani.

Około tysiąca funtów, czyli dla tubylców fortuna.

– Człowieku, minimum pół miliona! – wykrzyknął z entuzjazmem. – Byłbyś główną atrakcją programu telewizyjnego przez kilkanaście dni.

– Za ciebie z pewnością daliby więcej – zrewanżowałem się za komplement. Spojrzałem na jego kałasznikowa i widoczne w torbie z amunicją granaty. – Najemnik taki jak ty ma większą wartość niż dziennikarz. Dziennikarzy trudno już przedstawiać jako szpiegów. – Teraz ja spróbowałem go wybadać: – Jesteś poza tym obywatelem USA, zgadza się? Wreszcie mielibyśmy więc dowód, że amerykańscy najemnicy walczą w Afganistanie. Nie, nie, za ciebie daliby dwa razy tyle co za mnie...

Udało mi się z niego wyciągnąć, że rzeczywiście jest Amerykaninem. Urodził się w RPA, przeszedł na islam, do Afganistanu trafił przez Iran. Amanullah poganiał mnie, pożegnałem się więc pospiesznie. Według mojego towarzysza był to najprawdopodobniej irański szpieg – jak inaczej dałoby się wytłumaczyć fakt, że pozwolono mu, obywatelowi Stanów Zjednoczonych, przeprawić się przez Iran, skoro oba państwa były niemal w stanie wojny? Nie dowiedziałem się nigdy, kim był w rzeczywistości – być może nieszkodliwym pomyleńcem szukającym zbawienia w orientalnej magii?

– Dlaczego ci Afgańczycy są tacy głupi? – złościł się Amanullah. – Wystarczy, że ktoś powie, iż jest muzułmaninem, a wszystko mu wychlapią. Nie podobali mi się ludzie, którzy z nim byli... Trzeba zachować ostrożność, mogą po cichu utrzymywać kontakty z milicją komunistów i przejść na ich stronę.

W efekcie tej ostrożności byliśmy izolowani równie dokładnie jak kobiety z przyległego budynku; ich przemieszane z hałasem garnków głosy dobiegały do mnie ponad murem.

Nasze „więzienie" okazało się całkiem wygodne; dom był wynajęty przez Dżamijat, karmiono nas dobrze... Nadir, nasz służący – niepiśmienny i szczęśliwy – gotował dla nas, serwował bez końca herbatę i polewał mnie letnią wodą, gdy tylko chciałem się ochłodzić. Dostawaliśmy codziennie ryż z *ghi* i pomidorami oraz wyśmienite w smaku duże brzoskwinie, ze skórką nasiąkniętą po umyciu przenoszącą amebę wodą. Herbata, zwykle orzeźwiająca i pokrzepiająca, tu jednak prawie nie nadawała się do picia; w okolicy nie było studni, a woda czerpana z kanałów irygacyjnych była tak zanieczyszczona, że herbaciane listki nie zmieniały jej wstrętnego smaku gnijącego zielska. Byłem przekonany, że główną przyczyną mojej choroby jest brak jakiegokolwiek zajęcia. Gdybym tylko mógł siąść znowu na konia albo maszerować, bez względu na wysiłek!...

A byłem zaledwie czterdzieści kilometrów od Heratu! Przed wybuchem wojny pojechałbym jednym z małych autobusów, których trasy biegły wzdłuż pustyni, i w ciągu godziny byłbym w mieście. Spośród ludzi, z którymi przeprowadziłem w tym rejonie rozmowy, jedynie handlarze odważali się wyruszać do Heratu raz albo dwa razy w roku. Zwykli wieśniacy nie byli w mieście od początku wojny – ponad siedem lat.

Dolina wokół Mir Abadu ma około ośmiu kilometrów szerokości; od północy zamyka ją pasmo gór Safid Kuh, od południa Kasa Murg. Przeważająca część obszaru jest jałowa i niezamieszkana. Uprawa roślin jest tu możliwa jedynie przy brzegach płytkich dopływów i sztucznych kanałów, co sprawia, że przez środek pustynnego bądź porosłego karłowatą roślinnością obszaru ciągnie się zielona wstęga wiosek, pól i ogrodów. Większość tego prawie bezludnego terenu była nadal w rękach partyzantów. W górze rzeki, w Abe, ocalała pojedyncza placówka wojsk rządowych; druga znajdowała się w Pasztun Zargunie, w dół rzeki od naszego schronienia. Obie były niewielkimi posterunkami, mieszczącymi się w budynkach dawnych starostw. Zaopatrywały je kiedyś czołgi przebijające się przez suche zarośla pustyni, partyzanci jednak twierdzili, że od dwóch lat nie przepuścili żadnego pojazdu.

Jeszcze dalej w dół rzeki znajdował się obszar kontrolowany przez nieprzyjaznego Chanowi lokalnego wodza, Gola, któremu, jak przypuszczano, dostarczała broń z Peszawaru partia Hezb-e Eslami. Podejrzewano go również o kolaborowanie z komunistami – samoloty sowieckie nigdy nie bombardowały jego terenu, a z Heratu nadchodziły pieniądze, uzbrojenie i artykuły rolne. W zamian Dżama Gol przegonił stronników Chana, nie przepuszczał partyzantów i odciął kanały irygacyjne. W okolicach Sijawuszanu, już poza jego terytorium, znajdował się jeszcze jeden skrawek ziemi mudżahedinów, z kilkudziesięcioma gospodarstwami.

Wioski w pobliżu wschodnich peryferii Heratu, gdzie znajdowało się tak zwane Nowe Miasto, były w rękach komunistów. Zachodnią część – aż do cytadeli i murów Starego Miasta – okupowali partyzanci; tam była strefa prawdziwej wojny. Tam także znajdowały się wszystkie zabytkowe świątynie, meczety i grobowce. Aby się dostać w to miejsce, musiałbym wpierw obejść tereny Gola, czyli przedrzeć się pod osłoną nocy przez pustynię, potem przemknąć jakoś przez terytorium komunistów (około dwudziestu kilometrów), by przekroczyć dobrze pilnowaną szosę łączącą miasto z lotniskiem, i wreszcie pokonać ostatnią przeszkodę – ochronny pas wież strażniczych i pól minowych.

Wciąż chory i osłabiony, zająłem się drobnymi czynnościami: odkurzyłem i wyczyściłem obiektywy, zreperowałem pozrywane pętle *churdżin*, doprowadziłem zapiski do bieżącej daty. Teraz jednak nie pozostawało nic do roboty.

Nuda. Nie chwilowe lenistwo umysłu, ale krańcowa rozpacz. Godzina za godziną upływały w bezczynności, jeden próżny dzień następował po drugim. Zaczynałem tracić nadzieję. Nie byłem bynajmniej więziony, nikt mnie nie powstrzymywał fizycznie przed opuszczeniem wioski. Gdyby tak było, mógłbym przynajmniej zwalić na kogoś winę za to odosobnienie, zająć umysł planami ucieczki i wreszcie się stąd wyrwać. Siedzenie w jednym miejscu przez dłuższy czas było bardzo niebezpieczne – czego doświadczyliśmy na własnej skórze, gdy koło Kandaharu wytropiły nas helikoptery. Ponieważ jednak nie pozostawało nam nic innego, jak tylko czekać na przybycie Chana, trzeba było unikać wywoływania podejrzeń. Należało się spodziewać, że komuniści mają swoich agentów w większości wiosek, jeśliby więc odkryto naszą obecność, z pewnością posypałyby się bomby.

Tak żyją, oni tak właśnie żyją, myślałem o wieśniakach w okolicy. Po co się szarpać, po co robić sobie złudne nadzieje, kiedy nie ma ucieczki z domu, z doliny? Jedyną sensowną rzeczą jest czekanie, umysł należy zostawić „na luzie". Stres wywołany uwięzieniem mija podobno po kilku miesiącach, później takie życie staje się rutyną – dziesięć miesięcy albo dwadzieścia pięć lat nie stanowi już większej różnicy. Czy siedząc w tym domu, przestanę czuć cokolwiek?

Przy zdrowych zmysłach trzymało mnie radio. Był to mały odbiornik firmy Sony, który podróżował ze mną dobrze opakowany wewnątrz *churdżin*, niewiele większy od paczki papierosów, ale bardzo czuły, z sześcioma zakresami fal krótkich. Ile razy jednak można słuchać tych samych, prawie identycznych zestawów wiadomości? Po pewnym czasie rozpoznawałem już poszczególne stacje po głosie spikerów. „Mówi Głos Ameryki" brzmiało jak zapowiedź w drugorzędnej telewizyjnej zgaduj-zgaduli: „Jesteś dzieckiem szczęścia – słuchasz naszego programu!" Rozgłośnia polska Radia Wolna Europa połowę swoich komunikatów miała wypełnioną zachodnimi komentarzami dotyczącymi Polski, co mogło sprawiać na słuchaczu wrażenie, iż oczy całego świata są zwrócone w kierunku tego kraju. Zabawne było porównywanie rosyjsko- i angielskojęzycznych komentarzy Radia Moskwa: dla słuchaczy w ZSRR mudżahedini byli wciąż bandytami i obcymi najemnikami, dla których próba obalenia afgańskiej rewolucji zakończy się klęską; w wersji angielskiej jednak brzmiało to bardziej rozsądnie: Związek Sowiecki gorąco pragnie wycofać swe wojska, ale Amerykanie muszą być bardziej ustępliwi. Program koncentrujący się na sprawach dotyczących rejonu Azji i Pacyfiku donosił z Frunze, że trzysta afgańskich dzieci przybyło na wakacje do obozu pionierów. I serwis światowy BBC – wiadomości, *Dwadzieścia cztery godziny*, *Nowiny Anglii*, przegląd prasy... Spikerzy przemawiali trochę zblazowanym głosem. Dla BBC najważniejszym wydarzeniem w świecie był wtedy bezkrwawy przewrót na Fidżi. Nadal pamiętam zmieniające się co dzień proklamacje oraz antyproklamacje pułkownika Sitiveniego Rabuki i jego przeciwników; ich sformułowanie miało rozstrzygnąć, czy wyspa pozostanie członkiem Wspólnoty Brytyjskiej, a co za tym idzie – czy znaczki pocztowe Fidżi dalej będzie zdobić znany powszechnie profil.

W jednym z komunikatów podano wiadomość o zaręczynach w brytyjskiej rodzinie królewskiej.

– A ta księżna Diana... ona jest bardzo sławna, prawda? Co ona właściwie robi? – spytał Amanullah.

– No, jest księżną Walii, matką dzieci następcy tronu... *enszallah*, w przyszłości zostanie królową Anglii.

– Rozumiem – rzekł i kiwnął poważnie głową. – Po pani Thatcher?

– Tak.

Dowiedziałem się również, że władze brytyjskie w Manchesterze aresztowały za kradzież irańskiego dyplomatę, w związku z czym „rewolucyjni gwardziści" pobili w Teheranie pracownika ambasady Jej Królewskiej Mości. Nastąpiło zerwanie stosunków dyplomatycznych. Wielka Brytania wysłała poławiacze min z pomocą operującym już w Zatoce Perskiej okrętom amerykańskiej i francuskiej marynarki wojennej. Europejczycy nie mieli teraz czego szukać w Iranie. Byłem zadowolony, że jednak nie dostałem irańskiej wizy.

Tylko raz, kiedy nad nasze głowy nadleciały bombowce, opuściliśmy miejsce odosobnienia, by się ukryć w okopie. Bomby spadły parę kilometrów dalej w dolinie. Po południu Nadir przyniósł wiadomość, że w ataku zginęło troje dzieci. „Afgańczycy zapewne przesadzają jak zwykle" – zanotowałem w dzienniku.

Niekiedy wychylałem się ponad murem ogradzającym dziedziniec i przypatrywałem pracującym wieśniakom – żęli sierpami pszenicę, poganiali ciągnące brony woły, przejeżdżali na osłach, ładowali wielkie snopy na grzbiety wielbłądów, przerzucali drewnianymi łopatami glinę, by odciąć lub spowodować przepływ wody w kanałach irygacyjnych i skierować ją na każde z poletek. Do młocki używali wołów – zaprzęgnięte do wału, na którym dla obciążenia sadzano dzieci, przeciągały go w tę i z powrotem po rozłożonym zbożu.

Uporządkowałem zapiski robione w trakcie wywiadów z wieśniakami. Doszedłem do wniosku, że wiele pytań z listy przygotowanej przez Afghan Aid nie ma sensu – najwyraźniej biuro londyńskie nie orientuje się, jak bardzo okolice te ucierpiały podczas wojny. Pytałem rolników, ile mają ziemi – większość nie posiadała ani kawałka; na jakie choroby zapada ich trzoda – prawie wszystkie zwierzęta zginęły albo dawno już zostały zjedzone bądź sprzedane; jak zróżnicowana jest ich dieta – zawsze ta sama: chleb, *dugh,* herbata, bogatsi raz w tygodniu jedzą mięso albo tłuszcz. Cebula i pomidory należały do luksusów. Wielu nie potrafiło sobie przypomnieć, kiedy ostatni raz jedli mięso.

W rzeczywistości byli to mieszkańcy najuboższej nieomal – poza Afryką – części świata. Głodowa dieta plasowała ich poniżej uznanego poziomu biologicznej wytrzymałości organizmu, nie mówiąc już o tak zwanym minimum socjalnym przyjętym na Zachodzie. Spotykałem tu ludzi cierpiących na straszne choroby: malarię, żółtaczkę, dziwne zaburzenia nerwowe, niezliczone przypadki daleko zaawansowanego artretyzmu. Personel medyczny twierdził, że kobiety padały często ofiarą zakażenia poporodowego; choroby weneryczne szerzyły się niekontrolowane; nie poradzono sobie jeszcze z trądem. Jedyny, acz nader skromny ratunek zapewniały niezaspokajające potrzeb szpitale ufundowane przez Dżamijat i zaopatrywane przez rzadkie konwoje z Peszawaru. Tylko jedna osoba spośród wszystkich, z którymi rozmawiałem, nie straciła w czasie wojny nikogo z rodziny, a to głównie dlatego, że udało im się w porę uciec do Iranu.

Właściciel naszego domu, Abdul Farid, wysoki, osobliwie zamknięty w sobie mężczyzna, odpowiadał na moje pytania z roztargnieniem, jak gdyby dotyczyły kogoś innego. Typowa opowieść: miał sześćdziesiąt lat, córka skończyła osiemnaście. Żona, syn i druga córka zginęli przed trzema laty w ostrzeliwaniu artyleryjskim. Dwoje innych krewnych przedostało się do Iranu. Przed wojną był mułłą: za modlitwy i inne religijne posługi wioska wypłacała mu rocznie tysiąc dwieście kilogramów zbiorów; pracował również sam w polu, co przynosiło mu dodatkowo około dziecięciu tysięcy afghani (pięćdziesiąt funtów). Teraz dostawał tylko osiemset kilogramów; chciał dorobić przy budowie domów, ale nikt nie zamierzał stawiać nowych budynków. Mniej więcej raz w miesiącu jadł mięso. Dwie brudne owce plączące się po dziedzińcu należały do niego; miał również osła i kota, choć jedzenia tych zwierząt, jak zaznaczył, zabraniał Koran.

Herodot wspomina dolinę Heratu jako najżyźniejsze ziemie centralnej Azji. W rzeczywistości ich urodzajność była przyczyną nieszczęść spadających często na mieszkańców doliny: każdy kolejny zdobywca chciał, by owa oaza urodzaju zaspokajała potrzeby jego wojsk. Przed wybuchem wojny właśnie z terenów doliny pochodziły nadwyżki pszenicy, ryżu i jęczmienia, stąd eksportowano do ZSRR bawełnę, tu rosło osiemdziesiąt słynnych odmian winogron.

Jedna trzecia nadających się do uprawy ziem leżała teraz odłogiem. Niemal połowę reszty gruntów zniszczyły bombardowania i ogień. Mieszkańcy, którzy tu pozostali, nie dawali sobie rady z utrzymaniem kanałów irygacyjnych, przez co brakowało wody i zbierano jedynie drobną część przedwojennych plonów ryżu, kawonów czy winogron. Pszenica była dotknięta dwoma rodzajami chorób: *sijah*, powodującą czernienie ziaren od środka, i *zardi*, na skutek której ziarna były bardzo małe i wątłe.

Wieśniacy jednak nie skarżyli się. Przeciwnie, wielu nie chciało przyznać, jak bardzo dotknęła ich bieda, i dopiero gdy wyjaśniałem powód moich pytań, odpowiadali szczerze. Głęboko zakorzenione poczucie honoru kazało im podejmować mnie ze wzruszającymi oznakami gościnności. Obawiam się, że nieraz bezmyślnie zjadłem miskę ryżu, nie zastanowiwszy się, czy moi gospodarze rzeczywiście mogą sobie pozwolić na jej ofiarowanie.

Ludzie ci byli niepiśmienni, harowali od świtu do zmierzchu, pożywienia starczało im ledwie na tyle, by utrzymać się przy życiu. Zaiste, tak wyglądać mogło średniowiecze – ale też rok w Afganistanie był 1366... Niemniej jednak społeczność stawiała odważnie czoło surowej próbie i pomimo nędzy nie zanikły współczucie i troska. Ci, którym starość lub choroba nie pozwalały już dłużej na pracę, przechodzili pod opiekę wioski. Rodziny uciekinierów z terenów kontrolowanych przez komunistów znajdowały pożywienie i dach nad głową. Krewni uprawiali dalej ziemię tych, którzy przedarli się za granicę. Siła związków rodzinnych i nakazanej religią solidarności znacznie łagodziła cierpienia. Gdybym miał się znaleźć w którymś z naszych wielkich miast i stać w kolejce po zasiłek dla bezrobotnych albo trafić do jednej z tych pozbawionych środków do życia wiosek, wybór byłby łatwy.

Rankiem jedenastego sierpnia siedziałem przy śniadaniu, co dzień takim samym – szklance mocno osłodzonej zielonej herbaty, w której maczałem kawałki chleba. W radiu dźwięczał sygnał przeglądu wiadomości BBC – rześki marsz żywcem przeniesiony z czasów kolonialnych ekspedycji; pomagało to zacząć dzień z wigorem. Rozparty na piramidzie poduszek, ledwo zwróciłem uwagę na odgłos szybkich kroków na dziedzińcu, nie zareagowałem nawet, kiedy Nadir wbiegł do mego pokoju i zaczął krzyczeć:

– Samolot, samolot!

Może robi kawał, by przełamać nudę? – pomyślałem. Dopiero gdy wyłączyłem radio, usłyszałem grzmot zbliżającego się myśliwca – ściany zaczynały drżeć.

Rzuciłem się w poszukiwaniu butów; zmagałem się równocześnie z kamizelką i noszonym na biodrze aparatem. Wybiegłem z domu. Grube ropuchy uciekły mi spod nóg i skoczyły w ryżowe zagony. Moim pierwszym odruchem było opuszczenie domu. Dlaczego? Może należało zostać wewnątrz? Gliniane ściany zatrzymają odłamki szrapnela, bomba zaś, jeśli upadnie niedaleko, i tak nie zostawi nikogo żywego. Rok wcześniej w Nangarharze przeżyłem atak bomb zwanych przez partyzantów kasetowymi: wybuchały, uwalniając trzydzieści mniejszych ładunków, które z kolei rozrywały się na znacznej przestrzeni. Gdybym wtedy wybiegł z domu, najpewniej nie uszedłbym, jako że te małe mordercze odłamki stali utkwiły w drzwiach naszego budynku.

Teraz jednak biegłem ile sił w nogach. Kątem oka zauważyłem kobiety z sąsiedniego domu, walczące z oplątującymi je okryciami; uciekały w przeciwnym do mojego kierunku. Amanullah znalazł już kryjówkę w odległości pięćdziesięciu metrów od budynku: dwa niewysokie gliniane mury osłaniały ścieżkę, wzdłuż której biegł wyschnięty kanał irygacyjny dający dodatkowe schronienie. Rozejrzałem się po niebie, by dojrzeć samoloty. Cztery błyszczące w słońcu strzały, przypuszczalnie SU-17, leciały wysoko, co najmniej trzy tysiące metrów ponad nami, pewnie aby być poza zasięgiem stingerów. Czy wypuściły już bomby? Normalnie nie sposób było ich dostrzec przed eksplozją. Ile sekund jeszcze pozostało? Gdzie spadną? I w tym momencie, dokładnie nad moją głową, od spodu maszyn oderwały się iskry i zaczęły spadać; rosły w oczach. Odetchnąłem z ulgą: przy tym pędzie musiały nas minąć – byliśmy bezpieczni. Po chwili bomby i samoloty przestały być widoczne na tle nieba – grzmot silników zamierał, nawet nie było słychać huku eksplozji.

– Popatrz, popatrz! – Amanullah wskazywał ręką w kierunku, gdzie powinny spaść bomby.

Spoza pasma drzew wznosiły się powoli cztery wielkie kolumny pyłu. Wiatr wkrótce powiązał je w gigantyczny rosnący splot. Kilku chłopców, którzy podobnie jak my schowali się w polnym rowie, stało teraz, zadzierając głowy. Widziałem ich kolorowe, wyszywane czapeczki, kiedy urzeczeni przypatrywali się widowisku. Kobiety po drugiej stronie pola zapomniały się na chwilę i opuściwszy zasłony, spoglądały skupione na milczącą grupę. Chmura pyłu rosła bezgłośnie, przybierając kształt ogromnego, wznoszącego się nad doliną grzyba; dopiero po kilku minutach zaczęła się rozpraszać. Cząsteczki kurzu spadały na ziemię w postaci cienkiej zasłony, tak że słońce wyglądało jak w czasie zaćmienia. Czułem, że zdarzyło się coś strasznego. Być może nastrajała mnie tak barwa pyłu: był to kolor glinianych cegieł, z których stawiano domy. Bomby eksplodowały pośrodku wioski. Patrzyliśmy z Amanullahem w przeciwnych kierunkach, obaj jakby zawstydzeni, że udało nam się przeżyć.

Znalazły się jakieś dwa motocykle i pojechaliśmy do zbombardowanej wioski. Byłem właściwie po raz pierwszy od dwóch tygodni na zewnątrz naszej kryjówki. Cieszyła mnie jazda miedzami pośród pól dojrzałej pszenicy i ryżu, wzdłuż szerokich gościńców obrzeżonych glinianymi murami i rzędami drzew, przez drewniane mosty rozpięte nad kanałami i potokami... Wioska nazywała się Koszk-e Serwan. Na jej ulicach nie było żywej duszy – wszyscy pobiegli na pomoc. Jakieś dzieci pokazały nam kierunek. Pojechaliśmy głębokimi wąwozami, których boki były utworzone przez wysokie na kilka pięter gliniane ściany domów. Droga biegła miejscami przez drążące budynki kilkudziesięciometrowe tunele, pełne cienia i chłodu. Czy można było oprzeć się pokusie szukania ukrycia w takim właśnie tunelu, chronionym, się mogło wydawać, przez piętrzące się nad nimi domy?

Nim dotarliśmy na miejsce, wydobyto już ponad trzydzieści ale nie można się było doliczyć jeszcze czterdziestu mieszków. Dziesiątki ludzi przekopywało się przez ruiny kilkunastu onych wybuchami domów. Spośród szczątków sterczały kaścian, lśniły purpurowe satynowe zasłony. W ocalałych nistały szafki ze szklankami do herbaty, cynowymi talerzami i innym sprzętem kuchennym, znajdowały się tam także połamane ramki z fotografiami, materace, derki. Przechodziliśmy od budynku do budynku, depcząc po wszelkiego rodzaju odpadkach wystających spod kopców gruzu.

Nagle usłyszałem zgiełk. Mężczyzna w białym turbanie i z białą, osłaniającą usta przepaską wymachiwał rękami, krzycząc, że dostrzegł pośród szczątków jakiś ruch. Wszyscy rzucili się do kopania i już po chwili wzniecili tumany kurzu. Tłum stał wokół w oczekiwaniu. Nie było wątpliwości, wewnątrz gruzowiska było życie. Usłyszeliśmy cichy pisk – coś się poruszyło. Kopiący odrzucili drewniane łopaty i zaczęli wybierać ziemię rękami. Kilka pokładów drobnego gruzu, i ukazało się żywe stworzenie: kot. Zmiętoszony i śmiertelnie wystraszony, czmychnął przed rażącym go blaskiem słonecznym.

Ludzie nie mieli takiego szczęścia. Zamiast w rowach pochowali się w piwnicach własnych domów i w owych zdradzieckich, bezpiecznie wyglądających tunelach. Gdy glinę budynków rozkruszyła eksplozja, znaleźli się w pułapce i udusili pod tonami gruzu.

Poszedłem do sąsiedniego domu. Mieszkańcy przekopywali resztki piwnic, wznosząc chmury kurzu, który powodował u wszystkich kaszel. Zbliżyłem się do nich. Musieli wyszarpnąć większy fragment ruin, bo osiadł nagle i oczom zebranych ukazał się niebywały widok: w piwnicznej niszy pod łukiem sklepienia, które jakimś cudem ocalało, siedziała z dwójką małych dzieci przy boku zawoalowana kobieta. Ręce wznosili ku górze, jakby za chwilę mieli się wydostać z gruzowiska i podziękow... wszystkim za uratowanie. Jedno z dzieci uśmiechało się. Pył ... zdołał przyćmić jaskrawych barw jedwabiu, którym na szat... kobiety, opadających w zwojach na ziemię, były wyszyte kwi... pęki. Nie ruszali się. Ubrania dzieci, ich twarze, skóra obr... nych ramion były blade, wręcz białe, jakby oprószone ... dzieci nie miały jednak żadnych obrażeń. Nie było śladu ... ale byli martwi.

Andy Skrzypkowiak

Ahmad przysiadł do modlitwy przed mihrabem
zdobionym timurydzkimi kafelkami

Bitwa wrzała do nocy

Byliśmy oddziałem kawaleryjskim

Ciała dzieci złożono na podłodze meczetu

Łaźnie Heratu nie przestały działać nawet w czasie wojny

Naszym oczom ukazał się niesamowity widok

Nigdy nie było wiadomo, kiedy wieczorną rozmowę
przerwie bombardowanie

Po imperium zła został tylko złom

Rahim

Sajid Odżan i (w tle) Moallem Szah Wali

Z Masudem w dolinie Pandższir
(w tle doktor Abdullah i brytyjski dziennikarz Sandy Gall)

Delikatny muślinowy welon kobiety wydawał się dziwnie na miejscu; okrywał jej zbolałą twarz zasłoną powagi. Dlaczego się nim przysłoniła, pytałem sam siebie, normalnie nie wkładałaby go we własnej piwnicy. Gdy bomby eksplodowały i kurz z walących się w górze pomieszczeń zaczął wypełniać ich schron, czy pojęła, że śmierć jest blisko? W swoich ostatnich chwilach, oszołomiona wybuchem, musiała chwytać gwałtownie powietrze. Czy przeczuła, że jej ciało zostanie wydobyte, i ostatni raz zaciągnęła welon zgodnie ze zwyczajem?

Wydobyto ją i jej dwóch synów z gruzowiska, owinięto w płachty i ułożono na podłodze wioskowego meczetu obok pięciu czy sześciu spoczywających już tam ciał. Ciał dzieci – żadne

Oczom zebranych ukazał się niebywały widok: w piwnicznej niszy pod łukiem sklepienia, które jakimś cudem ocalało, siedziała z dwójką małych dzieci przy boku zawoalowana kobieta. Ręce wznosili ku górze, jakby za chwilę mieli się wydostać z gruzowiska. Nie było śladu krwi – ale byli martwi.

nie miało więcej niż sześć lat, wszystkie urodziły się już w czasie wojny. Leżały teraz nietknięte i sczerniałe, dziwnie usztywnione, z wyciągniętymi rękami, niczym manekiny. Jakiś starzec pochylał się kolejno nad każdym z nich i ocierał im twarze luźnym końcem swego turbanu. Scenę tę – uwiecznioną na slajdzie – dwóch redaktorów artystycznych w Londynie miało oglądać przez szkło powiększające. „Mmm, niezłe, niezłe..." – mówił jeden do drugiego, z aprobatą kiwając głową.

Patrząc przez obiektyw mego aparatu na zmarłych i umierających, czułem się jak impertynencki podglądacz. Nie ma bardziej intymnego momentu niż śmierć, ale odchodzący nie może nic uczynić, by uniknąć spojrzeń ciekawskich. „Bzyk" elektrycznego napędu aparatu drażnił mi uszy. Czułem, że powinienem uczcić

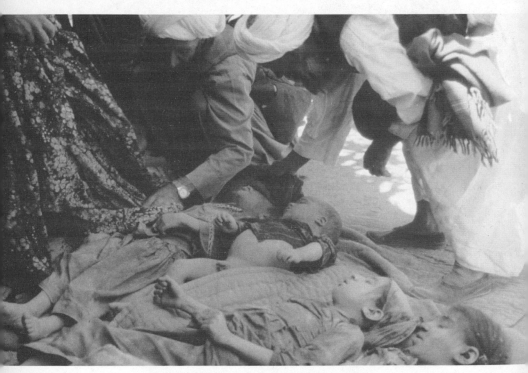

Dzieci zastygły w śmiertelnych skurczach

zmarłych i cierpiących pełną szacunku ciszą, zmusiłem się jednak do fotografowania. Zrobienie i pokazanie zdjęcia było jedynym sposobem, na to, by ich los nabrał znaczenia dla reszty świata. Gdybym się od tego powstrzymał, byłbym niczym ochotnik Legii Cudzoziemskiej, który odmawia ćwiczeń bagnetem, twierdząc, iż nie pozwalają mu na to przekonania. Afgańczycy sami dokładnie wiedzieli, czego chcą. „Patrz, co z nami robią". Wznosili ręce w bezgłośnym krzyku. „Idź, opowiedz o tym każdemu".

W drodze do pobliskiego sadu, gdzie mieliśmy zjeść posiłek, minęliśmy leżącą w kałuży krwi nieżywą owcę. Jej właściciel, w odzieży splamionej krwią swoją i zwierzęcia, biegał bez ustanku jak obłąkany, wciąż w stanie szoku, między gruzami a meczetem; podczas ataku stracił całą rodzinę i dobytek.

Zza ogrodzenia dobiegały odgłosy kopania i płacz wieśniaków. Ponieważ krzewy uprawianej tu winnej latorośli rosły na ziemnych usypiskach, które zabezpieczały przed rozsypującymi się odłamkami pocisków, ogród był idealnym schronieniem. Gdyby kobiety przyprowadziły dzieci właśnie tutaj, większość przeżyłaby bombardowanie.

Przyniesiono nam na okrągłych metalowych talerzach winogrona: ciężkie, wyborne w smaku kiście pokryte jeszcze kroplami wody. Owoce pękały na języku i zalewały usta słodkim zielonym sokiem. Na ziemi, dla większego komfortu, rozścielono dywan. Ponad modlitwy ciasno stłoczonych wieśniaków wzbiły się okrzyki ratowników – wreszcie znaleziono kogoś żywego. Jakiś chłopiec przyniósł nam herbatę; w jednej ręce miał czajnik, w drugiej kawałek papieru z prowizoryczną listą ofiar. Podobną listę przemycano z pewnością do pobliskiego posterunku komunistycznej milicji, by podać ją przez radio do bazy, z której nadleciały samoloty. Zastanawiałem się, czy piloci będą mieli powód do radości – wynik ich nalotu był zaiste imponujący: mułła Ismael, jego żona i pięcioro dzieci; żona mułły Kamaruddina i trójka ich dzieci; Ibrahim z żoną i sześciorgiem potomstwa; żona i trzy córki Nura Ahmada;

dwie żony Alahdada, syn i osiem córek; córka i syn Jakula Szaha; dwóch synów i córka Golama Sahego; żona, córka i nowo narodzone dziecko Golama Rasula; Agha Malang; mułła Nasruddin. Pod gruzami było jeszcze uwięzionych trzynaście osób, a dwudziestu mieszkańców rannych, w tym czterech ciężko.

Lotczyk, rosyjskie słowo oznaczające pilota, brzmi o wiele ładniej niż jego angielski, pobrzmiewający technicznie odpowiednik *aircraft pilot*. Przez wywołanie skojarzenia z *letat'* wyraża lekkość i idealizm młodości. Nie wiedziałem, czy za sterami samolotów siedziały sowieckie czy też afgańskie *lotczyki*. Maszyny były jednak sowieckie, leciały w sowieckiej formacji i startowały ze zbudowanej przez Sowietów bazy. Afgańscy piloci byli szkoleni przez sowieckich instruktorów, którzy autoryzowali wszystkie ich loty. W wyniku bombardowania zginęło ponad siedemdziesiąt osób – żadna nie należała do partyzantki. W wiosce nie było urządzeń wojskowych, o czym władze musiały wiedzieć od swych szpiegów.

Dotychczas nie byłem świadkiem tak wielkiej tragedii, nie widziałem tylu ofiar. Samoloty wróciły później i zaatakowały inną wioskę, nie znam jednak rezultatów owego drugiego nalotu. Ten dzień znaczył początek systematycznych bombardowań całej doliny. Wieśniacy opornie uczyli się, gdzie i jak szukać schronienia, ale, jak miałem zobaczyć, okazji do nauki im nie brakowało – przez najbliższe sześć tygodni, czyli do mego wyjazdu, osady leżące na wschodnich peryferiach Heratu bombardowano każdego dnia: rano, w południe i zwykle jeszcze raz po południu. Niekiedy samoloty pozbywały się szybko ładunku na chybił trafił, zazwyczaj jednak przelatywały wolno, wybierając cel, po czym piloci otwierali luki, bomby spadały na ziemię, a mieszkańcy kulili się w rowach i lochach. Grzyby wybuchów wyrastały nad zielenią doliny. Ocalali ludzie wychodzili z ukrycia, by policzyć i pogrzebać zabitych. Jako reporter starałem się być wszędzie i widzieć wszystko, ale nadszedł kres moich możliwości. Nawet kiedy obserwowałem nalot – a było ich wiele – na wioskę oddaloną o zaledwie kilka kilometrów, nie zawsze byłem w stanie dotrzeć tam i sprawdzić każdą przyniesioną przez Afgańczyków informację. Nie mogłem być w tym samym czasie w kilku miejscach. Pomimo to oceniam liczbę ofiar nalotów na przynajmniej dwadzieścia, trzydzieści każdego tygodnia.

Afgańczycy zakończyli modły i zasiedli do chleba, ryżu i herbaty. Miałem ochotę przypomnieć Amanullahowi naszą dawną rozmowę na temat mojego imienia „Rahim", znaczącego „Miłosierny" – jedna z boskich cech. Prawie już wybuchłem: „No i co, ten twój Bóg nie wyróżnia się specjalnym miłosierdziem, nie?" Z pewnością odpowiedziałby mi tak jak wtedy: „Bóg jest nieskończenie miłosierny, choć nie w zwykłym, ludzkim sensie", na co mógłbym tylko odrzec: „Czy nie wolałbyś, aby okazał trochę takiego normalnego miłosierdzia?"

Może należy podziwiać ich stoickie podejście do śmierci: żałowali utraty bliskich, z pewnością szukali zemsty na wrogu, nie okazywali jednak smutku ani nie rozpaczali, jak niektórzy z nas czyniliby w podobnej sytuacji. Minione wydarzenia podtrzymały raczej, niż osłabiły ich wiarę. Pobożni muzułmanie ginący z ręki niewiernych opuszczają życie doczesne, a w przyszłym otrzymują nagrodę. Męczennicy – a zaliczają się do nich wszyscy polegli – nie tylko trafiają prosto do raju z jego niewyobrażalnymi rozkoszami, ale, dzięki swemu poświęceniu, dysponują „wpływami" podobnie jak chrześcijańscy święci i mogą wstawić się do Boga za żyjącymi. Ciała szahida, męczennika, nie wolno okryć ani oblec w czysty całun – powinien być pochowany tak, jak poległ, w splamionej krwią odzieży, ponieważ zarówno jego ducha, jak i jego ciało oczyścił sam uczynek.

Przywołałem w pamięci historię opowiedzianą przez ocalałego z Oświęcimia więźnia obsługującego piece krematoryjne. Któregoś dnia do obozu trafiła grupa Żydów prowadzona przez rabina. Po wyjściu z pociągu przez coś niespodziewanie zatrzymani, czekali, aby przejść dalej. Stojąc na rampie, rabin przyglądał się obozowi, dymiącym kominom – i nagle pojął, co się dzieje. Skulił się najpierw w sobie, po czym rzekł głośno: „Boże, jeśli jesteś, połóż temu kres!" Gdy nic się nie zmieniło, rabin rozejrzał się wokół z niedowierzaniem i szepnął: „A więc Cię nie ma". Następnie wyzwolony, choć złamany, ruszył w kierunku komór gazowych.

Zastanawiam się, czy każdy z naszych księży potrafiłby stanąć nad złożonymi na podłodze meczetu, sczerniałymi ciałami zaduszonych dzieci i głosić chrześcijański dogmat o pozytywnym znaczeniu cierpienia.

Widok przekopujących gruzy mieszkańców Koszk-e Serwan powracał do mnie wielokrotnie w ciągu następnych miesięcy. Za każdym razem musiałem sobie uzmysławiać to, co oglądałem własnymi oczami. Gdy mój opis przytoczonego wydarzenia ukazał się w „Observerze", jeden z czytelników zapytał z oburzeniem: „Czy można wierzyć, że ZSRR marnowałby swoje mocno nadwerężone środki na cel tak pozbawiony militarnego znaczenia jak bombardowanie cywilów?" Armia sowiecka nie mogła wszak zastosować tak brutalnych metod, przecież cały świat wiedział, że rząd afgański głosi politykę pojednania narodowego, czyż nie? Oczywiście – ja jestem ślepy, a ziemia jest płaska. Ludzie nie są chyba w stanie dostrzec barbarzyństwa w czasach im współczesnych. Najcięższe zbrodnie, jeśli tylko przejdą do historii, są z gotowością uznawane. Kiedy jednak trwają, nie sposób w nie uwierzyć.

Jednak owe naloty na wioski nie były wyłącznie lokalnym ewenementem. Przeprowadzane badania dowiodły, że bombardowania stanowiły główną przyczynę ofiar śmiertelnych w wojnie afgańskiej – szacowanych na milion dwieście czterdzieści tysięcy Afgańczyków poległych do końca 1987 roku; prawie połowa zginęła od bomb, z czego osiemdziesiąt procent stanowiły ofiary cywilne. W niektórych okresach lotnictwo sowieckie przeprowadzało codziennie więcej nalotów i zrzucało więcej bomb na Afganistan niż na hitlerowskie Niemcy podczas II wojny światowej. Założenia sowieckiej taktyki nie były bynajmniej sprzeczne: ataki wymierzone w ludność cywilną nie oznaczały przerwy w kampanii militarnej, lecz były jej integralną częścią. Rosjanie liczyli na to, że bombardowania zastraszą ludność i zmuszą ją do szukania obrony u sił rządowych albo nakłonią do ucieczki. Tak czy inaczej poparcie okazywane przez ludność partyzantom miało zmaleć.

„Oburzony czytelnik" skarżył się dalej, że całą winę zwala się – jakże niesłusznie – wyłącznie na Rosjan. Wspomagając powstańców, Stany Zjednoczone były przecież w równej mierze odpowiedzialne za cierpienia wywołane wojną. Niebywałą logikę tego rozumowania akceptowano, niestety, dość powszechnie – jakże wygodne usprawiedliwienie braku pomocy dla Afgańczyków ze strony Europy.

W kwietniu 1988 roku zasiadłem w pierwszym rzędzie audytorium zgromadzonego w nawie amsterdamskiego Nieuwe Kerk. Żółty transparent obwieszczał: „Światowy Konkurs Fotografii Prasowej 1988", pod nim, na kinowej wielkości ekranie, pojawiały się jedno po drugim zwycięskie zdjęcia – pośród nich jedno zatytułowane *Ofiary*, pokazujące afgańską kobietę i dwójkę jej dzieci, zastygłych w swych pozach w chwili śmierci podczas nalotu. Publiczność biła brawo, flesze błyskały, kiedy nagrodzeni autorzy zdjęć wychodzili na podium, by odebrać trofea zwycięzców – złote oko na marmurowej podstawie.

Premier Holandii, w niebieskim prążkowanym garniturze ze złotym łańcuchem na szyi, wyglądał i przemawiał jak postępowy dyrektor szkoły podsumowujący pełen sukcesów okres. Szczególnie go cieszyło, jak mówił, że wystawa nagrodzonych fotografii będzie pokazana w wielu krajach – tu padła rekordowa liczba – w tym po raz pierwszy w trzech miastach ZSRR. Prawda zawarta w obrazach miała zbliżyć do siebie narody.

Poczułem nareszcie, że robienie zdjęć podczas owych żałobnych chwil było usprawiedliwione. Obraz cierpienia i śmierci może poruszyć sumienia. Czułem radość na myśl o obiecanym pokazie w ZSRR – tam szczególnie należało przemówić do sumień, bombardowania Afganistanu wciąż trwały.

Premier przeciął uroczyście wstęgę i ruszył pierwszy wzdłuż nawy zastawionej panelami, na których wisiały powiększenia nagrodzonych fotografii. Towarzyszyli mu zwycięzcy i tłum ważnych i mniej ważnych osobistości: prezydent World Press Photo Foundation, amerykański chargé d'affaires, ambasador sowiecki ze świtą, liczni dyplomaci, dziennikarze, kamerzyści telewizyjni, fotoreporterzy prasowi.

W tym czasie Afganka musiała się już rozpaść w ziemi wioskowego cmentarza. Latem pozbawione obrażeń ciała – jej i jej synów – gorący piach zamieniłby w mumie, ale zimą deszcze i topniejące śniegi musiały z pewnością spowodować proces gnilny. Tu, na zdjęciu, wyglądała dokładnie jak w chwili odkopania, z cienkim welonem osłaniającym twarz i dziwnie zamarłymi w powietrzu rękami, prawie wydobywająca się z gruzów. Nasza grupa zbliżyła się do jej zatrzymanego w srebrze fotograficznej emulsji, powiększonego do naturalnych rozmiarów wizerunku. Dopiero teraz mogłem po raz pierwszy przeczytać podpis pod mym zdjęciem, uhonorowanym pierwszą nagrodą w kategorii zdjęć reporterskich: „Zaduszeni w podziemiach swojego domu w Koszk-e Serwan; matka z dwojgiem dzieci zamarli niczym pompejańskie postacie. Padli ofiarą powstańczej wojny toczącej się w Afganistanie".

Z tyłu dobiegł mnie głośny szept po rosyjsku – kogoś z otoczenia sowieckiego ambasadora albo jednego z odbierających również nagrody rosyjskich fotografów:

– Widziałeś? Popatrz tylko, co wyprawiają ci bandyci w Afganistanie! Okropne! Kiedy widzę coś takiego, ogarnia mnie duma, że mój Wania tam służył!*

---

* Dwuznaczność podpisu została natychmiast skorygowana przez władze World Press Photo Foundation (przyp. aut.).

8

Nocna wyprawa

Skończyłem właśnie się myć w sadzawce przy meczecie i wyszedłem na drogę, gdy na jej końcu niespodziewanie pojawiła się drobna, odziana w szary sweter postać na potężnie zbudowanym koniu: Ismael Chan galopował na czele swojej grupy, wznosząc tumany piachu. Zeskoczył tuż przy mnie z wierzchowca i uścisnęliśmy się.

– Mister Rahim, pewnie się złościsz. Powiedziałem, że dołączę za dwa dni, a minęły dwa tygodnie. Bardzo mi przykro...

– Cieszę się, że już jesteś.

Jak zwykle jego obecność zmieniła od razu zachowanie wszystkich: zwyczajowy brak precyzji zastąpiła dokładność, głosy nabrały zdecydowania, ruchy sprężystości. Z domów wyglądających pozornie na opuszczone uzbrojeni mężczyźni wyprowadzali konie; żołnierz ze stingerem zajął miejsce na dachu i pilnował nieba; piesi posłańcy przybiegali i odchodzili w dalszą drogę; przedstawiciele starszyzny wyszli z meczetu, by powitać Chana oficjalnymi uściskami, pokłonami i błogosławieństwem. Wioska wróciła nagle do życia, jej uliczki niosły echo głosów, brzęku uzbrojenia, metalowego dźwięku przenośnych nadajników.

Chan, okazało się, wyruszył natychmiast, gdy się dowiedział o nieszczęściu, jakie spadło na Koszk-e Serwan. Tym, którzy stracili rodziny i cały dobytek, mógł ofiarować jedynie zapomogi i słowa pociechy. Przyjął delegację starszyzny – przepraszali go, że wcześniej nie dość energicznie wspierali jego wysiłki. Teraz domagali się rozkazów, aby zaatakować posterunki milicji. Bombardowania odnosiły w Afganistanie taki sam skutek, jaki niegdyś miały naloty na Anglię czy Niemcy.

Wydawało się, że czas płynie szybciej, kiedy Chan jest w pobliżu. W nocy wybraliśmy się na niebezpieczną wyprawę; towarzyszyło nam pięćdziesięciu mieszkańców wioski. Aby dotrzeć do leżącego blisko Heratu odcinka opanowanego przez powstańców, musieliśmy obejść kontrolowane przez komunistów tereny. Jedynym sposobem na ich ominięcie był nocny marsz przez pustynię. Szybkość miała tu największe znaczenie, ponieważ każda godzina zwłoki dawała agentom okazję do ostrzeżenia wroga, który mógł wtedy przygotować zasadzkę.

Wyruszyliśmy, nie zwlekając, bez posiłku. Najpierw przeszliśmy dwa kilometry w stronę pasma górskiego od południa doliny, po czym przecięliśmy pustynię i udaliśmy się, równolegle do linii wiosek, w kierunku sowieckiego lotniska – jego światła żarzyły się na horyzoncie. Teraz biegłem wraz z innymi, sycząc z bólu za każdym razem, gdy trafiałem stopą na niewidoczny kamień. Mimo że ustawicznie wpadałem w wyschłe rowy przecinające pustynię, z niepojętych powodów nie skręciłem sobie nogi. Wysiłek sprawił wkrótce, że zapomniałem o chorobie.

Mniej więcej pięć godzin później na tle nieba i pustyni ukazał się wreszcie pierwszy kształt – samotna pinia o koronie rozpostartej niczym parasol, stojąca na pustkowiu jak drogowskaz. Rozsiedliśmy się wokół niej na pierwszy – i ostatni – dziesięciominutowy odpoczynek. Sowiecka baza była niedaleko, ale ryzyko, że zostaniemy zaskoczeni przez czołgi, zmniejszało się z każdym krokiem. Mieszkańcy wioski zebrali się do powrotu: szepcząc błogosławieństwa, znikali w ciemności. Znowu ruszyliśmy. Minęliśmy kontrolowane przez milicję osady i dotarliśmy do zabudowanego obszaru, gdzie głodny i zmęczony zwaliłem się na dachu domu. Hałas, jaki robiły gryzące się na dziedzińcu konie, nie przeszkodził mi natychmiast zapaść w sen.

O świcie poderwał mnie gorączkowy ruch i głosy dobiegające z dachów sąsiednich domów. „Helikopter, helikopter!" – wykrzykiwali podekscytowani Afgańczycy, ale bez śladu paniki. Dwa śmigłowce przelatywały niedaleko, tym razem jednak jakby one miały stracha; nie były to bojowe maszyny, tylko lekkie śmigłowce transportowe, niemające odpowiedniego zabezpieczenia przed naszą bronią maszynową. Leciały szybko, poniżej pułapu stingerów, często zmieniając kierunek. Doprawdy widok sprawiający zadowolenie. Grupka mieszkańców uzbrojona w wyrzutnie małych rakiet popędziła w stronę pustyni, aby tam spróbować strącić helikoptery, ja zaś dołączyłem do reszty zagrzewającej ich głośnymi okrzykami. Tydzień Ósemek*, można by pomyśleć, ci biegnący to załoga naszego college'u... Śmigłowce zniżyły na krótko lot nad milicyjną placówką w Pasztun Zarghun, aby zrzucić parę worków ładunku, i już nas mijały, lecąc z powrotem do bazy po drugiej stronie pustyni. Rakiety i pociski świetlne pomknęły za nimi z opóźnieniem, helikoptery były już w bezpiecznej odległości.

W ostrym świetle porannego słońca widzieliśmy startujące i lądujące samoloty w bazie na skraju horyzontu – spirale drobnych iskier, tak dalekie, że nie dochodził nas żaden dźwięk. Wzdłuż owej bazy, niecałe osiem kilometrów na zachód od naszych pozycji, biegła niewidoczna stąd szosa, którą miałem przekroczyć – łącząca Herat z Kandaharem. Znajdowałem się teraz pośród kilku partyzanckich wiosek; od południa, skąd nadeszliśmy, obszar ten ograniczała pustynia, z pozostałych stron rozpościerały się tereny komunistów. Pasy bujnej zieleni, ciągnące się wzdłuż niezliczonych kanałów irygacyjnych, zasłaniały nadal Herat, choć moja mapa wskazywała, iż miasto oddalone jest o zaledwie trzynaście kilometrów na północ.

---

* Mowa o tradycyjnym, rozgrywanym od 1829 roku wyścigu wioślarskim ósemek uniwersytetów Cambridge i Oksford (przyp. tłum.).

Wygląd doliny zmienił się – szczyty po obu jej stronach były niższe, a pas ziemi uprawnej znacznie szerszy. Równie dobrze mogły to być żyzne tereny Pendżabu czy wręcz Jukatan w okresie świetności. Ponad drzewami i zalanymi wodą półkami ryżowymi wyrastały piramidy ze schodami wznoszącymi się w linii prostej do samego wierzchołka. Zaintrygowały mnie, podobnie jak i dziwne okrągłe wieże górujące kilka pięter ponad dachami zabudowań. Wieże były spore, cegły użyte na ich budowę ułożono w geometryczny wzór przywodzący na myśl ghorydzki minaret w Sargahu. Czy są bardzo stare? – zastanawiałem się. Może udałoby mi się odnaleźć w tej dekoracji piętnastowieczne motywy Timurydów? Obfotografowałem je ze wszystkich stron, opisałem i zaznaczyłem na mapie, obserwowany podczas tych czynności przez Amanullaha. Miałem wrażenie, że uśmiecha się do siebie.

– Spytałem o nie sklepikarza – powiedział w końcu. – To gołębniki, postawili je piętnaście lat temu.

Jego rzadka broda nie mogła ukryć śmiechu na widok mojej rzednącej miny niedoszłego odkrywcy. Wieże i piramidy służyły do przechowywania gołębich odchodów, najlepszego nawozu stosowanego w winnicach.

W następnym tygodniu towarzyszyłem Chanowi w jego wędrówce od wioski do wioski, myśląc nieraz, że przypadkowo trafiłem na plan jakiegoś kosztownego hollywoodzkiego filmu. Budżet musiał być ogromny, bo zewsząd otaczało mnie życie, jakie od dawna nie mogło istnieć. Sporo było jednak niedociągnięć, a statyści raz po raz zapominali role: natykaliśmy się na niewypały, mijali nas rowerzyści z przewieszonymi przez plecy automatycznymi karabinami, wypalone czołgi rdzewiały przy drogach. Roześmiani wieśniacy naśladowali mnie w ruchach i udawali, że robią zdjęcia; cieszyli się głośno, kiedy po uprzednim wyjęciu filmu z aparatu „fotografowałem" ich do znudzenia. Nie przestawali mnie zadziwiać. Nieraz chłop pchający za wołem drewnianą sochę miał na ręce najnowszy model zegarka elektronicznego bądź grube wieczne pióro w kieszeni na piersi – lubili to zwłaszcza analfabeci.

Bombardowano nas codziennie, ale bez skutku. Odnosiłem wrażenie, że informacje nieprzyjaciela są stare, gdyż samoloty atakowały miejsca, które opuściliśmy dzień czy dwa dni wcześniej. Podzieliłem się tym z Chanem.

– Możliwe – powiedział. – Złapaliśmy wielu szpiegów, ale żaden z nich nie miał radia, więc tłumaczyłoby to owe spóźnienia. Oni raczej zrzucają bomby, by przestraszyć ludzi, pokazać im, że pomagać mi jest niebezpiecznie.

Przesiadywaliśmy ukryci w sadach i ogrodach; w kanałach irygacyjnych piliśmy herbatę. Każdego dnia Chan opowiadał mi coś nowego o swoim udziale w powstaniu 1979 roku. Jego odpowiedzi na zadawane pytania były krótkie i precyzyjne, typowo wojskowe, różniące się zupełnie od zwykłej afgańskiej paplaniny. Od momentu powstania tylko raz był w kontakcie z Rosjanami.

– Generał Andriuszkin napisał do mnie z Heratu. Mówi, że powinienem przerwać walkę, że jestem bandytą, a oni wiedzą, jak postępować z bandytami. W latach dwudziestych, napisał, walczył z nimi Uzbek Ibrahim Beg, którego w końcu zabili i o którym nikt nie pamięta, i że mnie też czeka taki los. Nie pisałem nawet do niego, tylko powiedziałem posłańcowi, by przekazał Andriuszkinowi, że kłamie: Beg bił się z nimi siedemdziesiąt lat temu, ale wciąż o nim nie zapomnieli. Ja chcę, żeby mnie pamiętali przez dwieście lat.

Któregoś dnia w czasie wieczornej modlitwy pokazały się nurkujące samoloty. Chan i reszta wioski – około trzystu mężczyzn – zgromadzeni na dziedzińcu meczetu, nie przerwali modłów, choć jedna dobrze wymierzona bomba mogła uśmiercić wszystkich. Zakończyli rytuał, przy czym specjalnie nie okazywali pośpiechu, wiedząc, że reputacja każdego z nich jest zależna od zachowania się w takich właśnie momentach; dopiero po opuszczeniu meczetu rozproszyli się po polach.

Czasami Chan dzielił się ze mną wątpliwościami:

– Czy myślisz, że Ameryka i Rosja dogadają się i Amerykanie przestaną wspierać Afganistan? Czy nie zostawią nas po odejściu Reagana? Przecież dysponują satelitami i widzą, że ostro tu walczę, a jednak najlepszą broń dają drobnym, posłusznym im dowódcom i Hekmatjarowi, który nie chce walczyć z Rosjanami, tylko pragnie przejąć władzę. Pomyśl sam: piszę do Peszawaru, że Rosjanie zaczynają budować bazę. Jeśli dostanę zaraz broń, to ich powstrzymam. Rakiety przychodzą, lecz jest już za późno, fortyfikacje są zbyt mocne. Podejrzewam, że Amerykanom wcale nie zależy na naszej wygranej. Chcą, żebyśmy walczyli dalej i wykrwawili Rosjan, ale nie chcą naszego zwycięstwa.

– Opóźnienia w dostawach są skutkiem niekompetencji i korupcji panującej w Peszawarze.

Ponadto powiedziałem mu, że fotografie satelitarne nie pokazują wszystkiego. Łatwiej byłoby dostrzec stałe bazy sowieckie niż powstańcze zasadzki. Obraz wojny widziany z Waszyngtonu zniekształcały również doniesienia pakistańskiego wywiadu, na którego informacjach polegali Amerykanie, a który ogólnie faworyzował bratnich Pasztunów, w szczególności zaś frakcję Hekmatjara.

– Przygotowuję się do długiej wojny – powiedział Chan. – Sam widziałeś moją górską bazę. Jeśli Rosjanie nie zwiększą liczby wojsk, wytrzymam dziesięć, nawet dwadzieścia lat, gdy będzie trzeba.

– *Enszallah*, wytrzymasz.

Rosjanom nie było jednak łatwo ściągnąć więcej żołnierzy. Na każdy oddział walczący w Afganistanie przypadały dwa wewnątrz ZSRR: jeden szykujący się do zmiany i jeden w trakcie ćwiczeń. Wojska te, wespół z jednostkami pomocniczymi na terenie Związku Sowieckiego i odkomenderowanymi do pomocy reżimowi kabulskiemu doradcami, niebiorącymi bezpośredniego udziału w walkach, liczyły około czterystu tysięcy ludzi, w ten czy inny sposób zaangażowanych bezustannie w działania wojenne. Utrata supremacji w powietrzu, co nastąpiło w 1987 roku, mogła być zrekompensowana wyłącznie przez zwiększenie liczby żołnierzy. Dowództwo sowieckie nie mogło jednak wysłać do Afganistanu dalszych jednostek bez ściągnięcia ich ze wschodniej Europy lub granicy chińskiej bądź ogłoszenia powszechnej mobilizacji. Dlatego właśnie stingery przeważały szalę tej wojny.

Przez cały czas Chan pozostawał w kontakcie z Dżamą Golem, dowódcą oddziału milicji w sile czterystu ludzi. Sekretarz Chana, żywy młodziak noszący zawsze przy sobie torbę z korespondencją, przyborami piśmiennymi i pieczęciami, dyskretnie przekazywał Ismaelowi małe skrawki papieru, które ten odczytywał, kryjąc je w dłoni. Wreszcie któregoś dnia pojawili się emisariusze Gola, trzej starsi mułłowie. Nadeszli w południe po posiłku, pomodlili się z nami i zasiedliśmy przy herbacie do prowadzonych jawnie negocjacji.

Chan rozpoczął od pytania zasadniczego:

– Czy jesteście dobrymi muzułmanami?

Żaden szanujący się Afgańczyk nie mógł dać przeczącej odpowiedzi, było to więc punktem wyjścia do dalszej tyrady.

– Jeśli tak, to dlaczego kolaborujecie z wrogami islamu? Dlaczego nie walczycie za wiarę, jak tego wymaga Koran?

Koran rzeczywiście stawia sprawę jednoznacznie: walka z niewiernymi jest religijnym obowiązkiem. Nie byłem w stanie zrozumieć wszystkiego z wygłaszanych przemówień, ale bardzo często słyszałem znane słowa: Tadżykistan, Samarkanda, Buchara. Historia nie została zapomniana.

– W latach dwudziestych i trzydziestych bolszewicy też ustanowili rządy porozumienia narodowego, by oszukać nas, muzułmanów – kontynuował Chan – ale powiedzcie mi, co to dało? A gdzie są meczety i szkoły, w których naucza się religii, obiecane nam przez obecny rząd? Ilu jego popleczników pielgrzymuje do Mekki? Nie możecie zamykać oczu i twierdzić, że to rząd islamski. Nadżibullah odpowiada za tortury i śmierć tysięcy osób. To zły człowiek. Jak możecie z nim iść na współpracę?

Wysłannicy zgodzili się. Rząd występował przeciw islamowi, nie zapomnieli prześladowań. Ale Dżama Gol nie był przecież złym muzułmaninem i chciał pokoju z mudżahedinami. Nikt chyba nie zaprzeczy stwierdzeniu, że jeśli między muzułmanami zapanuje niezgoda, skorzystać z tego mogą tylko Sowieci.

Podlegająca rządowi milicja rzadko była rzeczywistym wrogiem partyzantów. Lokalni dowódcy często zawierali ugodę z komunistami powodowani wyłącznie strachem przed bombardowaniem bądź z chciwości, kontynuując jednocześnie negocjacje – i starcia – z powstańcami. Na przykład Sajid Ahmad, który również dowodził milicją w okolicach Heratu, był jednym z przywódców powstania dwudziestego czwartego hut. Wioski na podległym mu obszarze były położone niedaleko lotniska i w odwecie za ataki partyzantów na tę bazę szczególnie zacięcie je bombardowano. Ahmad nie miał wyboru i musiał zawrzeć rozejm z komunistami, choć nadal przepuszczał przez swoje tereny powstańcze transporty z zaopatrzeniem i bronią.

Afgańczycy, od dzieciństwa biorący udział w wioskowych sporach, z biegłością partyjnego aktywisty wyczuwają, skąd wieją polityczne wiatry, i szybko stają po stronie zapewniającej przewagę. Dżama Gol nie chciał być zmuszony do walki z partyzantami. Dopóki dostawał od rządu pieniądze, uzbrojenie i sprzęt rolniczy, unikając przy tym bombardowań, chciał tylko pokoju.

Chan oświadczył, że jeśli Gol przyjmie z powrotem na swoje tereny dwieście rodzin, które je opuściły, bo nie chciały przyłączyć się razem z nim do milicji, zapewni mudżahedinom bezpieczne przejście przez podległy mu obszar i przestanie odcinać kanały dostarczające wodę do wiosek położonych po stronie partyzantów – będzie można uznać, że jest rzeczywiście lojalnym wyznawcą islamu. Gorąca dyskusja zakończyła się jednomyślnie, jako że obie strony uznały wspólne założenie, że ich obowiązkiem jako muzułmanów jest opór przeciw Rosjanom i komunistom.

Tej samej jeszcze nocy Dżama Gol zażądał spotkania z Chanem. Miało się ono odbyć na otwartej przestrzeni pomiędzy frontowymi wioskami, zaledwie piętnaście kilometrów od herackiego garnizonu – dawnych koszar Ismaela – a zatem w zasięgu bijącej na odległość dwudziestu kilometrów ciężkiej artylerii wojsk rządowych, co Ismael sprawdził na mojej mapie. Jego ludzie doradzali ostrożność. Wprawdzie Gol przysłał do naszego obozu swoich kuzynów jako zakładników, ale nie ulegało wątpliwości, że Rosjanie są poinformowani o spotkaniu i gotowi poświęcić swego dowódcę, a co dopiero jego rodzinę, byle tylko pozbyć się Chana. Mogli ostrzelać miejsce spotkania, wysłać oddział komandosów czy wręcz wymusić na Golu, aby sam rozprawił się z Chanem. Po sposobie, w jaki Ismael przygotowywał swoją broń – zastępując zwykły krótki magazynek na dwadzieścia pięć nabojów długim czterdziestonabojowym – mogłem wnioskować, że sam jest pełen podejrzeń.

Rozmowy trwały całą noc, ale nie przyniosły żadnych wyników. Kiedy opuszczałem teren, kierując się do Heratu, z tyłu dochodziły mnie odgłosy długich serii z broni maszynowej i sporadyczne eksplozje pocisków z moździerzy: partyzanci rozpoczynali atak na wioski kontrolowane przez milicję.

Po południu dwudziestego sierpnia pożegnałem się z Chanem. Miałem iść dalej w dół rzeki, do Heratu, on wybierał się na północ w góry, do prowincji Badghis, gdzie spór między dwoma lokalnymi dowódcami zagrażał jedności ruchu oporu w rejonie. W zabudowaniach na skraju pustyni zjedliśmy nasz ostatni wspólny posiłek.

Kiedy poprosiłem go o glejt na bezpieczną drogę powrotną, powiedział, że przykazał już wszystkim dowódcom na mojej trasie, by doprowadzili mnie do Pakistanu, poza tym oczekiwał, że zobaczymy się w okolicach Heratu, nim wyruszę z powrotem. Naciskałem jednak, a wtedy rzekł:

– Nie dostaniesz żadnego zaświadczenia, bo BBC nie nadało ani słowa o naszej konferencji. Kurier z listami i twoimi taśmami musiał się przedrzeć, bo Głos Ameryki wspominał o zgromadzeniu, ale większość ludzi słucha tylko BBC.

Mówił to niby żartem, ale widziałem, że jest rozczarowany. Dzień po dniu jego ludzie gromadzili się wieczorem wokół odbiornika i powtarzali z nadzieją w głosie: „Może dziś usłyszymy wreszcie sprawozdanie Rahima z konferencji". Ale transmisji nie było.

Trzy miesiące później w Bush House, gmachu o imponującej, dostojnej fasadzie i zaniedbanym, ubogim wnętrzu, rozmawiałem z jednym z redaktorów na temat wywiadu, jaki właśnie miano ze mną przeprowadzić. „Ta konferencja, o której pan wspominał... naprawdę brzmi to bardzo interesująco – entuzjazmował się. Jaka szkoda, że nie dał nam pan wcześniej znać... Dał pan? Wysłał pan taśmy? Jakie taśmy? Specjalny posłaniec przeszedł z nimi przez góry?... Rzeczywiście, może je pan sobie wziąć z powrotem. Jaka szkoda, doprawdy, że nie udało mi się ich przesłuchać. Żałuję, żałuję, mielibyśmy taki fascynujący program..."

Chan z uśmiechem przygotował pismo, które miało mnie ocalić. Sekretarz przybił zieloną, wykrojoną w kształcie afgańskich granic pieczęć Dżamijatu. Konie jego grupy były już osiodłane; gdy wyszliśmy na drogę, parskały niecierpliwie. Objęliśmy się z Chanem, uścisnęliśmy sobie dłonie. Ismael powiedział po angielsku:

– Mister Rahim, dobry z ciebie człowiek, *modżahed*.

Nigdy nie czułem się szczęśliwszy...

Chan i jego ludzie wskoczyli potem na konie i wśród wykrzykiwanych nawzajem błogosławieństw dwudziestu jeźdźców pogalopowało przed siebie. Wkrótce zniknęli w kurzu wąskiej drogi. Ilu z nich przeżyje rok? – pytałem sam siebie, usiłując wyryć w pamięci ich twarze. A trzy lata?...

Amanullah miał mi towarzyszyć do Heratu wraz z chłopakiem z grupy Chana, dalekim krewnym Ismaela, o imieniu Nazim. Jego ojciec zmarł jeszcze przed wojną. Chłopak miał teraz, jak powiedział, „trzy matki". Przez następne trzy tygodnie chodził wszędzie ze mną. Dumny, że może wszystkich ciekawych informować o „chrześcijaninie", tłumaczył, dlaczego nie biorę udziału w modlitwach, po co mi łyżka, czemu nie pozwalam wieśniakom dotykać mojego aparatu – i że najlepszym sposobem okazania mi gościnności jest postawienie przede mną czajnika pełnego herbaty.

Strefa walk na zachodnich peryferiach miasta była teraz oddalona o kilka kilometrów, ale aby się tam dostać, musieliśmy przemierzyć nieprzyjazne nam tereny obsadzone przez milicję – do szosy Herat–Kandahar i z powrotem na terytorium partyzantów przez pas ochronny garnizonów i pól minowych. Wyglądało na to, że nadchodząca noc będzie najcięższa.

Przejrzałem mój bagaż. Koło Heratu miało już nie być koni, według planu chciałem zresztą wrócić tą samą drogą, więc wybrałem najważniejsze z niezbędnych rzeczy, wyłącznie te, które mogłem bez trudu nieść. Resztę zapakowałem do juków, które zostawiłem pod opieką lokalnego mułły. Kamizelkę miałem wypchaną niczym złodziej – jej kieszenie kryły rolki filmu, nowy notatnik, kasety, baterie, lekki śpiwór z goreteksu, podstawowy zestaw medykamentów, ostatnie batony czekoladowe. Pozostałe części ekwipunku – aparat fotograficzny, teleobiektyw i przenośny magnetofon – schowałem w miękkich torbach wiszących mi u pasa.

O zmierzchu wyruszyliśmy mikrobusem drogą na zachód. Siedziałem wewnątrz pojazdu, zaskoczony reakcją Afgańczyków, którzy wybuchali salwami śmiechu, gdy któregoś z nich strącały z dachu samochodu gałęzie mijanych drzew. Do wybuchu wojny mikrobus należał do sieci obsługującej Herat i wioski leżące wzdłuż rzeki. Teraz poruszał się tylko parę kilometrów w głąb terytorium kontrolowanego przez partyzantów.

Było już ciemno, gdy dotarliśmy do Sijawuszanu na skraju terenów powstańczych, gdzie w dużym budynku mieścił się *komite*, czyli nieduża lokalna baza. Przy świetle lampy naftowej rzuciłem się chciwie na jedzenie – kilka ziemniaków i parę garści ryżu. Wolałem maszerować z pełnym żołądkiem, choć przy postrzale w brzuch mogło to być niebezpieczne. Opiłem się również do granic wytrzymałości; ryż pęczniał pod wpływem wody, zapełniając lepiej żołądek.

Wysłuchaliśmy wieści, jak zwykle sprzecznych: partyzanci wysadzili właśnie skład amunicji na terenie garnizonu i jeden z Afgańczyków twierdził, że teraz, kiedy uwaga Rosjan jest skupiona na tamtym obszarze, powinniśmy przedostać się bez trudu. Inni słyszeli, że liczba czołgów patrolujących szosę została podwojona i nieprzyjaciel zrobił się nadzwyczaj czujny. Uczepiłem się nadziei, że dopóki nikt nie wie o mojej obecności, będziemy po prostu jedną z wielu grup przekraczających szosę każdego miesiąca.

Niebezpieczeństwo jakiejś akcji określa nie tyle stopień jej ryzyka, ile kompetencja jej uczestników. Z Sajidem Odżanem bałbym się przechodzić przez londyńską ulicę, podczas gdy w towarzystwie Chana nawet tydzień pod ciągłym ogniem wydawał się do zniesienia. Teraz miałem być członkiem prawie czterdziestoosobowej grupy złożonej z partyzantów, handlarzy i uciekających przed poborem wieśniaków – niezbornej bandy zdezorientowanych w większości młokosów.

Chan porozumiewał się wcześniej przez radio z dowódcami okręgu miejskiego – wszystko wskazywało, że toczą się tam zażarte walki. Rankiem tego samego dnia, przed śniadaniem, w trzech nalotach zginęła jedna osoba, a kilkanaście zostało rannych. Na jak długo wystarczy mi odwagi, by pozostać w strefie walk blisko miasta? Byłem zadowolony, że przez chwilę, nim podejmę ostateczną decyzję, mogę kontemplować otchłań. Dobrze będzie, jeśli wytrzymam dwa tygodnie, pomyślałem, i natychmiast zrobiło mi się wstyd; Afgańczycy żyją i walczą w tych warunkach od lat.

Wyruszyliśmy o ósmej trzydzieści wieczorem – pozbawiony przywódcy, rozgadany i swobodny tłumek. Szliśmy ciemnymi przejściami pod domami; rozświetlały je latarnie trzymane przez milczące dzieci, które przypatrywały się nam z napięciem, jakbyśmy byli grupą pielgrzymów wyruszających w drogę do świętego miejsca lub – przyszło mi do głowy – skazańców wiedzionych na egzekucję.

– Zginąć w bitwie, tego się nie boję, ale jeśli nas złapią, to będzie gorzej – szepnął Amanullah. – Tym wieśniakom pewnie się uda, komuniści wcielą ich do wojska, ale nie będą torturować jak mnie, dlatego że byłem w Peszawarze.

Po półgodzinie, dokładnie na granicy terytorium powstańców, odetchnąłem z ulgą: na ścieżce pojawiła się nagle wysoka postać przewodnika. Stanął na glinianym murku; jego czarny kontur odcinał się na tle gwiazd. Po chwili zapowiedział kategorycznie:

– Od tego momentu żadnego palenia, gadania czy kaszlu.

Rozdzieliliśmy się na piątki, które miały iść gęsiego w odległości pięćdziesięciu metrów jedna od drugiej.

– Jeśli natkniemy się na milicję, ja pierwszy będę z nimi rozmawiał. Gdyby pytali kogoś z was, mówcie, że jesteście ludźmi Ahmada. W razie starcia nie rozbiegać się; macie się przyczaić, a ja spróbuję was potem pozbierać.

Mógł nas zdradzić najlżejszy hałas, więc niosący broń mieli uważać, by jej metalowe części nie szczękały.

Trzy odcinki, jak wyjaśnił przewodnik, były niebezpieczne: mieliśmy rozpocząć marsz w terenie okupowanym przez milicję, która mogła nas zaatakować. W połowie drogi znajdowała się szosa, szeroki pas asfaltu pozbawiony z obu stron na długości około dwustu metrów jakiejkolwiek osłony, strzeżony za to przez wieże strażnicze i gęsto patrolujące czołgi. Wreszcie, najbardziej niebezpieczne, otaczające miasto pasmo umocnień z pułapkami, polami minowymi i zasiekami z drutu kolczastego. Przewodnik zakończył z desperackim optymizmem:

– *Enszallah*, za pięć godzin będziemy w Heracie.

Mimo wszystko sama jego obecność podniosła mnie na duchu; było widać, że to weteran, który „robił" tę trasę już wiele razy. Postanowiłem trzymać się blisko niego niezależnie od przebiegu wypadków. Wprawdzie, maszerując na czele kolumny, narażaliśmy się bardziej na trafienie, ale zgubienie drogi byłoby dla mnie jeszcze gorsze.

Słońce schowało się za horyzontem daleko w dole rzeki, przygasały ostatnie blaski czerwieni. Na prawo, gdzie powinno się znajdować miasto, horyzont rozjaśniał się w miarę zapadania ciemności. Wydawało mi się, że miasto stoi w płomieniach – czyżby pożar składu amunicji rozszerzył się? Powoli dopiero uzmysłowiłem sobie, że obserwuję najzwyklejszy widok na świecie – po raz pierwszy od dwóch miesięcy patrzyłem na łunę elektrycznych świateł nad miastem... Stałem niczym człowiek pierwotny, sparaliżowany przedziwnym widowiskiem.

Przeskakując rowy i balansując na niebezpiecznie wąskich ścieżkach między zalanymi wodą półkami ryżowymi, posuwaliśmy się wzdłuż rzeki na zachód. Noc była bezksiężycowa, a ja nagle zobaczyłem przed sobą własny cień. Odwróciłem głowę – gdzieś z terenów Gola wystrzelono racę, która opadała teraz pomarańczową kometą. W jej niesamowitym blasku drgały budynki, drzewa i ludzie. Czy zostaliśmy rozpoznani? Czy był to sygnał dla posterunków okalających miasto, że jakaś grupa próbuje się przedrzeć między nimi? Możliwe, bo od tego momentu z milicyjnych osad i strażnic rozsianych przy szosie wzbijały się w niebo bukiety rakiet, jakby specjalnie miały nas oświetlać.

Przykleiłem się do naszego przewodnika. Przez większość czasu widziałem tylko jego oddzielone na pozór od ciała białe tenisówki, migające w mroku niczym światełka odblaskowe na pedałach samotnego rowerzysty. Ścieżki wiodące wzdłuż ryżowisk wydawały się szczególnie niebezpieczne; nawet za dnia ich śliskie nawierzchnie były zdradliwe. Teraz, maksymalnie objuczony i w pośpiechu, wpadałem raz po raz po kolana w błoto. Wkrótce buty i skarpety miałem ciężkie od mułu i wody.

Strach sprawiał, że byłem podniecony, przyjemnie ożywiony, pełen siły – oddziaływał nie tylko na moją psychikę. Percepcję miałem wyostrzoną, ale nieraz się przeliczyłem – skakałem zbyt daleko przez kanał, dociągałem zbyt mocno pasy, wspinałem się zbyt gorączkowo i hałasowałem przy zsuwaniu się czy pchałem na siłę przez krzaki, co powodowało, że kaleczyłem sobie twarz. Mój sposób reagowania na niebezpieczeństwo musiał być wyjątkowo żałosny. Od asów dziennikarstwa podpierających bar American Clubu w Peszawarze dowiedziałem się o ich nieporównywalnie większych przeżyciach; żaden z nich nie wiedział, co to strach.

Pocieszałem się myślą, że na poszczególnych odcinkach wyprawy niektóre niebezpieczeństwa nam nie grożą. Terytorium kontrolowane przez komunistyczną milicję było wolne od min – nie założono by ich przecież tam, gdzie mogłyby zagrażać „swoim". W przejściach pod zabudowaniami mogliśmy się łatwo nadziać na zasadzkę, ale nie sięgał nas ogień artylerii z bazy lotniczej. Na otwartej przestrzeni groziły nam pola minowe czy kocioł kolumny opancerzonej, natomiast atak z zaskoczenia był mało prawdopodobny. Co zrobiłby Andy? – pytałem sam siebie.

Przewodnik prowadził nas wprost na sowiecki kompleks usytuowany na skraju pustyni. Wycelowane na zewnątrz reflektory, umieszczone wzdłuż zewnętrznego rzędu drutów kolczastych, oślepiły nas przy podchodzeniu. Czy za światłami nie kryją się wieże wartownicze? – pomyślałem. Nie byłem w stanie niczego dostrzec, ale gdyby rzeczywiście tam się znajdowały, żołnierze z pewnością by nas odkryli. Byliśmy oświetleni, bez żadnej osłony – jak ruchome cele na strzelnicy. Mogli nas skosić od razu albo wysłać czołgi. Wyobrażałem sobie ich atak: ryk silników, deszcz rakiet świetlnych – dwa szeregi czarnych pudełek zamykających nas w podręcznikowych wręcz kleszczach... Czy aby dochodzące z bazy wycie generatora elektrycznego nie zagłusza odgłosu zapuszczanych dziesiątków silników? Z trzema zaledwie granatnikami będziemy bezbronni. A ja, co ja zrobię, gdy nadejdą? W ostateczności podniosę ręce do góry, postanowiłem. Dotknąłem notesu w kieszeni na piersi. Może wystarczy mi czasu, by się go pozbyć, zagrzebać w piachu. Może kiedyś po niego wrócę.

Bogu dzięki, ani do nas nie strzelano, ani nie nadjechały czołgi. Tuż przy bazie rzeka rozlewała się i płynęła kilkoma płytkimi odnogami. Zaczęliśmy je przekraczać i jednocześnie oddalać się na północ od sowieckich kwater. Wydawało mi się, że robimy tyle hałasu co stado hipopotamów. Przebiegałem wraz z innymi przez piaskowe łachy dzielące odnogi rzeki, po czym znów podwijałem spodnie i trzymając w dłoni buty i skarpety, balansowałem na zanurzonych w wodzie kamieniach.

– Nie wlecz się, pospiesz się! – Amanullah poganiał mnie nerwowo, gdy walczyłem ze sznurówkami po przekroczeniu ostatniego kanału.

Kanał stanowił granicę strefy pozostającej pod kontrolą milicji – byliśmy już na jej terenie. Pola, po których teraz szliśmy, były regularnie uprawiane, niewątpliwie za pomocą dostarczonych przez rząd traktorów, a nie wołów, jak na obszarach wspomagających partyzantów. Kiedy przekradliśmy się jakimś wioskowym zaułkiem, dostrzegłem zaparkowane po jednej jego stronie gaziki i ciężarówki rosyjskiej produkcji – zdrada przynosiła korzyści. Wszystkie zabudowania były całe, ale gdyby nie odległe szczekanie psa, można by pomyśleć, że mieszkańcy opuścili wioskę. Minęliśmy plac, na którym za dnia pewnie był czynny bazar – sklepy, budki i kramy były puste albo pozamykane. Spoza zabarykadowanych drzwi i okien nie przedzierał się nawet promień światła, cały czas miałem jednak wrażenie, że czyjś wzrok wbija mi się w plecy i śledzi być może nasze kroki przez celownik karabinu. Wśród wąskich uliczek nieprzyjaznej wioski byliśmy tak samo narażeni na cios jak w czasie podróży ciężarówką przez górskie przełęcze, gdzie zza każdej skały mogła spaść na nas ulewa pocisków. Znów wyobrażałem sobie nieznanego wroga powoli kładącego palec na spuście...

I miałem rację – nieprzyjaciel rzeczywiście trzymał nas na muszce, w każdej chwili gotów do strzału. Groźna komenda unieruchomiła nas nagle: na dachu, wysoko ponad naszymi głowami, pojawiła się postać z kałasznikowem; zza obmurowania doszedł odgłos zajmujących pozycje ludzi. Była to milicja.

Przez sekundę panowała napięta cisza, strzały jednak nie padły. Obok mężczyzny z karabinem stanął drugi, który opuścił do poziomu naszych twarzy lampę naftową uwiązaną na sznurze. Widzieli nas teraz, my zaś nie mieliśmy pojęcia o ich sile. Za nami był wąski, wysoko obmurowany zaułek; jedyne schronienie mogły dać płytkie nisze drewnianych, pozamykanych na głucho bram. Nie było ucieczki... Osłoniłem szybko głowę i kamizelkę derką niesioną dotąd na ramieniu. Nie byłem wprawdzie jedyną osobą bez turbanu, ale gdyby dostrzeżono moją wypchaną kamizelkę i torby kryjące obiektywy i magnetofon, wpadlibyśmy wszyscy. W przyćmionym świetle nie sposób było rozpoznać rysów mojej twarzy czy koloru włosów, ale na wszelki wypadek utkwiłem wzrok w ziemi.

Nasz przewodnik łgał jak z nut: byliśmy ludźmi Ahmada, szliśmy pomóc mu bronić wioski przed rywalizującym oddziałem milicji. Żadnych partyzantów wśród nas nie było, chcieliśmy tylko przejść w spokoju. Czy spotkaliśmy Chana? Nie, ale doszły nas słuchy, że nadchodzi.

Ku mojemu zaskoczeniu to wystarczyło, by przekonać mężczyznę na dachu; mówił już innym tonem, podobnie jak i jego ludzie, którzy powstali zza obmurowania i zaczęli z nami przyjaźnie rozmawiać. Wymianę pozdrowień uzupełniły niebawem propozycje wymiany papierosów na amunicję, której mieli pod dostatkiem.

Wątpię, czy dali się naprawdę oszukać. Podejrzewam, że wiedzieli, iż jesteśmy po stronie Chana, a zatrzymali nas raczej po to, by okazać swoją władzę na tym terenie, niż by rzeczywiście przerwać naszą wędrówkę. Przepytywali nas powierzchownie i bez zapału, nikt nie musiał podać swego imienia ani nie został przeszukany. Ich zachowanie należało do swego rodzaju rozgrywki. Atak na nas, muzułmańskich pobratymców, nie przysparzał chwały, o ewentualnych łupach nie było nawet co marzyć, po co więc ryzykować odwet Chana? Gdyby partyzanci zaczęli omijać wioskę i przestali przedzierać się tędy do strefy objętej walką, Rosjanie mogliby przestać łożyć na jej obronę. Niewykluczone, iż sprawy potoczyłyby się inaczej, gdybym został rozpoznany jako obcokrajowiec; kiedy mijałem krąg światła, odwróciłem przezornie głowę – nikt się w niczym nie połapał.

Nikt też nie zatrzymał nas już w kilkunastu innych widmowych osadach, przez które przechodziliśmy w ciągu następnej godziny. Koło północy nasz przewodnik wskazał gestem, że mamy przykucnąć, skupiliśmy się więc za niskim glinianym murkiem biegnącym wzdłuż jednej strony drogi. Dwieście metrów przed nami rysowała się prosta czarna linia wysokich sosen: szosa Herat–Kandahar, ta sama, którą sześć tygodni wcześniej przekroczyłem z konwojem Sajida Odżana kilkaset kilometrów na południe. Teraz czekała nas ponowna przeprawa, by dostać się na kontrolowane przez powstańców tereny po drugiej stronie.

Kiedy w marcu 1979 roku posuwał się tędy tłum, by zaatakować Herat, szosę okalały z obu stron sady o wysokich ogrodzeniach i plantacje winnej latorośli. Nie pozostało po nich śladu – teren przy szosie oczyszczono dokładnie na szerokość kilkuset metrów – pozbawiono go jakiejkolwiek osłony. Za dnia patrole sprawdzały i przeszukiwały pojazdy, nocą czołgi i transportery opancerzone strzegły dostarczającego bazie paliwa rurociągu, który biegł wzdłuż sosy, i broniły dostępu do drogi podobnym grupom jak nasza. Ismael Chan uprzedził mnie, że z wież strażniczych i niskich, ledwo zauważalnych bunkrów pilnowano szosy na całej jej długości. Czy nie dostrzeżono nas już w blasku rakiet świetlnych? – zastanawiałem się. W chwili gdy znajdziemy się na otwartym terenie, wróg będzie mógł strzelać do nas jak do kaczek.

W tunelu utworzonym przez ciągnące się wzdłuż naszej drogi rzędy drzew pokazały się dwa jasne światła, którym towarzyszył narastający warkot silnika.

– Czołg, widzicie? Czołg! – usłyszałem wokół siebie szepty.

Był to jednak tylko jeep, choć fakt, że zapuścił się samotnie na szosę w środku nocy, musiał oznaczać, iż wróg czuje się bezpiecznie – w pobliżu były z pewnością posterunki albo patrole. Samochód zniknął pomiędzy jasno oświetlonymi umocnieniami w okolicy mostu Pasztun, mniej więcej półtora kilometra od nas w dole szosy.

Przewodnik nie podrywał nas do przodu. Rakiety rozjaśniały niebo z równą jak przedtem regularnością, na co więc czekał? Oprócz błysków świateł i sporadycznej strzelaniny nad miastem nie było śladu nieprzyjaciela. Chciało mi się pić, położyłem się więc na brzegu rowu i czerpałem wodę gęstą od brudu.

Minęła godzina, nim przewodnik podniósł rękę. Owe dwieście metrów otwartego terenu dzielącego nas od szosy mieliśmy przebiec w pięcioosobowych grupach, ale dyscyplina została od razu złamana. Miałem przedsmak tego, jaki porządek mógłby panować podczas ataku... Każdy pędził do linii drzew zgięty wpół, myśląc tylko o tym, by dotrzeć tam jak najszybciej. Kiedy gnałem przed siebie, potknąłem się o zaschłe koleiny po czołgowych gąsienicach i rozbiłem sobie palce u nóg.

Nagle przez korony przydrożnych sosen zauważyłem nad sobą gwiazdy. Wytężyłem słuch, ale oprócz szumiących wysoko nad głową drzew nic nie słyszałem. Pod stopami wyczuwałem kilkucentymetrowej średnicy rurę, wystającą białym grzbietem nad ziemią i ginącą dalej w piaskach – rurociąg paliwowy.

Spojrzałem na szosę w obu kierunkach – była pusta i ciemna niczym wybity w skale tunel. Przebiegliśmy asfalt i otwartą przestrzeń po drugiej stronie, nadal nieatakowani. Idąc za przewodnikiem jak wierny pies, znalazłem się teraz na czele rozciągniętej kolumny. Do pokonania została nam ostatnia przeszkoda: pasmo strażnic i pól minowych, oddzielające nas od strefy walk na zachodnich peryferiach miasta.

Jak boa wijący się pośród gałęzi przekradaliśmy się długim rzędem przez opuszczone sady, skakaliśmy przez rowy i przeprawialiśmy się nad powalonymi murami. Łuna miejskich świateł wkrótce znikła i straciłem orientację. Przewodnik wiódł nas do porzuconej osady, stawał i nadsłuchiwał odgłosów niesionych przez noc, po czym wycofywał się i prowadził grupę w przeciwną stronę. Szliśmy za nim, zmieniając kierunek na pozór bez ładu i składu. Dwukrotnie poszedł sam przodem, zostawiwszy nas przyczajonych w wilgotnych rowach i wystawionych na furię moskitów, które przebijały nawet okrycia. Niebezpieczeństwo, choć niewidoczne, istniało. Nie dostrzegłem jednak ani jednej wieży strażniczej.

O trzeciej nad ranem wkroczyliśmy do wioski; ściany jej budynków były wyszczerbione od wybuchów. Po przekroczeniu wyschniętego kanału obok zwalonego mostu pięliśmy się ścieżką na szczyt wzgórza, który okazał się skruszonym do postaci kopca domem. Stanęliśmy wreszcie przed sporym budynkiem; jego górne piętra zdmuchnął wybuch, lecz do ściany nad niską bramą był przypięty plakat ze znaną mi brodatą twarzą w herackim zawoju: Ismael Chan. Dom stanowił liniową fortecę Dżamijatu – prześlizgnęliśmy się przez pas ochronny i znowu byliśmy na terytorium partyzantów.

9

Florencja Azji

„Wspaniały był czas pod jego panowaniem; Chorosan, przede wszystkim zaś Herat – pełne były uczonych i niedoścignionych mężów. Dokładano wszelkich starań, by każdą podjętą pracę doprowadzić do perfekcji".

fragment *Autobiografii* Babura,
dotyczący Heratu pod władaniem Husajna Bajghary

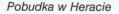

Pobudka w Heracie

Obudziłem się. Czułem na twarzy lekki podmuch wiatru wpadającego przez dziurę w suficie, a przez drewniane okiennice przebijały się promienie słońca. Afgańczycy dali mi spać aż do południa, bym doszedł do siebie po nocnej podróży.

Na podłodze kucnął chłopak, gapiąc się na mnie z natężeniem; przed nim stała już miseczka ze słodkościami i aluminiowy czajnik z herbatą. Wstałem, gdy chłopak się uśmiechnął. Pokój był rozkosznie chłodny i przyciemniony, niemały, mniej więcej cztery na siedem metrów, i zupełnie prosty, jeżeli nie liczyć łukowych nisz, w których wisiały na gwoździach kałasznikowy. Jak zwykle, kiedy napiłem się herbaty, wróciło mi dobre samopoczucie.

Dowództwo powstańcze okolic Heratu mieściło się w Talau, osadzie, którą przed wybuchem wojny zamieszkiwało trzydzieści rodzin. Nasz dom miał dwa dziedzińce wielkości średniego basenu kąpielowego. Resztki warzywnego zagonu pośrodku pierwszego grzęzły pod zalewem śmieci. Z sześciu pomieszczeń otaczających podwórze było używane tylko jedno: czarna, pozbawiona okien izba o ścianach pokrytych kopciem z otwartego paleniska, nad którym bulgotał kocioł. Była to kuchnia. Kręta klatka schodowa prowadziła do drugiego ocalałego pomieszczenia, zawalonego plakatami i zielonymi flagami z wykaligrafowanymi na biało islamskimi hasłami. Drugiego dziedzińca właściwie nie było – pierwsze piętro zapadło się, dolne pomieszczenia nie miały sufitu, ich ściany rozdzierały pęknięcia, przez które przeszłoby dziecko. Podwórze wypełniał gruz i rozmaite śmieci – powykręcane resztki roweru, wypatroszone radio, rama ze sprężynami z podwójnego łóżka. Był to najlepiej zachowany dom w Talau.

W obrębie wysokiego muru znajdował się ogród, dwadzieścia na trzydzieści kroków, wyschnięty z braku wody. Zagony odsłaniały glinę podglebia, twardą i spękaną niczym oglądana pod mikroskopem skórka pomarańczy. Wały ziemne, na których rosła kiedyś w obfitości zielona winna latorośl, były szarobiałe.

Tylko sztywne, wyglądające jak korzenie resztki winnych łodyg piły się od połowy kopców, co sprawiało wrażenie, jakby winorośle zostały wyrwane i posadzone na nowo korzeniami do góry. Bezlistne gałęzie martwych drzew morwowych kołatały nieprzyjemnie na wietrze. Przyczynę śmierci ogrodu można było dostrzec bez trudu przed bramą: w kanale irygacyjnym metrowej głębokości, ciągnącym się wzdłuż drogi, pozostał tylko ledwie kryjący dno pas nieruchomej wody – dopływy powyżej zostały odcięte.

Dom obok szczycił się nienaruszoną bramą, ale setki sczerniałych „kiełbas" zalegających jego wnętrze zdradzały, że służy jako latryna. Pozostałe budynki osady również stały puste. Meczet, sklep, gołębnik – wszystkie osiadły i zamieniły się w bezkształtne stosy, jak w miasteczku z czekolady stopionym promieniami słońca. Ludzie chodzili ścieżkami, które wiodły przez nieistniejące izby i podwórza; nie zwracali uwagi na dawne zaułki i drogi.

Wspiąłem się na dach. Siedząc na glinianej kopule, patrzyłem po raz pierwszy na Herat. Słoneczny blask złagodniał; pokrywał teraz dolinę miękkimi pastelami. Przede mną rozciągało się ponad trzysta kilometrów kwadratowych najżyźniejszej gleby Afganistanu. Dziesięć kilometrów na północ dolinę obrzeżały góry; u ich podnóża biegła droga do Iranu. Na południu płynęła rzeka, niewidoczna za białymi nawisami skał, na których szczycie ciągnęła się linia ceglanych umocnień placówek komunistów. Sam Herat był odległym skupiskiem niemożliwych do rozróżnienia budynków, stojących na wzniesieniu powyżej doliny. Kapitan Connolly w 1831 roku musiał zapewne oglądać ten sam widok.

„Przestrzeń pomiędzy wzgórzami stanowi jeden niezwykłej piękności obszar warownych osad, ogrodów, winnic i łanów kukurydzy; bogaty ten krajobraz ożywiają jeszcze swą spienioną wodą nieprzeliczone drobne strugi, przecinając równinę we wszystkich kierunkach. W dolinie znajdziesz wszelkie odmiany najbardziej smakowitych owoców i tańsze są one niźli w Mesz-hedzie, a chleb i woda Heratu przysłowiowe się stały dla ich znakomitości. Nigdy doprawdy, nawet w Anglii, nie smakowałem doskonalszej wody od tej z Harirud pochodzącej: czysta jest niczym łzy, jak mawiają tubylcy"*.

Teraz jednak cała rozległa równina pomiędzy wzgórzami, miastem i rzeką była obrócona w perzynę. Pozostałości willi przycupniętych pod murami miejskimi, meczetów i bazarów rozłożonych wzdłuż pradawnych ulic miasta, wiosek na pagórkach rozsianych po całym terenie – dawały wspaniałą perspektywę... kraju spustoszonego plagą. Gdzie kiedyś żyły setki tysięcy ludzi, teraz nie było zamieszkanej osady. Zaczynałem rozumieć, co miał na myśli Chan, gdy mówił, że nie może tu znaleźć nikogo nawet do pomocy przy chowaniu zmarłych.

Wiatr uspokoił się na moment i dopiero wtedy uderzyła mnie niezwykła cisza. Jeżeli idzie się wciąż przez zamieszkane tereny, liczne odgłosy – trąbienie odległego klaksonu, szczekanie psa, pokrzykiwania dzieci, ośle ryki, nikły hałas elektrycznego młyna, stukot kopyt o ziemię, szum strumienia – stają się tak bliskie, że przestaje się je zauważać. Tu miałem poczucie, jakbym oglądał film pozbawiony ścieżki dźwiękowej. Gołębniki w kształcie piramid wyrastały nad ruinami niczym zamarłe wulkany. Nie wzbijał się nad nimi żaden ptak. Zagony ryżowe, łąki, pola zboża, niegdyś soczyście zielone – dolina musiała przypominać tereny, które widziałem po drugiej stronie miasta – nie istniały. Pola były białe w miejscach, gdzie grunt zmienił się w spieczony słońcem ugór, i czarne tam, gdzie ekspedycje karne spaliły wszystko miotaczami ognia. Wzdłuż wyschniętych ka-

---

* Kapitan Arthur Connolly był jednym z bohaterów „wielkiej gry" mocarstw w Azji Środkowej za czasów wiktoriańskich. Ujęty przez emira Buchary, Nasrullaha Chana, mógł ujść z życiem pod warunkiem przyjęcia islamu. Odmówił jednak i został stracony w czerwcu 1842 roku. „Wielka gra" była wtedy równie niebezpieczna jak dziś (przyp. aut.).

nałów umierały rzędy brązowiejących z braku wody drzew. System rowów nawadniających – wysiłek wielu pokoleń – został zniszczony; bez niego dolinę czekała śmierć. Cisza była ciszą masowego grobu.

Po południowej stronie wzgórza, na którym rozłożyło się miasto, znajdowały się obiekty mojego zainteresowania: minarety z okresu panowania dynastii Timurydów – cztery zaokrąglone wieże, ledwo teraz widoczne w wibrującym powietrzu. Były tak niewyraźne, że traciłem je z oczu – cztery zapałki na planie kwadratu, wbite w ziemię u podnóża gór. Dlaczego jednak tylko cztery? Na zdjęciu zrobionym przez Niedermayera w 1915 roku widnieje dziewięć minaretów – obraz ten tkwił w mej pamięci przez całą drogę. Trzy zostały zburzone w czasie późniejszych trzęsień ziemi, sześć powinno ocaleć. Czyżby dwa legły w ruinie w trakcie walk? Spojrzałem teraz przez teleobiektyw – minaretów było pięć, czego nie dostrzegłem gołym okiem. Brakowało zatem jednego, ale patrząc z tej odległości, nie sposób było powiedzieć, który z nich przepadł. „Sprawdzić" – zanotowałem. A meczet piątkowy? Był zbyt daleko, nie do odróżnienia pośród innych budynków miasta.

Wyobrazić sobie Herat w okresie jego rozkwitu jest trudnym zadaniem. „Turkiestan, Afganistan, Zakaukazie, Persja – u wielu nazwy te wywołują jedynie skojarzenia najdalszej dali czy przypomnienie niezwykłych zmiennych kolei losu i ginącej romantyczności" – słowa lorda Curzona trafnie sumują nasze wyobrażenia o owych zapomnianych rejonach. Aby zobaczyć, jak dalece rozwinęła się w nich cywilizacja, potrzebny jest skok wyobraźni. Powinno się wspomnieć, że w XV wieku Europa nie przewyższała jeszcze Orientu pod względem rozwoju przemysłu i nauki. Europejscy kupcy w owych czasach byli wręcz onieśmieleni bogactwem Azji.

W XIII wieku Mongołowie pokazali, że nikt nie jest w stanie prześcignąć ich w podbojach – w pewnym okresie imperium rozciągało się od Węgier po Koreę. Początkowo pogańscy i koczowniczy, w miarę rozszerzania granic wchłonęli plemiona tureckie z grupy ałtajskiej i przejęli ich język, a następnie najechali kraje muzułmańskie i z kolei pozwolili się zasymilować ich religii i dominującej cywilizacji. Chorosan – starożytna prowincja rozciągająca się na pograniczu irańsko-afgańskim – był rządzony za panowania Mongołów głównie przez Kartów, lokalną dynastię Ghorydów (1245–1381). Pozostawała ona lennikiem Mongołów aż do 1381 roku, kiedy to została rozgromiona przez Tamerlana, gdy jej przedstawiciele zignorowali wezwania do złożenia mu hołdu. Za jego panowania zaczyna się złoty wiek Heratu. Szah Ruch, syn Tamerlana, przejął w chwili jego śmierci w 1405 roku włości wielokrotnie przekraczające powierzchnią obszar Anglii,

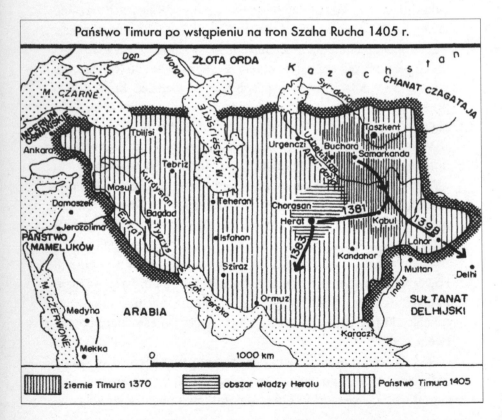

Państwo Timura po wstąpieniu na tron Szaha Rucha 1405 r.

rozciągające się od obecnego Kurdystanu na zachodzie po Delhi na wschodzie, na południu sięgające Zatoki Perskiej, od północy zaś obejmujące ogromne przestrzenie dzisiejszych republik sowieckich Uzbekistanu, Tadżykistanu i Kazachstanu. Czasy spadkobierców Tamerlana, członków dynastii Timurydów, to okres kurczenia się imperium z każdą mijającą dekadą, zarazem jednak okres swoistego renesansu, niebywałego odrodzenia kultury, jakie zapoczątkowała arystokracja mongolsko-turecka, skupiona już w miastach i wysoce cywilizowana. Centrum imperium stanowił Herat, jak zawsze leżący na pograniczu kultur, gdzie posługujący się językiem tureckim Mongołowie ścierali się z Persami.

Kiedy Nowy Jork był wciąż jeszcze złotą plażą, skąd pomalowani tubylcy odpływali w swoich czółnach, leżąca na północ od Heratu Samarkanda, z piętnastokilometrowej prawie długości murami miejskimi, była wschodnią metropolią. Mimo całego splendoru uważano ją za niedorównującą Heratowi, będącą za nim w tyle do tego stopnia, że „światowcy" uważali przeniesienie do Samarkandy za niemiłe zesłanie. Herat w XV wieku był niewiele większy od współczesnego mu Londynu. Oba miasta kwitły na obszarze półtora kilometra kwadratowego, Herat jednak był nieporównanie bogatszy. W oazach nad brzegami rzeki mieszkało wtedy prawdopodobnie więcej ludzi niż w XX wieku – opowieści podróżników mówią o znacznie liczniejszych kanałach irygacyjnych, które musiały rozszerzać zielony pas upraw ciągnący się wzdłuż rzeki. Herat zawdzięczał swe bogactwo rolniczej produkcji doliny i afektowi, jaki okazał mu syn Timura, Szah Ruch, który tu właśnie, a nie w Samarkandzie, ustanowił swą stolicę. Chorosan był niczym muszla, w której spoczywała perła – Herat. W XV wieku miasto było największym poza terytorium Chin centrum cywilizacyjnym Azji.

Rozwój i upadek Heratu nastąpiły zadziwiająco szybko, w czasie niewiele dłuższym niż jeden wiek albo dwa – trzy ludzkie żywoty. Dziad mógł widzieć odbudowę Heratu ze zniszczeń po najeździe Timura – rozpoczętą przez Szaha Rucha, gdy w 1391 roku został gubernatorem – i zamianę miasta w międzynarodowe centrum kulturalne. Wnuk, dla którego status Heratu był czymś oczywistym, oglądał kolejny podbój miasta w 1507 roku. (Herat podniósł się szybko po łupiestwach Timura tylko dlatego, że ten, niszcząc miasto, oszczędzał rzemieślników, których pognał do pracy nad swą ukochaną Samarkandą. Timur był ówczesnym Göringiem: tak wielbił sztukę, że nie mógł się oprzeć jej grabieży. Gdy Szah Ruch objął władzę, rzemieślnicy powrócili do Heratu i pracowali przy odbudowie miasta).

Nazwanie tego zadziwiającego okresu renesansem nie jest jednak słuszne. Odrodzenie czego? Timurydzi nie twierdzili bynajmniej, że odtwarzają wspaniałość przeszłości; było to raczej powstawanie, narodziny, bujny rozkwit wszystkiego, co twórcze, bachiczne, zmysłowe w ludzkiej naturze, tym bardziej godne podziwu, że wyzwolone w świecie islamu, rzadko ośmielającym się na podobne działania. Jak często w takich wypadkach, powodem było wymieszanie dwóch kultur – mongolskiej i perskiej: Persowie byli tu Grekami cywilizującymi zdobywców, Mongołów.

Rolę fresków z kościołów chrześcijańskich spełniała w meczetach zazwyczaj kaligrafia, jednak pod kierunkiem Behzada heracka szkoła malarstwa dosięgła wyżyn mistrzostwa. Urodzony w Heracie Behzad uważany jest za największego malarza perskiego wszech czasów. Dzięki jego miniaturom przechowywanym w szklanych gablotach British Museum, gdzie wyglądają jak w dniu, w którym pędzel dotknął ich po raz ostatni, wiemy, jak dalece wyszukane było życie Heratu. Meczety i świątynie, szkoły i biblioteki, łaźnie publiczne i ogrody pysznią się nadal swymi wspaniałymi barwami na stronach ksiąg wytwarzanych w Heracie i Samarkandzie. W zadrzewionych majątkach rozłożonych na zboczach nad miastem mieszkali ludzie, którzy zapraszali się wzajemnie na majówki, polowania i konkursy recytator-skie. Perspektywa malarska nie była jeszcze znana, ale precyzją szczegółów, zaskakująco chińską w wyrazie subtelnością oraz dynamiką obrazy te dorównują w moich oczach wszystkiemu, czym mogła się szczycić ówczesna Florencja.

Miasta w owej epoce uważano za ważne, jeśli przodowały w jednej dziedzinie rzemiosła. W Heracie kwitły wszelkie jego ro-dzaje. Szable i zbroje, ceramika i wyroby z kości słoniowej, biżu-teria i odzież – wszystko było wykonywane i sprzedawane na ba-zarach w wielkiej obfitości. „Najwspanialsze dywany powstały w Persji za panowania Timurydów, nie zaś w okresie rządów Ab-basa" – pisze F.R. Martin w swym studium. Twierdzi również, że timurydzcy władcy – Mirza Bajsonghor, Szah Ruch, Uług Beg i Husajn Bajghara – „byli bibliofilami, których nie prześcigali by-najmniej współcześni im książę Burgundii czy René Andegaweń-ski"*. Iluminowane manuskrypty szkoły herackiej przewyższały wszelkie dokonania ówczesnej Europy.

Herat wyróżniał się również w innych rodzajach sztuk. Roz-kwitała w nim muzyka, Dżami był największym z poetów. Aneg-dota, w której mowa o Aliszerze Nawoi, mecenasie poetów i arty-stów herackich, stanowi doskonałą tego ilustrację. Otóż w czasie partii szachów rozgrywanej z pretendentem do poetyckiego lauru Ali rozprostował nogę – obaj siedzieli w kucki na dywanie nad szachownicą – i przypadkowo dotknął pośladków młodego czło-wieka. „Proszę się nie przejmować – powiedział – w Heracie wy-starczy wyciągnąć nogę, a z pewnością kopnie się poetę". „Po-

---

* Abbas I Wielki (1571–1629), szach perski z dynastii Safawidów, twór-ca nowoczesnego państwa perskiego; Szah Ruch (1377–1447) był czwar-tym synem, a Uług Beg (1394–1449) wnukiem Timura; Mirza Bajsonghor (zm. 1433), syn Szaha Rucha, zaliczany jest w poczet największych biblio-filów świata; jego brat Sultan Ibrahim był wybitnym kaligrafem. Husajn Bajghara (1438–1506), jeden z ostatnich Timurydów, należał do niedościg-łych mecenasów sztuk (przyp. tłum.).

dobnie jeśli się ją podciągnie" – odparował młodzieniec, który nie zamierzał bynajmniej okazać grubiaństwa*.

Kiedy Kościół miał dopiero zakazać dzieł Kopernika, upokorzyć Galileusza i spalić Giordana Bruna, władcy Heratu aktywnie wspierali powstanie kilkudziesięciu oryginalnych rozpraw traktujących o astronomii, medycynie czy architekturze. Uług Beg, najstarszy syn Szaha Rucha i jego namiestnik w Samarkandzie, sam był znanym szeroko astronomem – w 1665 roku Uniwersytet Oksfordzki wydał przygotowane przez niego tablice planetarne**.

Porównanie piętnastowiecznego Heratu ze współczesną mu Florencją, a Timurydów z Medyceuszami jest kuszące. W obu miastach wszystkie rodzaje sztuk sięgnęły wyżyn doskonałości. Porównanie jednak upada, gdyż Florencja była opartą na handlu republiką, w której sztuki piękne rozwijały się w sposób naturalny, Herat zaś to typowe miasto Orientu – sztuka reprezentowała tam dwór, wielkie budowle były fundowane przez arystokrację. Herat nie przypominał zatem Florencji, stanowił raczej wschodni odpowiednik Urbino – stokrotnie bogatszy.

Właśnie dlatego Timurydzi biją na głowę Medyceuszów. Podczas gdy ci ostatni obalili republikańską konstytucję Florencji, uczynili sztukę narzędziem propagandy i doprowadzili stopniowo do zubożenia miasta i jego przejścia pod obce rządy, Timurydzi stanowili dynastię oświeconych despotów w świecie barbarzyńskich tyranów. Autokracja była w Azji zwyczajną formą rządów, nie mieli więc najmniejszych powodów do usprawiedli-

---

* Dżami (1414–1492) – perski uczony, mistyk i poeta, czołowa postać intelektualna piętnastowiecznego Heratu; Mir Aliszer Nawoi (1441–1501) – turecki poeta i uczony, najwybitniejszy przedstawiciel literatury tureckiej języka starouzbeckiego, znakomity wezyr, patron i przyjaciel Dżamiego (przyp. tłum.).

** Uług Beg założył w 1428 roku obserwatorium astronomiczne w Samarkandzie. We wspomnianych tablicach skorygował błędne obliczenia Ptolemeusza (przyp. tłum.).

wień. Wielkość Heratu zrodziła się dzięki sile i wyrafinowaniu ich osobowości.

Panowanie Timurydów nad Heratem można podzielić na trzy okresy. W pierwszym – półwieczu obejmującym rządy Szaha Rucha od 1405 roku do jego śmierci w 1449 – położone zostały podwaliny, dosłownie i w przenośni, wielkości miasta. Następne dwadzieścia jeden lat nie było korzystne – wypełniały je walki dynastyczne o sukcesję, którym towarzyszyły zniszczenia i mordy. Trzeci okres rozpoczyna się w 1469 roku wstąpieniem na tron Husajna Bajghary. W ciągu swego długiego życia Bajghara zapewnił miastu pokój i pomyślność; był to ostatni, a zarazem najwspanialszy okres Heratu. Wielkość Husajna uznałby każdy naród i każda epoka.

Najlepszym źródłem informacji o Bajgharze jest Babur, jego młody kuzyn i podobny mu władca Fergany, a później Kabulu i Delhi. Wedle opisu Babura Husajn był „skośnooki, o ciele niczym u lwa szczupłym od pasa w dół". Kolorowe miniatury Behzada pokazują nam twarz Husajna. Odziewał się w czerwone i zielone jedwabie, nosił czarną karakułową czapkę, choć w dni świąteczne „przygotowywał czasem niewielki potrójny turban, który zwijał luźno i niewłaściwie, ozdabiał piórem czapli i tak szedł na modły". Usposobienie miał żywe i przyjemne, „choć był popędliwy w mowie i czynie".

Pomimo królewskiego pochodzenia – był potomkiem Czyngis--chana po matce i Timura po ojcu – nie przejął, jak Szah Ruch, władzy przez nadanie, lecz musiał o nią walczyć. Więziony jako dorastający chłopak w twierdzy w Samarkandzie przez podejrzliwego wuja, wiódł później życie nomady, otoczony grupą stronników – niczym Ismael Chan, choć bez stingerów i krótkofalówki, mistrzowsko posługując się bułatem zamiast pistoletem maszynowym.

Największym wyczynem podczas jego „partyzanckiego okresu było zaatakowanie w sześćdziesięciu chłopa trzytysięcznego od-

działu wroga i starcie go na proch". Brzmi to oczywiście jak nie-
botyczna przesada historyka pochlebcy, choć pamiętniki Babura
można na ogół darzyć zaufaniem. Liczba wojsk stojących po obu
stronach mogła być rzeczywiście bardzo różna, jako że nie musiała oznaczać siły, szczególnie jeśli brać pod uwagę kraje
Wschodu. Trudne w dowodzeniu oddziały, którym towarzyszył
tłum służby i rozmaitych maruderów, doznawały częstych pora-
żek w starciach ze zdyscyplinowanymi grupami zabijaków. Aleksander Wielki rozbił nad Granikiem czterokrotnie większą armię
Dariusza III; lękliwe wojska perskiego satrapy spanikowały
w obliczu furii weteranów macedońskich. Husajn przypuścił
atak na wojska dowodzone przez skarbnika ówczesnego sułtana
Heratu, Abu Saida, które w większości składały się z taszczących
bagaże ciurów. Niewykluczone, że pewnego dnia ktoś poda
w wątpliwość opowieści, wedle których Ismael Chan z garstką
żołnierzy wdawał się w walkę z sowieckimi oddziałami w kilku
prowincjach jednocześnie.

Husajn miał trzydzieści lat, kiedy w 1468 roku wkraczał
triumfalnie do Heratu. W mieście na znak posłuszeństwa rozpoczęto w meczecie piątkowym modły za władcę, jednak w tej
kwestii powstała przeszkoda: Husajn zaczął się odwo-
ływać do wiary w dwunastu imamów – oznaczało to, że wy-
znawał szyizm, wyklęty przez mieszkańców, ortodoksyjnych
sunnitów*. Henryk IV miał dopiero powiedzieć, że „Paryż wart
jest mszy", ale Dżami, lokalny mędrzec, przekonał szybko Hu-

---

* Szyizm (od arab. *szi'a* – partia, sekta) – odłam w islamie głoszący wy-
łączność praw rodu Alego (zięcia Mahometa) do kalifatu. Największym
odłamem szyizmu są imamici uznający dziedziczną linię dwunastu
bezgrzesznych i nieomylnych imamów. Pierwszym imamem był szwagier
Proroka, Ali Ibn Abu Talib; ostatnim – Muhammad al-Mahdi al-Hudżdża,
który zniknął w tajemniczych okolicznościach w 887 roku, ale wyznawcy
wierzą, iż żyje w ukryciu, by powrócić w Dniu Sądu jako prorok, *mahdi*
(„prowadzony przez Boga") – odkupiciel – i odnowić świat (przyp. tłum.).

sajna, że dla objęcia władzy w Heracie z pewnością warto zapomnieć o imamach. Husajn wrócił więc do ortodoksyjnego wyznania, czym zapewnił miastu brak konfliktów na tle religijnym, doświadczenie to jednak wpłynęło na jego postawę tak, iż sprawy wiary traktował odtąd obojętnie, jeśli nie wręcz sceptycznie. Okazywał innowiercom podziwu godną tolerancję i sam zaniedbywał praktyki religijne. Twierdził, iż cierpi na podagrę, co pozwoliło mu do końca życia nie brać udziału w większości obowiązujących modłów i postów.

Gdyby mierzyć go wedle zasad Bismarcka, okazałoby się, że Husajn był geniuszem: wiedział, kiedy przestać. Utworzywszy niemałe imperium, postanowił, odmiennie niż większość zwycięskich władców, nim się cieszyć. Zamiast rozpoczynać bezsensowne nowe podboje, włożył serce w odbudowę i upiększenie tego, co już posiadł. Tysiące budowniczych i dekoratorów miało za jego panowania nieprzerwane zajęcie – dolinę Heratu zmieniono w jedną wielką budowę: wykończono rozpoczęte wcześniej z inspiracji Gauhar Szad Begum, jednej z żon Szaha Rucha, gmachy o przeznaczeniu religijnym, wzniesiono wspaniałą uczelnię i mauzoleum Husajna, jak również ponad trzysta meczetów, szkół, karawanserajów, mostów i innych publicznych budowli. Arystokracja szła w ślady sułtana i finansowała wiele z tych przedsięwzięć – dowód cnót obywatelskich stojących równie wysoko jak w opisanej z podziwem przez Gibbona republice rzymskiej.

Trwałość polityki gwarantował blisko powiązany triumwirat: Husajn jako władca, Dżami reprezentujący poetów, intelektualistów i sufich oraz Mir Aliszer Nawoi, „zaufany sułtana" i jego arystokratyczny premier. Wszyscy dobrze się znali. Husajn i Mir Aliszer byli przybranymi braćmi i szkolnymi kolegami, Dżami zaś należał do starszych, szeroko znanych i poważanych polityków herackich. Stanowili raczej trójkę partnerów niż przyjaciół, co nie dziwi, gdy ma się do czynienia z równymi sobie geniuszami o silnych osobowościach. Wychwalali się jednak wzajemnie, i bynajmniej nie tylko w polityce; pisane przez nich oceny poezji, którą każdy z nich się parał, są przesadne w pochlebstwach.

Podobnie jak wszyscy wykształceni obywatele Heratu owej epoki, Husajn tworzył w języku tureckim i arabskim, a także w perskim; Babur oceniał jego utwory jako „wcale niezłe". Husajn nie był z pewnością wielkim poetą, ale „słowa królów są królami słów", jak powiadają Arabowie. Mimo iż patronował osiągnięciom wysokiej kultury, sam całe życie oddawał się tak plebejskim rozrywkom jak tresura gołębi i walki kogutów. Konsternacja musiała być wielka – wyobraźmy sobie ministra wymykającego się z posiedzeń gabinetu, by pograć w palanta... Po co jednak nosić koronę, jeśli nie można spędzać wolnego czasu w sposób dający najwięcej przyjemności? Harem nie miał powodów do skarg: Husajn spłodził co najmniej czternastu synów, choć zaledwie trzech z nich pochodziło z legalnych związków. Jego liczne żony i konkubiny dały mu również nie mniej niż jedenaście córek.

Czas dzielił między posiedzenia rady państwa, harem, bibliotekę, gabinet i dyskusje z „nieporównanymi" dworakami. Niczym Aleksander Wielki pośród swojej kompanii, Husajn przewodził nie tylko w walce, lecz także w uciechach i dowcipach. Jego przyjęcia słynęły z beztroski, która często przekraczała rozsądne granice; winnice Heratu dostarczały wybornego wina i Husajn popijał każdego dnia, „choć nigdy przed południową modlitwą". Relacja Babura jest bardzo wstrzemięźliwa: „Jego synowie, żołnierze i mieszkańcy nadużywali przyjemności i nałogów". Nazwy szerzej znanych miejsc rozrywek – Dom Luksusu, Siedziba Przyjemności, Gniazdo Zadowolenia, Pałac Swobody, Przybytek Rozkoszy – dają pojęcie o duchu czasów. Herat celebrował uciechy z takim wigorem, że Husajn postanowił to wykorzystać. W pewnym kuplecie swojego autorstwa powiada: „Kto urody i wina nadużył, w Tacht-e Safar niech kamień dołoży". W ten sposób powstał kompleks tarasowych ogrodów królewskich i pałaców, zwany Tronem Podróżnika. Pięćset lat później ogrodowe rowy w pobliżu garnizonu miały posłużyć komunistom do grzebania ofiar przerażających egzekucji.

Wygody i przyjemności wzięły w końcu górę nad wodzowskimi instynktami Husajna. Nie miał więcej ochoty podejmować walki i jego dominium zaczęło się kurczyć. Upadek sił witalnych władcy szybko uwidocznił się i w sztuce: treść ustąpiła miejsca formie, piękno – ekstrawagancji, jasność – zwykłej retoryce. Rozpanoszył się barok. „Niejeden wyrafinowany skądinąd fragment prozy popsuty jest natręctwem infantylnej myśli, niejeden wiersz we wszystkim doskonały – pokaleczony obecnością ekstrawaganckiego porównania czy groteskowej metafory" – brzmi ocena literatury herackiej tego okresu. Pijaństwo stało się przekleństwem rodu. Mirowi Aliszerowi przypadła niewdzięczna rola Kasandry – przepowiedział, że królobójstwo da początek inwazji, jak to było już wcześniej przed najazdem Czyngis-chana na Herat. Którejś nocy grupa podstępnych dworaków wymogła na pijanym Husajnie rozkaz zgładzenia jego wnuka, zamkniętego w lochu miejskiej cytadeli za próbę rebelii. Gdy król oprzytomniał, było za późno.

Z północy posuwały się już nieubłaganie plemiona Uzbeków. W 1500 roku odebrały Timurydom Samarkandę, teraz groziły samemu Heratowi. Młody Husajn, nie bacząc na żadne przepowiednie, skoczyłby na konia i z bułatem w garści pognałby wroga precz, tym razem jednak zabrakło mu stanowczości, zdecydował się więc na podjęcie obrony. „Jeśli władca tak wielki jak sułtan Husajn, który zasiada na tronie Timura, zarządza obronę, miast atakować najeźdźcę, jakaż nadzieja zostaje dla jego ludu?" – pytał Babur.

Mamy zatem jeszcze jedną, ostatnią zbieżność w losach Timurydów i Medyceuszów: obie dynastie zgubił nie kaprys losu, lecz ich własna rozpusta. Syfilis w owych czasach był nieomal chorobą zawodową wszystkich panujących: większość potomstwa Husajna zmarła przed nim, a ci, którzy przeżyli, należeli do słabeuszy.

*

Stary władca zakończył życie w 1506 roku. Pochowano go uroczyście w murach wzniesionej przezeń uczelni; nad jego grobem miał być po wsze czasy recytowany Koran. Władza została podzielona między dwóch synów – rozwiązanie niemądre, bo jak mówiło współczesne perskie przysłowie: „Dziesięciu derwiszy może spać pod jedną derką, ale dwóch królów nie znajdzie dla siebie miejsca na całej ziemi". W tym wypadku akurat nie miało to większego znaczenia, bo obaj młodzieńcy byli jednakowo nieudolni. „Potrafili sprostać rozmowom towarzyskim i przyjęciom, dawali sobie radę w sprawach cywilnych – zapisał Babur – obca im jednak była wojna, zagadnienia strategii, rodzaje broni, zażarte bitwy i starcia".

Uzbecy zbliżali się, ale miasto nie było przygotowane do obrony. Babur – kuzyn niedołężnych książąt i sprzymierzony z nimi władca Kabulu – nadjechał z pomocą, lecz nie na wiele się to zdało: panujący wytwornisie nie potrafili się nawet zdecydować, czy wysłać na rekonesans szwadron lekkiej jazdy. Babura aż skręcało, by przeprowadzić „wycieczkę", książęta jednak uznali w swej dumie, że nie powinien on obejmować dowództwa. Kres sporom położyła szczęśliwie zima.

Namawiany usilnie do pozostania w Heracie, Babur zgodził się mimo groźby wybuchu rebelii w Kabulu, ponieważ „świat cały nie miał miasta równego Heratowi za panowania sułtana Husajna [Babur nie spotkał go, spóźniwszy się o kilka miesięcy], którego wysiłki i decyzje zwielokrotniły splendor i urodę miasta po dziesięćkroć". Przez następne czterdzieści dni kabulski władca oglądał każdego ranka inną znaną budowlę; dopiero wtedy uznał, że widział prawdopodobnie wszystko, co warto było zobaczyć.

W 1506 roku wizytujący Herat Babur był wytwornym dwudziestoczterolatkiem. Jego zapiski brzmią niczym opowieść Rzymianina odwiedzającego podbite Ateny czy, lepiej nawet, Anglika goszczącego we Florencji za czasów na przykład zwyrodniałego ostatniego Medyceusza, Giangastone. Babur nie obawiał się bynajmniej zakosztowania herackiej rozpusty, choć pisze o tym cokolwiek nieśmiało jak na człowieka, który wąchał już krew w niejednej bitwie: „Pomyślałem nagle, gdy książęta przymuszali mnie do wina w tym mieście tak wielce wyrafinowanym: «A gdzie, jeśli nie tu właśnie, mam pić? Tu wszak wszystkie przybytki luksusu i komfortu, tu wszystkie służące im pomoce zebrane są i w użyciu!» Powiedziawszy to sobie, postanowiłem nie odmawiać wina – zdecydowany byłem przekroczyć ten próg".

Babur wyjechał z Heratu ze wspomnieniem wspaniałego dworu i z jeszcze wspanialszą pamiątką: „Któregoś dnia w czasie odwiedzin u mojej *aka* nadeszła ze swą matką [ciotką Babura] Masumasultan Begum; natychmiast wyczułem w niej wielką do mnie skłonność. Po wymianie sekretnych listów [...] postanowiliśmy, że [ciotka] przywiezie córkę do mnie do Kabulu".

Wiosną Uzbecy przystąpili znów do ofensywy – miasto nadal nie było przygotowane do obrony, nie zebrano również wojsk. Kiedy czterdziestotysięczna armia najeźdźców pod wodzą Mohammada Szajbaniego zaatakowała wreszcie Herat, jego władcy uciekli sromotnie; zostawili żony, krewne, haremy i nagromadzone skarby na łasce zdobywcy. Szajbani był, jak się wydaje, mało okrzesanym typem. Nie w pełni zadowolony z bogatego łupu, nakazał gwałcić kobiety i sprzedawać je wraz z dziećmi w niewolę. Był niepiśmienny, lecz mimo to pozwalał sobie pouczać słynnych mułłów w interpretacji Koranu. Swą bezczelność posunął do tego stopnia, że korygował miniatury Behzada. Pisał wstrząśnięty Babur: „...co parę dni, gdy spłodził nowy, pozbawiony wartości kuplet, kazał go odczytywać publicznie, wieszać na placu Czahar-su i zbierać w tym czasie datki mieszkańców!" Heratczycy nie musieli jednak długo znosić błazeństw prostaka. Przed upływem trzech lat Mohammad Szajbani zginął z ręki no-

wego zdobywcy, Szaha Ismaila z rodu Safawidów, który kazał
z jego czaszki zrobić puchar do wina. Ale pokój nie wrócił już nigdy. Herat stał się miastem granicznym, o które toczyły się spory i które plądrowali raz po raz Uzbecy, Persowie, Pasztunowie
i właśni skąpi zarządcy. Tak zaszło słońce herackiej fortuny,
gwałtownie niczym w tropikach, i zaczęła się trwająca wieki noc
grabieży, ucisku i nędzy.

Babur sam stworzony był do wielkich dokonań i los mu sprzy-
jał. Nie odebrał nigdy swojej ojczystej Fergany z rąk Uzbeków –
ich panowanie przerwała dopiero w XIX wieku Rosja; teren ten
wszedł następnie w skład Uzbeckiej SRR – przeniósł jednak to,
co najlepsze w kulturze Timurydów, do dynastii Wielkich Mogo-
łów w Indiach, której został założycielem i którą jego potomko-
wie, tacy jak Akbar, Dżahangir i Szah Dżahan, rządzili przez trzy
i pół wieku, budując wielkość Agry, Lahore i Delhi. Babur spoczął
w umiłowanym przez siebie Kabulu „w świetlnym ogrodzie króla aniołów", jak głosi inskrypcja na jego grobie.

Moim gospodarzem był Aref Chan, naczelny dowódca okręgu
Dżamijatu i trzeci w hierarchii po Ismaelu Chanie. Był to młody,
może trzydziestoletni Pasztun, dawny celnik; chodził z bronią
i taśmą z nabojami na piersi. Fakt, że perskojęzycznymi żołnierzami dowodził Pasztun, wskazywał, jak wojna zbliża do siebie
poszczególne plemiona afgańskie. Aref Chan uśmiechał się no-
stalgicznie, kiedy mi opowiadał o zabawie, jaką dawało mu przed
wojną konfiskowanie narkotyków hipisom wędrującym do Indii.
Jedyną oznaką jego władzy była krótkofalówka, za pomocą której
odbierał zakodowane informacje. Podczas mego pierwszego wieczoru ktoś sympatyzujący z partyzantami wewnątrz garnizonu
przekazał wiadomość, że tej samej nocy żołnierzy ma zabawiać
tańcem brzucha trupa indyjskich komediantów. Z błyskiem w oku
Aref zdecydował się popsuć im zabawę: oddział stacjonujący nie-

daleko miasta ustawił w odległości sześciuset metrów od garnizonu dwa lekkie moździerze i pół godziny po rozpoczęciu wieczoru rozpoczął ostrzeliwanie.

Stojąc przede mną na dachu, Aref wskazywał rozmaite punkty równiny, podczas gdy ja zaznaczałem je na mojej mapie. Militarny podział terenu wydawał się nieskomplikowany; obszar pomiędzy szosą do Iranu, pas umocnień na szczycie urwistego brzegu rzeki i mury miejskie były w rękach partyzantów, zewsząd jednak otaczał nas wróg. Co więcej, nieprzyjaciel zajmował wzgórza rozciągające się ze wszystkich stron nad naszymi pozycjami i mógł prowadzić stamtąd ostrzał artyleryjski z chirurgiczną precyzją. Jakoś jednak nie czułem się zamknięty w pułapce, częściowo zapewne dlatego, że nasz teren miał wystarczająco dużą powierzchnię – przypominał prostokąt mniej więcej trzynaście na dziewiętnaście kilometrów – i prawdopodobieństwo trafienia było względnie małe. W ruinach każdej osady kryło się przeciętnie dwadzieścia parę osób – w sumie, powiedział Aref, około siedmiu tysięcy.

Plan nieprzyjaciela polegał na dokonaniu podziału terytorium na coraz mniejsze obszary. W roku 1986 Rosjanie próbowali przeciąć teren ze wschodu na zachód wzdłuż prostej nitki drogi dzielącej zonę na dwie części. Była to specjalnie przygotowana operacja; armia afgańska nie brała w niej udziału. Rosjanie mieli już dość swoich niepewnych towarzyszy broni; uważali, że i tak wątpliwy wkład wojsk afgańskich w walki pomniejszony był jeszcze przez to, że plany operacyjne przeciekały do partyzantów. Któregoś poranka przypuścili zatem niespodziewany atak, bez poprzedzającego bombardowania czy ostrzału artylerii; sowieckie czołgi ruszyły nagle z hukiem ocienioną sosnami drogą.

Opowiadając mi teraz o owych wypadkach, Aref nadal nie panował nad wzburzeniem:

– Czy oni naprawdę uważali, że mogą zaatakować nas ot tak,

bez żadnego ostrzeżenia? Mudżahedinów to tylko rozwścieczyło, nadciągnęli zewsząd, by z nimi walczyć.

Sowiecka kolumna została otoczona przez partyzantów. W miarę jak czołgi zapuszczały się coraz głębiej w wąską uliczkę miasta, Afgańczycy strzelali do nich spomiędzy ruin meczetów i bazarów po obu stronach drogi. Nie mogąc przedrzeć się przez stosy gruzu, czołgi wpadały na siebie albo stawały pomiędzy unieruchomionymi wcześniej pojazdami. Te, które objął ogień, cofały się w stronę Starego Miasta, gdzie próbowały zdusić płomienie, wciskając się między bazarowe kramy, co cieszyło niepomiernie zgromadzonych gapiów. Aref twierdził, że zniszczono wtedy trzydzieści czołgów. Niezależnie od tego, czy liczba ta jest dokładna, partyzanci odnieśli niewątpliwe zwycięstwo: nie tylko oglądałem teraz zdobyte rosyjskie plany ataku, ale też znajdowałem się na terytorium, które w wyniku operacji miało zostać odebrane powstańcom.

Dwa miesiące przed moim przybyciem Rosjanie jeszcze raz próbowali podzielić obszar pozostający w rękach partyzantów. Kilka tysięcy żołnierzy zbudowało linię posterunków, która przecinała teren powstańczy z północy na południe, od Sak Solajman do Arbabat. Plan w teorii był całkiem zasadny: jeśli posterunki się utrzymają, skrawek partyzanckiego terenu przylegający do samego miasta zostanie odizolowany, co pomoże go oczyścić z sił powstańczych.

Aref, oprowadzając mnie po całym terenie, komentował przebieg wypadków. Jakiś mądrala w sowieckim sztabie wpadł na pomysł zastosowania jako bunkrów zwykłych pojemników kontenerowych, takich, jakie są używane we wszystkich stacjach przeładunkowych. Wkopane w grunt pojemniki przykrywano warstwą ziemi, zostawiano jedynie u góry otwory strzelnicze dla karabinów maszynowych. Na wystających z ziemi fragmentach wciąż jeszcze można było odczytać międzynarodowe numery rejestracyjne; jeden przykuwał oczy białym napisem „Made in USA".

Obronny, mieszczący obok siebie dwa czołgi wał służył samocho-
dom opancerzonym rozwożącym zaopatrzenie i posiłki wojskowe.

Na nieszczęście dla zamkniętych w środku biedaków pokrycie
tych „bunkrów" nie mogło się oprzeć pociskom cięższej broni
maszynowej, nie wspominając już o granatach czy rakietach.
Przekraczając rowy i usypane wały, widzieliśmy poszarpane,
sterczące co kilkadziesiąt metrów szczątki pojemników; przy niektórych stały zniszczone transportery. Nad świeżymi grobami
powiewały proporce o niespłowiałych jeszcze barwach.

– Tu leży mój brat – powiedział ktoś z naszej grupy, wskazując pagórek usypany z kamieni.

Wznieśliśmy ręce i odmówiliśmy modlitwę. Wszystkie posterunki padły w ciągu kilku dni.

Przedmieścia Heratu były zatem terenem nie wojny partyzanckiej, lecz oblężenia, podczas którego samo miasto znajdowało się
pod kontrolą komunistów, powstańcy zaś tkwili okopani tuż przy
jego granicach, otoczeni z kolei przez komunistyczne placówki. Ironia sytuacji polegała na tym, że słabsza strona – mudżahedini – zdecydowała się na oblężenie. Niewątpliwie podręczniki prowadzenia wojny partyzanckiej potępiłyby Ismaela
Chana za to, że wybrał walkę pozycyjną, zamiast nękać sowieckie linie zaopatrzeniowe, ale Chan atakował je również, a oku-
powanie tego właśnie terytorium wzmacniało jego pozycję polityczną.

Gwizd – grzmot, gwizd – grzmot, gwizd – grzmot. Fortissimo,
marsowo, według klucza basowego... Po południu okazało się,
że poranna cisza była czymś wyjątkowym; niebawem wznowiono ostrzeliwanie rakietami. Zastanawiałem się później, czy
przypadkiem dział nie obsługiwali nasłani Niemcy wschodni,
tak były punktualne: co pięć minut trzy pociski, praktycznie na
okrągło. Po wystrzeleniu pocisku mijała sekunda między pierwszym odległym hukiem a grzmotem detonacji gdzieś niedaleko
nas – dość czasu, by w napięciu pomyśleć, czy wybuch nastąpi

rzeczywiście blisko, ale zbyt mało, by szukać osłony. Pociski padały zresztą tak przypadkowo, że chcąc uniknąć niebezpieczeństwa, musiałbym nieustannie siedzieć w okopie. Afgańczycy po prostu je ignorowali.

Naloty, w których brały udział po dwa, cztery albo sześć samolotów, były dokonywane z równą punktualnością: od siódmej rano co godzina do południa, kiedy piloci mieli zapewne przerwę obiadową. A może nie lubili latać w największym upale? Wznawiali działanie o piątej po południu, kończyli z zapadnięciem zmroku; w sumie zaliczali siedem, osiem lotów. Bombardowali również w nocy między dziewiątą a dziesiątą, rozjaśniając teren rakietami świetlnymi; na ogół nie przeszkadzało nam to jednak w kolacji, bo jadaliśmy zwykle wcześniej. Szybko nauczyłem się ściągać z haka kamizelkę i futerał z aparatem, by biec do schronu, którym były resztki lasu niedaleko budynku dowództwa, i siedzieć tam na brzegu rowu, podczas gdy Aref wysłuchiwał na krótkofalówce doniesień o zbombardowanych terenach.

W ciemności niebo przypominało Guy Fawkes' Night w Londynie*. Długie linie pocisków smugowych przecinały się, biegnąc we wszystkich kierunkach. W całej dolinie dochodziło do wymiany ognia, granaty i pociski rakietowe eksplodowały raz po raz niedaleko naszych pozycji. Mimo to owe trzy tygodnie, jakie spędziłem w okolicach Heratu, były uważane za spokojne, bo żadna strona nie podejmowała większej ofensywy.

Jeśli porównamy Rosjan z ich poprzednikami, nie wypadną wcale najgorzej. Kiedy Tuli, syn Czyngis-chana, zdobywał Herat

---

* Noc piątego listopada (rocznica spisku prochowego w 1605 roku w Anglii), świętowana z fajerwerkami, pochodniami i paleniem kukły „Guya". Guy Fawkes (1550–1606) był głównym uczestnikiem spisku (przyp. tłum.).

Herat nocą

w maju 1221 roku, śmierć poniosło jedynie dwanaście tysięcy obrońców cytadeli. Następnego jednak roku, gdy mieszkańcy zaczęli się burzyć pod wpływem wieści o klęsce Mongołów i miasto obległ sam Czyngis-chan na czele osiemdziesięciotysięcznej konnicy, z pogromu uszło z życiem jedynie czterdzieści tysięcy spośród stu sześćdziesięciu tysięcy mieszkańców Heratu. Podobnie i Timur z początku okazał wielkoduszność. Po zdobyciu Heratu w 1381 roku zburzył mury miejskie, złupił bazary ze „srebra, kamieni i złotych tronów" i zabrał do Samarkandy miejskie wrota. Kiedy jednak dwa lata później wybuchła rewolta, syn Timura, Miran Szah, zrównał Herat z ziemią i „wieżę wzniósł wysoką z obciętych głów". Z tego powodu Szah Ruch, obejmując urząd gubernatora w 1391 roku, zaczynał wszystko od nowa.

Cytadela heracka została wzniesiona w północno-zachodniej części Starego Miasta na kopcu, który kryje zapewne ruiny wcześniejszych, pradawnych obwarowań. Za panowania Szaha Rucha siedem tysięcy robotników mozoliło się przy jej odbudowie. Niebieskie płytki ceramiczne, którymi obłożono ściany, tworzyły wzór ogromnych rombów. Powyżej i poniżej kolorowego pasa były umieszczone inskrypcje – górne chwalące samego Szaha Rucha, niższe, wykonane tak zwanym niemym pismem kufickim*, spełniające funkcje czysto dekoracyjne. Rozliczne wizerunki przedstawiają cytadelę jako przytłaczającą swym ogromem górę ceglanych bastionów – podobnie jak budowany w tym samym nieomal czasie Malbork. Według Niedermayera w 1915 roku twierdza była w niezłym stosunkowo stanie, ale w latach sześćdziesiątych, kiedy Nancy Hatch Wolfe, przygotowując swój przewodnik, odwiedziła Herat, cytadela tworzyła już romantyczną ruinę, w której „stosy armatnich kul rdzewiały obok dział spoczywających na połamanych drewnianych lawetach". W latach siedemdziesiątych na posiedzeniu UNESCO postanowiono zamienić twierdzę w muzeum; w Londynie oglądałem przygotowane plany odbudowy.

Oryginalne płytki ceramiczne przetrwały do naszych czasów tylko na jednej z wież i tę właśnie ostatnią, zdobioną przez Timurydów część cytadeli, wznoszącą się nad fortecą, widziałem w wizjerze mego aparatu, gdy ponad jakimś zrujnowanym mu-

---

* Pismo kufickie (arab. *al-chatt al-Kufi*) – obok *nashi* jeden z najwcześniejszych typów pisma arabskiego, rozwinięty w VII wieku; oznaczał się monumentalnym stylem liter, z przewagą kątów prostych i wydłużeniem linii poziomych. Pismo to używane było w inskrypcjach malowanych lub rytych w kamieniu bądź metalu (ściany meczetów, monety). W XII wieku utraciło znaczenie przekazu i przyjęło formę czysto zdobniczą (przyp. tłum.).

rem spoglądałem przez teleobiektyw na „ziemię niczyją". Solidna twierdza, wzmocniona tonami specjalnego betonu, lśniła bielą niczym skaliste wybrzeże Dover; miejsce gołębich gniazd zajmowały stanowiska broni maszynowej, wszystko zaś oplatała od góry pajęczyna anten i czerwonych flag. Przykucnąwszy za murem, dostrzegłem, że Rosjanie wcale twierdzy nie zniszczyli, wręcz przeciwnie – odbudowali ją, tyle że nie jako muzeum, lecz na potrzeby wojny. Stary fort pełnił więc znów rolę złącza miejskich umocnień, pilnując wroga od zewnątrz i mieszkańców w obrębie miasta.

10

Powstanie '79

Drugim zadaniem, jakie sobie postawiłem, była próba ustalenia, co wydarzyło się w Heracie w marcu 1979 roku, jeszcze przed wkroczeniem Rosjan. W mieście, twierdzono, wybuchł bunt, który miał przyspieszyć dokonaną pod koniec tegoż roku inwazję sowiecką. Wszystko w zasadzie, co Zachód wiedział na ten temat, było zawarte w krótkiej notce zamieszczonej w „Timie":

„Niezadowolenie płynące z wojny domowej przejawiło się gwałtownymi zamieszkami, do jakich doszło w marcu w Heracie, gdzie muzułmańscy wieśniacy wraz z dwoma tysiącami dezerterów z armii afgańskiej wszczęli rozruchy, w których śmierć poniosły setki komunistów – członków partii Chalk, oficerów i obcokrajowców, w tym co najmniej dwudziestu doradców sowieckich i ich rodziny. Kabul odpowiedział zdecydowanym atakiem przy użyciu helikopterów i samolotów bojowych, w wyniku którego w mieście zginęło dwadzieścia tysięcy Afgańczyków. Choć rebelia została stłumiona, zastosowanie tak bezlitosnych środków utwierdziło tylko ludność tubylczą w przekonaniu, że marionetkowy reżim Chalku jest kierowany przez ZSRR".

Agencja Reutera donosiła z kolei o znacznie mniejszej skali buntu, szacując liczbę ofiar jedynie na tysiąc. Tak kolosalna różnica ocen podawanych przez dwa zazwyczaj wiarygodne źródła była typowa w owym czasie dla większości informacji napływających z Afganistanu. Próbując się dowiedzieć, co rzeczywiście i dlaczego zdarzyło się w Heracie, przeprowadziłem w Londynie długą rozmowę z byłym komunistą, ze zrozumiałych powodów nieujawniającym swego nazwiska.

„Oczywiście, że popełniliśmy błędy – powiedział. – Czego innego można się było spodziewać? Nie mieliśmy odpowiednich kadr, a chcieliśmy w ciągu kilku lat przenieść miliony durniów w czasy jako tako współczesne. Naturalnie, że musiały wystąpić trudności. Naszym celem było ni mniej, ni więcej, tylko pokazanie wszystkim zacofanym krajom świata, jak przeskoczyć z feudalizmu wprost do ustroju dobrobytu i sprawiedliwości społecznej. Sami Rosjanie zazdrościli nam odwagi. Poprawialiśmy ich osiągnięcia!

Przywódca partii miał być automatycznie przywódcą mas pracujących, w teorii zatem nasz rząd miała wspierać cała klasa robotnicza. Problem tkwił w tym, że w Afganistanie w ogóle nie ma klasy robotniczej, nie sposób więc było trzymać się przetartych już dróg, musieliśmy improwizować. Awangarda partii składała się z rewolucyjnie nastrojonych oficerów. Dopiero po przejęciu władzy mogliśmy zacząć rozszerzać bazę społeczną naszego ruchu.

Nie mieliśmy wyboru: załatwiać sprawy demokratycznie czy nie. Musieliśmy po prostu wziąć się do roboty, bo jeśli nie my, to kto miał to zrobić? Kto dziś pamięta głód 1973 roku? Umarły wtedy tysiące ludzi. Nie zapomnę, jak szedłem przez heracki bazar i widziałem poskręcane ciała umierających z głodu przed sklepami, które wystawiały wszelkie owoce i wiktuały. Co zrobił wtedy rząd? Jego przedstawiciele pochodzili z arystokratycznych rodzin, nabijali sobie kabzę, sprzedając żywność po wyśrubowanych cenach.

Niech pan weźmie nasze pierwsze dekrety: już najwcześniejsza deklaracja mówiła, że wyżywienie i dach nad głową to zasadnicze potrzeby, do których każdy ma prawo. Dlatego też biedota tak radośnie wrzeszczała, gdy umarł Daud*. Tak, większość członków naszej partii pochodziła z najbiedniejszych kręgów społeczeństwa. Czy można było oczekiwać lepszej rekomendacji naszego planu dla kraju?

Było nas bardzo niewielu, nie mogliśmy więc liczyć, że wygramy wybory. Ale czy Afganistan miał kiedykolwiek sprawiedliwe wybory? I jak partia postępowa mogła liczyć na większe poparcie jej programu, jeżeli dziewięćdziesiąt pięć procent ludności stanowili analfabeci, trzymani w biedzie i niewiedzy przez mułłów, obszarników i szarlatanów, samych pasożytów? W czasie konferencji prasowych na Zachodzie wszyscy oni pozują teraz na orędowników wolności religijnej, ale niech pan porozmawia z nauczycielami, którzy próbowali za starych czasów wprowadzić w wioskach elementarną edukację. Mułłowie nie pozwalali im uczyć biologii, bo się bali, że dzieci mogą zacząć kwestionować objawienia religijne. Gimnastyka została zabroniona, bo od niej już krok do tańca, śmiertelnej obrazy dla wrażliwej muzułmańskiej moralności. Podstawy higieny osobistej zostały również określone jako bezwstyd. Kobietom nie wolno się było myć czterdzieści dni przed porodem i po porodzie. Do porodu musiały być ubrane... Wiedzieliśmy dobrze, o co chodziło. Mułłowie sprzeciwiali się wszystkiemu co postępowe, niektórzy ze zwykłej ignorancji, ale większość dlatego, że wiedzieli, iż edukacja wyrwie z ich szponów umysły społeczeństwa.

---

* Generał pułkownik Muhammad Daud Chan był szwagrem i kuzynem króla Zahira Szaha; jako premier jego rządu dokonał w 1973 roku bezkrwawego przewrotu i proklamował Republikę Afganistanu, w której sprawował nadal funkcję premiera, a od 1977 – prezydenta. Dwudziestego siódmego kwietnia 1978 (siódmego saur 1357 według kalendarza afgańskiego, stąd przyjęta nazwa „rewolucji") Daud zginął w wyniku zamachu stanu przeprowadzonego przez opozycję, której przewodzili Nur Muhammad Taraki i Babrak Karmal z partii Chalk oraz Hafizullah Amin z partii Parczan (przyp. tłum.).

Dla nas, patriotów, jeszcze przed rewolucją saur było jasne, że musimy podjąć działanie; pan też by to zrozumiał. Za czasów Dauda rząd naśladował ślepo Zachód – a jakie były rezultaty? Średnia długość życia poniżej czterdziestu lat, roczny przychód na głowę mniej niż dwieście dolarów i jeden z najwyższych na świecie współczynników umieralności niemowląt*.

Założenia naszego programu były jasne: ziemia dla chłopów, żywność dla głodnych, darmowa edukacja dla wszystkich. Wiedzieliśmy, że mułłowie w wioskach będą nastawiać ludność przeciw nam, wydaliśmy więc bez zwłoki odpowiednie dekrety, aby ludzie sami mogli się zorientować, co im się naprawdę opłaca. Wszystkie gospodarstwa o powierzchni powyżej trzydziestu dżaribów (sześciu hektarów) gruntów pierwszej klasy miały zostać wywłaszczone, a naddatki rozdzielone pomiędzy nieposiadających ziemi**. Wszystkie długi i pożyczki, dzięki którym bogaci trzymali biednych w ryzach, zostały anulowane***. Chcieliśmy stworzyć klasę niezależnych chłopów, którzy swoją samodzielność zawdzięczaliby nam.

Wyliczyliśmy, że potrzeba około stu pięćdziesięciu godzin, by nauczyć się czytać i pisać, i sumiennie wzięliśmy się do realizacji programu; wciągnęliśmy do pracy regularnych nauczycieli i ochotników. Teraz mówi się, że była to indoktrynacja, ale wtedy nasza kampania została nagrodzona przez UNESCO.

Po raz pierwszy w historii Afganistanu kobiety miały otrzymać prawo do wykształcenia. Spodziewaliśmy się oczywiście, że

---

* W roku 1987 średnia długość życia wynosiła 40,6 lat roku u mężczyzn i 41,6 u kobiet, śmiertelność noworodków – 175 na 1000 urodzin (trzecie miejsce po Angoli i Dżibuti), dochód narodowy wzrósł (w 1985 roku) do 230 dolarów na jednego mieszkańca (dane wg *Encyclopaedia Britannica Book of the Year 1989 and 1990*) (przyp. tłum.).
** Dekret nr 8 Rady Rewolucyjnej Demokratycznej Republiki Afganistanu z 28 listopada 1978 roku, cz. 1, art. III–IV (przyp. tłum.).
*** Dekret nr 6 z 23 lipca 1978 roku, art. I–V (przyp. tłum.).

gdy zetkną się z wiedzą i płynącą z niej niezależnością, staną po naszej stronie. Stanowiły ogromną siłę – połowę ludności kraju, która, jak wiedzieliśmy, należy do naszego obozu. System feudalny zrobił z nich domowe niewolnice; my przekonywaliśmy je, że ich ciała należą do nich, że mogą poślubić, kogo zapragną, że nie muszą żyć trzymane w zamknięciu niczym zwierzęta domowe*.

Spodziewaliśmy się oczywiście oporu ze strony tych, dla których reformy oznaczały straty, i niebawem mieliśmy z nimi do czynienia. Przeciwnicy uciekli się do religijnej demagogii; przysłonili nią swoje prawdziwe cele. No, nie była to odpowiednia pora do wciągania białych rękawiczek... Przede wszystkim musieliśmy utrzymać władzę. W przeciwnym razie nas samych czekała likwidacja, a kraj – powrót w mroki średniowiecza. Nie zaprzeczam, że w rewolucyjnym zamieszaniu zginęli również niewinni ludzie. Jak wy to mówicie w Anglii...? «Nie można usmażyć omletu bez rozbicia jaj». Niektórzy towarzysze mogli być oczywiście nadgorliwi, ale w sumie wśród ofiar przeważali wyzyskiwacze i oszuści. Dlaczego mielibyśmy przelewać łzy z powodu upadku klasy, która przez wieki gnębiła cały naród? Gdy oni byli u władzy, torturowali i mordowali naszych towarzyszy.

Tak czy inaczej rządy twardej ręki miały być krótkie i zdecydowane, co mogło nam pozwolić na szybkie i pełne wprowadzenie reform. Naprawdę wierzyłem, że gdy tylko dadzą o sobie znać ich dobroczynne skutki, nawet dzieci naszych wrogów będą nam dziękować.

Niech pan się nie da zwieść opowieściom o buncie dwudziestego czwartego hut; sprowokowali go opłaceni przez CIA reakcjoniści. Zostaliśmy uprzedzeni, zdążyłem zorganizować obronę meczetu piątkowego. Wiedziałem, że ta banda bigotów nie odważy się go zaatakować. Więc zamieniłem świątynię w twier-

---

* Dekret nr 7 z 17 października 1978 roku, art. IV–V (przyp. tłum.).

dzę. Drugiego dnia poleciałem helikopterem do Kandaharu, by sprowadzić odsiecz".

Inni heratczycy byli mniej rozmowni.

– Jedź do miasta, pogadaj tam z ludźmi, sami ci powiedzą. W Heracie dowiesz się wszystkiego.

Później przekonałem się, że owych wymijających odpowiedzi udzielano z rozmysłem. Dopiero po mojej podróży do Heratu ci sami ludzie zaczęli okazywać mi zaufanie.

W drodze do miasta partyzanci napomykali, jak wyglądała rebelia, ale wciąż nie mogłem zmusić żadnego z nich, by opowiedział o wszystkim otwarcie.

– Przecież musisz wiedzieć, co się wydarzyło dwudziestego czwartego hut. Wszyscy wiedzą, więc jak to, Anglicy nie?

– Niestety, nie. Przed wkroczeniem Rosjan większość ledwo słyszała o Afganistanie, a co dopiero o powstaniu w Heracie! Jeśli mi nie powiecie, nigdy się nie dowiedzą.

Każdy jednak się wykręcał.

– Pogadaj z Ismaelem Chanem, on był jednym z dowódców. Ja nie byłem wystarczająco ważny.

Wreszcie w Pasztun Zarghun w dolinie Heratu lokalny mułła – nazwijmy go Sajid Razagh – opowiedział mi o wydarzeniach w jego wiosce.

„Kiedy dotarła do nas wiadomość – zaczął – że Daud został obalony i partia komunistyczna przejęła władzę, uznaliśmy, że nas to nie dotyczy, bo wszystko zdarzyło się w Kabulu, a Kabul jest od nas daleko. Tam rządy nastawały i upadały, my w wioskach pilnowaliśmy własnych spraw.

Nowy rząd obwieścił, że posagi mają być zniesione*, a ja tłumaczyłem ludziom, że pozostaje to w zgodzie z islamem. Koran

---

* Dekret nr 7 z 17 października 1978 roku, art. I–III (przyp. tłum.).

zaleca *mehr*, czyli nie wiano, lecz rodzaj finansowego zabezpieczenia dla kobiet, jeśli mąż rozwodzi się z żoną, dzięki wpła-
conej sumie nie pozostaje ona bez środków do życia. W Afganistanie rozwody są zresztą rzadkością. Pomyślałem wtedy, że
może nareszcie będzie mnie stać na ślub... Ale kiedy do naszej
wioski zaczęli przyjeżdżać aktywiści partyjni, szybko zmieniliś-
my zdanie.

Zwyczajowo rodziny poślubionych wydają ucztę dla całej osady, podobnie gdy ktoś umrze. Krewni przygotowują jedzenie, które rozdają biednym pierwszego, trzeciego i siódmego dnia, a później powtarzają to w każdą rocznicę śmierci. Ludzie zbierają się
wtedy razem, recytują Koran, rozmawiają. A aktywiści powiedzieli wszystkim, że takie zwyczaje nie przynoszą żadnego pożytku i będą zakazane. Proletariacki rząd, mówili, postawił sobie
za zadanie wykorzenienie naszych wstecznych tradycji. Sami nie
mieli żadnych zwyczajów, a twierdzili, że powinniśmy wydawać
mniej pieniędzy na ślub i obchodzić uroczystość wyłącznie we
własnym gronie. Gdy tylko słyszeli o czyichś zaślubinach, wdzie-
rali się siłą do domu weselnego, wyrzucali wszystkich i niszczyli przygotowane jedzenie, krzycząc, że podobne przyjęcia są zabronione.

W zimie (1978) rozpoczęły się ich kursy pisania i czytania. Za
czasów prezydenta Dauda zjawił się u nas nauczyciel i zaczął
nas nakłaniać do zbudowania szkoły. Omawialiśmy to w meczecie, poparłem jego plan. Powiedziałem ludziom, że dopóki szkoła będzie uczyła Koranu i przestrzegania postów, jest to dobry
pomysł. Większość miała zamiar posłać najpierw jedno albo
dwoje dzieci, na próbę, ale w zasadzie wszyscy chcieli szkoły. Po-
stawiliśmy ją z naszych funduszy, rząd zaś płacił pensję nauczy-
cielowi. Kiedy komuniści przejęli władzę, odwołali go i tyleśmy
go widzieli.

Nowy, którego przysłali, mówił, że jest nauczycielem, ale to
nie była prawda, dopiero studiował. Nie budził respektu. Był bar-

dzo młody, a pouczał starców, co mają robić, i się z nich naśmiewał. Jesteśmy religijni – kiedy wchodzimy do meczetu, zdejmujemy na znak szacunku buty, a nawet skarpety. Ludzie biorący udział w kursach zauważyli, że student wchodzi do meczetu w obuwiu. Ucząc ich pisać i czytać, opowiadał im wciąż o Leninie, Marksie i Rosji. Mówił wszystkim, że są zacofani i że Afganistan teraz dopiero stanie się nowoczesnym państwem. Ci, którzy sprzeciwiają się kursom, są wrogami postępu i będą aresztowani, twierdził. W klasach chłopcy uczyli się razem z dziewczętami, wszyscy musieli przychodzić, nawet stare kobiety, bardzo to je poniżało. Ludzie nic nie mówili, ale w głębi duszy zaczynali go nienawidzić.

Zauważyliśmy wkrótce, że nauczyciel zakochał się w jednej z dziewcząt. Normalnie mężczyźni z jej rodu nie pozwoliliby mu nawet na nią spojrzeć – był z miasta, nikt nie znał jego rodziny. Może miał dziadka złodzieja?

Dziewczyna przestała przychodzić na lekcje i nauczyciel wybrał się na rozmowę do jej ojca. Zagroził mu aresztowaniem, jeśli nie wyśle córki z powrotem do szkoły. Ojciec odmówił, przeklął go, więc ten wrócił z żołnierzami i zabrał dziewczynę siłą. W następny piątek wygłosił w meczecie mowę, że nie mamy prawa zabraniać wykształcenia naszym rodzinom, że kobiety nie są własnością swych rodziców czy mężów, na przykład nie potrzebują pytać o pozwolenie ojca albo małżonka, aby pójść na bazar. Strasznie to wszystkich rozzłościło. Mężczyźni zaczęli go przekrzykiwać, a gdy się upierał, pobili go na śmierć.

Nadeszli znów żołnierze z garnizonu, ale obroniliśmy się, choć bez karabinów. Zabiliśmy jednego z nich, pojawiły się więc posiłki i wielu ludzi zostało aresztowanych. Dowiedzieliśmy się, że wszystkich zamordowano w garnizonie; buldożery zakopały ich żywcem w okopach. Przedarłem się przez rzekę razem z dwudziestoma pięcioma mężczyznami i poszliśmy w góry. Kryliśmy się w szałasach pasterskich, ale większość nie przeżyła, bo zima tamtego roku była bardzo ostra. Kiedy usłyszałem, że w Heracie ma być powstanie, wróciłem do wioski i razem z tymi, którzy zostali, ruszyliśmy do miasta" – zakończył mułła.

Nadal jednak nie byłem bliższy rozwiązania: co rzeczywiście wydarzyło się w samym Heracie? Stało się już jasne, że bunt nie obejmował tylko miasta; powstała chyba cała prowincja. Wieśniak z tej samej wioski co i mułła – niech pozostanie tymczasem bezimienny – zachęcony być może jego przykładem, zgodził się ze mną rozmawiać, jak zwykle przy udziale tłumaczącego wszystko Amanullaha.

„Kiedy dowiedziałem się o reformie rolnej – rozpoczął swoją opowieść – najpierw się ucieszyłem, że będę mógł nareszcie zapewnić rodzinie więcej jedzenia. Pracowałem jako robotnik sezonowy; wyrabiałem cegły albo najmowałem się do koszenia i młócki, za co dostawałem około pięćdziesięciu afghani (około dwudziestu pięciu pensów) dziennie. Razem z dwoma synami uprawiałem również dziesięć dżaribów (dwa hektary) ziemi. Właściciel dawał ziarno i wypożyczał zwierzęta pociągowe i sprzęt, za co oddawaliśmy mu dwie trzecie zbiorów.

Jesienią 1978 roku pojawili się w wiosce działacze partyjni z miasta i ogłosili, że odtąd każdej rodzinie będzie przysługiwać taka sama ilość ziemi. Powiedzieli mi, że mogę zatrzymać uprawiane pole, a ponieważ nasza rodzina była duża i biedna, więc należało mi się jeszcze dwadzieścia dżaribów ziemi więcej. Z początku wahałem się – islam nie pozwala zabierać cudzej własności – ale potem właściciel dał nam znać, że możemy swobodnie korzystać z jego gruntów. Ludzie mówili, że nie chciał już więcej uchodzić za bogatego, bo bogatych wyłapywano i aresztowano. Wzięliśmy więc ziemię z radością – nigdy się nam nawet nie śniło, że będziemy kiedyś tak bogaci.

Niezadługo jednak partyjni podzielili całą wioskę na grupy po dwadzieścia rodzin i w każdej grupie wyznaczyli jednego człowieka na nadzorcę. Musieliśmy zawsze prosić go o pozwolenie,

11

Allahu akbar!

Dwa dni później zapowiadany tłumacz zmaterializował się wreszcie w korpulentnej postaci Abdula Satara Ahmadiego.

– Chłopie, słuchaj, Afgańczycy to muzułmanie, modlą się do Boga. Islam istnieje od trzynastu wieków, a marksizm dopiero od stu lat, islam jest więc lepszy, kapujesz?

Mówił z amerykańskim akcentem, a słowa, które wypowiedział niespodziewanie, ledwo się sobie przedstawiliśmy, sugerowały, że zastanawiał się nad tym problemem od dawna i dopiero teraz znalazł zadowalające rozwiązanie. Był w nieokreślonym wieku – może pięćdziesiąt pięć lat. Jego mięsistą twarz okalała przyprószona siwizną broda, miał na sobie prążkowaną kamizelkę, a na głowie szary, pasiasty turban. Trzy dni zajęło mu dotarcie do mnie ze wschodniej, okupowanej przez komunistów części miasta, nie chciałem zatem okazać niewdzięczności i dlatego nie powiedziałem mu, co sądzę o jego argumentacji.

– Mam czterdzieści jeden lat, ale, spójrz, przerobiłem tu na czterdzieści sześć. – Pokazał mi nieudolnie wyskrobaną i zmienioną datę w swoim dokumencie. – Rząd chce być dobry dla ludzi, tak twierdzi, więc mogę poruszać się wszędzie bez przeszkód. Czterdzieści sześć lat to za dużo na wojsko.

Satar stanowił szczególną mieszaninę światowości i zabobonu. Kilka lat wcześniej pracował przez rok w Bonn w sklepie z dywanami; roześmiał się lubieżnie, gdy go spytałem, czy odpowiadały mu Niemki. Chwilę później powiedział całkiem poważnie, że kiedy miał osiem lat, stary mułła włożył mu w dłonie kilka orzechów i nakazał wyrecytować krótki fragment Koranu dwanaście tysięcy razy. Satar powtarzał werset przez tydzień, cały czas obracając w palcach orzechy. Uczyniło go to, twierdził, niewrażliwym na ukąszenia skorpionów, pszczół i węży. Co więcej, jeśli pogryziony został ktoś inny, wystarczyło, aby on, Satar, siedmiokrotnie wyrecytował nakazany werset, a – jeśli ofiara była w stanie rytualnej czystości („na przykład po pierdoleniu trzeba się umyć, rozumiesz?") – ból znikał. Traf chciał, że akurat wtedy podszedł do niego pogryziony przez pszczoły chłopiec. Satar wyciągnął mały nożyk swojego obcinaka do paznokci i powtarzając zbawienny werset, drapał ostrzem żyłę ponad miejscem ukąszenia. Chłopiec twierdził, że ulga przyszła natychmiast. Moc Satara nie obejmowała, niestety, pcheł, nie zdołałem więc jej wypróbować na własnej skórze.

– Mogę również łapać węże – powiedział z powagą. – Wystarczy, że wezmę garść piachu i wypowiem: *Bi-smi Llah-i r-rahman-i r-rahim-i.* Wąż drętwieje i mogę go bezpiecznie złapać.

– Doprawdy? Zdumiewające! I schwyciłeś już jakiegoś? – spytałem z entuzjazmem.

– Oczywiście, że nie. – Spojrzał na mnie zaskoczony moją ignorancją. – Co ty, nie wiesz? Niektóre z nich są jadowite, naprawdę niebezpieczne.

Po południu rozsiedliśmy się na derce w zniszczonym sadzie i Satar zaczął opowiadać, co przeżył dwudziestego czwartego hut. Mówił z typową afgańską obojętnością. Spuścił wzrok i czasem tylko podnosił oczy, by sprawdzić, czy jeszcze słucham.

„«Chan» jest słowem oznaczającym szacunek, jak w angielskim «sir». Bogatych również tytułuje się «chan». Moja rodzina nie należała do specjalnie majętnych, ale ojciec był poważanym lekarzem. Bardzo się bałem, by ktoś nie zwrócił się do mnie per «Satar Chan», bo gdyby usłyszał to jakiś komunistyczny szpieg, należało się spodziewać rewizji w domu i może nawet aresztowania.

oczu spoglądało na mnie ze ściany, a dokładniej – z plakatu – z rzędami fotografii. Przeważały na nich twarze wąsatych wieśniaków; niektóre wpatrzone poważnie w obiektyw, inne z grymasem afgańskiego *machismo*. Jeden ze sportretowanych szczerzył zęby w pełnym wigoru uśmiechu: ubrany w pseudocarski uniform z ogromnymi epoletami, wyglądał niczym ubiegłowieczny rabuś. Byli to przyjaciele i krewni ludzi, z którymi przebywałem – wszyscy nie żyli, plakat był zbiorowym nekrologiem.

Siedzący po turecku dowódca tego *komite*, Mohammad Ahmad, pił poranną herbatę. Wybrano go ze względu na wiek – miał dwadzieścia dwa lata. Przed wojną prawie ukończył szkołę średnią.

Ahmad wskazał mi umieszczony za rogiem szkoły zbiornik na wodę, miniaturowy Panteon górujący nad ruinami. Budowla nie była stara – współczesna zapewne pomnikowi Jeffersona w Waszyngtonie, też imitującemu Panteon – postawiona z dobrego budulca. Pod kształtną kopułą z blokujących się wzajemnie cegieł znajdowała się sadzawka wielkości fontanny; zeszliśmy tam teraz po granitowych schodach, by nabrać wody. Podobnie jak w Panteonie, tak i tu technika budowy była doskonała – kopułę podziurawiły w dwóch miejscach pociski artyleryjskie, ale imponująca konstrukcja nie rozsypała się. Od środka przypominała teraz obserwatorium astronomiczne. Chłopak nalał mi wody w złożone dłonie, dzięki czemu mogłem się umyć.

W południe, gdy tonąłem w strumieniach własnego potu, Ahmad zapytał, czy nie miałbym ochoty na kąpiel. Sądziłem, że ma na myśli nieco dokładniejsze obmycie się w specjalnie zagrzanej wodzie, ale godzinę później zobaczyłem zaskoczony prawdziwą turecką łaźnię. Jedną z czterech stron podwórka, które otaczało dom, zajmowało niezbyt duże, beczkowatego kształtu pomieszczenie wielkości ogrodowej szopy; nie przypuszczałem, że może czemukolwiek służyć – tynk i farba na zewnątrz łuszczyły się, nie zauważyłem, by ktokolwiek do niego wchodził. Wewnątrz jednak podłoga, opadająca nieco ku służącemu za odpływ wody otworowi, była gładka i idealnie czysta. Na drewnianej półce stała biała butelka z podrabianym szamponem znanej marki, na haku wisiał puszysty ręcznik, a po odkręceniu kranu ze zbiornika trysnął wrzątek. Obok stało wiadro pełne lodowatej wody z unoszącą się na powierzchni plastikową chochlą. Stojąc, mogłem niemal dotknąć głową sufitu, ale teraz siedziałem na drewnianej ławce i po odkręceniu gorącej wody czekałem, aż para wypełni izbę. Szorowałem się twardą szczotką, a wokół mnie rozbrzmiewały odgłosy strzałów – jakbym się znalazł we wnętrzu ogromnego kontrabasu.

Chciałbym kiedyś spotkać jeszcze raz tego Francuza, który mnie zapewniał, że dostał w Afganistanie owrzodzenia skóry, ponieważ tubylcy nie pozwalali mu się myć! Higiena osobista jest równie istotna w życiu pobożnego muzułmanina, jak życie w brudzie było uważane za oznakę pobożności przez wielu chrześcijan. Gdy my żegnamy się, używając do tego celu wody święconej, co ma oznaczać dokonanie symbolicznej ablucji duszy, muzułmanie naprawdę obmywają ciało. Ich tradycja nie zna świętych czczonych za to, że nie myli się jak żywot długi. Nie znajdzie się ani jeden muzułmański władca, o którym można by powiedzieć, że „kąpał się raz do roku, nawet jeśli nie było to potrzebne", jak czyniła królowa angielska Elżbieta I, co kroniki podają z pełnym pruderii osłupieniem. Gdy nasze tradycyjne mroczne kościoły wzięły początek z podziemi rzymskiego cesarstwa – katakumb – meczet ze swoim zbiornikiem wodnym, przeznaczonym do dokonywania ablucji, wywodzi się częściowo z rzymskich łaźni. Za panowania Maurów w samej tylko Kordobie było dwieście sześćdziesiąt łaźni publicznych. Pobożni zdobywcy chrześcijańscy pozamykali je bezzwłocznie jako przybytki uciech cielesnych, po czym zamienili w klasztory dla śmierdzących mnichów. Aż do XIX wieku część muzułmanów prowadziła tryb życia bardziej higieniczny niż większość chrześcijan.

Wędrówka przez pole minowe wspaniale poprawia koncentrację. Spoglądałem wciąż to na drogę, to na moje stopy, wahając się w każdej sekundzie. Czy w tej suchej kępie nie kryje się przewód? Co może się stać, gdy nadepnę tamten płaski kamień? Czy pod tą dogodnie leżącą deską nie ukryto aby miny? Byłem gościem, więc nie pozwolono mi iść przodem, ale nawet posuwanie się po śladach Ahmada było trudne. Miał krok krótszy niż ja, a na twardym gruncie, gdzie nie zostawały ślady, nigdy nie mogłem mieć pewności, że stawiam stopę dokładnie w miejscu już przez niego sprawdzonym. Widziałem wcześniej miny, na jakie mogliśmy się natknąć. Niektóre pochodziły z sowieckiego arsenału II wojny światowej: prymitywne modele z drewnianym pudełkiem wielkości krowiego placka, aktywowane szarpnięciem półtorametrowego drutu przeciągniętego do kamienia czy drewnianego kołka. Nowsze wyglądały jak małe taśmy miernicze i wybuchały pod naciskiem. Niejednokrotnie przemieszczały się w ziemi na skutek pobliskiej eksplozji pocisku, więc teraz mogły się niespodziewanie pokazać na pozornie przetartej drodze. Żadne z tych min nie powodują od razu śmierci, urywają tylko stopę – ale raniony kompan jest większym problemem niż zabity.

– Chcesz zobaczyć meczet piątkowy? Zrobić zdjęcia? Dobrze, chodźmy – powiedział tego dnia po obiedzie Ahmad.

Zarzucił karabin na ramię i bez słowa ruszył przodem; dwóch uzbrojonych mężczyzn szło za mną jako dodatkowa eskorta. Popołudniowe słońce kąpało w pomarańczowych barwach ściany domów i spieczony grunt pod naszymi nogami; ostrożnie posuwaliśmy się w kierunku Bramy Irackiej, pozostającej w rękach komunistów. W Londynie mówiono mi, że meczet piątkowy został bardzo poważnie zniszczony – miałem teraz okazję sprawdzić tę informację.

Gdy w 1985 roku komuniści wyrwali staromiejską część miasta z rąk powstańców, wzdłuż murów miejskich założyli bardzo dużo min. Partyzanci przez pół roku oczyszczali szlaki wśród ruin, usuwając bez żadnego sprzętu dwadzieścia tysięcy min; dwustu ludzi straciło przy tym życie, powiedział Ahmad. Kiedy podejścia były już bezpieczne, kilka tysięcy partyzantów znów wkroczyło do miasta. Udało im się zdobyć i utrzymać przez tydzień osiemnaście posterunków w obrębie murów, ale gdy z Kabulu nadleciały posiłki, musieli się wycofać.

Skoczyłem za Ahmadem przez dziurę w murze otaczającym sad przy jednym z domów. Minęliśmy pustą sadzawkę o ozdobionych fryzem brzegach i pojedynczy krzak różany – życie musiało tu być kiedyś całkiem niezłe. Pozbawiony bramy sklepiony korytarz wiódł na drugie podwórko, skąd prowadziło przejście do kolejnego domu. Przez następne pół godziny przemierzałem za Ahmadem ten labirynt; wkrótce straciłem poczucie orientacji. Czołgaliśmy się w tunelach kilkunastometrowej długości, zbudowanych pod fundamentami budynków, przeciskaliśmy przez dziury w ścianach sąsiadujących ze sobą piwnic, skradaliśmy za niskimi glinianymi murkami lub przebiegaliśmy gorączkowo przez ulice, gdy brakowało jakiejkolwiek osłony. Ogień artyleryjski zmienił wszystkie budynki w ruinę sięgającą pierwszego piętra, ale tu i ówdzie bezużyteczne okno obramowywało niebo, a ocalała ściana wyrastała nagle niczym milczący wartownik. Nad wszystkim powiewały z masztów obszarpane zielone sztandary z koranicznymi inskrypcjami. Pomyślałem naiwnie, że to dobry znak: jeśli flagi islamu są nadal w tym miejscu, wróg nie pokazywał się tu od dawna i nie ma nowych min.

Znajdowaliśmy się na samej linii frontu. Ahmad stracił tu tylu przyjaciół, że niemal co sto metrów robiliśmy przystanek, by zmówić krótką modlitwę. W końcu wydostaliśmy się z tunelu do podziemi budynku tak samo zniszczonego jak wszystko dookoła.

– Teraz szybko, najszybciej jak możesz! Wróg jest blisko! – szepnął Ahmad i już był na podeście.

Meczet piątkowy, zajmujący powierzchnię mili kwadratowej, przetrwał w tym samym miejscu ponad tysiąc lat, od 1200 roku, w nadanej mu przez Ghorydów imponującej formie. Jakiś skrupulatny podróżnik wyliczył kiedyś, że budowla miała czterysta osiem kopuł, sto trzydzieści okien, czterysta czterdzieści cztery kolumny i sześć wejść. Podobnie jak prawie wszystko w Heracie, meczet prezentował się najokazalej za panowania Husajna Bajghary. W 1499 roku Mir Aliszer Nawoi, „zausznik sułtana", osobiście doglądał rzemieślników kryjących na nowo budowlę kafelkami i złotem – to było już jego ostatnie wielkie społeczne zadanie. Gdy zakończono pracę, rozpoczęły się uroczystości dla uczczenia piękna świątyni. Z początkiem jednak naszego wieku wszystkie złocenia, mozaiki i większość tImurydzkich wykładzin przepadły. Według Roberta Byrona była to – w 1934 roku – godna szacunku, lecz „posępna" budowla: „Bez nich [dwóch błękitnych kopuł] i pochylonej pinii zabrakłoby tu koloru – jest tylko wapno, zniszczona cegła i popękane kawałki mozaik"*. Fotografie, które oglądałem wcześniej, były czarno-białe, spodziewałem się więc dalszych zniszczeń – byłem zatem zupełnie nieprzygotowany na widok, jaki miałem ujrzeć.

Na szczycie schodów zburzonego domu znajdowało się małe pomieszczenie, które dziwnym trafem nie zostało zniszczone, mimo iż musiało być używane przez partyzantów, bo łuski pocisków do kałasznikowa zgrzytały mi pod stopami. W murze od strony miasta była wybita dziura służąca za otwór strzelniczy. Spoglądając przez nią, zobaczyłem w odległości może dwustu metrów groźną ścianę wałów obronnych i wieżyczek, ciągnącą się w linii prostej na prawo i lewo. Były to stare mury miejskie; odbudowane i umocnione przez komunistów, spełniały rolę pasa ochronnego. Na wprost przede mną trzepotała na tyczce ponad bunkrem czerwona flaga. Za nią, na szczycie góry matowych ce-

---

* Robert Byron, *op. cit.*, s. 109.

gieł, lśniła w blasku lapis-lazuli ogromna budowla. W jej dwóch skrzydłach dostrzegłem rzędy wyłożonych błękitnymi płytkami nisz. Każdy z sześciu minaretów stojących po obu stronach głównego budynku meczetu był pokryty w całości turkusowymi kafelkami i zwieńczony emaliowaną kopułą o barwie indygo. Zlewając się niemal z akwamaryną nieba, meczet piątkowy pławił się w pełnym elegancji majestacie. Dowiedziałem się później, że jego restauracji dokonano w latach czterdziestych XX wieku. Ocalał, pozostając w rękach komunistów, ponieważ partyzanci nie atakowali go z oczywistych względów.

– Zobaczą cię i zaczną strzelać – zasyczał po chwili Ahmad, kiedy trzęsącymi się rękami zmieniałem obiektyw i nastawiałem aparat. – Proszę, zejdź!

Z innego podobnego pomieszczenia udało mi się rzucić okiem na Bramę Iracką. W miejscu znajdującej się dawniej pośrodku ronda platformy, z której policjant kierował ruchem wozów i riksz, unieruchomiony czołg opuszczał teraz lufę działa na kupę gruzów. Rondo nie istniało, okrągłe wieże bramy umocniono i połączono zamykającą drogę barykadą. Samotny słup telefoniczny sterczał do połowy zakopany w gruzowisku. Za barykadą rozciągał się kolejny zaskakujący widok: ulica pełna ludzi. Tłumy mieszkańców kłębiły się pomiędzy sklepikami na bazarze, trąbiły załadowane samochody, wózki przecinały wytyczone prostopadle ulice, ginęły z oczu i znów się pokazywały. Nie widziałem normalnej ulicy od tak dawna, że poczułem wielką ochotę, by wyłonić się zza osłaniającego mnie parapetu i pomachać do ludzi.

Do mojego opisu meczetu piątkowego muszę dodać jeszcze pewną uwagę. Po przewrocie komunistycznym funkcja głównego mułły meczetu była najbardziej ryzykownym zajęciem w Heracie. Stary mułła, który nauczał przez poprzednie dwadzieścia lat, zginął wraz z rodziną zaraz po zdobyciu miasta przez komunistów. Sajid Abu Bakr, karierowicz wyznaczony odgórnie na jego miejsce, powiedział któregoś piątku do zgromadzonych w meczecie ludzi, że

Ahmad Gajlani, jeden z przywódców ruchu oporu, jest angielskim szpiegiem, a powstańcy to zwykli intryganci. Dwa miesiące później zaproszono go do jednej z wiosek na tradycyjne recytacje Koranu. Kiedy siedział w domu mułły, na którego prośbę przybył, i poświęcał uwagę tekstowi, dwa tysiące ludzi na zewnątrz było zajętych przyciąganiem do siebie czubków dwóch potężnych sosen i wiązaniem ich razem. Gdy Abu Bakr wreszcie się pokazał, tłum już na niego czekał. Złapano go, wniesiono po drabinach na górę i przywiązano do drzew za nogi, głową w dół. Po przecięciu sznurów mocujących czubki sosen został natychmiast rozerwany na dwie części, które zabrano do miasta i powieszono przed pałacem gubernatora; do resztek brody mułły przyczepiono kartkę z wyjaśnieniem. Jego następcę spotkał ponoć podobny los, lecz wolę nie wchodzić już w szczegóły.

Uczestnicy obu egzekucji mówili o nich bez przejęcia, ani radośnie, ani niechętnie: „To byli zdrajcy, a zdrajców czeka taka właśnie kara". Opisuję podobne przypadki brutalności mudżahedinów, ponieważ jestem reporterem, a incydenty te rzeczywiście miały miejsce. Musimy jednak pamiętać, że mudżahedini doświadczyli nieporównanie więcej okrucieństwa, niż sami go zgotowali. Kolejne raporty Amnesty International mówiły o „powszechnym" i „systematycznym" stosowaniu tortur w komunistycznych więzieniach, o sytuacji w Afganistanie „bliskiej ludobójstwu". Według ostrożnych szacunków do końca 1987 roku śmierć poniosło ponad milion mieszkańców kraju – na każdego zabitego Rosjanina przypadało stu tubylców.

Heratczyk, który przesiedział trzy lata w Pul-e Czarchi, niesławnym więzieniu koło Kabulu, gdzie pod nadzorem Rosjan torturowano tysiące Afgańczyków, poinformował o wyrafinowaniu oprawców: pewnym znakiem, iż więzień został skazany na śmierć, była nagła poprawa jego diety. Po miesiącu więźniom odciągano krew, bardzo potrzebną dla działaczy partyjnych i żołnierzy, którzy odnieśli rany w walce z kontrrewolucjonistami.

– Mister Rahim! Gdzie jest mister Rahim? Niech tu zaraz przyjdzie! – Gwar rósł coraz bardziej i niósł się przez podwórko. Jedliśmy właśnie obiad po powrocie do szkoły. Jako gość zostałem uhonorowany gotowaną głową jagnięcia z tkwiącymi w niej wciąż oczami; podziękowałem za ten smakołyk najgrzeczniej, jak umiałem... Nasz gospodarz z wyraźnym zadowoleniem wygrzebał oczy zwierzęcia i przełknął je niczym ślimaki.

Zdążyłem właśnie wytrzeć dłonie o obrus i wkładałem kamizelkę, kiedy do naszego pokoju wbiegł posłaniec. Przeprowadzono mnie do przyległych ruin, gdzie dwa ocalałe pomieszczenia – jedno nad drugim – tworzyły coś w rodzaju wieży; na jej szczycie czekał na mnie operator radiostacji o dalekim zasięgu.

Urządzenie trzaskało i gwizdało – sygnał musiał być nadawany z dużej odległości. Operator pokazał mi gestem, bym podniósł odbiornik ponad mur, przez co odbiór stał się czystszy. Usłyszałem znany mi, przyjazny głos:

– Mister Rahim, to ty?

– Tak, to ja! Wspaniale, że się zgłaszasz, *amir saheb**.

Ismael Chan był na terenie innej prowincji, w Badghis. Zwykle porozumiewał się ze swoimi dowódcami za pomocą zaszyfrowanych wiadomości przekazywanych przez sieć podwładnych. Aby rozmawiać bezpośrednio z Heratem, musiał się wspiąć na jakiś wysoki szczyt. Mogłem sobie z łatwością wyobrazić jego niewielką postać na silnym koniu, którego cugle przytrzymywał jeden z młodych adiutantów.

– Przykro mi, że toczy się tyle walk – brzmiał niczym Anglik sumitujący się za złą pogodę. – Powiedz, czego ci potrzeba: pieniędzy, filmów, kaset magnetofonowych? Mudżahedini wszystko ci zorganizują.

– Dziękuję, *amir saheb*, ale Aref Chan naprawdę się stara. Niczego nie potrzebuję! – krzyknąłem w mikrofon.

---

* *Amir saheb* (pers.) – panie emirze; panie dowódco (przyp. tłum.).

– Przepraszam cię za jedzenie. Powiedz, pewnie ci nie smakuje, nie takie, do jakiego jesteś przyzwyczajony? Przykro mi, uwierz. Czy mudżahedini przynoszą ci winogrona? Są rzeczywiście bardzo dobre...

– Mam naprawdę wszystko, praca idzie doskonale. Potrzebny mi tylko tłumacz, *tardżoman nadoram.*

– Tłumacz jest w drodze.

Była to zupełnie surrealistyczna konwersacja, pomyślałem potem: Ismael Chan, obarczony kierowaniem walką, troszczy się o moją dietę... Rozmawialiśmy może kwadrans. Dwa dni po naszym odjeździe, powiedział mi, zostali zbombardowani. Wyczułem smutek w jego głosie, kiedy mówił, że jeden z podkomendnych zginął, a inny odniósł rany. Jego misja – doprowadzenie do porozumienia między dwoma rywalizującymi dowódcami – powiodła się, przypuszczał więc, że w ciągu dziesięciu dni będzie z powrotem. Obiecaliśmy sobie szybkie spotkanie i rozłączyliśmy się.

Wieczorem spytano mnie znów, dlaczego się nie modlę; nie było już, niestety, w pobliżu Amanullaha czy Nazima, którzy mogliby wytłumaczyć, że służy mi do tego wizerunek Mariam.

– *Kafir ast?* Niewierny? – dociekał podejrzliwie gość z drugiego *komite.*

Miał około czterdziestu pięciu lat, należał do starszyzny i przybierał pozy mędrca. Parę minut wcześniej widział, jak połykałem flagyl i tetracyklinę przeciw męczącej mnie dyzenterii, i też zaczął się domagać pastylek. Tłumaczyłem mu, że nie jest chory, więc ich nie potrzebuje – mimo to obraził się.

– Dlaczego nie? Jeśli są dobre dla pana, będą dobre i dla mnie. Z powodu braku poduszki siedziałem na jednej z moich książek.

– Niech pan nie siedzi na książce – powiedział. – To zabronione.

– Doprawdy? A przez kogo, gdzie? – Nie podobało mi się jego pewne siebie zachowanie.

– Przez Koran. Nie wolno siadać na zadrukowanych stronach,

ponieważ może być na nich wymienione boskie imię, a wtedy będzie pan winien braku szacunku.

– Nie ma problemu, to angielska książka, nie wspomina pańskiego Boga, więc niech się pan nie martwi. – Zrozumienie go i sformułowanie odpowiedzi zabierało mi po kilka minut, ale nie rezygnowałem.

– Co znaczy „mojego Boga"? Jest tylko jeden!

– Tak, wiem, pan wierzy w jednego i my wierzymy w jednego. Razem dwóch...

– Ale to jeden i ten sam Bóg!

– Nie, nie ten sam, nasz jest inny,

– Myli się pan. Koran, który pochodzi od Boga, mówi, że istnieje tylko jeden Bóg dla wszystkich.

– To pan tak uważa. Ale nasi mułłowie twierdzą co innego, kto więc ma rację?

– Koran ma rację, bo pochodzi od Boga.

Wygrawszy w ten sposób bezapelacyjnie dyskusję, z uśmiechem zadowolenia spoczął na poduszkach. Spokój trwał jednak tylko kilka minut.

– Więc dlaczego się pan nie modli? – spytał ponownie.

– To niech mnie pan zaprowadzi do kościoła.

– Tu nie ma kościołów.

W rzeczywistości chrześcijaństwo rozkwitało na terenie Chorosanu przez prawie osiem stuleci. Herat był siedzibą metropolity Kościoła nestoriańskiego, w dolinie więc musiało się znajdować sporo kościołów. Fala bigoterii, która przeszła przez świat muzułmański po okresie krucjat, położyła kres tolerancji, jaką cieszyli się wyznawcy Chrystusa. W samym Heracie chrześcijaństwo wyplenił w XV wieku Timur.

– Jeśli nie ma kościoła, to jak mogę się modlić?

– My, muzułmanie, możemy się modlić wszędzie. Pan jest chrześcijaninem?

– Tak, jestem.

– Ale lepiej być muzułmaninem.

Przyjęcie przez muzułmanów założenia, iż islam góruje nad innymi religiami, ma swoje dobre strony: podobnie jak nacjonalizm daje nawet najskromniejszemu człowiekowi powód do dumy. Tu jednak wyszły na jaw nieprzyjemne efekty uboczne.

– A czy jest pan przez to lepszym ode mnie człowiekiem? – spytałem.

Wątpię, by zrozumiał, o co mi chodzi, ale zbiło go to na chwilę z tropu.

– Pan jest dobrym człowiekiem i ja również – powiedział w końcu z nutką łaskawości w głosie.

Obłudnie zgodziłem się, że jesteśmy sobie równi, ale nawet wtedy nie dał za wygraną. Uznał, że musi wykazać innym moją tępotę: Jezus nie został wcale ukrzyżowany, jak my, chrześcijanie, wierzymy; ktoś inny zmarł za niego. Zapytał, czy zdaję sobie z tego sprawę? Wbił we mnie namaszczone spojrzenie, po czym, ważąc słowa i gładząc dostojnie brodę, zaczął wygłaszać odwieczne prawdy w rodzaju tych, jakie zawiera każda podrzędna broszurka propagandowa z meczetu w londyńskim Regent's Park. W normalnych okolicznościach oddałbym się teologicznej dyspucie – odczuwam wtedy radość matematyka żonglującego czystymi koncepcjami – ale miałem już dość.

– W Koranie musi być pomyłka – oznajmiłem.

Przewidziałem oczywiście skutek tych słów. Zuchwalstwo mego stwierdzenia tak oszołomiło rozmówcę, że musiał uznać, iż nie mam żadnych szans na zbawienie, wobec czego dyskusja została zakończona.

„Sprawiedliwość i uczciwość, nie zaś religia czy brak wiary, potrzebne są do ochrony państwa" – napisał kiedyś Dżami, co przypomina ku pokrzepieniu serc, że rozsądni ludzie w każdej epoce potrafią osiągnąć zgodę.

Dżami uważany jest za autora dziewięćdziesięciu dziewięciu tomów o bogatej tematyce – od żywotów muzułmańskich świętych po filozofię, historię i poezję. „Nie znalazłem mistrza większego nad siebie" – twierdzi z pełnym spokojem umysłu. Fragmenty jego „filozofii mistycznej", czytane przeze mnie po angielsku, brzmią, jeśli rozpatrywać klarowność sformułowań, jak górnolotne brednie warte samego Hegla. Ale – przejrzysty czy nie w swych spekulacjach, skromny czy samochwał – Dżami był bez wątpienia największym perskim poetą XV wieku, nadto uhonorowanym jeszcze za życia. Był zarazem jednym z owych nieprzeciętnych nudziarzy potrafiących godzinami recytować nienaganne w swej poprawności rymy. Podobno kiedyś w konkursie poetyckim przemawiał bez przerwy trzy dni, aż jego rywala położyła trupem zazdrość. Babur, wiarygodny arbiter gustu, mówi, że „nie było w swoim czasie lepszego od niego, gdy chodziło o wiedzę egzo- i ezoteryczną. A jakże słynne są jego poematy! Nie starczy mi sił, by opisać jego dostojeństwo, pomyślałem zatem, by zaledwie wspomnieć jego godne imię, jeden atom jego wielkości, jako błogosławieństwo i dobry omen dla mojej skromnej pracy".

Dżami zmarł w piątek dziewiątego listopada 1492 roku w wieku siedemdziesięciu ośmiu lat „podczas słuchania [recytacji] świętego Koranu". Następnego dnia ogromna procesja pogrzebowa wylała się z miasta pod żałobnymi sztandarami, by oddać ostatni hołd zmarłemu. Sam sułtan Husajn, jego żony, konkubiny i dworzanie, rzesze pomocników Dżamiego, sufi z bractwa Nagszbandi, któremu przewodził, a także nieprzeliczeni mieszkańcy – wszyscy stłoczyli się wokół marmurowej płyty, pod którą spoczęły zwłoki, i całe miasto modliło się za duszę mędrca. (Miesiąc wcześniej Kolumb zdołał powstrzymać bunt załogi i kotwiczył swój okręt u brzegów pierwszych odkrytych wysp Nowego Świata).

Ostatnim przejawem próżności Dżamiego było życzenie, by pochować go w zwyczajnej mogile. Nagrobek jest rzeczywiście prosty, ale inskrypcja ujawnia prawdziwy charakter nieboszczyka: „...imam i przewodnik wierzących, oś świata, próg przebaczenia, wyznanie Boga, który wzniósł się z ziemskich nizin do niebios, a na jego szacie nie masz pyłu..."

Mimo wszystko Dżami wyszedł na tym najlepiej, by tak rzec, gdyż wspaniałe mauzoleum Husajna, podobnie jak większość grobów władców Heratu, dawno uległo zniszczeniu. Dżami natomiast dalej spoczywa pod swym niewyszukanym kamieniem w cieniu bujnej pistacji, której korzenie wyrastają z samego grobu.

Ale czy rzeczywiście tak jest? W ciągu wieków grób nabrał znaczenia świątyni. Wokół niego postawiono meczet i towarzyszące mu zabudowania. Usytuowany w bezpiecznej odległości od miejskich murów, niedaleko północnej strony minaretów i skrzyżowania szlaków wiodących do Iraku i do dawnego ZSRR, grób ostał się cało po wyburzeniach, jakie w 1885 roku przeprowadzili w tej okolicy Brytyjczycy. Nawet jednak sam Dżami w swej nieporównanej mądrości nie potrafił przewidzieć, że drogami zaczną jeździć samochody, które będą wymagać paliwa, w związku z czym na skrzyżowaniu zostanie wybudowana stacja benzynowa i w efekcie bezpośrednie otoczenie jego grobu stanie się ważnym punktem zbornym dla sowieckich czołgów.

„Les Nouvelles d'Afghanistan", pismo francuskiej organizacji pomocy dla Afganistanu, donosiło w grudniu 1986 roku, że grobowiec Dżamiego „został poważnie zniszczony przez sowieckie pociski". Chciałem to sprawdzić.

Najbliższy mogiły budynek *komite* stał w tak niewielkiej odległości od pozycji nieprzyjaciela, że wyglądając spoza obmurowania dachu, mogłem pomiędzy błyszczącymi, srebrnymi cysternami bazy paliwowej dojrzeć patrole żołnierzy. Byli w zasięgu naszych kałasznikowów i *vice versa*, jednak partyzanci zajmujący budynek nie uważali bynajmniej swej pozycji za wyjątkowo niebezpieczną.

Grób Dżamiego: to tak, jakby walczyć o grób Mickiewicza

Sytuacja ta przywodziła na myśl okopy z czasów I wojny światowej, w których przeciwnicy siedzieli miesiącami, pozostając nawzajem w zasięgu słuchu. Ryzyko było nawet mniejsze niż gdzie indziej, gdyż artyleria nieprzyjaciela nie mogła prowadzić ostrzeliwania obiektów leżących tak blisko własnych pozycji. Mimo to, wychylając się z dachu, zachowałem wszelkie środki ostrożności, z wysmarowaniem sobie twarzy i włosów błotem włącznie.

Dowódca grupy, potężnie zbudowany mężczyzna, natychmiast pojął, o co mi chodzi. Powiódł mnie do grobu Dżamiego niczym przewodnik oprowadzający gościa po atrakcyjnych – z turystycznego punktu widzenia – miejscach, co było paradoksalnie prawdą. „Patrzcie, ten chrześcijanin idzie pokłonić się mistrzowi Dżamiemu" – usłyszałem za sobą pełne aprobaty szepty reszty grupy. Do niedawna jeszcze bastionem partyzantów była sama świątynia. To tak, jakby walczyć o grób Mickiewicza.

Aby się dostać do ruin, stojących na „ziemi niczyjej" pomiędzy budynkiem *komite* a sowiecką bazą, szliśmy zgięci wpół przez typowy dla frontu księżycowy krajobraz, wzdłuż starego, wyschłego obecnie kanału Endżil. Rosjanie tak bardzo starali się przegnać partyzantów z tego właśnie odcinka, że nie ocalała nawet jedna ściana. Afgańczycy bronili się zażarcie, czego dowody – rowy przecinające drogi, niskie jednoosobowe bunkry z otworami strzelniczymi, wypalone i posiekane osłony – można było spotkać wszędzie; przemykaliśmy się teraz za ich pozostałościami.

Gorączkowo fotografowałem, co mogłem. Rosjanie zbombardowali grobowiec w 1985 roku, gdy stanowił bastion partyzancki, z którego atakowano sowiecką bazę. Marmurowe odpryski waliły się pod zsiekanymi przez kule piniami na dziedzińcu przed meczetem, nie mogłem jednak podejść na tyle blisko, by sprawdzić, czy nagrobek Dżamiego stoi nadal, czy też został zniszczony. Dotarliśmy pod ściany meczetu, ale podwórzec, na którym znajdował się grób, był zaminowany. Nie miałem ochoty próbować szczęścia...

W tym momencie dobiegł nas spoza wzgórz narastający warkot silników – z drugiej strony przełęczy ciągnął się odwieczny szlak karawan. Pół minuty później sznur ciężarówek wyglądających jak pancerniki zjeżdżał z hałasem po zboczu w niewielkiej odległości od naszego ukrycia. Konwój – około trzydziestu pojazdów – jechał od strony granicy sowieckiej oddalonej o sto trzydzieści kilometrów; poprzedzały go i osłaniały czołgi i transportery opancerzone. Gdyby towarzyszyło nam ponad dwudziestu partyzantów z kilkoma granatnikami, ciężarówki stanowiłyby łatwą zdobycz. Było nas jednak tylko trzech, z jednym zaledwie karabinem maszynowym. Zacząłem się już wycofywać przez ruiny ogrodu, gdy nagle odgłos pracującego na przyspieszonych obrotach silnika wybił się ponad jazgot konwoju znikającego już w bramie miasta.

– Mister Rahim, szybko, idziemy bliżej! – szepnął podekscytowany dowódca. – Zrobimy ra-ta-ta-ta-ta! – Kiedy gestem naśladował strzelanie z karabinu, twarz rozjaśniła mu się w złośliwym uśmiechu.

Na końcu kolumny stał unieruchomiony czołg; wokół kręcili się nieświadomi zagrożenia żołnierze, dwóch siedziało bezczynnie na wieżyczce, czekając zapewne na nadejście pomocy z bazy. Reszta konwoju nie zostawiłaby ich bez asysty, tu jednak, tak niedaleko bazy, musieli czuć się bezpiecznie. Być może pochodzili z obcego garnizonu i nie zdawali sobie sprawy, że droga biegnie tak blisko pozycji partyzanckich.

Nastawiłem obiektyw na czołg; Afgańczycy szybko mocowali na dwójnogu karabin maszynowy, lekkiego sowieckiego diegtiariowa – dokładnie z takiej samej broni padł przypadkowy strzał w kierunku Abdula Alego. Jej śmiercionośny zasięg – określany zawsze w podręcznikach instruktażowych jako „skuteczny" – wynosi osiemset metrów. Przyglądałem się twarzom żołnierzy oddalonych może o jedną trzecią tej odległości. Byli to Afgańczycy. Bez zarostu, w źle leżących na nich czapkach i mundurach wyglądali dziecinnie; nie pasowali jakby do tego miejsca. Patrzyli obojętnie w naszym kierunku, wciąż nieświadomi jakiegokolwiek niebezpieczeństwa. Załogi czołgów miały stanowić śmietankę armii afgańskiej – Rosjanie nie chcieli powierzać sprzętu wysokiej wartości niesolidnym i nieuczonym wieśniakom. Zaczynałem rozumieć, jakim koszmarem musiało być dla Rosjan wyszkolenie odpowiedniego personelu afgańskiego.

Czołg wył teraz jak ogrodowa kosiarka do trawy. Nastawiłem aparat na automatyczny przesuw taśmy i czekałem w napięciu

Sowiecki konwój w cieniu minaretów

na serię strzałów, które, przypuszczałem, zmiotą co najmniej dwóch siedzących na wieżyczce żołnierzy. Kiedy mój palec wskazujący kurczył się już na spuście migawki, dowódca dotknął mego ramienia.

– Nie możemy strzelać – oświadczył. – Spójrz!

Odsunąłem aparat od oka i zobaczyłem drugi konwój, nadchodzący z przeciwnego kierunku. Długi sznur osłów obładowanych ludźmi i workami zbliżał się od strony miasta do stojącego samotnie czołgu. Kolumna składała się z ludności cywilnej – atak był niemożliwy.

Nim odeszliśmy, skierowałem jeszcze aparat nad pozostawionymi przy życiu żołnierzami, ku wznoszącym się nad nimi wzgórzom. Na wysokości mniej więcej połowy zbocza klatkę teleobiektywu wypełnił łuk bramy wejściowej do kaplicy Chodży Galtana, popularnego świętego Heratu. Legenda mówi, że gdy przed wiekami stanął na szczycie wzgórza i ogarnął wzrokiem leżące przed nim w dole miasto, wykrzyknął: „Oto prochy świętych!" Pozostał znany jako „Tocznik", ponieważ nie chciał stąpać po tak niepokalanej ziemi i przetoczył się do miejsca, gdzie umarł i gdzie wybudowano wspomnianą kaplicę. Mieszkańcy Heratu zwali odtąd swoje miasto „Prochami Świętych". Nazwa ta okazała się teraz bardziej aktualna niż kiedykolwiek.

11

Allahu akbar!

Dwa dni później zapowiadany tłumacz zmaterializował się wreszcie w korpulentnej postaci Abdula Satara Ahmadiego.

– Chłopie, słuchaj, Afgańczycy to muzułmanie, modlą się do Boga. Islam istnieje od trzynastu wieków, a marksizm dopiero od stu lat, islam jest więc lepszy, kapujesz?

Mówił z amerykańskim akcentem, a słowa, które wypowiedział niespodziewanie, ledwo się sobie przedstawiliśmy, sugerowały, że zastanawiał się nad tym problemem od dawna i dopiero teraz znalazł zadowalające rozwiązanie. Był w nieokreślonym wieku – może pięćdziesiąt pięć lat. Jego mięsistą twarz okalała przyprószona siwizną broda, miał na sobie prążkowaną kamizelkę, a na głowie szary, pasiasty turban. Trzy dni zajęło mu dotarcie do mnie ze wschodniej, okupowanej przez komunistów części miasta, nie chciałem zatem okazać niewdzięczności i dlatego nie powiedziałem mu, co sądzę o jego argumentacji.

– Mam czterdzieści jeden lat, ale, spójrz, przerobiłem tu na czterdzieści sześć. – Pokazał mi nieudolnie wyskrobaną i zmienioną datę w swoim dokumencie. – Rząd chce być dobry dla ludzi, tak twierdzi, więc mogę poruszać się wszędzie bez przeszkód. Czterdzieści sześć lat to za dużo na wojsko.

Satar stanowił szczególną mieszaninę światowości i zabobonu. Kilka lat wcześniej pracował przez rok w Bonn w sklepie z dywanami; roześmiał się lubieżnie, gdy go spytałem, czy odpowiadały mu Niemki. Chwilę później powiedział całkiem poważnie, że kiedy miał osiem lat, stary mułła włożył mu w dłonie kilka orzechów i nakazał wyrecytować krótki fragment Koranu dwanaście tysięcy razy. Satar powtarzał werset przez tydzień, cały czas obracając w palcach orzechy. Uczyniło go to, twierdził, niewrażliwym na ukąszenia skorpionów, pszczół i węży. Co więcej, jeśli pogryziony został ktoś inny, wystarczyło, aby on, Satar, siedmiokrotnie wyrecytował nakazany werset, a – jeśli ofiara była w stanie rytualnej czystości („na przykład po pierdoleniu trzeba się umyć, rozumiesz?") – ból znikał. Traf chciał, że akurat wtedy podszedł do niego pogryziony przez pszczoły chłopiec. Satar wyciągnął mały nożyk swojego obcinaka do paznokci i powtarzając zbawienny werset, drapał ostrzem żyłę ponad miejscem ukąszenia. Chłopiec twierdził, że ulga przyszła natychmiast. Moc Satara nie obejmowała, niestety, pcheł, nie zdołałem więc jej wypróbować na własnej skórze.

– Mogę również łapać węże – powiedział z powagą. – Wystarczy, że wezmę garść piachu i wypowiem: *Bi-smi Llah-i r-rahman-i r-rahim-i.* Wąż drętwieje i mogę go bezpiecznie złapać.

– Doprawdy? Zdumiewające! I schwyciłeś już jakiegoś? – spytałem z entuzjazmem.

– Oczywiście, że nie. – Spojrzał na mnie zaskoczony moją ignorancją. – Co ty, nie wiesz? Niektóre z nich są jadowite, naprawdę niebezpieczne.

Po południu rozsiedliśmy się na derce w zniszczonym sadzie i Satar zaczął opowiadać, co przeżył dwudziestego czwartego hut. Mówił z typową afgańską obojętnością. Spuścił wzrok i czasem tylko podnosił oczy, by sprawdzić, czy jeszcze słucham.

„«Chan» jest słowem oznaczającym szacunek, jak w angielskim «sir». Bogatych również tytułuje się «chan». Moja rodzina nie należała do specjalnie majętnych, ale ojciec był poważanym lekarzem. Bardzo się bałem, by ktoś nie zwrócił się do mnie per «Satar Chan», bo gdyby usłyszał to jakiś komunistyczny szpieg, należało się spodziewać rewizji w domu i może nawet aresztowania.

Spośród trzydziestu wykładowców na uczelni zaledwie pięciu wstąpiło do partii, ale zaczęło na nas donosić i wszyscy musieliśmy trzymać język za zębami. Niektórzy nauczyciele mówili, że rząd występuje przeciw religii; zadenuncjowani przez własnych uczniów, zostali zabrani do garnizonu i rozstrzelani. Rozstrzelano również czterdziestu studentów.

Zorientowałem się, że czekają nas wkrótce jakieś wydarzenia. Pewnego dnia wiosną tego [1979] roku jeden ze sklepikarzy powiedział mi na bazarze, żebym zrobił zapasy herbaty, bo bazar może być wkrótce zamknięty.

Dwudziestego czwartego hut wyszedłem z domu koło trzeciej po południu; akurat tłum atakował posterunek milicji na mojej ulicy. Ludzie zabijali każdego, kto nie nosił tradycyjnego muzułmańskiego stroju – turbanu i długiej koszuli. Złapali i zaczęli bić naszego sąsiada Abdula Razigha, który był bez nakrycia głowy, ubrany w spodnie i marynarkę. Motłoch z pewnością by go zabił, ale zacząłem krzyczeć, że jest urzędnikiem pocztowym, prawowiernym muzułmaninem, więc przestali go okładać i puścili, lecz jego odzienie rozszarpali na strzępy; uciekł owinięty kocem. Ja natomiast miałem na sobie wzbudzającą respekt długą czarną szatę, poza tym ktoś w tłumie mnie rozpoznał.

W warsztacie samochodowym niedaleko szkoły dla dziewcząt pracował rosyjski mechanik. Mieszkał od trzech lat na naszej ulicy; myślę, że nie był komunistą, ale dla tłumu sprawa była prosta: Rosjanin, a zatem komunista. Musiał usłyszeć zgiełk, wyszedł więc przed warsztat z czystej ciekawości, podobnie jak ja. Gdy zobaczył, co się dzieje, przerażony zaczął uciekać w stronę domu, ale był za gruby i nie mógł biec szybko.

Tłum zaraz go dopadł. Po zastrzeleniu odcięto mu nos i podziurawiono ciało nożami, potem odcięto głowę i rozbito czaszkę kamieniami. Jego mózgiem ciskano o ścianę i go deptano – wyglądał jak rozlany jogurt. Ciało wrzucono do rynsztoka, psom na pożarcie. Za każdym razem, gdy je widziałem w drodze do

miasta albo kiedy wracałem do domu, brakowało następnego kawałka: ręki, pośladka, części twarzy. Był gruby, jak mówiłem,
więc upłynęło trochę czasu, zanim psy ogryzły go do kości".

Po powstaniu działacze partyjni przyszli do szkoły z fotografiami i aresztowali wszystkich, których mogli zidentyfikować.
Satar miał szczęście, ale jego sąsiad Abdul Baghi Dżan, znawca
Koranu, został zabrany wraz z dwudziestoma pięcioma członka-
mi rodziny, od dzieci po starców. Ojciec Satara, znany w mieście
lekarz, został aresztowany jako podejrzany o udzielanie powstańcom pomocy medycznej – co było prawdą. Ponieważ znał
kilku oficerów i potrafił się porozumieć po rosyjsku, nie torturowano go; zmarł w więzieniu na atak serca. Satar uciekł do Iranu
wraz z młodszym bratem, który jednak zginął w wypadku ich au-
tobusu na drodze do Meszhedu. Trzeci brat, podobnie jak Satar
nauczyciel, został zabity w szkole: rysował właśnie na tablicy,
kiedy na zewnątrz wybuchły walki. Zbłąkana kula wpadła przez
okno i trafiła go w brzuch.

Rok później syn Satara, wbrew codziennemu zwyczajowi, nie
przyszedł ze szkoły do domu na południowy posiłek. Wieczorem
Satar dowiedział się, że milicja złapała chłopca na potajemnym
dostarczaniu partyzantom zaopatrzenia z bazaru. Trzymano go
przez sześć tygodni w więzieniu CHAD*, gdzie wybito mu zęby
i połamano nos oraz żebra. Jako nieletni został skazany tylko na
trzy lata więzienia. Wyrok odsiedział, służył teraz w wojsku
w garnizonie herackim. Być może ładował pociski skierowane
przeciw nam.

Satar trafił w końcu do wydziału wojskowego partii Dżamijat
w Peszawarze.

– To jest, rozumiesz, tak – mówił, zniżywszy głos. – Broń dla
nas idzie z Karaczi przez bazy armii pakistańskiej, w których zo-

---

* Chedmat-e Amnijat-e Daulat, dawniej KAM: Komite-je Amnijat-e Melli –
Siły Bezpieczeństwa Wewnętrznego (przyp. tłum.).

staje połowa. Połowa reszty przepada, zanim dotrze do poszczególnych dowódców, a ponieważ większość ich ma rodziny i domy do utrzymania, handel kwitnie...

Kilka godzin później dołączył do nas Nur Ahmad, wysoki mężczyzna o brązowych oczach osadzonych w wyrazistej, choć dziwnie chłopięcej twarzy. Jego kałasznikowa zdobiły kolorowe nalepki, kolbę oklejała zielona taśma. Ahmad dzierżył karabin opiekuńczo, jak gdyby to była jego ulubiona zabawka. Nie umiał czytać ani pisać, moje zainteresowanie dla tego, co zrobił, dziwiło go niepomiernie. Zaczął opowieść od jednozdaniowego podsumowania ostatniej dekady swego życia: „Komuniści to źli ludzie, przeciwni islamowi, będziemy więc walczyć, aż ich wszystkich wybijemy". Podczas naszej rozmowy rozpoczął się nalot. Mogliśmy się ukryć w pobliskim rowie, lecz zamiast tego spoglądaliśmy na siebie z minami twardzieli; ani Ahmad, ani Satar nie chcieli ryzykować pierwszego kroku, bo oznaczałoby to brak zimnej krwi, siedziałem więc wraz z nimi. W Afganistanie szacunek liczy się najbardziej. Kiedy przesłuchiwałem taśmę w Londynie, zauważyłem, jak drżały nam głosy – z ledwością mogłem nas dosłyszeć w huku samolotów i bomb eksplodujących w odległości zaledwie kilometra. Nur Ahmad okazał się jednym z moich najważniejszych rozmówców.

„Jeździłem z działaczami partyjnymi po wioskach, by aresztować ludzi. Przyjeżdżaliśmy, a wszyscy kryli się w domach, kobiety płakały, dzieci wrzeszczały. Zabieraliśmy mułłów, sufich, przywódców klanów, tylu aktywnych religijnie ludzi, ilu dało się upchnąć na ciężarówkach – zwykle dwieście do trzystu osób. Któregoś ranka na przykład pojechaliśmy do Molla Sijah, skąd zabraliśmy Mohammada Omara Chana, Aghę Salama Dżana i piętnastu czy szesnastu innych. Potem jeździliśmy po innych wioskach, dalej wyłapując ludzi, od dziesięciu do piętnastu w każdej. Szpiedzy przekazywali partyjnym informacje, kto działał w podziemiu.

Gdy nie było już więcej miejsca na ciężarówkach, wieźliśmy wszystkich do Mahi Feroz w górach otaczających Herat. Buldożery przygotowywały tam wielkie rowy. Komuniści wiązali ludziom ręce z tyłu, zalepiali im oczy gipsem i spychali do rowów. Maszyny przykrywały ich ziemią i w ten sposób ginęli*. My, żołnierze, mieliśmy pilnować, by nikt nie uciekł. Byłem strażnikiem przy ośmiu czy dziewięciu takich egzekucjach. Myślę, że zginęło w nich jakieś półtora tysiąca ludzi. Martwiło mnie to, ale jeśli nie wypełniłbym rozkazów, oficerowie komuniści kazaliby i mnie zlikwidować. Inni żołnierze też nic nie mówili – pomiędzy nami było mnóstwo szpiegów.

Może dwa miesiące przed dwudziestym czwartym hut przeniesiono mnie do straży hotelu «Herat», w którym mieszkali komuniści i Rosjanie. Był to wielki nowoczesny budynek na południu miasta, ze dwadzieścia minut samochodem od centrum, czysty, z wieloma pokojami dla zagranicznych gości, basenem, ogrodem kwiatowym i restauracją.

Dwóch moich znajomych również tam służyło – Sajid Naim i Nurullah, obaj prawowierni muzułmanie. W piątki chodziliśmy do naszej wioski, by się pomodlić w meczecie i porozmawiać z ludźmi, którym ufaliśmy. Odłożyłem z moich poborów trzydzieści tysięcy afghani, zebrałem wśród innych dziewięćdziesiąt tysięcy i wręczyłem wszystko Hadżiemu Mohammadowi Alemu, który wysyłał ludzi do Pakistanu, by kupowali tam broń. Informowaliśmy go również, jacy goście przychodzą do hotelu i co komuniści mówią między sobą.

W naszej jednostce byli dwaj żołnierze komuniści: Mir Ahmad

---

* Babrak Karmal ogłosił przez radio w lutym 1980 roku – niedługo po zainstalowaniu go w Kabulu przez Sowietów na stanowisku szefa partii komunistycznej – że za rządów Tarakiego i Amina w samym więzieniu Pul-e Czarchi zgładzono dwanaście tysięcy osób. Oblicza się, że komuniści jeszcze przed sowiecką inwazją zlikwidowali od pięćdziesięciu do stu tysięcy swoich prawdziwych i urojonych przeciwników (przyp. aut.).

i Nadżibullah, bardzo źli ludzie. Pili to rosyjskie wino, co się nazywa «wódka», i przyprowadzali Rosjanom dziwki z miasta. Cudzołożyli z prostytutkami w hotelowych pokojach, zabawiali się również między sobą – byli na to świadkowie. Którejś nocy moi znajomi i ja pełniliśmy wartę wraz z tymi dwoma. Sprawdziliśmy wszyscy wspólnie cały teren, a potem, kiedy ci odłożyli już spokojnie broń, skrępowaliśmy im ręce z tyłu ich pasami. Doprowadziliśmy komunistów do oddziału partyzanckiego, gdzie mieli być sądzeni. Dowiedziono im, że są winni porywania kobiet i młodych mężczyzn, których zmuszali do cudzołóstwa. Sędziowie ustalili wyrok na podstawie prawa koranicznego i przestępcy zostali straceni.

Dobrzy muzułmanie mieli w wioskach swoją siatkę kontaktową, dzięki której wiedzieli o zbliżaniu się rewolucji. Źli muzułmanie nie wiedzieli o niczym, bo zbyt byli zajęci piciem wina. Ja już miesiąc wcześniej orientowałem się, że wybuchnie powstanie. Uprzedziłem o nim tych żołnierzy, którym ufałem. Zatrzymywaliśmy się teraz jeden u drugiego w domach, ponieważ mieszkańcy Heratu zaczynali się już burzyć i mordować żołnierzy komunistów.

Dwudziestego czwartego hut byliśmy gotowi już od świtu. Pozbyliśmy się naszych mundurów i włożyliśmy tradycyjne muzułmańskie odzienie, by nie wzięto nas przypadkowo za komunistów. Koło ósmej rano ogromny tłum zbliżył się do hotelu. Ludzie wymachiwali zielonymi sztandarami i krzyczeli: *«Allahu akbar! Bóg jest wielki!»*, «Śmierć komunistom!» i «Śmierć Rosjanom!» Z odbezpieczonym kałasznikowem wszedłem do budynku. Na korytarzu zobaczyłem trzech nieumundurowanych Rosjan – byli w garniturach, ale mieli przy sobie broń. Nie spodziewali się ataku. Strzeliłem, lecz spudłowałem, i Rosjanie zaczęli uciekać. Dogoniłem ich; trafili mnie, ale opróżniłem cały magazynek i dwóch udało mi się zabić.

Rosjanie postrzelili z dachu wielu ludzi, szybko jednak skończyła im się amunicja. Tłum opanował hotel i dopadł wrogów.

Zrzucano ich żywych z góry do pustego basenu kąpielowego. Tylu ludzi wdarło się na dach, że nie wytrzymał takiego ciężaru i zawalił się. Wielu zginęło pod gruzami".

Zauważyłem blizny na ramieniu Ahmada, zapytałem go więc:
– To po kulach tego rosyjskiego oficera w Heracie?
– Nie, to inna rana, z ubiegłego roku.
– Masz szczęście, dwa razy już ci się udało...
– Byłem ranny cztery razy.

Podciągnął nogawkę spodni: pod jednym z kolan biegła biała szrama, na udzie widniały ślady po przejściu kuli. Potem podniósł koszulę i pokazał dużą bliznę na brzuchu.
– Którędy wyszedł pocisk? – zapytałem.
– Nie wyszedł, dalej jest w środku. Ale nie uszkodził mi żołądka.
– Ile przeleżałeś w szpitalu?
– Nie byłem w szpitalu, nie było żadnego szpitala. Lekarzy też nie było. Założono mi bandaże i po tygodniu byłem już zdrowy.

Przyniesiono herbatę i Ahmad się rozgadał. Opowiadał z uczuciem o swoich dwu żonach: pierwszą kupił za dwieście tysięcy afghani, gdy miała dwadzieścia lat, za drugą, osiemnastoletnią, zapłacił trzysta tysięcy. Ale choć bardzo się starał, modlił i składał śluby, żadna nie urodziła mu syna. Miał niebawem spróbować szczęścia z trzecią żoną; omawiał kupno piętnastolatki. Pewnie go to zrujnuje, przyznawał, ale tak bardzo lubi dzieci...

– Mister Rahim, czemu nie zostaniesz tu z nami? Przyjmiesz islam, będziemy wspólnie prowadzić dżihad, a potem znajdziemy ci żonę.
– Przykro mi, ale jestem już żonaty – skłamałem.
– A tak, słyszałem, wy, Anglicy, możecie mieć tylko jedną żonę. To przecież wbrew naturze. Na świecie jest więcej kobiet niż mężczyzn, więc niektóre nie mogą mieć mężów, a to źle. Nasz król powiedział już dawno temu, że to wasza pogoda tak na was

wpływa: wilgoć i błoto. Dlatego jesteście niczym ryżowe sadzon-
ki... Ale my, Afgańczycy, żyjemy na jałowych glebach, musimy
więc być silni jak zboże. I obsłużymy kilka żon. Prorok, pokój
z nim, zezwala nam na cztery.

   – Ile musiałbym zapłacić za nową żonę?

   – Dla ciebie, mister Rahim, znajdziemy czternastoletnią ślicz-
notkę. Znam taką w mojej wiosce.

   – Czternastoletnią?!

   – No to trzynastoletnią, jeśli wolisz.

   – A za ile?

   – Jesteś przyjacielem Ismaela Chana i naszym gościem, więc
dziewczyna będzie z najlepszego rodu w całej wsi. Przynajmniej
pół miliona afghani, może więcej.

   – Drogo. Więcej, niż kosztował mój aparat...

   – Zgoda, ale jest wojna i kobiety poszły w cenę. A ile kosztu-
je żona w Anglii?

   – Z dobrej rodziny?

   – Tak, i ładna.

   – Też trzeba mieć pół miliona. Funtów.

   Koło utworzone przez kilkanaście wyjących demonów kurczy-
ło się i rozszerzało gwałtownie, postacie to skłaniały się głęboko, to odrzucały w tył głowę i ramiona. Ściany drżały od wściek-
łego pokrzykiwania: *Allah-hu, Allah-hu!* Wrzeszczeli, zaznacza-
jąc każde „hu" potężnym huknięciem z głębi płuc. Podłoga trzęs-
ła się w rytmie wybijanym przez stopy, na okrągłym sklepieniu
tańczyły, zderzały się i mieszały upiorne cienie. W rogu siedział
stary mułła, przytykając prawą dłoń do ucha. Brwi miał ściąg-
nięte napięciem, oczy zamknięte, intonował coraz wyższy ton
głosem ochrypłym już z wysiłku. Rytm przybierał na prędkości,
diabły wydzierały się coraz żywiej. Dojrzałem demoniczne, nieruchome twarze i wywracane szaleńczo oczy, w miarę jak ciała

Dopuszczenie niewiernego do rytuału sufickiego było nie lada zaszczytem

schylały się i odginały szybciej i szybciej. Nagle jedna z postaci wdarła się do środka koła i zupełnie już nad sobą nie panując, zaczęła gwałtownie okładać rękami uda, piersi i głowę. Opuściłem niszę, w której dotąd siedziałem, i dołączyłem do kręgu. Mój oddech, głos, gesty zgrały się z oddechami, głosami, gestami innych. *Allah-hu, Allah-hu!* Skandowałem coraz szybciej – potem zaczęło mi się kręcić w głowie.

Wszystko to odbywało się czwartkowej nocy, przyjętej według zwyczaju jako odpowiedni czas na *dżarr,* rytuał sufich poświęcony wysławianiu Boga. *Dżarr* trwa niekiedy aż do porannej modlitwy piątkowej, my jednak skończyliśmy o północy, kiedy mułła stracił całkiem głos, a pomieszczenie pulsowało gorącem roz-

grzanych ciał. „Śmierć komunistom!", „Bóg jest wielki!" – wy-
rzucał z siebie każdy opętany jeszcze gorączką.

Udało mi się wprosić na *dżarr* trzy dni wcześniej. Zauważyłem, jak młody, ale pełen powagi mężczyzna o dziobatej twarzy
przykłada dłoń do ucha jakiegoś chłopca i mówi coś bezgłośnie.
Okazało się, że chłopiec odczuwał bóle w uchu i mężczyzna, sufi Alim, szeptał uzdrawiającą formułę. Zaklęciem tym była
pierwsza sura Koranu, dziwnie przypominająca chrześcijańskie
modlitwy:

W imię Boga Miłosiernego, Litościwego!
Chwała Bogu, Panu światów,
Miłosiernemu, Litościwemu,
Królowi Dnia Sądu.
Oto Ciebie czcimy i Ciebie prosimy o pomoc.
Prowadź nas drogą prostą,
drogą tych, których obdarzyłeś dobrodziejstwami;
nie zaś tych, na których jesteś zagniewany,
i nie tych, którzy błądzą*.

Sufi zgodził się zastosować swoją metodę także do wylecze-
nia dyzenterii, którą wywołała u mnie ameba. Trzymając zgodnie z rytuałem palce nad moim brzuchem, powtórzył trzykrotnie zaklęcie. Powiedział, że remedium może zadziałać tylko
wtedy, kiedy pacjent jest w stanie czystości. Niestety, mimo iż
chłopiec dokonał wszystkich nakazanych ablucji, ucho bolało
go bardziej niż przed „operacją", ja zaś, choć od dawna nie byłem u spowiedzi, wyleczony zostałem całkowicie. W ciągu następnych kilku dni rozmyślnie czerpałem wodę z najbrudniej-
szych zbiorników, lecz ameba już nie powróciła. Niezbadane są
wyroki boskie.

---

* Sura I „Otwierająca" (*Al-Fatiha*), *op. cit.*, s. 5 (przyp. tłum.).

I właśnie sufi Alim zaprosił mnie do udziału w *dżarr*. Moje zaangażowanie musiało im niewątpliwie przypaść do gustu, gdyż następnego ranka rozstaliśmy się przyjaźnie, wymieniwszy błogosławieństwa i życzenia pomyślności. *Suf* oznacza w arabskim wełnę; nazwa sekty niemal na pewno pochodzi od szorstkich wełnianych okryć, jakie jej członkowie otrzymywali niegdyś przy inicjacji*. Mężczyźni, których widziałem, nie wiedzieli, do jakiego bractwa należą, co nie było znów takie dziwne – zwykle identyfikowali się z przywódcą duchowym (pirem). Byli najprawdopodobniej związani z bractwem Naghszbandi, utworzonym w XIV wieku w Bucharze.

Bractwa sufich mogą przybierać rozmaite formy od klasztornych społeczności po odpowiednik rotarian**. Podobnie jak w masonerii, stowarzyszenia mogą służyć niewinnej rozrywce – jak obserwowana przeze mnie poprzedniej nocy – bądź stać się narzędziami politycznej intrygi. Naghszbandi przez całe wieki mieli wpływ na rządy w Heracie. Dżami był kiedyś ich przywódcą i on to właśnie przekazał władzę polityczną nad sektą w ręce Husajna, cementując w ten sposób ich przyjaźń. Po przewrocie komunistycznym zgromadzenia sufich stanowiły gotowe grupy oporu; nie bez przyczyny komuniści starali się je zlikwidować. Zgromadzenia organizowały się czasem w oddziały partyzanckie – w Czeszt, osiemdziesiąt kilometrów na wschód od Heratu,

---

* Sufi oznacza mistyka, ale określenie to pochodzi niewątpliwie od *suf* (wełna). Sufi znani są również powszechnie jako „ubodzy", *fukara*, liczba mnoga od *fakir* (arab., w perskim *darwisz*); stąd wzięły się przyjęte określenia „fakir" i „derwisz" (przyp. tłum.).

** Klub Rotarian – założony w 1905 roku w Chicago (od 1922 organizacja) w celu nawiązywania i propagowania kontaktów społecznych między przedstawicielami rozmaitych branż i zawodów na zasadach humanizmu. W Polsce – w okresie międzywojennym i w III Rzeczypospolitej. W latach siedemdziesiątych skupiał ponad 690 tysięcy członków w 148 krajach świata (przyp. tłum.).

bractwo utworzyło republikę sufich ze szkołami ukrytymi w jaskiniach. Częściej jednak byli rozproszeni pośród rozmaitych oddziałów należących do różnych orientacji powstańczych. Ponieważ byli to na ogół dojrzali mężczyźni, zwykle obejmowali funkcje dowódcze, co stwarzało warunki koordynacji działań, tak bardzo potrzebnej całemu ruchowi oporu. Dzięki ukrytym powiązaniom mieli rozszerzyć swe wpływy na Uzbekistan, Kazachstan i Tadżykistan.

Stara droga wiodąca do bramy Malik była wytyczona prosto jak rzymski trakt; pinie rosnące po obu jej stronach posiekał ogień artylerii, domy – w tym szkoła i szpital – zostały zamienione w ruinę. Przedzieraliśmy się oczyszczoną z min wąską ścieżką – pośród zalegających ją niczym śmieci wieżyczek czołgowych i rdzewiejących gąsienic – do kaplicy Abu Walida, zbombardowanej podobno przed dwoma laty. Opowiadano mi, że okoliczne wioski bardzo ucierpiały w czasie nalotów i wieśniacy przynosili do kaplicy swoich chorych i zabitych. Świątynia była popularna jeszcze przed wojną, szczególnie w czasie obchodów Nouruz, afgańskiego Nowego Roku, przypadającego na wiosenne zrównanie dnia z nocą*. W jej sąsiedztwie grzebano zmarłych – by „[ich] zmartwychwstanie uczynić pewniejszym", jak określił to Bruce Wannell, brytyjski znawca islamu. W czasie owego ataku przed dwoma laty dokonywano tam właśnie pochówku – samoloty wróciły i zbombardowały także świątynię; zostało w niej jeszcze więcej zabitych.

Samo sanktuarium zapadło się; pozostał tylko pojedynczy łuk, sterczący dramatycznie, acz niepewnie, z gruzowiska. W nagłym olśnieniu zorientowałem się, że w Londynie widziałem złej jako-

---

* Nouruz, pierwszy dzień miesiąca hamal, przypada na dwudziesty pierwszy marca (przyp. tłum.).

ści zdjęcie tego właśnie łuku i wziąłem go za wejście do meczetu piątkowego.

Gdzieś niedaleko stąd, w Ghalwarze, powinien się znajdować
inny timurydzki meczet wykładany kaflami, z wyjątkowej piękności mihrabem – półkolistą niszą, jaka znajduje się w każdym
meczecie i określa kierunek Mekki. Od murów Starego Miasta
dzieliło nas niecałe dziesięć kilometrów – niegdyś była to gęsto
zabudowana przestrzeń, teraz trudno było znaleźć choć jeden
ocalały budynek. Szliśmy przez osady pełne zrujnowanych domów, wyschniętych kanałów irygacyjnych i wypalonych szkiele-
tów czołgów, ciężarówek i mikrobusów.

– To bardzo stary meczet, ma ponad pięćset lat – powiedziałem do służącego mi znów za przewodnika Ahmada, gdy wreszcie znaleźliśmy poszukiwany obiekt.

– Pięćset lat? Naprawdę? – dziwił się. – To był nasz meczet.
Przychodziłem tu na pikniki w czasie świąt. Myliśmy się w sadzawce, jedliśmy owoce. Fajnie tu było...

O budynek stoczono tyle walk, że był teraz nie do odróżnienia
pośród nieogarnionego, zdawało się, morza ruin. Ahmad i dwaj
inni Afgańczycy pomogli mi się przekopać przez gruzy do wnętrza sanktuarium, gdzie znalazłem niszę. Oświetlało ją światło
wpadające przez wybity pociskiem otwór. Odłamki albo kule
uszkodziły otaczającą sam mihrab inskrypcję, można ją jednak
było odrestaurować. Ponieważ nadeszła pora modlitwy, Ahmad
rozpostarł zamiast derki swój turban i zaczął się modlić przed
wspaniale ozdobioną niszą.

Kiedy wracaliśmy do *komite*, zapadała już noc. Nie mogłem
oderwać oczu od roztaczającego się przed nami widoku; szliśmy
przez spalone miotaczami płomieni pole, z łatwością znajdując
ścieżkę, wyróżniającą się niczym biała nić w atramentowej czer-
ni. Księżyc, wypolerowana srebrna moneta rzucona na stalowy
blat, już wzeszedł, ale słońce wciąż rzucało ostatnie purpurowe
promienie zza północnego zbocza doliny. U podnóża gór płonęła

osada – ognie błyskały jak światła latarni, obłoki gęstego dymu przemieszczały się na tle plam szkarłatnego blasku. Wojna może być piękna.

Spod białego turbanu spoglądała na mnie przyjaźnie para bystrych brązowych oczu osłoniętych gęstymi brwiami. Z kieszonki marynarki nieznajomego wystawał ostentacyjnie, niczym znak rozpoznawczy wybrańców, niebieski koniec długopisu – umiejętność pisania jest w Afganistanie powodem do dumy. Byliśmy z powrotem w siedzibie *komite*. Przed mężczyzną stała na podłodze piramidka złożona z kilkunastu paczek herbatników, słoika dżemu morelowego, dużej puszki rosyjskiej wołowiny i dwóch puszek skondensowanego mleka. Jej szczyt ozdabiała rolka papieru toaletowego. Nieznajomy wyciągnął z kieszeni zestaw baterii, cztery rolki kolorowego filmu i pięć kaset magnetofonowych. Nie potrafiłem dociec, jakie machinacje się za tym kryją, ale wszystko było tańsze niż w Londynie. Musiałem zagrozić, że nie wezmę niczego, dopiero wtedy zgodził się przyjąć zapłatę.

Mężczyzna nazywał się Hadżi Sawaz. Odrzuciło mnie nieco, gdy pochylił się w moim kierunku, wepchnął palce w lewy oczodół i roześmiany wyciągnął sztuczne oko... Wkrótce opowiedział mi z chęcią o swoich przejściach dwudziestego czwartego hut.

„Przed przewrotem komunistycznym – zaczął – miałem na bazarze Malik sklep z używaną odzieżą. Towary nadchodziły w wielkich workach samochodem z Karaczi; sprzedawałem sporo marynarek, kamizelek, koszul. Ale gdy komuniści przejęli władzę, interes upadł, bo z Pakistanu nie mogłem już otrzymywać żadnej odzieży. Ceny poszły w górę, mniej ludzi było stać na kupno i zacząłem biedować, bo zarabiałem mniej, a ponadto żywność kosztowała więcej.

Rząd nakazał, aby wszyscy kupcy wymalowali swoje sklepy na czerwono – ściany, ramy okienne, okiennice. Inni musieli wywiesić czerwone płachty albo umieścić w witrynach fotografie Amina i Tarakiego. Czerwień była wszędzie. Nie szczędzono kosztów i przemalowano znaki na ulicach i oznaczenia dróg, nawet międzynarodowej szosy z Iranu do Pakistanu i Indii. Samochody, riksze i wozy też musiały być czerwone.

Komuniści zmuszali nas do pracy przy budowie dróg, naprawach budynków publicznych – zepsute były na przykład drzwi w kinie – robienia porządków w szkołach czy innych gmachach. Nawet gdy ludzie mieli ważne sprawy do załatwienia, musieli pracować za darmo dla pożytku partii. Komuniści wytyczali nowe drogi lub stawiali nowe budynki na ziemiach do nich nienależących, nigdy nie pytając właścicieli o zgodę. Jeśli przeszkadzał im grobowiec albo meczet, nie wahali się go usunąć.

Wiedziałem, że członkowie Ludowo-Demokratycznej Partii Afganistanu to niewierni. Znałem ich propagandowe publikacje rozpowszechniane w mieście i orientowałem się dobrze, czego możemy się spodziewać po objęciu władzy przez partię. W swoich broszurach i gazetach pisali, że Mahomet nie był wcale prorokiem i że Koran nie jest boskim objawieniem, tylko został napisany dawno temu przez mułłów. Gdy chodziłem się modlić do meczetów w wioskach otaczających Herat, tłumaczyłem ludziom, że komunistyczny rząd sprzeciwia się religii islamskiej, chce zniszczyć wszystkich muzułmanów. Mówiłem im, że komuniści słuchają rozkazów Moskwy i że Rosjanie wkroczą do naszego kraju, ponieważ od dwóch stuleci chcieli go użyć jako mostu, po którym przejdą do Oceanu Indyjskiego, by roztoczyć panowanie nad światem.

W czwartek dwudziestego czwartego hut zebraliśmy się z rodziną i przyjaciółmi w meczecie tuż za murami miasta. Po modlitwie skandowaliśmy: «Jeden jest Bóg», i wymachiwaliśmy zielonym sztandarem, który uszyła moja żona, i tak weszliśmy przez bramę Malik na teren Starego Miasta. Komuniści wciąż jeszcze poruszali się gazikami i czołgami, ale tłumy rosły szybko. Wziąłem swój stary angielski karabin i przeszedłem przez mur na tyły posterunku milicji, w którym siedzieli komuniści i ostrzeliwali ulicę; przed budynkiem leżało już kilkanaście ciał. Podczołgałem się w stronę posterunku i zastrzeliłem dwóch komunistów, moi przyjaciele zabili pozostałych pięciu.

Wyposażeni w broń zdobytą na posterunku, próbowaliśmy opanować główną komendę milicji, ale komuniści mieli na dachu stanowiska karabinów maszynowych i dobrze się bronili. W chwili gdy przeskakiwałem ulicę, jakieś dwieście metrów od budynku, zostałem trafiony: kula weszła mi okiem i wyszła uchem. Krwawiłem i wymiotowałem. Nie było mnie czym przewieźć, więc przyjaciele zanieśli mnie do domu. Nie wychodziłem na zewnątrz przez osiem miesięcy".

Hadżi sam zaproponował potem, że pomoże mi rozwiązać zagadkę antycznego kotła z meczetu piątkowego. Ów wykonany z brązu kocioł, wyglądający jak wielki garniec używany przez kanibali do gotowania misjonarzy, stał na dziedzińcu meczetu od 1375 roku. Timur zachwycał się nim, ale zamiast kazać go po prostu ukraść, polecił – zupełnie nietypowo – wykonać dokładną jego replikę i umieścić w turkiestańskim meczecie Hazrat-e Jasawi, skąd Rosjanie wywieźli ją w 1935 roku do Leningradu „w celu odrestaurowania". Wedle informacji usłyszanych w Peszawarze oryginał heracki miał również zostać wywieziony. O tym, abym sam miał się dostać do miasta, nie było nawet co marzyć. Hadżi Sawaz, codziennie przynoszący z bazaru zaopatrzenie dla powstańców, był jedynym człowiekiem, który mógł sprawdzić te pogłoski.

Włożyłem do dodatkowego aparatu nowy film i wyprawiłem Hadżiego z tym dyndającym na piersi ostatnim krzykiem japońskiej elektroniki. Niedługo potem zacząłem robić sobie wymówki: jak wytłumaczy robienie zdjęć za pomocą sprzętu, który w żaden sposób nie mógł należeć do niego? Czy będzie się trzymać moich rad i fotografować bez zwracającego uwagę przykładania aparatu do oka? Aparat był wyposażony w szerokokątny obiektyw o automatycznie nastawianej ostrości, Hadżi mógł więc dyskretnie naciskać spust migawki, kryjąc całe urządzenie we wnętrzu dłoni. Niepotrzebnie jednak się obawiałem – nie brakowało mu sprytu. Kiedy wreszcie obejrzałem w Londynie zdjęcia, zorientowałem się, że zrobił je wczesnym rankiem następnego dnia, zanim tłum zaludnił ulice. Nie były to najlepsze ujęcia – przechylone we wszystkich kierunkach, połowa z palcem przesłaniającym obiektyw. Jedna fotografia pokazywała puste miejsce pośrodku dziedzińca meczetu piątkowego, gdzie niegdyś znajdował się kocioł. Można było na jej podstawie przypuszczać, że kocioł rzeczywiście przepadł. Drugie zdjęcie okazało jednak rozstrzygające: wepchnięty w kąt za porzucone rusztowania pod wielkim łukiem z boku dziedzińca meczetu, stał wielki przedmiot z brązu – kocioł. Mogłem więc rozwiać kolejną plotkę.

Entuzjazm, z jakim Afgańczycy pomagali sobie wzajemnie, i ochocze posłuszeństwo, z jakim wypełniali polecenia Ahmada, dowodziły istnienia swoistej więzi braterstwa, której spoiwem były liczne wspólne akty poświęcenia. Jedli – jedliśmy – to samo pożywienie, spaliśmy jeden obok drugiego, razem szukaliśmy kryjówki. Ahmad był oficjalnym dowódcą, ale wynikało to tylko z racji jego starszeństwa – wszystkie decyzje były podejmowane kolektywnie. Organizację cechował, co tu ukrywać, komunizm, w dodatku demokratyczny. Wojna jest matką demokracji, ryzyka, trudności i śmierci.

W podręcznikach wojskowych mówi się o stresie psychicznym niesionym przez wojnę, że „nie można «przywyknąć do walki» [...] Każda chwila walki wywołuje napięcie tak duże, iż załamanie się biorących w niej udział pozostaje w bezpośrednim związku z natężeniem i czasem narażenia [...] Uszkodzenia psychiki są równie nieuniknione jak postrzały czy rany od szrapneli". Według przeprowadzonych badań żołnierz osiąga szczyt swej efektywności w ciągu pierwszych dziewięćdziesięciu dni walk; potem staje się stopniowo coraz mniej przydatny. Po upływie dwustu, dwustu czterdziestu dni większość żołnierzy robi się bezużyteczna – zależy to oczywiście od intensywności prowadzonych działań. Wielu Amerykanów powróciło po roku walk w Wietnamie w stanie psychicznego wycieńczenia. Reakcja rosyjskich poborowych na Afganistan nie była wcale lepsza. W jaki więc sposób Afgańczycy potrafili to wytrzymywać przez tyle lat?

Heratczycy powinni odczuwać nawet większą presję, gdyż partyzanci byli tu otoczeni. Istnieje jednak ogromna różnica między motywacją do „wypełniania internacjonalistycznych obowiązków" a walką pośród ruin rodzinnej wioski. Dopiero później poznałem cenę płaconą przez moich współtowarzyszy za oddanie i wytrzymałość. Gdy następnego lata pojawiła się w Heracie pierwsza zachodnia ekipa medyczna, jej badania wykazały nieprawdopodobną wprost częstotliwość zachorowań na wrzody żołądka.

Paradoksalne, wszakże heratczycy byli chyba najmniej wojowniczy spośród wszystkich Afgańczyków. Nie mieli, jak zamieszkujący południe Pasztunowie, doświadczeń z walk z Anglikami. Nie widzieli prawdziwej wojny od 1837 roku, kiedy Pottinger podjudził ich do wystąpienia przeciw Persom*. Afganistan pozostał neutralny w obu wojnach światowych, Herat zaś był najspokojniejszą częścią kraju, duch walki więc zaginął. Nur Ahmad wspominał służbę wojskową przed wybuchem wojny jako sielankę.

Nic dziwnego, że Rosjanie mieli groteskowo błędne mniemanie o Afgańczykach. Ich grzeczność uznali za słabość, nędzę za niższość, obyczaje afgańskiej gościnności za dowody przyjaźni. Marksistowski dogmat potwierdził tylko pogardę, z jaką Sowieci

* Major Eldred Pottinger (1811–1843), zwany Bohaterem Heratu (przyp. tłum.).

odnosili się do swych azjatyckich ofiar. Mówili o nich, że to *czor-nyje żopy*, ludzie zacofani, którzy powinni ujrzeć mylność przesądów i docenić dobrodziejstwa postępowej władzy. Odmiennie niż Brytyjczycy za czasów wiktoriańskich, którzy rządzili dzięki zręcznemu kierowaniu strukturami politycznymi tubylców, Sowieci po ponownym podboju Azji Środkowej w latach dwudziestych zniszczyli wszystko, co stało im na drodze, i zaprowadzili od początku nowy ład, pozbawiając przy tym tubylców ich historii, pisma i dumy. Nie były to brutalne, acz powierzchowne, dziewiętnastowieczne wojny kolonialne, lecz raczej *conquistas* na modłę hiszpańską. Narodom wyrywano dusze.

Wkraczając do Afganistanu, Rosjanie liczyli na sympatię i potulność jednocześnie, ale ich ocena sytuacji była zdecydowanie błędna. Okazało się, że społeczność muzułmańska, której chcieli się pozbyć, zorganizowała się w sieć podziemnego oporu, i to znacznie bardziej nieustępliwą niż te jej formy, z którymi komuniści zetknęli się wcześniej na Węgrzech czy w Czechosłowacji.

– To jest tak – tłumaczył mi kiedyś Satar. – Jeśli znam kogoś jako człowieka religijnego, nieopuszczającego nigdy modlitw, przed wojną chodzącego zawsze do meczetu, wtedy wiem, że mogę mu zaufać. Jeśli mój brat czy kuzyn jest mężem jego siostry albo córki, nie zdradzi mnie. Więc gdy chcę się naradzić z nim prywatnie, podejdę do niego w meczecie po modlitwie i porozmawiamy szczerze.

Pod tym względem Afganistan tworzy jedną ogromną wieś, w której każdy wie wszystko o każdym, nieprzestrzegający zaś muzułmańskich zwyczajów obcy mocno się wyróżniają. Ponieważ większość sunnicka nie jest zhierarchizowana, więc nie można jej było zastraszyć ani nakłonić pochlebstwami do poparcia nowego porządku, zatem poszczególne dezercje mułłów nie stanowiły zagrożenia dla religijnej solidarności większości Afgańczyków. Rosjanie pogorszyli jeszcze własną sytuację przez zrażenie do siebie swych wcześniejszych admiratorów. Przed wybuchem wojny Afgańczycy nie byli specjalnie skrupulatni w przestrzeganiu praktyk religijnych – zmieniło się to, gdy w początkowym okresie nowego reżimu niektórzy komunistyczni komisarze wchodzili do meczetów w oficerkach i ostentacyjnie okazywali swym zachowaniem pogardę dla panujących obyczajów. Miałem okazję poznać wielu byłych studentów, dawniej paradujących w garniturach, wygolonych i komunizujących, którzy teraz na wzór Proroka zapuścili długie brody, przesuwali nieustannie w palcach paciorki różańca i nigdy nie opuszczali modlitwy.

Szczęśliwie dla nich samych, Afgańczyków nigdy nie uwiódł Hegel, mało też słyszeli o Marksie. Efektem było to, że nie porzucili nigdy zdrowego rozsądku dla zawiłych teorii. W przeciwieństwie do naszych subtelnych intelektualistów – i w zachodniej, i we wschodniej Europie – Afgańczycy nie potrzebowali dziesiątków lat, by stwierdzić, że rządy przesiąkniętych obcą ideologią fanatyków nie są najlepszym pomysłem. Nie musieli mieć doktoratów z filozofii, by potępić masowe egzekucje. Ich rozumowanie było nadzwyczaj proste: kiedy pytałem, co myślą o komunistach, odpowiadali, że Taraki, Amin, Karmal i Nadżibullah byli „złymi ludźmi, którzy wymordowali wielu porządnych Afgańczyków".

Siedziałem na schodach wiodących do piwnicy i w świetle naftowej lampy robiłem notatki, niezdecydowany, czy rozłożyć swoją derkę w lochu, czy na otwartej przestrzeni na dziedzińcu; piwniczny sufit dawał ochronę przed pociskami, ale w razie trafienia bombą byłbym pogrzebany. Nie mogłem wybrać. Nad głową miałem betonową belkę – sądziłem, że wytrzyma każdy wybuch. Sporadyczną palbę karabinową akcentowały głośniejsze uderzenia pocisków rakietowych. Partyzanci rozsiedli się na dachu i obserwowali inne grupy atakujące cytadelę. Za każdym razem, gdy pocisk trafiał w cel, wznosili radosne okrzyki: *Takbir! Allahu akbar! Allahu akbar!*

Wkrótce mieliśmy zaatakować sowiecki garnizon. „Przypusz-czam, że odczytywane za kilka miesięcy słowa «jeśli nocą zginę, jeśli przeżyję następny dzień» będą brzmieć śmiesznie, nawet pompatycznie" – zanotowałem w dzienniku. „Ale teraz nie ma w tym nic śmiesznego. Zaatakujemy posterunek, będą latać prawdziwe kule i pociski. Zginie pewnie jeden albo dwóch spo-między nas, nie wszyscy, chyba że będziemy mieli wyjątkowego pecha. Prawdopodobieństwo śmierci jest jednak realne, a jedną albo drugą ofiarą mogę być ja. Zarazem jednak daje mi to poczu-cie wolności osobistej: stawiając czoło śmierci, potwierdzam wy-bór takiego właśnie rodzaju życia. Udowadniam, że stać mnie na podjęcie ryzyka w imię przez siebie obranej drogi. Jeśli «wybrany żywot» będzie oznaczać wybór śmierci, to pech, ale przynajmniej pokażę wolę kreowania własnego «ja»".

Lufa kałasznikowa spoczywała na moim kolanie. Broń przy-wracała mi spokój – podobnie jak na pustyni z Sajidem Odża-nem, gdy siedziałem w skrzyni ciężarówki jadącej w kierunku szosy. Była wojna – miałem karabin. W jednej kieszeni trzyma-łem baton karmelowy, w drugiej granat, na udzie dyndała mi pełna wody manierka. Z namaszczeniem wyczyściłem lufę kara-binu. Rzemień nigdzie mnie nie uwierał. Sześć zakrzywionych magazynków obciążało torbę na piersi. Trzydzieści pocisków w każdym, jeszcze jeden założony już do kałasznikowa – powin-no wystarczyć.

W nocnym ataku na garnizon wystrzelałem trzy magazynki, lecz – jak się orientuję – zmarnowałem tylko amunicję: odłupa-łem zaledwie kawałki ze starych cegieł.

12

Zemsta za Bucharę

Do timurydzkich minaretów nie udało mi się podejść bliżej niż na dwieście metrów – teren bezpośrednio z nimi sąsiadujący zaległy pola minowe; byliśmy zresztą ostrożni, ponieważ dwukrotnie do nas strzelano i podejrzewaliśmy, iż na wysokich galeriach muezinów siedzą snajperzy.

Minaretów powinno być sześć – pozostało pięć, chciałem więc się dowiedzieć, jaki los spotkał ten brakujący. Cztery, zgrupowane symetrycznie, stanowiły resztki założonej przez Husajna szkoły, której pierwszym dziekanem był Dżami. Od zachodu błękitne romby ozdobnych kafelków pozostały nienaruszone, z przeciwnej jednak strony nieustający wschodni wiatr odsłonił z upływem wieków ceglane ściany. W pewnej odległości znajdowało się mauzoleum Gauhar Szad, niezwykłej żony Szaha Rucha – sześcian z żeberkową, wyszczerbioną kopułą, obok którego stał piąty minaret, niższy od pozostałych i pochylony niczym wieża w Pizie. Po szóstym, należącym do musalli Gauhar Szad i artystycznie najbardziej znaczącym, nie mogłem odkryć śladu.

Musalla to miejsce modlitw usytuowane poza murami miasta, miejsce spotkań wszystkich mieszkańców w czasie obchodów wielkich uroczystości religijnych. Na jej budowę mogły sobie pozwolić jedynie najbogatsze miasta. Musalla Gauhar Szad była nieprzeciętnie obszerna, choć niewyróżniająca się, jak zauważył Ralph Pinder-Wilson[*]. Meczet zbudowano na planie prostokąta

---

[*] Ralph Pinder-Wilson, uczony brytyjski archeolog, dyrektor Society for Afghan Studies, został aresztowany w Kabulu w marcu 1982 roku pod zmy-

o wymiarach sto sześć na sześćdziesiąt cztery metry, z minaretem w każdym rogu. Wewnętrzny dziedziniec, na którym wierni pochylali się w modlitwie, był prawie kwadratowy – pięćdziesiąt dwa na czterdzieści dziewięć metrów; otaczały go ze wszystkich stron dwukondygnacyjne krużganki, rozdzielone pośrodku na wzór irański. Podziw wzbudzała nieporównanie piękna okładzina ceramiczna, jaką była pokryta cała budowla.

By docenić, jak wspaniale kolorowe mozaiki ozdabiają ściany budynków w tej części świata, nie wystarczy rzucić okiem na pocztówkowe zdjęcia. Oglądane dokładnie, mozaiki mogą przykuć uwagę zawiłym wzorem i delikatnym kolorytem, ale nasuwa się pytanie: „Cóż z tego?" W Europie budynek wyłożony kaflami od góry do dołu raziłby swoim wyglądem. Trzeba jednak wyobrazić sobie upał pustyni, jednostajność glinianych lepianek i odległe pasma gór o powierzchni przypominającej spieczoną ziemię, by dopiero wtedy zobaczyć wyrastającą z monotonnych równin wieżę świecącą błękitem lapis-lazuli czy błyszczącą kopułę kryjącą chłodne wnętrze. Jak ubrania Afganek wyróżniające się jaskrawymi barwami, tak i kolorowe budynki są ucztą dla oka.

Timurydzi specjalnie upodobali sobie ceramiczne mozaiki, a ich rzemieślnicy osiągnęli w tym mistrzostwo. Ze wszystkich bogato zdobionych kaflami budynków, jakie powstały na terenie imperium, heracka musalla była najwspanialsza. Meczet Gauhar Szad w irańskim Meszhedzie doprawdy zachwycał, ale kompleks w Heracie przewyższał i to dzieło. Ci, którzy mieli możliwość go zobaczyć, uważali, iż jest najpiękniejszą budowlą w całej Azji – w letni słoneczny dzień, na tle podmiejskich lepianek i wznoszą-

ślonym zarzutem działalności szpiegowskiej i dywersyjnej (wręczył pieniądze próbującemu uciec z Afganistanu chłopakowi, którego na nieszczęście złapano). Zamknięty w normalnym więzieniu miejskim, nie w osławionym Pul-e Czarchi, za lekturę miał dwa stare numery „Spectatora" – innych tortur nie stosowano... Zagrożony początkowo karą śmierci, na skutek międzynarodowych protestów został zwolniony po czterech miesiącach (przyp. aut.).

Ekspansja rosyjska w Azji Środkowej

obszary zajęte:
[...] w 1 połowie XIX w.   [||||] w 2 połowie XIX w.   [:::] w XX w.

cych się w oddali przymglonych szczytów, heracka musalla lśniła zapewne jak bogato zdobiona szkatuła.

Historia jej zburzenia przez Brytyjczyków w 1885 roku to typowy przykład wojskowej niekompetencji i bezwzględności, charakterystycznych również dla działania Sowietów w czasie nalotów na afgańskie wioski.

Herat znany był wówczas Brytyjczykom jako „Brama do Indii" – królowa Wiktoria mówi o nim tak w swych listach. Uważano – i słusznie – że jeśli Rosjanie kiedykolwiek zdobędą Herat, nic praktycznie nie będzie w stanie stanąć im na drodze do Kandaharu. Podjęta przez Rosjan misja „cywilizacyjna" w Azji Środkowej była w pełnym toku: kończyli właśnie budowę linii kolejowej znad Morza Kaspijskiego do Samarkandy. Generał Michaił Skobielew był autorem zasady, wedle której „w Azji długość okresu pokoju zależna jest bezpośrednio od strat poniesionych przez wroga"; wiarę w jej słuszność udowodnił dwudziestego czwartego stycznia 1881 roku w Goktepe – miejscowości oddalonej o kilka dni drogi na północny wschód od Heratu – gdzie wymordował w trzy dni ponad dwadzieścia tysięcy Turkmenów: mężczyzn, kobiet i dzieci. W 1885 roku Rosjanie zdobyli leżący około stu kilometrów na północ od Heratu Pandżdeh i ich atak na miasto spodziewany był w każdej chwili. Gdyby Herat wpadł w ręce Rosjan, Indie byłyby zagrożone.

W przeciwieństwie do Rosjan – wówczas i obecnie – oficerowie brytyjscy nie gardzili mieszkańcami i kulturą Afganistanu. Szczerze żałowali rozbiórki musalli i zachowali nawet liczne inskrypcje z królewskich grobowców, których tubylcy nie potrafili już poprawnie rozpoznać. Budynki znajdowały się jednak na linii ognia, który zamierzano prowadzić z miejskich murów. Jeśli Herat miał wytrzymać oblężenie, należało wroga pozbawić wszelkiej osłony, a zatem musalla musiała zostać rozebrana. Mieszkańcy zwrócili się do emira z prośbą o zachowanie meczetu, lecz ów, naciskany przez Anglików, nie zmienił decyzji.

Brytyjczycy przeliczyli się jednak w ocenie herackiej fortecy. Jeśli rzeczywiście miała to być „Brama do Indii", mizerne to były wierzeje – mocno pordzewiałe i ledwo wiszące na zawiasach. W 1838 roku Herat przetrwał dziesięciomiesięczne oblężenie ze strony Persów i to prawdopodobnie dało Anglikom przesadne pojęcie o sile miasta. Jak jednak wynikało z raportu porucznika Pottingera, który pomagał obrońcom w obrębie murów, Herat mógł być wzięty już pierwszego dnia, gdyby tylko wrogowie przypuścili zdecydowany atak – miasto ocaliła niekompetencja perskich dowódców. Pięćdziesiąt lat później Brytyjczycy powinni się zorientować, że imponujące na swój sposób fosy i umocnienia ziemne nie wytrzymają ataku nowoczesnej artylerii rosyjskiej. Tymczasem szpiedzy wykryli zasadniczą wadę systemu obronnego Heratu: istniała możliwość skierowania nurtu przepływającej przez miasto rzeki dalej od Heratu, a same studnie nie zaspokoiłyby potrzeb mieszkańców. W przeszłości wodę czerpano z ogromnego krytego zbiornika, jednak kilka nowych, celniejszych dział, umieszczonych na wzgórzach od północnej strony, mogło w ciągu kilku godzin zamienić rezerwuar w kupę gruzu. Dopiero parę lat później sir Mortimer Durand, twórca granic Afganistanu, miał powiedzieć, że „znaczenie Heratu było fikcyjne. Twierdzenie, iż od jego integralności zależał los Indii Brytyjskich, to przesada obrażająca zdrowy rozsądek".

Meczet zrównano z ziemią, pozostały jednak cztery narożne minarety; dwa zniszczyło trzęsienie ziemi w 1931 roku. Same w sobie były uważane za nieporównanie piękne w całym świecie islamu. Robert Byron, który w 1933 roku oglądał dwie zachowane wieże, stwierdził, iż „zdobniczo minarety stanowią zwykle najmniej wypracowaną część budowli. Jeśli [jednak] mozaiki reszty musalli przewyższały czy choć dorównywały temu, co przetrwało do dziś, nie było nigdy i nie ma meczetu równego temu właśnie"*.

Z dwóch minaretów, które oglądał Byron, jeden przepadł w kolejnym trzęsieniu ziemi w 1951 roku. Jeśli wierzyć fotografiom, ostatni wyglądał jak trzydziestometrowy komin zwieńczony galeryjką muezina niczym ptasim gniazdem. Bogactwo jego ozdób – spod glazurowanych płytek w kształcie rombu i spod inskrypcji nie było widać kawałka cegły – stanowiło ostatnie świadectwo niegdysiejszej wspaniałości samej musalli. Nancy Hatch Wolfe radzi w swym przewodniku po Heracie: „Szczegóły rzemiosła [...] podziwiać można najlepiej z Park-e Behzad, odwiedzający powinni zatem udać się na tyły ogrodu, by obejrzeć je dokładniej". Chciałem postąpić zgodnie z jej radą.

---

* Robert Byron, *op. cit.*, s. 100.

– Po co chcesz tam iść? Wszystko zaminowane. Tydzień temu dwóch z naszych ludzi wyleciało w powietrze. Nie możesz stąd zrobić zdjęć? Stąd też przecież widać.

– Nie, muszę podejść bliżej, chcę sfotografować minaret. Gdzie on stoi?

– Odpada, nie możesz tam iść.

Afgańczycy rozumowali logicznie: nie mieli zamiaru ryzykować życia dla paru głupich zdjęć. Mogliśmy się zresztą nadziać

Z ostatniego minaretu najpiękniejszej budowli islamu pozostał falliczny kikut

nie tylko na miny, ale i na posterunek wroga. Grobowiec Bdula Ghasema stojący w końcu parku, dwieście metrów za minaretem, umocniono – zainstalowano w nim stanowisko broni maszynowej. Budynek szkoły, którą wspominał przewodnik, okalał minaret, nie mogłem więc nadal nic dostrzec.

– Ja pójdę z panem – zwrócił się do mnie chłopak bez przednich zębów. Nazywał się Abdul i terkotał mieszaniną łamanego angielskiego, francuskiego i niemieckiego, języków turystów, którzy zatrzymywali się przed wojną w hotelu jego ojca w Heracie. – Zdjęcie ważne, ja wiem.

Wyczułem w jego głosie ton wyższości w stosunku do mniej wyedukowanych towarzyszy.

Wybierał drogę umiejętnie, wpierw po ścieżce wiodącej do szkoły, następnie przez poszczególne klasy, gdzie na czarnych tablicach widniały jeszcze znaki naniesione kredą. Podwórko po drugiej stronie wychodziło na park – mały piniowy zagajnik, niegdyś ulubione miejsce pikników mieszkanek Heratu; teraz drzewa były połamane i wypalone pociskami. Wreszcie dotarliśmy. Minaret – falliczny kikut wznoszący się na kilka metrów z usypiska własnych gruzów – znajdował się na końcu dróżki ograniczonej ścianami dwóch domów. Popękana błękitna mozaika odpadała kawałkami od muru, a pod nią ukazywała się naga cegła. Zniszczenia były tak ogromne, że mozaika nie nadawała się już do naprawy.

W czasie powstania Mohammad Ghasem był chodzącym jeszcze do szkoły gołowąsem. Teraz miał dwadzieścia jeden lat, zamiast brody rosła mu rzadka szczecina, ale cieszył się reputacją jednego z najlepszych żołnierzy Ismaela Chana. Na swoim koncie zapisał cztery czołgi. Wzrok miał bystry, usposobienie wesołe, na lewym ramieniu nosił trójkątny zielony talizman z koranicznymi wersetami – młody, nieustraszony bóg.

Którejś nocy powitałem go przy kolacji w oświetlonym lampą naftową pokoju. Niemal natychmiast zniknął w ciemnym pomieszczeniu obok i za chwilę wrócił z półtorametrowym ciężkim tubusem – rakietą typu Stinger wraz z wyrzutnią. Jego odwaga przyniosła mu najwyższą nagrodę: wrócił właśnie z miesięcznego szkolenia w Pakistanie i miał być pierwszym, który użyje stingera w rodzinnym mieście. Następnego dnia mieliśmy ruszyć na polowanie.

Ghasem powiesił lampę na gwoździu wbitym w ścianę; dzięki temu dawała więcej światła. Zaczął mnie dokładnie instruować, w jaki sposób odpala się rakietę. Działanie jest następujące: nadlatujący samolot bierze się na cel dopiero wtedy, kiedy tubus pocisku jest umocowany na wyrzutni (której można używać wielokrotnie), bateria chemiczna wielkości jabłka dokręcona, a talerz radaru przypominający opiekacz do grzanek – otwarty. Na wyrzutni znajdują się trzy szczerbiny. Jeśli samolot jest w zasięgu operacyjnym – nie dalej niż pięć tysięcy metrów – jego sylwetka powinna wypełnić dokładnie jedną ze szczerbin. Należy podążać za samolotem, patrząc przez lewą szczerbinę, gdy ten nadlatuje z lewej strony, przez prawą, gdy leci z prawej, przez środkową zaś, gdy zbliża się lub odlatuje na wprost. Trzymając samolot wciąż w wizjerze, włącza się kciukiem baterię; niski brzęczący dźwięk oznacza, że bateria działała i że do odpalenia pozostało czterdzieści pięć sekund. Zwykle włącza się wtedy specjalny przycisk radaru, identyfikujący elektronicznie rodzaj samolotu – wolne pulsowania dla przyjaznego, szybkie dla wrogiego. Mudżahedini nie dysponują jednak wieloma własnymi odrzutowcami, co niewątpliwie oszczędza im zachodu: jeśli coś leci, to nie doleci. Ton brzęczyka powinien teraz stać się wyższy, co oznacza, że głowica, szukająca obiektu o odpowiedniej temperaturze, naprowadza się na cel. Przygotować się do odpalenia: w chwili gdy policzek odbierze drobny impuls elektryczny – końcowy sygnał – należy jedną dłonią nacisnąć przycisk na wyrzutni, drugą natomiast pociągnąć za spust. Odtąd wszystko jest w rękach Boga. Pozostaje odrzucić tubus i biegiem szukać osłony.

Wunderwaffe – stinger o świcie

O świcie następnego dnia siedzieliśmy we czterech – Ghasem, Satar, Nazim i ja – przy zniszczonej śluzie na otwartym terenie. Rakietę owiniętą w koc ukryliśmy w rzadkich krzakach. Zniszczenia tej sekcji systemu irygacyjnego musiano dokonać niedawno, ponieważ w zbiorniku wciąż była woda, w której miotał się samotny pstrąg. Nazim strzelił w wodę, wyciągnął ogłuszoną rybę i rozbił jej głowę o kamień. Dopiero wtedy zorientował się, że nie możemy rozpalić ognia i że w panującym upale pstrąg nie dotrwa do wieczora.

W południe próbowałem się zdrzemnąć na klepisku niewielkiej lepianki – nie dało się, Satar chrapał, jakby huczała dziurawa rura wydechowa. Zwykle mieliśmy dużo okazji do użycia broni, ale właśnie dziś, kiedy czekaliśmy na to specjalnie, piloci wzięli dzień wolny. Nad miastem pokazały się wprawdzie na krótko dwa helikoptery, były jednak za daleko, prawie piętnaście kilometrów od nas. Raz przemknął pojedynczy odrzutowiec, jak nam się zdawało, w kierunku szpitala w Duhr Abadzie. Zerwaliśmy się, Ghasem z rakietą, ja z aparatem, ale samolot leciał zbyt nisko i zbyt daleko. Więcej tego dnia nie zobaczyliśmy na niebie niczego.

Ghasem musiał być bardzo rozczarowany wynikiem naszej wyprawy. Dwa dni później, wybiegłszy z budynku głównej kwatery w Talau, obserwowałem ostatnie sekundy lotu stingera. Przekroczywszy swój zasięg, pocisk rozerwał się samoczynnie w obłoku białego dymu. Kilka minut potem Ghasem tłumaczył w meldunku radiowym do Arefa, że samolot transportowy pojawił się nad nim, kiedy odmawiał poranną modlitwę. Nie przerwał jej. Gdy składał się do strzału, samolot odlatywał wprawdzie, ale wciąż jeszcze był w zasięgu pocisku. Nim Ghasem nacisnął spust, było już za późno.

Przed wybuchem wojny Mohammad Chalid należał do nowej w Afganistanie klasy fachowców. Studiował nauki ścisłe na uniwersytecie w Kabulu, nie odstępował jednak od starych tradycji.

– Przed wojną – powiedział – większość Afgańczyków mało co się modliła, a niektórzy byli nawet agnostykami. – Zaakcentował to słowo w szczególny sposób. – Teraz wszyscy bijemy się w imię Boga.

Chalid był członkiem Bractwa Muzułmanów, które przygotowywało ludzi do powstania dwudziestego czwartego hut. Rozmawialiśmy mieszanym angielskim i rosyjskim, który Chalid pamiętał jeszcze z okresu pracy na kierowanej przez Sowietów budowie w okolicach Heratu.

„Wszystko zaczęło się z powodu artykułu w «Ettefagh-e Eslami», którego autor twierdził, że świat nie został stworzony przez Boga i że człowiek pochodzi od małpy. Zaraz następnego piątku główny mułła Wielkiego Meczetu ogłosił w swym kazaniu, że rząd, który propaguje podobne łgarstwa, jest rządem niewiernych i chce walczyć z islamem. Po takim wypowiedzeniu wojny mułłowie ruszyli do wiosek organizować ludzi do powstania.

Pracowałem wtedy jako nadzorca w warsztatach przy moście Pasztun. Budowaliśmy drogę z Heratu do Majmany. Moje obowiązki polegały na sprawdzaniu maszyn drogowych, gdy wracały z napraw. Maszyny pochodziły głównie z ZSRR, kupiłem więc parę słowników i uczyłem się języka. Zarabiałem trzy i pół tysiąca afghani miesięcznie – na tamte czasy nie były to złe pieniądze. Tadżykowie, którzy wchodzili w skład sowieckiej ekipy doradców, ostrzegli nas, że nowe drogi i budowany most Pasztun wcale nie mają służyć Afganistanowi, tylko umożliwić dokonanie inwazji.

Po przewrocie komunistycznym ludzie pracujący na budowie zaczęli się mocno spierać. Afgańczycy, którzy pokończyli studia w Kabulu, sympatyzowali z nami, muzułmanami, ale ci wykształceni w ZSRR stali całkowicie po stronie Rosjan. Rosjanie domagali się teraz, by kierowniczych stanowisk nie zajmowali praktykujący muzułmanie. Zauważono kiedyś, jak modlę się w południe, ale mnie nie wywalono, bo mój szef sam w sekrecie praktykował islam.

Po przewrocie wzrosła nagle liczba Rosjan w naszych warsztatach i zaczęły się aresztowania. Spośród trzystu pracowników uwięziono piętnastu, w tym Mihrabuddina Chana, który był zastępcą dyrektora. Zabrano go do Pul-e Czarchi i zamordowano. W czwartek czternastego marca w czasie pierwszej modlitwy przed świtem usłyszałem zgiełk. Gdy słońce wzeszło, zobaczyłem tłum wieśniaków niosących białe i czarne flagi, sztandary z religijnymi hasłami, kije, łopaty i inną prowizoryczną broń. Przekraczali właśnie most; maszerowali do Heratu. Dołączyłem do nich i o siódmej byliśmy już koło posterunku milicji przy bramie miejskiej w Sepolaku. Zwykle urzędowało tam kilkunastu milicjantów, ale żeby wzmocnić posterunek, rząd przysłał stu żołnierzy i opancerzony transporter, który stał teraz na drodze.

Tłum rzucił się w kierunku żołnierzy i krzyczał: *Allahu akbar!* Zaczęli strzelać, wpierw ponad głowami, potem w nas. Zabili mnóstwo ludzi. Widać było, że robią to bez przekonania, ale oficerowie znajdujący się z tyłu grozili im pistoletami. W końcu ludzie okrążyli transporter i zatłukli żołnierza obsługującego karabin maszynowy. Ten karabin, po wymontowaniu, stał się naszą pierwszą prawdziwą bronią. Żołnierze oddawali nam teraz broń. Tłum dopadł oficerów; zabito ich, a ciała wrzucono do strumienia.

Bramę Kandaharską zastawiały dwa czołgi. Było nas teraz blisko dziesięć tysięcy – otaczaliśmy czołgi ze wszystkich stron. Strzelali do nas z dział i broni maszynowej. Paru ludziom udało się wskoczyć na wieżyczki czołgów; tłukli w nie kijami i łopatami. Jakiś mężczyzna chciał przerwać ogień i włożył ramię do lufy, ale zginął. Ludzie obłożyli czołg derkami nasączonymi benzyną i podpalili je, lecz nie dało to rezultatu. Z każdą minutą padało coraz więcej osób. Wreszcie obrzuciliśmy wizjer czołgu błotem, aż kierowca stracił orientację i musiał stanąć. Wlaliśmy wtedy benzynę do środka i spaliliśmy załogę. Drugi czołg wyrwał się i odjechał;

po drodze zmiażdżył gąsienicami wielu ludzi. Brama Kandaharska była nasza – weszliśmy do miasta.

Tłum wlewał się na bazary ze wszystkich stron, zabijał każdego dopadniętego komunistę. W przejeżdżającym jeepie dojrzałem jednego partyjniaka z mojego warsztatu – wyciągnęliśmy go na zewnątrz; chciałem mu przylać, ale tylu ludzi już go okładało, że nie mogłem go dosięgnąć. Potem zobaczyłem dwóch moich pracowników, Asadullaha i Injatullaha – obaj dobrzy muzułmanie, koło dwudziestki, z Kabulu. Nie wiedzieli, co się dzieje, i wypytywali ludzi o powód rozruchów. Ktoś krzyknął, że muszą być komunistami, bo mówią z kabulskim akcentem. Próbowałem się do nich przedrzeć, ale nie zdążyłem – ludzie rozszarpali ich gołymi rękami.

Z garnizonu nadciągały już kolejne czołgi, strzelając i zabijając wielu ludzi. Krzyknąłem, żeby zwalić sosny na główną drogę, to wtedy się zatrzymają. Znalazły się piły i siekiery, ścięliśmy kilkadziesiąt drzew i zrobili barykadę z pni. Czołgi nie mogły iść dalej, a jeepy i cywilne samochody komunistów zostały po naszej stronie; przechwyciliśmy je z łatwością.

Nad całym miastem rozlegała się strzelanina: bank, poczta, redakcje gazet i wszystkie zdobyte budynki administracyjne stały teraz w płomieniach. Ludzie wybijali szyby, niszczyli meble i sprzęt. Niektórzy, przypuszczam, sięgali i po pieniądze. Nie ostało się żadne okno ozdobione portretem Tarakiego, zerwano wszystkie czerwone flagi. W południe prawie całe miasto było w naszych rękach. Komuniści trzymali się tylko w więzieniu, głównej komendzie milicji i w Wielkim Meczecie, gdzie na minaretach mieli karabiny maszynowe. Tłum chciał uwolnić więźniów, ale na placu przed budynkiem więzienia stało kilkanaście czołgów: zginęły setki ludzi próbujących podejść bliżej.

Rodziny sowieckich doradców wojskowych mieszkały w hotelu «Parc». Ludzie wrzucali do wszystkich pokojów granaty zdobyte na żołnierzach. Nie wiem, ile wtedy zginęło osób – nie sprawdzaliśmy, bo baliśmy się, że ciała kobiet mogły zostać obnażone w ataku i nieskromnie byłoby je oglądać.

Mniej więcej w tym czasie pojawiły się pierwsze helikoptery. Była to pora południowej modlitwy, więc ludzie zapełnili ciasno meczety. Maszyny zrzuciły bomby; każda przyniosła kilkaset ofiar śmiertelnych. Strzelano również do uciekających; zabito jeszcze więcej osób.

W nocy komuniści zaczęli krzyczeć przez megafony z minaretów Wielkiego Meczetu, że powstanie jest robotą agentów Chin i Ameryki i że my, szlachetni mieszkańcy Heratu, nie powinniśmy dawać im posłuchu. Nazywali nas Ichwan-ul Szajtan, bractwo szatańskie. Tysiące ludzi stanęły na warcie w okopach, którymi otoczyliśmy pozycje komunistów.

Następnego dnia, w piątek, samoloty bombardowały miasto na okrągło, a z garnizonu szedł ogień ciężkiej artylerii. Nie mogliśmy zdobyć więzienia ani pałacu gubernatora i ludzie zaczynali tracić serce. Pod wieczór wydawało się, że to już koniec. Byliśmy zdesperowani. Słyszałem zewsząd jęki i płacz. Wszyscy byli tak oszołomieni liczbą ofiar, że przestali nawet grzebać zmarłych. Rannych nikt nie opatrywał, wykrwawiali się na ulicach i w ogrodach. Ludzie w większości siedzieli zabarykadowani we własnych domach, czekając na śmierć albo pojmanie.

W nocy starszyzna i mułłowie zebrali się na naradę, nie doszli jednak do porozumienia: walczyć dalej, do końca, a potem pójść w góry i zorganizować partyzantkę, czy poddać się od razu? W sobotę rano nadleciały samoloty transportowe i obrzuciły nas ulotkami, mimo to spodziewaliśmy się kolejnych bombardowań. O pierwszej w południe usłyszeliśmy strzały w garnizonie.

Wszyscy nagle odzyskali ducha, bo oznaczało to, że muzułmańscy oficerowie musieli się zbuntować. Sądziliśmy, że jeśli wojsko stanie po naszej stronie, możemy w końcu zwyciężyć. Ludzie znów się śmiali, głośno wychwalali Boga, niektórzy na bazarze nawet tańczyli z radości" – zakończył Chalid.

Zacząłem porządkować moje liczne zapisy rozmów z Ismaelem Chanem, który w czasie powstania był oficerem herackiego garnizonu, mogę więc podjąć dalszy ciąg historii.

„Nie spodziewałem się – mówił Chan – że nasz bunt się uda. Wiedziałem, że zwyciężyć możemy tylko wtedy, kiedy powstanie cały kraj. Chcieliśmy właściwie pokazać ludziom, że mają w wojsku sympatyków.

Sowieccy doradcy zaczęli napływać do Afganistanu po obaleniu przez Dauda w 1973 roku króla Zahira Szaha. W naszej 17 dywizji herackiej było pięciu Rosjan; do wszystkiego się wtrącali, traktowaliśmy ich więc podejrzliwie. Spotykali się na osobności z oficerami komunistami. Na mojej uczelni wojskowej wszyscy wyznawali islam i nikt nie miał pojęcia o komunizmie. Jednak po 1973 roku Rosjanie zaczęli dawać liczne stypendia na swych akademiach wojskowych. Ludzie, którzy z nich skorzystali, wracali całkowicie odmienieni, zupełnie jak gdyby nauczono ich nowego myślenia. Trudno było nawet z nimi rozmawiać, bo używali dziwnych długich słów, dla nas obcych.

Gdy w kwietniu 1978 roku komuniści zlikwidowali Dauda w Kabulu, Rosjanie nagle zaczęli gwałtownie rozbudowywać pasy startowe herackiej bazy lotniczej i naprawiać szosę idącą ze Związku Sowieckiego. Pytaliśmy samych siebie: po co im taka wielka baza i taka szeroka droga? Afganistan z pewnością ich nie potrzebował. Liczba doradców w naszej dywizji wzrosła do ponad sześćdziesięciu, ponadto nakazano nam poznać rosyjską taktykę i zagadnienia ideologiczne – etapy rozwoju historycznego i stopień postępu, jaki ZSRR osiągnął od 1917 roku.

Z początku w dywizji było niewielu komunistów – może czterystu na siedem tysięcy stałego personelu. Po przewrocie jednak zabroniono nauczania religii i wpajano żołnierzom komunistyczną ideologię. Komuniści sprowadzali do koszar tancerki i przymykali oczy na pijaństwo, przedtem karane jako grzech. Robili

wszystko, by ich lubiano, ale niewiele to dawało. Namawiali żołnierzy, by wstąpili do partii, a potem potrącali im z żołdu partyj-
ne składki. Żołnierze czuli się oszukani.

Komuniści obsadzili wszystkie ważne stanowiska swoimi po-
plecznikami. Niżsi oficerowie, jeśli byli komunistami, szli nagle
w górę, podczas gdy wyższych, ale niepartyjnych, przenoszono
na podrzędne stanowiska. Zdymisjonowano naszego generała
i dowództwo całej dywizji objął partyjny kapitan Sajid Mokka-
ram. Aby nas kontrolować, każdemu dowódcy kompanii przy-
dzielono komisarza komunistę. Komisarze przysłuchiwali się
wszystkiemu i zdawali raporty organizacji partyjnej.

Radio, prasa i wydawnictwa podlegały teraz cenzurze; wszystkie musiały wychwalać komunizm, Rosję i przewrót komunistyczny. Nasza garnizonowa biblioteka została «przeegzamino-
wana», książki zawierające krytyczne opinie o Rosji zabrano
i zniszczono. Powiedziano nam, że nie wolno więcej słuchać zachodnich programów radiowych.

Zaproponowano mi wstąpienie do partii, ale odmówiłem. Chodziłem razem z moimi żołnierzami modlić się do meczetu. Po jakimś czasie komuniści powiedzieli mi, że wiedzą, iż spiskuję
przeciw nim. Gdy zaprzeczyłem, znów chcieli, bym do nich przy-
stąpił. W owym czasie nie odważali się jeszcze aresztować oficera. Kiedy miasto powstało, byłem zdania, że powinniśmy przyłączyć się do mieszkańców. Jeśli komuniści zduszą powstanie,
przypuszczałem wówczas, przeprowadzą w dywizji czystkę,
a wtedy już nie będą nas oszczędzać.

Nie należałem do żadnej organizacji, ale jako muzułmanin od
początku występowałem przeciw komunistom i Rosjanom. Nie
potrzebowałem żadnych instrukcji – islam nakazuje akcję, a Koran daje jasne wskazówki.

Nie można oczywiście bez przygotowania zdobyć kilkunastoty-
sięcznego garnizonu w ciągu dwóch czy trzech godzin. Porucznik
Abdullah mieszkał w willi na terenie ogrodów należących do ko-

szar, z dala od kwater innych szarż. Willa służyła jako miejsce spotkań oficerów, do których mieliśmy zaufanie.

Dziesięć dni przed wybuchem powstania wszystko było gotowe; pełni niepokoju czekaliśmy na znak do działania. Pułkownik Ahmad Szan i major Szamszir Chan byli w kontakcie z miejscowymi przywódcami religijnymi, którzy mieli nam dać ostateczny sygnał. Dwudziestego trzeciego hut, w środę, kilku starszych przyszło do mnie do domu i uprzedziło, że następnego dnia zdarzy się coś ważnego. Podejrzewałem, że wybuch jest bliski, bo miasto zapełniło się już ludźmi z okolicznych wiosek. Cały dzień nisko nad Heratem z przeraźliwym hałasem krążyły migi; pomyślałem wtedy, że musi to być ostrzeżenie. Rząd z pewnością wiedział, że coś się szykuje.

Rankiem dwudziestego czwartego hut debatowaliśmy, czy przyłączyć się natychmiast do powstania, czy też czekać i próbować przejąć koszary. Gdy rozpoczęły się walki, komuniści przezornie wysłali w pole tylko ludzi stojących po ich stronie, przeważnie członków partii, a nie nas, niepewnych. Dopiero drugiego dnia, gdy potrzebowali nowych sił, kazali niepartyjnym oficerom strzelać do tłumu. Jednostka artylerii z rozkazu sowieckich doradców ostrzeliwała ludzi i miasto – prawdziwa masakra.

Uznaliśmy, że nie można tego dłużej tolerować i trzeba działać. Najlepszą porą do ataku była godzina trzynasta w niedzielę, kiedy komuniści jedli obiad. Gwarancją powodzenia było szybkie zdobycie wszystkich kluczowych pozycji i dowództwa.

Nasze grupy uderzeniowe zaatakowały mesę z trzech stron i wybiły wszystkich siedzących akurat przy posiłku – około sześćdziesięciu Rosjan i wielu lokalnych komunistów. Niestety, jeden z naszych oficerów dotarł na przewidziane miejsce zbyt późno, w związku z czym okrążenie nie było całkowite. Z dowodzonego przeze mnie stanowiska broni przeciwlotniczej, które było umiejscowione wyżej, widziałem kilku komunistów uciekających przez pole wraz ze swoim dowódcą.

Gdy dotarli do oddziału artylerii, kazali im do nas strzelać. Oficerowie muzułmanie odmówili wykonania rozkazu, zaczęła się więc bitka na rewolwery. Pięciu pozostałych Rosjan wskoczyło do jeepa i ruszyło, nie oglądając się na resztę. Musieli jednak jechać obok koszar mojej kompanii, gdy więc byli blisko, otworzyliśmy ogień. Kule przebiły tylne opony i samochód stanął. Rosjanie wygrzebali się ze środka, podnieśli wysoko ręce na znak, że się poddają... Podszedłem bliżej, by im się przyjrzeć – znałem ich dobrze, to właśnie oni dali rozkaz strzelania do ludności cywilnej. No, nie czas było żałować tych skurwysynów; kazałem żołnierzom wpakować im po kuli w łeb. Mówiono, że trzem czy czterem innym Rosjanom również udało się uciec, ale ludzie dopadli ich i pozabijali*.

O trzeciej po południu całe koszary były już w naszych rękach. Z miasta ludzie przynieśli nam jedzenie, a my wydawaliśmy im broń i amunicję z garnizonowych składów.

Wkrótce zaczęły nas bombardować sowieckie samoloty. Zorientowałem się, że musiały nadlecieć z głębi ZSRR, gdyż lotnictwo afgańskie nie miało tak nowoczesnych bombowców, a piloci byli znacznie zręczniejsi i dokładniejsi niż Afgańczycy, których obserwowałem w czasie ćwiczeń. Wyłoniły się zza gór i zrzuciły swój ładunek po ostrym nurkowaniu. Próbowaliśmy bronić miasta, ale nasze trzydziestosiedmiomilimetrowe działa przeciwlotnicze były bardzo prymitywne – samoloty okazały się dla nich za szybkie. Mimo to w czasie pierwszych godzin obrony udało nam się odpędzić parę helikopterów i zestrzelić trzy.

Po południu wysłane do miasta czołgi z załogami złożonymi z komunistów wróciły i zaatakowały garnizon. Odparliśmy atak i koło północy kontrolowaliśmy sytuację na tyle, że mogliśmy zwołać naradę i ustalić plan działania. Postanowiono, że należy zdobyć most Pasztun – komuniści mogli się spodziewać posiłków z Kandaharu, musieliśmy więc odciąć im tę możliwość. Jeśli atak

---

* Dowiedziałem się później, że obdarto ich żywcem ze skóry (przyp. aut.).

na most okazałby się zwycięski, oddział poszedłby dalej i spróbował zdobyć bazę lotniczą.

Nie udało nam się jednak odebrać mostu, gdyż przez dwa dni ciągłych bombardowań wielu żołnierzy uciekło, a pozostali nie byli przyzwyczajeni do walk i po prostu się bali. Próbowaliśmy podtrzymywać ich morale, ale niewiele to dawało – z kompanii zostały nam zaledwie plutony.

W środę długa kolumna czołgów, w sumie może trzysta, wjechała do miasta przez Bramę Kandaharską. Na każdej wieżyczce powiewała zielona chorągiew, załogi były ubrane w muzułmańskie stroje, przez megafony wykrzykiwały religijne hasła. Wszyscy zaczęli się cieszyć – pomyśleliśmy, że to zwycięscy powstańcy z Kandaharu przybywają nam z pomocą. Radość była wielka, bo nikt się nie spodziewał, że nasze powstanie tak szybko ogarnie resztę kraju. Sądziliśmy, że jeśli utrzymamy Kandahar i Herat, Kabul też wkrótce będzie nasz. Dopiero gdy czołgi przejechały przez miasto niezatrzymywane przez mieszkańców, i otoczyły cytadelę, pojęliśmy omyłkę: znajdowali się w nich przebrani za cywilów żołnierze komuniści, którzy teraz otworzyli do nas ogień.

Kiedy uciekałem z garnizonu w góry, w mieście dalej trwała strzelanina, przez którą przebijały się czasem krzyki... Dymy pożarów i eksplozji spowijały cały Herat. Koszary mojej dywizji stały również w płomieniach, cytadela była w ruinie. Czołgi i jeepy paliły się na ulicach, wszędzie leżały ciała zabitych żołnierzy. Wyszedłem w góry z ostatnimi sześćdziesięcioma żołnierzami. Sześciu z nich walczy dalej u mego boku jako mudżahedini".

Ranki stawały się chłodniejsze, niebo pokrywały chmury, liście powoli żółkły, a ja miałem przejść przez góry bez śpiwora. Nadszedł czas powrotu do Pakistanu, czułem jednak dziwną niechęć do opuszczenia tych terenów. Rozumiem teraz, dlaczego skazani na długie wyroki wolą czasem pozostać w więzieniu... Przebywanie na obszarach kontrolowanych przez powstańców było mniej niebezpieczne niż przedzieranie się przez linie nieprzyjaciela w drodze do Pakistanu. Dlaczego nie miałbym zostać tu jeszcze tydzień czy dwa, doczekać przybycia Chana i wyjść dopiero wtedy, eskortowany przez jego ludzi?

Wydostać się z tego małego skrawka partyzanckiej ziemi było, jak się okazało, znacznie trudniejsze, niż się na niego dostać. Wzdłuż szosy łączącej miasto z mostem Pasztun rozłożyła się kolumna czołgów, przekroczenie więc drogi nocą – podobnie jak uczyniliśmy to w drodze do Heratu – nie wchodziło w rachubę. Aref zdecydował, że muszę przejść terytorium milicji, i to za dnia. Ryzyko graniczyło z absurdem: mimo że byłem śniady, miałem niechlujny wygląd i turban na głowie, wystarczyło, bym otworzył usta, a każdy mógł mnie odróżnić od tubylców. Musiałem więc użyć pewnego sposobu: niczym postać z brukowego kryminału odwiązałem jeden koniec mego turbanu i zmoczywszy go, przycisnąłem do policzka, udając, że okropnie boli mnie ząb. Gdy spotykaliśmy wieśniaków, trzymałem się nieco z boku, „skręcając się” w boleściach. Byłem spokojny tylko wtedy, gdy dochodziły mnie ich pogardliwe szepty: *dżabun* (tchórz).

Byłem sam na terenie wroga, bez eskorty. Obcy przeprowadzali mnie z jednej kryjówki do drugiej. Kierowcy, wieśniacy, sklepikarze – wszyscy należący do komunistycznej milicji – podawali mnie dalej i dalej niczym paczkę. Była to ustalona trasa przerzutowa.

Podjęto mnie posiłkiem w domu komendanta lokalnej milicji. Po raz pierwszy ujrzałem, jak wielkie były ofiary moich afgańskich gospodarzy – tych wszystkich, którzy występowali otwarcie przeciw reżimowi. Gospodarz pomagał Chanowi, jednocześnie korzystając w pełni z przywilejów należnych kolaborantom. Jego stół stanowił dowód na to, jak nęcące były komunistyczne oferty – i jak musiało wyglądać życie w Heracie przed wojną.

Pierwszy raz od wielu tygodni nie musiałem wytężać uszu, by w porę dosłyszeć zbliżające się samoloty. Myśliwce przelatywały nisko nad zajmowaną przez nas werandą – baza była oddalona o zaledwie parę kilometrów – nie czyniły jednak szkody: ich bomby miały spaść na ludzi, z którymi jadłem wcześniej obiad. Tak jak partyzanci zacząłem uważać zwykły gotowany ryż za luksus – tej nocy posiłek składał się z kilku dań ryżowych z dodatkiem wybornych mięs i przypraw, popijanych bez ograniczenia puszkowaną 7up z lokalnego bazaru. Ze stojącego pod ścianą ogromnego japońskiego radia tranzystorowego płynęła przedwojenna heracka muzyka, wspaniała i jakże odmienna od kakofonii, jaką Pasztunowie zakłócają ciszę. Na deser były lody, winogrona i kilka pyknięć z wielkiej fajki wodnej.

Ponownie ruszyłem w drogę o północy; kieszeń miałem obciążoną trzema puszkami orzeźwiającego napitku. Maszerowałem w trzydziestoosobowej grupie przez szczere pola graniczące z garnizonem na południowym końcu mostu Pasztun. Księżyc był w pełni, ale nie przypominał już lśniącej srebrnej monety – z bezchmurnego nocnego nieba oświetlał nas niczym ogromna, wystrzelona przez nieprzyjaciela flara.

– *Doszman, doszman, indżal!* Wróg, wróg, tu! – rozlegały się głośne szepty, w miarę jak zbliżaliśmy się do pozycji komunistów.

Jestem przekonany, że pozwolili nam po prostu odejść. Musieli nas widzieć: miejsce, w którym przekraczaliśmy całą grupą szosę, dzieliło nie więcej niż dwieście metrów od najbardziej wysuniętych do przodu bunkrów. Oświetlało nas nie tylko światło księżyca, ale i bijące wprost w naszą stronę mocne reflektory. Dostrzegłem ustawioną przed mostem drewnianą zaporę, przy której za dnia posterunki przeszukiwały podróżnych. Kwatery żołnierzy wyglądały jak hotel z hiszpańskiego Costa del Sol; miały nawet betonowe balkony. Kiedy przemykaliśmy cichem wzdłuż ogrodzenia z drutu kolczastego, zauważyłem, że w wielu oknach palą się światła. Żołnierze na wieżach strażniczych musieli nas zauważyć, ale nie strzelali – mieliśmy granatniki, więc nie czuli się zbyt pewnie.

Miasto zostawało za nami, a ja zastanawiałem się, co mogę napisać o zniszczeniach dokonanych w Heracie przez Sowietów. W przeciwieństwie do Nauzadu, gdzie wojska sowieckie celowo wysadziły w powietrze miejski meczet, w Heracie nie znalazłem dowodów rozmyślnego niszczenia zabytków. Budynki i ludzie cierpieli po prostu wspólny los z tego samego powodu: stali na drodze sowieckiej potęgi. Rosjanie nie zachowali się jak złodzieje podpalający dom z czystej złośliwości; robili to tylko wtedy, gdy właściciel odważył się wzywać głośno ratunku i próbował ich odpędzić z dubeltówką w ręku.

Czy dokopałem się do samego dna wydarzeń z dwudziestego czwartego hut? Dopiero po powrocie do Peszawaru poznałem Gholama Achtara, który uzupełnił kilka brakujących szczegółów.

„Już po wszystkim sprawdziliśmy stan ludności w wioskach. Każdy organizujący ludzi przed powstaniem miał policzyć, ilu ich wróciło. Brakowało nam trzydziestu tysięcy. Niektórzy uciekli, myślę więc, że zginęło koło dwudziestu tysięcy. Prawdziwa szkoda, bo powstanie było w gruncie rzeczy błędem.

Do dwudziestego czwartego hut byłem szefem komunistycznej organizacji młodzieżowej; partia ufała mi zatem i mogłem poruszać się wszędzie bez przeszkód. Jeździłem jako kurier między konspiratorami w Heracie a dowództwem w Peszawarze.

Heraccy muzułmanie wysłali mnie dwukrotnie do Pakistanu. Za pierwszym razem przeprowadziłem bezpiecznie ludzi, którym groziło aresztowanie, i dostarczyłem pieniądze zebrane przez komitety w Heracie dla emigracyjnego dowództwa. Nie, nie otrzymywaliśmy żadnych sum od Amerykanów czy od Pakistańczyków, nie w 1979 roku, dopiero dużo później. Przenosiłem pieniądze, jak powiadam, z Heratu do Pakistanu.

Za drugim razem przywiozłem rozkazy dotyczące powstania. Tylko członkowie Bractwa Muzułmanów znali instrukcje; oni właśnie organizowali ludzi, każdy w swojej wiosce. Początkowo zgodnie z planem wojsko miało rozpocząć rebelię – garnizony w Kabulu, Heracie i Kandaharze miały się zbuntować równocześnie. Komuniści jednak musieli mieć swoich szpiegów pośród oficerów, ponieważ w lutym 1979 roku spisek odkryto i wielu muzułmańskich oficerów rozstrzelano. Na szczęście telegrafiści z Kandaharu, dobrzy ludzie, przestrzegli oficerów w Heracie przed podnoszeniem buntu.

Po tym niepowodzeniu plan uległ zmianie. Teraz pierwsi mieli powstać cywile, wszędzie w tym samym czasie. Siódmego saur* o jedenastej wieczorem miało wybuchnąć powstanie ludności w całym kraju. Mieliśmy nadzieję, że w Kabulu i Kandaharze przyłączy się wtedy wojsko, ponieważ nie wszyscy muzułmańscy oficerowie zostali zlikwidowani.

Zabrałem owe instrukcje do Heratu, ale gdy dojechałem na miejsce, zdarzyło się coś bardzo dziwnego. Po okolicznych wioskach błąkała się stara kobieta, Turkmenka, ocalała z bolszewickiego ataku na Bucharę w 1920 roku. Rozmawiała z kobietami i młodymi dziewczętami, opowiadała, jaką masakrą zakończył się ów szturm na Bucharę, pokazywała im bliznę na piersi po bolszewickiej szabli. Mówiła, że gdy Buchara padła, zgwałcono wszystkie kobiety. Jeśli teraz nie zmuszą nas one do walki z komunistami, spotka je taki sam los. Przekonywanie ludzi straciło po tym sens. Kobiety podjudzały ich tak, że aż burzyła im się krew... Przez to lokalni przywódcy heraccy zdecydowali rozpocząć powstanie dwudziestego czwartego hut, czterdzieści jeden dni przed wyznaczoną datą".

---

* Dwudziestego siódmego kwietnia (przyp. tłum.).

13

Morderstwo Andy'ego Polaka

Teraz chciałem już tylko dostać się z powrotem do Anglii. Zobaczyłem to, co przyjechałem zobaczyć, i zaczynałem się obawiać, że ciągły upał zniszczy naświetlone filmy. Gdyby odlatywał stąd samolot do Londynu, zabrałbym się nim z rozkoszą. Najbliższe nieafgańskie lotnisko międzynarodowe znajdowało się w Meszhedzie na terytorium Iranu. W normalnych czasach można było tam dotrzeć w trzy godziny, teraz jednak Iran w ogóle nie wchodził w grę, jako że amerykańskie okręty ścierały się w Zatoce Perskiej z rewolucyjnymi gwardzistami. Sto lat temu można było dojechać konno do najbliższej stacji kolejowej i w ciągu dwóch tygodni znaleźć się w Calais, dzieląc czas między wagon sypialny i restauracyjny. Dziś kolej była nawet jeszcze bliżej – do Kuszki na granicy sowieckiej miałem trzy dni marszu, ale oczywiście nie mogłem wędrować przez terytorium wroga. Mój „dom" był na zachodzie, oddalony o osiem tysięcy kilometrów, musiałem jednak kierować się na wschód, idąc przez góry po własnych śladach około tysiąca kilometrów do Kwety. Ismael Chan polecił wcześniej dowódcom na tej trasie, by zapewnili mi uzbrojoną eskortę aż do granicy.

– Powinno ci to zabrać miesiąc, może tylko trzy tygodnie, jeśli będziesz miał szczęście – powiedział.

Na razie wszystko wróżyło dobrze.

Mułła, u którego zostawiłem na przechowanie mój bagaż, miał mi zorganizować bezpieczne przejście do Pakistanu.

– Gdzie mudżahedini? I eskorta? – spytałem go.

Wręczyłem mu list Chana; nad zieloną pieczęcią był tekst pozdrowienia, jakie przesyłał współtowarzyszom walki, i rozkaz, by jego gość, agha Rahim, który niósł ważne wieści dotyczące dżihadu, został doprowadzony jak najszybciej do granicy.

– Tak, tak, znamy polecenia emira.

Mułła złożył z powrotem list i z uszanowaniem podniósł go do ust i czoła. Przewodnik miał mnie zaprowadzić do *pajgah*, górskiej bazy nad brzegami Koughanu, gdzie powinna czekać moja eskorta.

Przewodnika nie było, więc mułła zaproponował, bym dołączył do trzech uzbrojonych mężczyzn, którzy tego wieczoru ruszali do wioski leżącej na moim szlaku. Jadąc na zmianę na rachitycznym koniu, przemierzaliśmy nocą pustynię; okrążaliśmy osady będące w rękach komunistów. Spałem po tej wędrówce głęboko, lecz krótko – naloty na zamieszkane wioski po wschodniej stronie Heratu trwały przez cały czas mego pobytu w zachodniej części i co tydzień przynosiły nowe ofiary. Bombardowano nas wtedy znacznie intensywniej, ale, o ile wiem, nie zginął ani jeden mudżahedin. Teraz podczas nalotu, który obudził mnie o ósmej rano, trzy osoby zostały zabite i dwadzieścia odniosło rany. Maszerując w górę rzeki przez kontrolowane przez partyzantów osady, obserwowałem z zadowoleniem, że wieśniacy wreszcie zaczęli stosować środki ostrożności: na polach w pobliżu domów kopano rowy, w nadrzecznych skarpach budowano schrony – ryte w ziemi co kilkadziesiąt albo więcej metrów jamy, w których mogły się ukryć dwie, trzy osoby.

Kiedy następnego dnia myślałem już, że pozostawiono mnie samemu sobie w starym schronisku, nadjechało dwóch Afgańczyków na motocyklach. Juki przerzuciliśmy przez tył jednego z nich, ja dosiadłem się na drugi i pojechaliśmy z fasonem przez pustynię; spóźnienie nadrobiłem bez wysiłku. Kolejny dzień spędziłem na marszu za pasmem wzgórz oddzielających mnie od linii ognia – w okolicach Merwu toczyła się bitwa między partyzantami i milicją. Następnego ranka spoglądałem po raz ostatni na wody Harirudu. Skręciłem wreszcie w góry niedaleko małego młyna. Na zewnątrz stały przywiązane wielbłądy i osły, a dochodzący ze środka hałas motoru obwieszczał, że żarna mełły mizerne tegoroczne zbiory. Dwóch chłopców poprowadziło mnie wzdłuż Koughanu do *pajgah*.

Pokonanie w ciągu trzech dni osiemdziesięciokilometrowej odległości między Heratem a bazą może nie wyglądać na rekord szybkości, ale czułem się, jakbym zamienił wielbłąda na sportowy samochód: przez te trzy dni przemierzyłem dystans, na jaki wcześniej potrzebowałem czterech tygodni. Obrazy owej wcześniejszej podróży migały mi przed oczyma niczym widoki oglądane z okna pędzącego pociągu: meczet, w którym Chan, mimo bombardowania, trwał na modlitwie; wioska, gdzie ratownicy odkopali nieżywą kobietę z zastygłymi w powietrzu ramionami; dom, w którym spędziłem dziesięć męczących dni, chory na ciele i duszy. Przeszliśmy przez skalną szczelinę nad brzegami Koughanu; wykąpałem się w miejscu, gdzie przed dwoma miesiącami nieznajomy chwycił mnie za ramię, by pochwalić się książeczką wojskową i bronią „Ruska", którego zabił.

W górskiej bazie, tak jak przypuszczałem, nie czekała na mnie żadna eskorta. Dwóch młodych żołnierzy Chana odpowiedzialnych za bazę nie było w stanie mi pomóc. Dowódca zabrał większość mudżahedinów, by zorganizować zasadzkę; doktor, który dysponował koniem, objeżdżał właśnie wioski. Powiedzieli, że jeśli mogę poczekać tydzień, dowódca z pewnością da mi przewodników i konie, jak poinstruował go Chan.

Nie chciałem czekać. Kiedy kierowaliśmy się do Heratu, nie protestowałem przeciwko tygodniom spóźnienia i bezczynności. Byłem z Chanem, oznaczało to zatem, że nie mam więcej czasu na wywiady i rozmowy. Teraz jednak ogarnęła mnie obsesyjna chęć jak najszybszego osiągnięcia granicy. Żałowałem każdej godziny niespędzonej w marszu czy w siodle, ustawicznie przeliczałem przebytą odległość i kalkulowałem, ile kilometrów zostało mi jeszcze do pokonania. Dowódca może wrócić nie wiadomo kiedy i jaką mam gwarancję, że da mi przewodnika na dłuższy odcinek trasy? – zastanawiałem się. Trwała przecież wojna i zapewnienie mi bezpiecznego przejścia nie było najważniejszym zadaniem. Miałem list polecający od Ismaela, znałem też drogę do bazy w Tajwarze, gdzie spodziewałem się zastać trzystu mudżahedinów. Poszedłem więc bez eskorty; czekały mnie cztery dni drogi.

Przez przełęcz ponad bazą przeprawiliśmy się – ja, dwóch chłopaków służących mi za przewodników i objuczony moim *churdżin* osioł – w ciągu czterech godzin. Po dwóch kolejnych siedzieliśmy już w namiocie nomadów przy posiłku. Tam właśnie zaczęły się moje kłopoty.

Pożyczyłem od koczowników dwa konie i wraz z opiekunem w parę godzin dojechałem do kolejnej wioski, gdzie zażądałem nowego przewodnika, który by mnie doprowadził do następnej osady. Chodziłem od zabudowania do zabudowania – twarze pytanych były coraz to inne: ponure, rozradowane, obojętne. Na głównym placu uśmiechałem się i wyczekiwałem reakcji starszyzny. Mocny uścisk dłoni, sposób, w jaki ustępowali mi miejsca obok siebie w pokojach gościnnych, podsunięcie cukru bądź propozycja przeprania odzieży – znaki te mówiły mi, czy wioska jest przyjazna, czy też nie. Zwykle znajdował się ktoś, kto potrafił przeczytać list Chana; w przeciwnym razie towarzyszący mi przewodnicy potwierdzali, że „chrześcijanin" chce się dostać jak najszybciej do granicy. (Musieli mnie uważać za zło konieczne, bo poganiałem ich w marszu i nie pozwalałem się zatrzymać na wypicie herbaty z każdym napotkanym w drodze nomadą, który chciał usłyszeć najnowsze wieści z Heratu. Okazywało się to nieraz przydatne – przewodnicy tłumaczyli wieśniakom, że jestem szalony i że najlepszą metodę na uniknięcie nowego ataku mojej furii stanowi nieprzerwany marsz).

Najczęściej wstrzymywała mnie w drodze gościnność Afgańczyków. Odwiedzeni nawet wczesnym rankiem wieśniacy nalegali,

bym zaszczycił ich wioskę pozostaniem na nocleg lub przynajmniej zjedzeniem południowego posiłku. Kiedy indziej wychodziło z nich skąpstwo: mówili, że osada jest bardzo biedna, zaklina-
li się, że tak biedna, iż mogą mi ofiarować tylko trochę chleba; koni i osłów nie mają w ogóle. Byłem gotów ich pobić – do moich
uszu dochodziło dziarskie parskanie wypasających się w pobliżu koni – ale z uśmiechem musiałem wysłuchiwać mówionych
w oczy kłamstw. Dodawali zwykle, że bogata wioska jest oddalona o godzinę albo dwie drogi; z pewnością dostanę tam kurę na
obiad i tyle wierzchowców i ludzi, ile zapragnę, czemu więc nie
proszę tam o wsparcie? Zamiast pomóc, nękali mnie wciąż tymi
samymi pytaniami: Dlaczego się nie modlę? Czy myślę, że Inglistan jest lepszy od Afganistanu? Dlaczego nie daję im mojego zegarka, radia, aparatu, kamizelki, butów, skarpet? „Gdy był tu
Chan, płaszczyli się przed nim, dawali najlepsze konie i żywność,
a teraz wynajdują tysiące doskonałych usprawiedliwień" – zapisałem w notatniku.

Było to dla nich trochę krzywdzące. Życie w górach płynie mo-
notonnie, moja wizyta stanowiła pierwszą od tygodni rozrywkę
wieśniaków. Cóż zatem mogło być lepszego niż wielka kłótnia
sąsiedzka na głównym placu o to, kto przeprowadzi „niewiernego" przez przełęcz? Kilka razy doszło w takich przypadkach do
prawdziwej bójki. Po paru godzinach sporu wybierano kogoś, kto
wiódł mnie przez pół godziny do następnej wioski, gdzie musiałem od nowa uśmiechać się, perswadować i prosić.

Dokładniejszego poznania bogactwa ludzkiej natury nie mógłbym życzyć nikomu. Musiałem oceniać na podstawie wyrazu ich
twarzy, czy są przyjaźni czy wrodzy, skąpi czy szczodrzy. Nauczyłem się nie ufać pierwszemu wrażeniu. Niejeden chłop na
początku uśmiechał się uprzejmie, czym wprowadzał mnie
w błąd, gdyż potem zaczynał przytaczać niezliczone, bardzo
istotne powody, dla których jego pomoc w tej właśnie chwili jest
wykluczona: nie mógł zostawić zbiorów nawet na trzy godziny,

jego osioł ledwo już powłóczył nogami i objuczony moimi torbami z pewnością wyciągnąłby kopyta. Inni, milczący, o ponurych twarzach, raz tylko spojrzeli na zieloną pieczęć Chana, zarzucili karabin na ramię i po pięciu może minutach zwłoki – raźno maszerowaliśmy.

Była to ciężka, niebezpieczna i samotna podróż. Fizycznie nie sprawiała mi specjalnie trudności – nogi miałem zahartowane, mniej bagażu do niesienia, a dyzenteria wywołana amebą znikła na dobre po udzielonej mi przez sufiego Alima pomocy. Musiałem jednak cały czas walczyć z cwaniactwem moich przewodników. Mnie zależało na tym, by jak najszybciej i najprościej dojść do granicy, oni natomiast chcieli mnie zostawić w pierwszej napotkanej wiosce i wrócić do siebie. Nie zawsze byłem pewny drogi, czasem więc przewodnik wiódł mnie do jakiegoś sioła poza szlakiem, gdzie rozładowywał szybko osła i znikał, nim zdążyłem za nim krzyknąć: „Emir każe cię za to oćwiczyć!" Jeden sympatyczny typ – przegadaliśmy całe trzy godziny marszu – doprowadził mnie do jakichś zabudowań, gdzie, jak powiedział, mieliśmy się napić herbaty. Wyskoczył za potrzebą, i tyle go widziałem. Wieczorem gospodarz, stary mułła, wróciwszy z pola, znalazł niechlujnego kafira (niewiernego) rozłożonego w swojej izbie gościnnej.

Miałem szczęście – mułła był życzliwym człowiekiem. Wzmocniwszy się ryżem z oberżynami i zarzuciwszy na koński zad mój *churdżin*, cięższy o torbę migdałów, które ofiarował mi mułła, piąłem się przed świtem ostrym podejściem, prowadzony przez syna gospodarza.

Niebezpieczeństwo podróży polegało na tym, że każdy z kilkudziesięciu ludzi, którzy okazywali mi pomoc, mógł być szpiegiem lub po prostu ulec pokusie błyskawicznej fortuny i przekazać mnie w ręce komunistów. Wystarczyłoby zagrozić mi bronią i zamiast do następnej wioski doprowadzić do najbliższego posterunku. Fakt, że nikt mnie nie zdradził, świadczył o tym, jak bardzo solidarni w swym oporze byli Afgańczycy.

Czułem się samotny, ponieważ co parę godzin oglądałem twarz innego przewodnika. Nie mogli sobie nawet wyobrazić, jak bardzo chciałem wtedy siedzieć na pokładzie jednego z wielkich odrzutowców przelatujących wysoko nad naszymi głowami. Międzynarodowy korytarz powietrzny znajdował się ponad nami i każdego dnia obserwowałem samoloty pasażerskie lecące do Indii, Chin, Tajlandii i z powrotem. Oczami wyobraźni widziałem śliczne stewardesy roznoszące alkohol po posiłku, który pasażerowie pewnie odsuwali z niesmakiem, a o którym ja mogłem tylko marzyć... Parę godzin później mieli lądować w Delhi albo Bangkoku – mnie czekały wciąż tygodnie marszu.

Czasem pomagały pieniądze. „Wioska jest biedna" – zaczynali usprawiedliwiać się wieśniacy. Mówili, że nie mają koni, powinienem więc przetaszczyć juki do następnej osady, bogatej i zasobnej, gdzie jest mnóstwo koni i osłów. Wyciągałem wtedy magiczny banknot o nominale pięciuset afghani (dwóch funtów) i tłum rozbiegał się jak stado wróbli, przepychając się w wyścigu o to, kto pierwszy będzie mógł zaoferować mi wierzchowca. Gdzie indziej wieśniacy obmacywali banknoty – ich wartość była im obojętna, najbliższy sklep znajdował się w odległości dwóch tygodni marszu, cóż za pożytek płynął zatem z pieniędzy? Przekupywałem ich wtedy sztukami garderoby: za parę ocieplanych skarpet młody chłopak zgodził się prowadzić mnie przez następne pięć godzin; za zapasowy zestaw odzieży zdobyłem przewodnika na drugą stronę przełęczy; za sweter dostałem osła, na którym ruszyłem do domu doktora, należącego, jak mówiono, do Dżamijatu – spodziewałem się, że okaże mi pomoc, gdy przeczyta list Chana.

Raz musiałem użyć siły. Okłamano mnie – pewien człowiek zgodził się poprowadzić mnie do następnej wioski, po czym wskoczył na konia i odjechał. Wydawało mu się zapewne, że za rogiem budynku będzie już bezpieczny – i właściwie tak powinno być, bo minęło kilkanaście sekund, nim zorientowałem się w oszustwie. Pomimo ciężkiej kamizelki pognałem za nim i dopadłem go na drewnianym moście, gdzie musiał zwolnić. Zepchnąłem oszusta z siodła; był tak zaskoczony nieoczekiwanym atakiem, że udało mi się wyrwać mu broń. Zarepetowałem kałasznikowa i puściłem serię w niebo. Dopiero gdy zbiegła się cała wioska i przedstawiciele starszyzny obiecali solennie, że nowy przewodnik doprowadzi mnie bezpiecznie do następnej wsi, oddałem karabin.

Noc piętnastego września spędziłem w Sargahu, gdzie odbywała się wcześniej narada. W ciągu dwóch następnych dni pokonałem trzy przełęcze na drodze do Tajwary – ufałem, że znajdę tam wreszcie właściwą eskortę. Miało mi jej jednak brakować już do końca. Sprawujący pieczę nad opuszczonymi lepiankami mężczyzna powiedział mi, że partyzanci, na których pomoc liczyłem, przed trzema dniami wyszli z bazy do Pakistanu. Choć nie miał mi kto towarzyszyć, byłem dobrej myśli: pomimo opóźnień przekraczałem znane mi już tereny szybciej, niż robiłem to z Szahem Walim i jego hałastrą w drodze na naradę.

Po opuszczeniu Tajwary ruszyłem do Baghlanu, miasteczka nad dopływem rzeki Helmand, skąd, jak opowiadali podróżujący, można było zabrać się ciężarówką na południe. O świcie drugiego dnia dojrzałem ze szczytu przełęczy posuwającą się w dół karawanę kilkunastu jucznych koni, eskortowaną przez partyzantów. Rozpoznałem ich wyszywane zawoje: heratczycy. W grupie zauważyłem dwie obce twarze, wyróżniające się mimo zarostu i turkmeńskich czapek. Okazało się, że byli to Europejczycy, pierwsi, jakich napotkałem po trzech miesiącach wędrówki. Byli Francuzami. Obaj koło trzydziestki, podobnie jak ja owinęli się kocami ze względu na poranny chłód.

– No proszę. – Jeden z nich powitał mnie po angielsku, jakbyśmy wpadli na siebie w peszawarskim „Bamboo Bar". – Mister Rahim, czyż nie? Spodziewałem się, że gdzieś tu cię spotkamy. Śledzimy twoją podróż w meldunkach radiowych, jakie Dżamijat nadaje z Peszawaru. Naprawdę jesteś sam?

– Tak. Zazdroszczę wam tej eskorty... Ale dlaczego jedziecie tak późno? Wracając, będziecie mieć już śnieg na przełęczach. A jak było koło Kandaharu?

– Ciężko, ale da się przejść. Jaki jest Ismael Chan?

– Możecie zapomnieć o wszystkich kłopotach, gdy do niego dotrzecie.

Wtedy jeszcze nie wiedziałem, że Francuzi wiozą w jukach pomoc wartości pięciu tysięcy funtów, jaką Afghan Aid zorganizowała dla ludności cywilnej w dolinie Heratu. Amanullah sumiennie dostarczył moje listy do Peszawaru i akcję przedsięwzięto rzeczywiście szybko.

Nie było czasu na rozmowy. Życząc sobie nawzajem powodzenia, pognaliśmy konie w przeciwnych kierunkach. Spotkanie mnie uspokoiło, oznaczało bowiem, iż droga przede mną powinna być bezpieczna.

I znowu przemierzałem krainę ghorydzkich ruin. Wydawało mi się, że z każdego wzgórza wystaje wierzchołek kamiennej wieży czy też pogrążona do połowy w piachu wyszczerbiona ściana. Posuwałem się teraz dziką drogą, którą kiedyś jeździły mikrobusy, obecnie nieużywaną, gdyż kilkanaście kilometrów przed nami przegradzał ją sowiecki posterunek. Moim czwartym tego dnia przewodnikiem był dwunastoletni chłopak, któremu ojciec przykazał doprowadzić mnie do aghy, lokalnego właściciela ziemskiego. Po południu zaczęliśmy schodzić z grani nagiego wzgórza w płytką dolinę; wkrótce zamiast ścieżki ujrzeliśmy równinę o spękanej ziemi. Zatrzymałem się, by zbadać drogę: trzy kroki przede mną widniały świeże odciski opon. Nie były to dwudziestopięciocentymetrowej długości ślady, jakie w najbardziej nawet niedostępnych miejscach zostawiały podeszwy wykrawanych z opon sandałów, tylko odbicie motocyklowych kół.

– *Agha, agha nazdik ast!* Agha jest blisko! – Chłopak wskazywał palcem w dół doliny.

Jeśli agha ma motocykl, pomyślałem wtedy, skończy się pewnie moja piesza wędrówka. Gdyby zgodził się mnie podwieźć, byłbym w oddalonym o osiemdziesiąt kilometrów Baghlanie, gdzie czekają ciężarówki, w ciągu dwóch godzin, a nie dwóch dni. Zaczynałem czuć sympatię do aghy, nim zdążyłem go poznać.

Po kolejnych dziesięciu minutach marszu naszym oczom ukazała się górująca nad drogą rezydencja aghy. Był to zamek, masywny i groźny, którego główna część wielkością dorównywała Białej Wieży londyńskiej Tower – najniższe maciupkie okienka znajdowały się dziesięć metrów nad ziemią. Wzniesiona w całości z gliny, budowla w popołudniowym słońcu przybrała pomarańczową barwę. Na wysokiej skale z tyłu stał otoczony zielonym ogrodzeniem współczesny bungalow wyjątkowej brzydoty, pokryty płaskim, plastikowym przypuszczalnie dachem.

Skoczyłem niemal z radości, gdy zobaczyłem wreszcie aghę. Siedział na kocu, w lasku nad strumieniem w dole doliny, i popijał herbatę. W trawie kilka metrów dalej, oparty o coś, stał motocykl, lekka honda oklejona gdzie się tylko dało jaskrawymi nalepkami. W plastikowych uchwytach na kierownicy tkwiły sztuczne róże, siodełko motocykla zdobiła falbana dekoracyjnych pętelek.

Agha poznał mnie również; powstał, by się przywitać. Nazywał się Ahmad Sajid, brał udział w konferencji – pamiętał, że siedziałem obok Chana, ja zaś przypomniałem sobie, jak przemawiał z mównicy w jaskiniach. Uścisnęliśmy sobie dłonie i wymieniliśmy informacje: powiedziałem mu o walkach w Heracie, zrewanżował się wiadomościami o Francuzach, którzy przeszli tędy dwa dni wcześniej. Nie chciałem go poganiać, ale siedząc obok niego i łypiąc z zadowoleniem raz po raz w kierunku motocykla, byłem pewien, że tu znajdę pomoc. Być może dotrę do Baghlanu jeszcze tego samego wieczoru, pomyślałem, a następnego ranka będę już siedział w ciężarówce jadącej do Kandaharu!

Nawet nie skąpstwo aghy zasiało pierwsze ziarno zwątpienia. Byłem głodny i na takiego wyglądałem, ale agha poczęstował mnie jedynie suchym chlebem i herbatą, natomiast najuboższy wieśniak, jeśli tylko był mi przyjazny, uważał za sprawę honoru podanie przynajmniej jogurtu. Uderzyło mnie coś innego. „Nie ufaj grubym ludziom na chudych ziemiach" – mówi arabskie przysłowie. Afganistan jest rzeczywiście biednym krajem, a Sajid był pierwszym grubasem, jakiego tu spotkałem. Miał prawie dwa metry wzrostu, ale tłuszcz odkładał się na nim w odrażający sposób.

Z kieszeni na piersi aghy wystawało grube niczym cygaro złote wieczne pióro, gdy jednak wyciągnąłem dla formalności pismo Chana, mój rozmówca wyraźnie nie miał ochoty się z nim zapoznać. Kiwnął palcem na jednego z mężczyzn siedzących w dyktowanej szacunkiem odległości, nieogolonego typa zwanego doktorem, by przeczytał je na głos. Nie mogłem uwierzyć, że Sajid jest analfabetą – leżał wszak przed nim tomik perskiej poezji. Okazało się niebawem, że książka służyła za album jego fotografii, a wiersze czytywał mu również „doktor".

Podczas naszej rozmowy pokazało się w zadrzewionej alei trzech nędznie wyglądających wieśniaków; już z daleka skłaniali raz po raz głowy. Odzież mieli w strzępach, na nogach kawałki starych opon przywiązane szmatami do stóp; byli brudni i śmierdzieli, co wśród Afgańczyków jest rzeczą niezwykłą. Sajid stał i popijając herbatę – jeden z mężczyzn wchodzących w skład świty napełnił mu filiżankę – dalej do mnie przemawiał. Wieśniacy tymczasem podeszli bliżej i zgięli się wpół. Nie odwrócił nawet głowy w ich stronę, uniósł zaledwie drugą rękę do ceremonii powitania. Każdy z przybyłych całował jego dłoń zgodnie z wypracowanym rytuałem – wpierw dotykał czołem wierzchu dłoni Sajida, potem cmokał ją z uszanowaniem, a następnie ocierał o nią oba policzki.

– Znasz Rabbaniego? – zapytał Sajid.

Burhanuddin Rabbani był przywódcą Dżamijatu, poznałem go przy jakiejś okazji.

– Owszem, mam się z nim spotkać w przyszłym tygodniu w Peszawarze.

– To dobrze. Powiedz mu, że muszę mieć więcej broni.

Zaczęła się normalna śpiewka: potrzebował kałasznikowów, granatników, ciężkich karabinów maszynowych. Gdy tylko je dostanie, zaraz rozpocznie prawdziwą walkę. Mało nie roześmiałem się w głos. Najbliższa placówka sowiecka była oddalona o dziesięć dni marszu. Nie wyobrażałem sobie, by chciało mu się tam podchodzić. Musiałby go nieść wyjątkowo silny koń, w przeciwnym razie agha na pierwszej przełęczy dostałby zawału. Broń była mu potrzebna do terroryzowania wieśniaków lub załatwiania sąsiedzkich sporów. Uśmiechnąłem się jednak uprzejmie i kiwnąłem ze zrozumieniem głową, co wziął za moją zgodę na orędowanie w jego sprawie. Podawszy swoją cenę, gotów był teraz okazać pomoc.

– Chcesz, żebym cię podrzucił do Baghlanu, prawda? – powiedział. – Okay, jedziemy.

Moje juki zawisły na siodełku motocykla; Sajid kopnął rozrusznik. Pod palcami czułem na jego brzuchu zwały tłuszczu.

Nie ujechaliśmy daleko. Po zaledwie trzystu metrach silnik zaczął się krztusić, po następnych pięćdziesięciu szarpnął i umilkł.

– Czemu to nie jedzie? – Sajid zszedł z siodełka i spojrzał na maszynę jak na chorego osła. – Benzyna się pewnie skończyła. Chyba dlatego, że nie dolałem... Widzisz, jacy my tu jesteśmy biedni? Daruj, ale nie mogę cię podwieźć.

Zostawił motocykl na ziemi – wieśniacy mieli go przypchać z powrotem. Gdy wróciliśmy do lasku, świta nie wydawała się bynajmniej zdumiona. W czajniku czekała już świeża herbata.

Dwie godziny później byłem wreszcie na trasie. Juki spoczywały na grzbiecie osła pod dwudziestolitrowym kanistrem przywiązanym sznurem. Sajid dodał mi dwóch swoich poddanych – chłopaków w wieku piętnastu i osiemnastu lat, o wyjątkowo pozbawionych wyrazu twarzach – by dostarczyli z Baghlanu paliwo. Cieszyłem się, że nie będę musiał więcej prosić w wioskach o przewodników i zwierzęta. Maszerowaliśmy tego dnia jeszcze po zachodzie słońca.

Przed świtem byliśmy znowu w drodze. Wyobrażałem sobie, ile ludzkiego cierpienia musiał kosztować motocykl Sajida, ilu ludzi musiało się męczyć na polach, by jałowa dolina mogła pokryć wartość złotego pióra aghy, i ilu zginało kark, niosąc elementy plastikowego dachu na szczyt skały. Byłem wdzięczny losowi za to spotkanie. Rozumiałem teraz, dlaczego przed dziesięciu laty niektórzy patrioci afgańscy mogli dojść do wniosku, że tylko komunizm jest środkiem na pozbycie się podobnych pasożytów.

Miałem głowę pełną równie wzniosłych myśli i nie podejrzewałem, że czeka mnie niespodzianka: dotąd szedłem, wyprzedzając chłopców prowadzących osła, teraz jednak starszy, przyodziany w niebieską pogniecioną koszulę i czapkę, zrównał się ze mną.

– Osioł nie może iść dalej – oznajmił. – Od wczoraj nie dostał żadnej paszy, zdechnie...

– Nie zawracaj mi głowy osłem! – odburknąłem zniecierpliwiony. – W Baghlanie będzie pełno paszy.

Wrócił do swojego towarzysza. Odwróciwszy głowę, zobaczyłem, że coś omawiają. Gdy za chwilę znów spojrzałem w ich kierunku, siedzieli na ziemi u szczytu wzniesienia, osioł zaś plątał się wśród skał w poszukiwaniu suchej roślinności – moja ekipa buntowała się. Teraz z przerażeniem myślę, jak gwałtownie znikła w owym momencie cała moja życzliwość, zastąpiona złością wywołaną przez ich opór.

– *Harakat!* Ruszać się! – powiedziałem ostro. – Musimy być w Baghlanie przed zachodem słońca.

– Nie, osioł jest głodny, może zdechnąć – odparł stanowczo starszy chłopak. – My wracamy.

– Dlaczego nie zabraliście paszy ze sobą?

– Agha Sajid mówił, że po drodze będzie coś rosło, ale tu nic nie rośnie, zgadza się?

Patrzył na mnie uparcie i po raz pierwszy przyszło mi na myśl, że rzeczywiście ma zamiar mnie zostawić.

– Dobrze, więc jeśli osioł zdechnie, to z winy aghy. To jego zwierzę i powinien się o nie zatroszczyć. Wstawajcie, idziemy dalej! – zakomenderowałem, ale nie ruszyli się.

To nie przelewki – maszerowaliśmy od szóstej rano. Raz, trzy godziny wcześniej, tylko zatrzymaliśmy się na krótki posiłek, byliśmy więc wszyscy zmęczeni, a do Baghlanu pozostało jeszcze dobre pięć godzin marszu. Bez osła będzie ciężko, rozważałem szybko, ale dam sobie jakoś radę. Sporo większych i mniejszych drobiazgów poszło na łapówki, juki więc nie były zbyt ciężkie i mogłem z nimi – zapewne wolniej – iść sam. Gorzej, że bez przewodników musiałem wydawać się podejrzany rozmaitym wędrowcom mijanym co parę godzin po drodze. „Kim jest ten Frank?!" – wołali nomadowie ze swoich wielbłądów. Gdy chłopcy odpowiadali, że jestem gościem aghy Ahmada Sajida, z twarzy koczowników znikała wrogość. *„Monda nabaszi!* Obyś się nie zmęczył! – pozdrawiali nas z uśmiechem. – W Baghlanie jest pełno ciężarówek, za tydzień będziesz w Pakistanie". Ponieważ niemal wszyscy nomadowie byli analfabetami, glejt Chana stałby się bezużyteczny, a nie musieli wcale wierzyć moim zapewnieniom. Związać jednego i pobić drugiego? – pytałem teraz sam siebie. Ledwo panowałem nad wściekłością. Gdybym miał broń, na pewno bym im zagroził. Przyszła mi jednak do głowy inna myśl: poprzedniej nocy kupiłem kurę, smakołyk, jakiego nie widzieli od tygodni, i być może uznali, że jestem bogaczem.

– Wiecie, co z wami będzie, jeśli mnie zostawicie? Z Baghlanu wyślę przez radio wiadomość do aghy, że nie spełniliście moich poleceń. Jak myślicie, co zrobi agha po waszym powrocie? – Siedziałem przez chwilę cicho, dając im czas na wyobrażenie sobie straszliwych konsekwencji. – Ale mogę też, jeśli dojdziemy dziś do Baghlanu, dać wam nagrodę. – Wyciągnąłem kilka ostatnich banknotów. – Po dwieście afghani na głowę, jeśli idziecie, albo lanie od aghy, jeśli wracacie. Wybierajcie.

Z ich twarzy znikł nagle upór. Starszy jeszcze się wahał, młodszy już zdecydował.

– No, a osioł? Osioł zdechnie... – Głos starszego był prawie proszący.

– Nie martwcie się. – Poklepałem kieszeń na piersi. – Jak będzie trzeba, kupię wam w Baghlanie nowe zwierzę.

– Ma pan pieniądze na nowego osła? – Twarz osiemnastolatka wyrażała teraz nabożny lęk.

Po części był on uzasadniony. Nie miałem już więcej afgańskich pieniędzy, ale zabrałem ze sobą trzysta funtów w pakistańskich rupiach, którymi mogłem płacić w Baghlanie. Tak czy siak nie pomyliłem się – widziałem osły wspinające się w górach całymi dniami z cięższym ładunkiem, nasz miał tylko posłużyć za wymówkę.

Za chwilę chłopcy usprawiedliwiali się, rozmawiali grzecznie, prawie wyrywali się do przodu. W pewnym momencie zaproponowali mi jazdę na grzbiecie zwierzęcia:

– Pan zobaczy, jak szybko możemy maszerować! – I przez cały już czas poganiali osła kijem.

Nadrobiliśmy niebawem zmitrężony czas. Przyznaję ze wstydem, że czułem się jak policjant, któremu udało się wydusić zeznanie za pomocą drobnego szantażu: miałem ich teraz w garści, byli mi oddani sercem i duszą. Wojna deprawuje każdego.

Mimo iż podróżowaliśmy szybciej niż poprzednio, wjechaliśmy do Baghlanu godzinę po zachodzie słońca. Następnego ranka wręczyłem starszemu chłopakowi pieniądze przeznaczone dla obydwu; natychmiast zabrał całą sumę dla siebie. Tyle na temat szczytnych ideałów ubóstwa.

Ciężarówka, której kierowca zgodził się mnie zabrać, była ogromna, starannie pomalowana w jaskrawe plamy i zastawiona wysoko tyloma workami migdałów, że można by pomyśleć, iż wiezie zbiory całej prowincji. Samochód piął się przez przełęcze, a ja rozbijałem skorupy na trzymanym między stopami kamieniu i napychałem sobie żołądek migdałowym miąższem. Kolaborujący z rządem handlarze, którzy mieli odebrać te owoce, wyślą je na zachód przez Pakistan albo ZSRR. Jeśli ciężarówka nie wpadnie w żadną zasadzkę i ładunek wydostanie się z Afganistanu, migdały trafią w końcu na stoły kapryśnych miłośników zdrowej żywności w londyńskiej dzielnicy Islington czy nowojorskiej Greenwich Village, z pewnością nieświadomych ich pochodzenia.

Przespałem się w nocy na workach. Rano stanęliśmy na znajomym bazarze w Nauzadzie. Odszukałem dom Moallema Szaha Walego i wyrwałem gospodarza z drzemki. Powiedział, że droga przede mną jest zamknięta, gdyż organizacje walczą między sobą o dochody z handlu narkotykami. „Bardzo źli muzułmanie. Nie możesz iść".

Dopiero po dwóch dniach Szah Wali znalazł motocyklistę, który zgodził się dowieźć mnie do przystani promu na rzece Helmand, skąd mogłem się przeprawić do Sanginu.

Ucieszyłem się, zobaczywszy wreszcie dowódcę Dżamijatu w Sanginie, Alego Mohammada, z którym zaprzyjaźniłem się w pierwszej turze wyprawy. Dotarłem do Sanginu wieczorem dwudziestego drugiego września, trzynaście dni po opuszczeniu przedmieść Heratu. Pomimo wszystkich niespodzianek wyglądało na to, że pokonam całą trasę szybciej, niż zapowiadał to Chan. Co więcej, mój autostop miał się tu skończyć – z Sanginu jechała aż do granicy ciężarówka z oddziałem partyzanckim. *Enszallah*, w ciągu trzech albo czterech nocy dojedziemy do Kwety, pomyślałem wtedy.

Było już zbyt późno, by przygotować samochód i wyprawić się tego samego wieczoru, ale następnego ranka czekałem gotów do drogi. Zachlapana błotem lekka ciężarówka podjechała pod kwaterę dowódcy – gdy zacząłem ściskać na pożegnanie dłonie ludziom z jego otoczenia, pojawił się kurier na motocyklu i wręczył Mohammadowi kartkę z wiadomością: na drodze przed nami toczą się walki, nie możemy jechać.

Ta sama scena powtarzała się przez pięć następnych wieczorów. Po każdym rozczarowaniu partyzanci pocieszali mnie: „Jutro, jutro pojedziesz!" – ale widziałem, że starają się po prostu być uprzejmi. Dzień, tydzień wcześniej czy później – co za różnica? Nie byli w stanie zrozumieć mego pośpiechu.

Mijał dzień za dniem. Siedziałem albo leżałem zamknięty w budynku, tak znudzony i zdesperowany jak w Mir Abadzie w dolinie Heratu. Był upał, spałem więc w nocy na środku podwórka, unikając w ten sposób pcheł, które nie mogły skakać na mnie z dachu. Jednej tylko nocy zostałem wyrwany ze snu: nagły przypływ adrenaliny do krwi – atak helikopterów. Zawieszone gdzieś nad nami na bezksiężycowym niebie, całkowicie niewidoczne z ziemi, wydawały się jeszcze bardziej złowieszcze niż za dnia. Grzmot ich wirników powodował, że mięśnie kurczyły mi się pod skórą, gdy kuliłem się w rogu osłoniętego glinianym murem podwórza. Wbijałem wzrok w niebo, usiłując wypatrzyć przesłaniające gwiazdy znajome sylwetki, ale nie byłem w stanie powiedzieć nawet, ile ich było – może jedna, może osiem. Partyzanci strzelali do nich z ciężkiej broni, bez rezultatu, odkrywając przy tym niemądrze swoje pozycje. Bomby, na szczęście, spadły gdzieś na pola.

Jedyną rozrywkę zapewniało leczenie boleści brzusznych Mohammada. Jego śniada, pokryta dziobami twarz przybrała zielonkawy kolor spirytusu dezynfekującego, a ogromnym ciałem wstrząsały dreszcze. Zabito kurczaka i worek z jego wnętrznościami przywiązano do brzucha pacjenta... Nie pozostałem wystarczająco długo, by się przekonać o skuteczności kuracji.

Mimo iż nie opuściłem ani razu kwatery, w jakiś sposób rozeszły się wieści o cudzoziemcu, który chce się przedostać do Pakistanu. Na bazarze przyłapano dwóch szpiegów, którzy próbowali przeszmuglować raport do najbliższego posterunku komunistów. Gdyby im się udało, na drodze czekałaby na nas zasadzka i samochód zamieniłby się we wrak podobny do tych, jakie widziałem wcześniej w „Dolinie Ciężarówek", na cmentarzysku żelastwa, pośród furkoczących na tyczkach flag.

Gdy nieszczęsną dwójkę doprowadzono do kwatery, Ali Mohammad, choć wciąż jeszcze nękany dreszczami z powodu gorączki, wpadł w szał: złapał kałasznikowa i zastrzeliłby szpiegów na miejscu, gdyby nie powstrzymali go jego ludzie. Niewiele brakowało, by nieco później udało mu się wrzucić granat do pomieszczenia, w którym byli zamknięci. Cały dom trząsł się od jego wrzasków. Zastępcy uznali, że wychłostanie dwójki pomoże mu się wyładować. Nie był to miły widok – człowiek, który powinien przewodzić autorytetem i godnością, ewidentnie rozkoszował się okładaniem ciężkim kijem grzbietów pojmanych. Zamknięto ich znowu; zgodnie ze zwyczajem mieli być sądzeni przez mułłę, a dopiero potem rozstrzelani.

Nie widziałem egzekucji, ponieważ następnego wieczoru ruszyliśmy wreszcie w drogę. Kierowca był lekkomyślnym młodzikiem, nie zdziwiło mnie więc, że nie ujechaliśmy daleko – samochód wpadł w poślizg na niezauważonej w porę wydmie i wylądowaliśmy na poboczu z połamanym zawieszeniem niczym foka rzucona na plażę. Przez następne dwa dni leżałem w wiejskim meczecie – wieśniacy zganiali mi z nóg mrówki, dokarmiali kawonami i kolbami kukurydzy, przynosili niezliczone filiżanki herbaty. Za pomocą kilku zaledwie kluczy płaskich i kamieni kierowca wraz z pomocnikiem wyprostowali stalowe części samochodu i drugiego wieczoru doprowadzili go do użytku.

Była to dopiero pierwsza z naszych przygód. Zawieszenie poszło znowu; wyrobiło się łożysko w tylnej osi, trzeba było zatykać przecieki w chłodnicy – nie wspominając już o łapanych raz po raz gumach. Bitwa tocząca się w okolicach Kandaharu spowodowała, że musieliśmy skierować się na północ i przez dwie prowincje dojechać do miejsca, w którym mogliśmy przekroczyć szosę łączącą Kabul z Kandaharem. Wtedy myślałem, że już nigdy się nie wyrwę z Afganistanu, że jestem skazany na wieczną nocną jazdę samochodem przez pustynie i góry. Wreszcie szóstego października dotarliśmy do ciągnącej się w nieskończoność ku wschodowi płaszczyźnie. O świcie Afgańczycy zebrali się do modlitwy, potem jednak, zamiast znaleźć schronienie i przeczekać dzień, pojecha-

liśmy dalej. Znajdowaliśmy się wciąż na terenie Afganistanu
i z moich kalkulacji wynikało, że do granicy mieliśmy co najmniej
sto pięćdziesiąt kilometrów, lecz z niewyjaśnionych powodów
nasz kierowca był przekonany, że prawdopodobieństwo ataku jest
minimalne. Cztery godziny później na horyzoncie pokazała się linia odległych gór. Przed nimi wyrastał niewysoki stożkowaty
szczyt, na którego wierzchołku błyszczało coś białego. Jeszcze kilkanaście podskoków na piaszczystych wydmach, i mogłem już
rozróżnić białe ściany zabudowań z wymalowanymi wielkimi
czerwonymi znakami. Białe flagi z identycznymi emblematami,
czerwonymi krzyżami i półksiężycami, powiewały na wysokich
masztach – był to szpital, po pakistańskiej stronie granicy. Kiedy
gnaliśmy w kierunku budynków, silnikowi ciężarówki jakby przybyło mocy. Wychudły jak szkielet, z włosami usztywnionymi piachem, tak że wyglądały jak peruka, omdlewający prawie z wycieńczenia i braku snu, ale dumny z dokonanego wyczynu, opuszczałem Afganistan po stu dwóch dniach wędrówki.

„Międzynarodowy Komitet Czerwonego Krzyża i Pakistańskie
Towarzystwo Czerwonego Półksiężyca, placówka pierwszej pomocy dla rannych w wojnie afgańskiej, Badini” – obwieszczała
biała tablica przed szpitalem. Badini było zaledwie przygranicznym bazarem. Wszedłem do budynku; liczyłem na to, że uda mi
się zabrać do Kwety szpitalnym ambulansem. Samotny afgański
felczer spojrzał na mnie z zaciekawieniem.

– Przykro mi, ale nie mogę panu pomóc – powiedział. – Am-
bulans wyruszył poprzedniego dnia z sześcioma rannymi. – Jeśli
poczeka pan dzień, z pewnością weźmie pana inny, w najgorszym razie może jakaś ciężarówka z bazaru. Do Kwety jest mniej
więcej czternaście godzin... Idzie pan z Ghazni?

– Nie, nie z Ghazni. Wracam z Heratu.

– Z Heratu? – Ponownie wzrokiem zmierzył mnie. – Sam z Heratu?

– Sam.

– Jest pan odważnym człowiekiem.

Jego słowa docierały do mnie powoli. Dopiero po kilkunastu godzinach przywykłem do faktu, że udało mi się dokonać tego, czego chciałem. Poszedłem do fryzjera, gdzie wziąłem z rozkoszą kąpiel; kazałem się też ogolić. Łapczywie wypiłem coca-colę i napchałem się do granic możliwości jedzeniem na bazarze. Po południu ruszyłem w dalszą drogę. Cieszyłem się, widząc mnożące się z każdym kilometrem oznaki ludzkiej pracowitości: wpierw towarzyszyła nam pojedyncza linia telefoniczna, potem dołączyła się trakcja elektryczna; mijaliśmy sztuczne stawy i rowy systemów nawadniających, wokół których powstawały osady i kwitły ogrody. Chciałem dojechać prosto na lotnisko i wsiąść do pierwszego odlatującego samolotu – bez znaczenia, do Islamabadu, Peszawaru czy nawet Lahore, byleby tylko był tam hotel i telefon, z którego mógłbym zawiadomić rodzinę, że jestem zdrów i cały. Następnego dnia zatrzymaliśmy się na posiłek w przydrożnej knajpie; rzuciłem się, by zapłacić za nas wszystkich, z kierowcą i jego pomocnikiem włącznie. Podziękowali mi z prostotą, a ja poczułem wtedy wstyd: tych kilka pomiętych pakistańskich banknotów, jakie wysupłałem z kieszeni, nabrało nagle nieoczekiwanej wartości i rozdzieliło nas. Dla nich byłem bogaty, oni poza swoją sprawą nie mieli niczego. W Kwecie planowali pozostać przez kilka dni w kwaterze Dżamijatu, po czym ruszyć z powrotem w morderczą trasę do Sanginu. Kiedy jeszcze jedliśmy, nisko nad nami przeleciały dwa pakistańskie odrzutowce. Wszyscy instynktownie pochyliliśmy głowy, a za moment śmialiśmy się, wskazując samoloty palcami; po brodach ściekał nam tłuszcz, którym okraszono ryż i soczyste kawałki mięsa.

Moi afgańscy towarzysze powiedzieli, że w pobliżu lotniska policja będzie sprawdzać papiery, a ponieważ żaden z nich nie miał dowodu czy prawa jazdy, chcieli mnie wysadzić na skrzyżowaniu pięć kilometrów od celu, gdzie łatwo miałem złapać jakiegoś „łebka". Dałem im moją manierkę, turban i *patu;* objęliśmy się na pożegnanie, oni radośni, ja przewidujący, że więcej nie przyjdzie nam się spotkać. Zarzuciłem juki na ramię i patrzyłem, jak znikali pomiędzy rikszami, wózkami i lorami tłoczącymi się na drodze. W końcu ruszyłem wzdłuż pustej, wysadzanej drzewami iglastymi alei wiodącej do lotniska. Ujrzawszy tak niechlujnie wyglądającą kreaturę, samotny kierowca białego land-rovera z dużymi błękitnymi literami UN na drzwiach, a zatem należącego do ONZ, nie zwolnił nawet na moje błagalne znaki. Wiedziałem już, że wróciłem do cywilizowanego świata.

W listopadzie, niedługo po moim powrocie do Londynu, dowiedziałem się, że Andy, człowiek, którego rady pomagały mi w podróży, przepadł bez wieści.

Początkowo mieliśmy nadzieję, że zatrzymały go gdzieś ciężkie warunki i że wiosną, gdy na przełęczach Nuristanu stopnieje śnieg, Andy wróci do Pakistanu. Później dotarły do nas informacje, że w drugim tygodniu października jakiś kupiec wracający z doliny Pandższir napotkał wysokiego blondyna, cudzoziemca, który pieszo i z całym ładunkiem uciekał czterem uzbrojonym jeźdźcom. Wkrótce potem doszły go strzały z kierunku, z którego najłatwiej było go dopaść. Czy Andy wyzywał los aż tak bardzo? Wiedziałem, jak łatwo można stracić cierpliwość, gdy wszystko opóźnia się bez widocznego powodu. Andy był impulsywny, mógł wywołać bójkę. Czyżby Afgańczycy zastrzelili go w złości?

Pomału doszliśmy jednak prawdy. Dolina, gdzie widziano go po raz ostatni – Kantiwa – znajdowała się na terytorium kontrolowanym przez Hezb-e Eslami, fanatyczną partię Hekmatjara. Hekmatjar nie bez racji rozumował, że Ahmad Szah Masud, słynny dowódca partyzancki z rejonu Pandższiru, będzie jego najpoważniejszym rywalem w walce o władzę w Afganistanie, i zdecydował się odciąć przełęcze dla reporterów i transportów z zaopatrzeniem z Zachodu. Jego opryszkowie już na jesieni prześladowali ekipę medyczną zdążającą do Masuda, po czym pobili tłumacza i skonfiskowali nagrania i filmy mojego znajomego, brytyjskiego dziennikarza.

Wszystko wyszło na jaw dopiero wtedy, kiedy policja pakistańska złapała na bazarze i przesłuchała grupę ludzi Hekmatjara, którzy próbowali sprzedać specjalnie wyposażoną kamerę. Przyznali się do gonitwy za Andym, przez co potwierdzili opowieść kupca. Kiedy go dopadli, zażądali – jak twierdzili – by Andy wrócił z nimi do bazy w Kantiwie, gdzie miał czekać na pozwolenie przejścia przez tereny Hezb-e Eslami. Andy zgodził się. Tej samej nocy, gdy ułożył się do snu pod ścianą lepianki, spuścili mu z dachu na głowę kawał skały. Kilka miesięcy później chłopak z przechodzącej tamtędy grupy nomadów znalazł ukryty w oddalonej skalnej jaskini śpiwór z ciałem w środku.

Przywołałem w pamięci nasze ostatnie spotkanie nad basenem hotelu „Pearl Continental" w Peszawarze, gdy wylegiwaliśmy się na słońcu pod pretekstem, że opalenizna stanowi niezbędny element naszego kamuflażu. Owa podróż do doliny Pandższir miała być ostatnią wyprawą Andy'ego. Podpisał lukratywny kontrakt z BBC i chciał potem kupić stary dom w Walii, by spędzać czas, łowiąc ryby, studiując filozofię i ciesząc się rodziną. Żonę poznał zaledwie dziesięć dni przed ślubem. Ponieważ Christine sama była doświadczoną fotoreporterką, spędzili miesiąc miodowy w Afganistanie, gdzie fotografowali kolejną sowiecką ofensywę. „Nigdy nie myślałem, że to tak będzie, ale teraz, gdy nie jestem sam – powiedział, kiedy wspominał żonę i córeczkę – nie idę już na każde ryzyko. Chcę je jeszcze zobaczyć. Dziwne uczucie..."

Gdy żegnaliśmy się, po polsku, dodawał mi otuchy. Wybierałem się do Heratu, co wydawało się bardziej niebezpieczne, on tymczasem szedł na tereny, które odwiedził już sześć czy siedem razy i gdzie wszyscy, w tym sowieccy dowódcy garnizonów, wiedzieli, kim jest. Zorientowałem się teraz, że Andy zginął tego samego dnia, kiedy ja śmiałem się radośnie na widok flag Czerwonego Krzyża nad przygranicznym szpitalem – znaku końca drogi.

Andy, najlepszy przyjaciel Afgańczyków w tej wojnie, zginął z ich ręki, a jego mordercy nie ponieśli kary. Pakistańczycy uznali, że przestępstwa popełnione na terytorium Afganistanu nie podlegają ich jurysdykcji, i uwolnili złapanych opryszków. Faktycznie zaś, mimo braku popularności Hekmatjara wśród Afgańczyków i niezliczonych przykładów zdrady, fanatyzmu i militarnej niekompetencji jego partii, ludzie dzierżący w Pakistanie władzę szykowali go na przywódcę walczącego kraju po wycofaniu się Sowietów. Drobne szczegóły – jak choćby ten, że jego ludzie kradli i mordowali w całym Afganistanie – nie mogły popsuć wielkiego planu.

Andy nie był chrześcijaninem; pogrzebano go bez jakiegokolwiek obrządku. Powtarzał wiele razy, że umrze w Afganistanie i że tam chce być pochowany. Nuristan, gdzie spoczywa, jest idealną Walhallą.

Andy i jego Walhalla

14

Turlam się!

Kilka miesięcy po moim powrocie z Heratu do Anglii stało się jasne, że Rosjanie przegrali i zrobią to, co jeszcze parę lat wcześniej wydawało się niewyobrażalne: dadzą za wygraną i wycofają się. Nie odmówiłem sobie satysfakcji obejrzenia ich odwrotu z Kabulu zimą 1989 roku. Była to jedna z najsroższych zim, jakie tu pamiętano. Rano, żeby nasz jeep ruszył z miejsca, musieliśmy pod silnikiem rozpalać ognisko. Brody moich towarzyszy podróży były ozdobione soplami, górskie strumienie zamarzły we wstążki szkła, a za dnia silne światło odbite od śniegu aż porażało wzrok. Szosa między Kabulem a Kandaharem – ta, którą przekraczaliśmy dwa lata wcześniej atakowani przez sowieckie helikoptery – tym razem była w rękach partyzantów. Gdy jechałem po niej w świetle dnia, narastało we mnie poczucie zwycięstwa zmieszane z resztkami strachu. Podróż z Teri Mangal na granicy pakistańskiej do przedmieść Kabulu jeszcze przed kilkoma miesiącami zajęłaby trzy tygodnie; teraz okazała się czterodniową przejażdżką.

Koczowaliśmy u mułły Ezata, lokalnego dowódcy z partii Dżamijat, w pobliżu zapory Karga na zachodnich przedmieściach Kabulu. Nieopodal rozciągały się pola golfowe korpusu dyplomatycznego: w zbiorniku ponad zaporą jeszcze poprzedniego lata kąpali się sowieccy żołnierze. Teraz zapora była bastionem: jej wielka betonowa ściana górowała nad okolicą jak mury zamczyska. W zasięgu naszych pocisków wyrastały ponad zaśnieżoną równinę ogromne silosy, skała ze starą fortecą w Bala Hissar i bryła pałacu królewskiego. Przez szkła lornetki wodziłem wzrokiem po pierścieniu ostatnich umocnień komunistycznych. Bunkry na szczytach wzniesień były oflankowane czarnymi sylwetkami okopanych czołgów.

Nie chcąc dłużej zatrzymywać nieproszonych gości, partyzanci na ogół zrezygnowali już z ataków, ale Rosjanie i tak osłaniali swój odwrót ostrzałem artyleryjskim i bombardowaniami. Ich wycofywanie się – tak jak i inwazję – znaczyła śmierć i zniszczenie. Helikoptery nie pokazywały się już nad terytorium partyzanckim, natomiast parę razy dziennie atakowały nas myśliwce bombardujące, prawdopodobnie stosunkowo nowoczesne migi-27, gdyż trafiały w cel, nawet gdy zrzucały bomby sponad chmur. Jak zwykle najbardziej cierpiała ludność cywilna. W ciągu tygodnia w okolicy zginęło kilkunastu mieszkańców, w tym kobieta z trójką dzieci, ciotka mułły Ezata i dziewięćdziesięcioletni starzec; moi towarzysze podkpiwali sobie z tej śmierci, mówiąc, że był to dla niego już „najwyższy czas".

Któregoś wieczoru powietrze przeciął głośny gwizd tuż za oknem naszej lepianki. Instynktownie skurczyłem się w sobie. Pocisk upadł koło studni w ogrodzie, gdzie nieco wcześniej się myłem. Na werandzie, trzy metry od miejsca uderzenia, stało kilku partyzantów. Nas w środku porani, ale z tymi na zewnątrz to już koniec, przemknęło mi przez myśl. Chwała niech będzie Allahowi za sowiecką etykę pracy: niewypał rozrzucił tylko wokół grudy zmarzniętej ziemi.

Sowieci wycofywali się drogą lądową i powietrzną. Wielkie kolumny czołgów, transporterów i ciężarówek podążały na północ w kierunku przełęczy Salang i dalej, do Amu-darii, do granicznego mostu Przyjaźni. Górą kursowały ogromne samoloty transportowe. Co kilka minut któryś z nich podchodził do lądowania w głębokim korkociągu, sypiąc flarami cieplnymi jak iskrami sztucznych ogni. Jednocześnie wielkie transportery z rakietami SCUD i ciężarówki z bronią oraz amunicją ciągnęły do Kabulu –

chodziło o zachowanie twarzy, Sowieci płacili ogromną cenę, aby przez jakiś czas po ich odejściu reżim komunistyczny utrzymał się u władzy.

Dzień, w którym wyjechała z Afganistanu ostatnia sowiecka kolumna pancerna, piętnastego lutego 1989 roku, był wyjątkowo spokojny. Z rzadka tylko rozległ się gdzieś daleko gwizd pocisku. Naloty ustały w ogóle, jakby nieprzyjaciel za wszelką cenę chciał

Tu stał mój dom

pozbawić partyzantów satysfakcji z ostatniego zestrzelenia samolotu „na wiwat". Opalaliśmy się w ostrym słońcu na dachu partyzanckiej kwatery i słuchaliśmy radia. Po sowieckiej stronie mostu Przyjaźni zorganizowano uroczystość dla ostatniego wycofującego się oddziału. Czerwone flagi powiewały na wieżyczkach czołgów, grała orkiestra, żołnierze pokrzykiwali, wznosząc dłonie w churchillowskim znaku zwycięstwa. Internacjonalistyczna misja armii sowieckiej, która broniła demokratycznego Afganistanu przed imperialistyczną agresją, została wypełniona i chłopcy wracali do domu jako bohaterowie. Jedno tylko było dziwne w tym rytuale. Generał Borys Gromow, ostatni dowódca kontyngentu sowieckiego, pamiętany jako „Rzeźnik Salangu", zdecydował się na symboliczny gest – że opuści Afganistan jako ostatni żołnierz sowiecki. Być może to pierwszy przypadek w historii wojny, gdy dowódca zwycięskiej rzekomo armii odbył triumf, zamykając pochód swych oddziałów. Dotychczas takie zachowanie stanowiło raczej normę dla kapitanów tonących okrętów.

Był to dobry dzień do zastanowienia się nad bilansem sowieckich osiągnięć w Afganistanie. Gdy w grudniowy dzień 1979 roku członkowie Politbiura zdecydowali, że do Afganistanu należy wysłać czołgi, w najczarniejszych nawet prognozach nie mogli przewidzieć rozmiarów katastrofy, którą na siebie ściągną. Pomińmy na chwilę tych, którzy za tę decyzję zapłacili najwyższą cenę, to jest samych Afgańczyków. Dla Związku Sowieckiego wojna ta okazała się początkiem końca. Był to moment, w którym zasięg władzy sowieckiej, zamiast się rozszerzać, zaczął się kurczyć. Po kabulskim zenicie nad imperium raptownie zaszło słońce.

Różne są teorie, dlaczego podbój Afganistanu się nie udał. Jak powiadał Lew Tołstoj, im więcej czasu dzieli nas od jakiegoś wydarzenia, tym bardziej wydaje się ono nieuniknione. Pamiętam ekspertów, którzy w latach osiemdziesiątych dziwili się, dlaczego zajmuję się przegraną sprawą afgańską. Zgniecenie oporu przez Sowietów, powtarzali w wielonakładowych dziennikach i w telewizji, jest wyłącznie sprawą czasu. Pomaganie partyzantom to strata środków. Dziś każdy z owych znawców kiwa mądrze głową, twierdząc: „Wchodzić tam, w takie góry, do takich dzikusów, było ze strony Rosjan czystym szaleństwem. Musieli przegrać. Gdyby tylko mnie słuchali!" Natomiast moim zdaniem prawda jest jeszcze inna. Związek Sowiecki mógł wygrać, ale musiałby zapłacić za to cenę, na jaką nie było go już stać – o czym dalej.

Sowieccy generałowie umrą zapewne przekonani, że przegrali gdyż wróg stosował niedżentelmeńskie metody. Zamiast jak prawdziwi żołnierze dopasować się do przestarzałej sowieckiej sztuki operacyjnej – do potężnych formacji pancernych jak za czasów wielkiej wojny ojczyźnianej – Afgańczycy pozwalali sobie strzelać zza skały! „Nigdy nie wygraliście z nami bitwy" – powiedział po zakończeniu wojny w Wietnamie pewien oficer amerykański do oficera północnowietnamskiego. „Możliwe – odparł ten – ale co z tego?" Podobna wymiana zdań między generałem Gromowem a którymś z dowódców afgańskich byłaby równie pouczająca. Słyszałem w telewizji brytyjskiej wypowiedź jednego z sowieckich dowódców, który tłumaczył, że przegrali ze względu na zacofany, plemienny charakter afgańskiej społeczności. Jeśli to prawda, mielibyśmy do czynienia z nowatorskim prawem historycznym: im większa różnica między społecznym i technologicznym rozwojem dwóch walczących stron, tym większe prawdopodobieństwo, że kraj biedniejszy i bardziej zacofany pokona drugi, nowocześniejszy!

Sukces ma wielu ojców, a klęska jest sierotą. Nie warto dłużej się zatrzymywać nad twierdzeniami dyplomatów, że to wynegocjowany przez nich w marcu 1988 roku układ o wycofaniu przesądził o końcu wojny. Dyplomaci, jak to dyplomaci, redagują tylko decyzje powzięte gdzie indziej. Zresztą dostawy sprzętu dla reżimu w Kabulu i dla partyzantów zostały po podpisaniu układu zwiększone.

Niewiele warte są też teorie lewicowych sowietologów, że to Michaił Gorbaczow z dobroci swego serca położył kres wojnie. Przeciwnie, po jego dojściu do władzy wzmogła się zarówno akcja terrorystyczna wobec Pakistanu, jak i natężenie działań wojennych w samym Afganistanie. Stan obecnej wiedzy sugerowałby raczej, że Gorbaczow dał swoim generałom zwiększone środki i wolną rękę na mniej więcej dwa lata. Dopiero gdy to nie przyniosło rezultatów, zaczął się oglądać za pokojowym wyjściem z afgańskiego bagna.

Obrażały swych czytelników i widzów także zachodnie media, które z chwilą zwycięstwa obwieszczały, że wojska sowieckie opuściły Afganistan, gdyż ich obecności „sprzeciwiała się wytrwale i jednoznacznie międzynarodowa opinia publiczna", jak napisał londyński „Times". Moim zdaniem, gdyby wojna zakończyła się szybko, zachodnie media wkrótce by o niej zapomniały, tak jak zapomniały o innych sowieckich wyczynach. A reportaże ukazywały się nie dzięki redakcjom wielkich dzienników prasowych i telewizyjnych, lecz dzięki niewielkiej grupie reporterów idealistów, którzy z narażeniem życia, za psie pieniądze, szukali guza na polu walki. Jeszcze są wśród nas tacy, którzy pamiętają, jak niechętnie redakcje finansowały wyprawy do Afganistanu do 1987 roku. Panowie redaktorzy obudzili się dopiero wtedy, gdy sytuacja Sowietów zaczęła wyglądać niepewnie i można było wysyłać reporterów już bez większego ryzyka. Zresztą gazety, które wtedy, w 1989 roku, tak ochoczo przypisały sobie zasługę za zwycięstwo w Afganistanie, jednocześnie demonstrowały swoje kompetencje w sprawach sowieckich, pisząc o Taszkencie, Kijowie i Wilnie jako o „starożytnych rosyjskich miastach". Później uznały masakrę Czeczenii za wewnętrzną sprawę Rosji.

Więcej szacunku należy się Pakistanowi, którego udział w osiągnięciu zwycięstwa był rzeczywiście duży. Bez schronienia udzielanego milionom uciekinierów, bez baz, gdzie partyzanci mogli odpoczywać po walkach, i bez zaangażowania armii pakistańskiej, która planowała wiele operacji – kto wie, czy oporu nie udałoby się zdusić. Pakistan zapłacił za swoje poparcie sporą cenę. Część broni płynącej do partyzantów trafiała poprzez bazary Peszawaru i Karaczi do producentów i przemytników narkotyków. Związane z handlem bronią i narkotykami wielkie pieniądze naruszyły i tak wątłą tkankę społeczną Pakistanu. Nie przypadkiem lewica pakistańska była przeciwna wojnie, a twardo wspomagał ją dyktator, generał Zia ul-Haq. Najprawdopodobniej on także został ukarany za swój upór; w 1988 roku bomba rozerwała w powietrzu samolot, którym leciał. Jego śmierć leżała w interesie Moskwy. Sprawców nie ujęto.

Natomiast absolutnie niezbędna dla ostatecznego zwycięstwa była pomoc, której udzieliły Afgańczykom Stany Zjednoczone i kraje arabskie. Szkoda tylko, że poważne dostawy broni zaczęły się późno, dopiero po latach oporu. Faktem jest też, że większość finansowanych przez Amerykę dostaw broni trafiała w niewłaściwe ręce. Niemniej to Ronald Reagan osobiście zadecydował o udostępnieniu partyzantom stingerów, które przechyliły szalę zwycięstwa na ich stronę.

Lecz amerykańska broń i nawet stingery mogły być skuteczne jedynie dlatego, że większość kraju i tak była pod kontrolą mudżahedinów. Ich walkę można rozpatrywać z punktu widzenia wyszukanych teorii wojny partyzanckiej. Ale tak naprawdę Afgańczycy nigdy nie planowali żadnej strategii partyzanckiej. Po prostu każdy Abdul, Ismael czy Mohammad atakował wroga pierwszą, naprędce skleconą bronią, jaka mu wpadła w ręce, i bił go, jak umiał, bez żadnych rozkazów czy planów. Próby obalenia reżimu komunistycznego w sposób zorganizowany, jak bunt w Heracie, poniosły spektakularną klęskę. Podczas wojny wyłoniło się kilku wybitnych przywódców, takich jak Ismael Chan i Ahmad Szah Masud. Ale większości oddziałów przewodzili bezimienni lokalni dowódcy pokroju nieudolnego Sajida Odżana – mułłowie, właściciele sklepików, nauczyciele – i to im właśnie należy się chwała. Przedwojenni przywódcy kraju – król, ministrowie, wyżsi wojskowi – zdradzili lub zawiedli naród. Zwyczajni Afgańczycy, zagrzewani tradycyjną wiarą i wspomagani nieświadomością tego, na co się ważyli, wzięli los we własne ręce i dlatego zwyciężyli.

Wreszcie stało się. Dwudziestego ósmego hamal 1371 roku (osiemnastego kwietnia 1992 kalendarza gregoriańskiego), po trzynastu latach w siodle, Ismael Chan na czele swej gwardii przybocznej wkroczył triumfalnie do Heratu. Pokazując światu, że honor i sprawiedliwość czasami zwyciężają. Tej nocy, po krótkim boju, ostatni komunistyczny dowódca podał przez radio wiadomość, że zaprzestaje oporu. Witane entuzjastycznie przez ludność oddziały Ismaela Chana szybko opanowały główne punkty miasta i przyjęły kapitulację wojsk rządowych. Podobnie jak w roku 1979 Herat był pierwszym miastem Afganistanu, które powstało przeciwko reżimowi komunistycznemu, tak teraz był pierwszym, które się od niego uwalniało. Kilka dni później ruszył z gór na Kabul Ahmad Szah Masud ze swymi Tadżykami. Oddziały Masuda nie przypominały już partyzantów, tylko regularną armię z czołgami, transporterami i ciężkim sprzętem. Komunistyczny prezydent – Nadżibullah – nie zdążył nawet przedostać się do czekającego na lotnisku samolotu. Gdy na stronę Masuda przeszli Uzbecy generała Raszida Dostuma, którzy kontrolowali lotnisko, Nadżibullah salwował się ucieczką do willi ONZ w Kabulu. Wkrótce wolny od komunistów był Kandahar, Dżalalabad, Gazni – cały kraj.

Do Afganistanu mogłem wrócić dopiero następnego lata. Kiedyś od Heratu dzieliły mnie nie tylko tygodnie podróży z Londynu przez Pakistan i okupowany Afganistan, lecz także lata emigracji z Polski, której nie spodziewałem się już nigdy zobaczyć. Teraz czas i przestrzeń skurczyły się jak za nagłym pokręceniem teleobiektywu. Jednego dnia sadziłem drzewa wokół domu w Polsce, a następnego siedziałem w awionetcc ONZ i patrzyłem, jak pod nami sunie pas górski wytyczający afgańską granicę. Gdzieś tam, między skałami, wiła się droga z Kabulu do Dżalalabadu, gdzie w 1986 roku zaczailiśmy się na konwój sowiecki. Podziwiałem majestat dolin, przełęczy, rzek i połaci pustynnych i zdawało mi się, że rozumiem, jak sfrustrowani musieli być dowódcy sowieccy, którzy oglądali te same tereny z okna helikoptera. Cały kraj, z bazami partyzanckimi w górach, z miasteczkami i wioskami, roztaczał się u ich stóp na wyciągnięcie ręki – a jednak nieuległy.

Ale wycofanie się Rosjan i upadek reżimu komunistycznego nie przyniosły Afganistanowi pokoju. Inwazja i czternaście lat wojny naruszyło delikatną równowagę plemienną i religijną kraju. Przyczyniło się do tego, niestety, także poparcie, jakiego Stany Zjednoczone i Pakistan udzieliły najbardziej fanatycznemu – choć najmniej skutecznemu – z przywódców partyzanckich, mordercy Andy'ego, Gulbuddinowi Hekmatjarowi. Za sprawą zgromadzonej podczas wojny broni i pieniędzy Hekmatjar stał teraz u wrót Kabulu i ostrzeliwał miasto z rakiet i artylerii. Centrum stolicy nadal kontrolowały wojska Masuda, zachód – oddziały szyitów z Hazaradżatu, a lotnisko – Uzbecy komunistycznego generała Dostuma. Jednym słowem, polityka afgańska przypominała naszą, z tym że tam, zamiast przygadywać sobie w telewizji, sięgano od razu po granatniki.

Jedynie w Heracie panował pokój. Położone wśród pustyni lotnisko, wokół którego szliśmy pięć lat wcześniej, w każdej chwili obawiając się zasadzki, teraz było pod kontrolą Ismaela Chana. Wieżę kontrolną zdobił namalowany farbą po persku i w niezręcznej angielszczyźnie wielki napis: „Witamy w Heracie, mieście honorowych męczenników". Szosa do miasta, z wielkimi so-

snami po obu stronach, przez którą niegdyś z bijącym sercem
przebiegałem nocą, była tak zryta gąsienicami czołgów, które ją
do niedawna patrolowały, że nasza półciężarówka podskakiwała
na wybojach jak na fabrycznym torze przeszkód. Wkrótce przekroczyliśmy most Pul-i Pasztun, ten sam, który bezskutecznie
usiłowano zdobyć w 1978 roku, co przesądziło o klęsce powstania przeciwko komunistom. Kilkaset metrów dalej, po prawej
stronie szosy, następne miejsce, które wydawało mi się znajome,
mimo że nigdy go nie widziałem: hotel „Herat", gdzie tłum poj-
mał i zrzucił z dachu sowieckich doradców. Betonowa konstrukcja stała teraz opustoszała, kilka rdzewiejących wraków
transporterów opancerzonych zaśmiecało ogród.

Zbliżając się do centrum miasta, oglądając szkoły, w których dzieci siedziały pod gołym niebem, i urzędników koczujących na gruzach dawnych gmachów, myślałem, że tak musiała wyglądać Warszawa w 1945 roku. Wzdłuż drogi ciągnął się płytki rów – ślad po rurociągu na paliwo lotnicze, zdemontowanym przez Rosjan w ostatnich dniach przed wyjściem z Afganistanu. Oczy śmiały mi się na widok miejsc, których nie spodziewałem się już nigdy oglądać, lecz jednocześnie trapiła mnie obawa, czy Isamel Chan będzie równie dobrym władcą w czasie pokoju, jak był dowódcą w czas wojny. Czy mudżahedini przyniosą miastu pokój i nadzieję na przyszłość, czy też potwierdzą najgorsze opinie, jakie o nich wygłaszano, i rozbudzą waśnie, fanatyzm religijny oraz zwiększą ucisk kobiet? Jak w 1987 roku Herat był najodleglejszym i najbardziej niebezpiecznym miejscem w Afganistanie, tak teraz był oazą pokoju. Porządki, które zaprowadzał tu Chan, mogły się stać wzorem dla reszty kraju. Nie sądziłem, aby zamienił się w tyrana. Widziałem przecież tyle razy, jak wysłuchiwał cierpliwie paplaniny wiejskich mułłów. Nie wydawało się, żeby miał temperament despoty. Większość dyskusji i decyzji była jawna, zgodna z obyczajem i opinią publiczną. Przynajmniej podczas wojny Chan rządził mocą swego autorytetu, a nie strachem. Ale czy władza go nie skorumpuje? Czy nie będę musiał się wstydzić, że kiedyś solidaryzowałem się z nim w walce?

Zamieszkałem w willi ONZ, gdzie na podeście w salonie stał zasilany z agregatu telewizor podłączony do anteny satelitarnej i nastawiony na MTV. Na ekranie kłębiły się czupiradła i wrzeszczały o najwymyślniejszych sposobach spółkowania. Pięć lat wcześniej Herat był odcięty od zachodniej cywilizacji. Teraz zaczynały się do niego wdzierać najgłupsze jej objawy.

Miasto wracało do życia. Na zachodnich przedmieściach, gdzie kiedyś mieszkałem z partyzantami, odszukałem szkołę i zbiornik na wodę. Oba budynki musiały być później wielokrotnie ostrzeliwane, bo cysterna nie miała sklepienia, a po szkole została jedynie góra gruzu. Cała ta wielka połać miasta zwana była w okolicy „małą Hiroszimą" i rzeczywiście nazwa ta odzwierciedlała stan faktyczny. Nadal ani jeden dom nie nadawał się do zamieszkania, ani jeden ogród nie wydawał owoców. Jak to jednak bywa z orientalnymi miastami wzniesionymi z palonej na słońcu cegły, to, co w proch się obróciło, łatwo z prochu powstaje. Zewsząd dochodził odgłos plaskania – urobiony na błoto gruz trafiał do drewnianych ram, a po paru godzinach suszenia na słońcu stawał się ponownie cegłą.

Plaskaniu towarzyszył daleki jęk silników olbrzymich ciężarówek pełzających drogą wzdłuż gór od strony Iranu. Czarne czadory kryjące twarze kobiet i pstre ubrania dzieci kołysały się na furach pełnych towarów i dobytku, podskakujących na dziurach w drodze. Iran wydalał uchodźców afgańskich, a nawet własnych obywateli, jeśli poślubili uchodźcę. Powracający otrzymywali w centrum pomocy ONZ po kilkadziesiąt dolarów, po łopacie i worku nasion – i wracali do swoich wiosek, gdzie zazwyczaj w miejscu rodzinnego domu zastawali dziurę w ziemi, a także zniszczone kanały irygacyjne i wyjałowione pola.

Z każdym dniem przybywało dóbr na bazarach. W warsztatach stukały młotki, zamieniając łuski na garnki, warczały piły, robiąc framugi ze skrzyń po amunicji; syk spawarek mieszał się z warkotem prądnic. Na ladach piętrzyły się kopce przypraw, owoców i korzeni, których aromat mieszał się z zapachem spalin motocykli i łajna pozostawianego przez stada owiec. W ostrym słońcu migotały aluminiowe czajniki i plastikowe konewki. Z satysfakcją stwierdziłem, że żyletki są przeważnie z Polski. Widząc białego, sklepikarze wołali za mną: *Czto wam nużno? Czto pokupat'?*

Potrzebowałem wymienić pieniądze na lokalną walutę, ale, niemądrze, przywiozłem ze sobą tylko funty, a za twardą walutę uchodziły tu wyłącznie dolary i marki. Rolę herackich banków odgrywały stojące na ulicy szklane gabloty, w których od wewnątrz były poprzyklejane obce, przeważnie irańskie i pakistańskie banknoty i gdzie przechowywano pliki afghani. Gdy jednemu z brodatych bankierów wręczyłem dwadzieścia funtów, podniósł się z kucek i miął banknot, spoglądając podejrzliwie to na papier, to na mnie. Wkrótce zebrał się wokół nas tłumek i rozgorzała debata nad tym, czy banknot jest prawdziwy i czy można mi ufać.

– A kto to jest? – spytał bankier, wskazując koronowany profil na banknocie.

– To jest królowa Inglistanu – odpowiedziałem.

– Tak? Naprawdę? A ile to jest warte?

Podałem kurs w stosunku do pakistańskiej rupii. Po przeliczeniu na afghani banknot został przyjęty na słowo – minus dziesięć procent prowizji.

Teraz mogłem zrobić zakupy. Myślałem o seledynowej burce – czyli sięgającym do samej ziemi „namiocie" z jedwabną kratką na oczy – w której „do twarzy" byłoby mojej żonie. Nagle stanąłem jak wryty. Na skrzyżowaniu ulic ujrzałem księgarnię; za szybą wystawową leżały tuziny podręczników, zeszytów i tomów poezji. Na honorowym miejscu wśród nich spoczywała książka ze zdjęciem jeźdźców na okładce. Podszedłem bliżej – nie było wątpliwości! *Chak-i Ułlija – Prochy świętych*, autor: Radek Sikorski – obwieszczały zawijasy na okładce. Czyżbym zapomniał, że podpisałem umowę na perski przekład?

Wkrótce się dowiedziałem, że przedsiębiorczy tłumacz i wydawca w jednej osobie uciekł się do oryginalnej metody promocji. Książka – wydrukowana w Iranie – była gotowa akurat przed wkroczeniem Ismaela Chana do miasta. W pierwszy piątek po wyzwoleniu mułłowie w meczetach nakazali, aby każdy z wiernych zaopatrzył się w egzemplarz. Wokół kramów wybuchały bójki, tylu było chętnych. Kupowali nawet analfabeci, aby w domowym ołtarzyku wystawić widniejące na okładce zdjęcie Ismaela Chana. Nie wiem, czy cieszyć się, czy niepokoić uznaniem dla książki w tych akurat kręgach, ale wydawca ponoć kupił sobie nowy duży dom.

Okładka perskiego wydania mojej książki

Miasto wracało do życia, lecz ciągle wstrząsały nim wybuchy, czasem tak silne, że aż drżały szyby. Były to odgłosy eksplodujących lub likwidowanych min. Według ONZ Herat był w 1993 roku najbardziej zaminowanym miejscem na Ziemi. Z dwudziestu dziewięciu pól minowych rozbrojono dopiero dziewięć. Zgodnie z obowiązującą doktryną Rosja pod względem liczby miejsc w Radzie Bezpieczeństwa ONZ, budynków ambasad czy okrętów wojennych jest spadkobierczynią ojczyzny postępu, ale nie jeśli chodzi o zanieczyszczenie środowiska, zniszczenia wojenne czy ludobójstwo. Toteż Rosjanie nie kwapili się z usunięciem kilku milionów min, jakie pozostawił po sobie w Afganistanie Związek Sowiecki. Nie dostarczyli nawet map pól minowych, aby ułatwić

W 1993 roku okolice minaretów nadal były „małą Hiroszimą"

innym ich oczyszczenie. Zresztą wiele terenów zaminowali na chybił trafił lokalni dowódcy i nie były one nigdzie rejestrowane. Tylko tego jednego roku ponad tysiąc Afgańczyków trafiło do szpitali w Pakistanie z ranami od min – a nigdy się nie dowiemy, ilu zginęło na miejscu lub w drodze. Dorota, złotowłosa warszawianka, która pracowała dla ONZ-owskiej agencji pomocy uchodźcom, powiedziała mi, że poprzedniego roku w samym Heracie miny uśmierciły czterdzieścioro dzieci.

Przyjrzałem się któregoś dnia ekipom pracującym w cieniu minaretów szkoły Husajna, tych samych, z których kiedyś strzelali do nas snajperzy. Szukali min dwójkami. Pierwszy szedł z wykrywaczem metalu, drugi za nim posuwał się na brzuchu, kłując ziemię długim prętem. Teren wokół miasta był naszpikowany odłamkami pocisków i każdy z nich stawał się dla wykrywacza metalu potencjalną miną. Trzeba było go cierpliwie wygrzebać, po czym sprawdzić, czy pod spodem nie ma następnego. Największym wrogiem jest znużenie. Mudżahedini zostali wyszkoleni i wyekwipowani przez kraje zachodnie. Podczas nakłuwania ziemi powinni zawsze nosić specjalną przezroczystą osłonę na twarz. W palącym słońcu jednak trudno pod nią wytrzymać, a tarzanie się w pyle też nie należy do przyjemności. Jeśli mina wybucha, gdy saper, zamiast leżeć, kuca, siła wybuchu uderza brzuch.

Dżallaludina, szczupłego wyrostka, spotkałem w dniu, w którym zwolniono go ze szpitala. Miał obandażowane palce, a tam, gdzie powinno być prawe oko, goiła się krwawa rana. Chłopak nie kucnął ani nawet nie odchylił osłony dla wentylacji. No, może sama się trochę odchyliła. Z jednego miejsca wykopał trzy odłamki. Lecz mina znajdowała się jeszcze głębiej. Miał zresztą szczęście. Była to tylko lekka mina na ludzi, a nie na pojazdy, i nie było pod nią pocisku artyleryjskiego, który często dodawano w celu wzmocnienia wybuchu. Dziewiętnastoletni Dżallaludin od czterech lat był partyzantem. Ucieszył się, gdy dopuszczono go do szkolenia saperów, gdyż trudno teraz o honorową i w miarę dobrze płatną pracę dla analfabetów. Los jego rodziny był typowy: jedenastu członków zabitych, w tym ojciec, znany mułła; rodzinny dom koło Bramy Kandaharskiej – kupa gruzów. Żyli kątem u krewnych. A teraz Dżallaludin, zamiast być wsparciem dla reszty rodziny, stanie się ciężarem. Drugie oko miał ociemniałe. Jeśli nie zostanie wkrótce zoperowane na Zachodzie, chłopak nie będzie już nigdy widzieć. Dobrze chociaż, że otrzyma parę tysięcy dolarów zapomogi z firmy ubezpieczeniowej. Jego towarzysze, którzy taką samą robotę wykonywali w czasie wojny – bez osłon – teraz żyją w nędzy.

Oprócz morza ruin zostały w Heracie po komunizmie tylko dwa ślady. Jeden to znaczki pocztowe, które nadal sławiły rewolucję saur 1978 roku, rocznicę powstania partii komunistycznej i przyjaźń afgańsko-radziecką. Poczta wciąż była umocniona gniazdami karabinów maszynowych, a wokół bramy pętali się żołnierze. Druga pozostałość komunizmu znajdowała się u podnóża północnych wzgórz, na tyłach garnizonu, na jałowym terenie usianym odłamkami skał. Za pomocą łusek po pociskach artyleryjskich wytyczono na nim ścieżkę i postawiono bramę zdobną w koraniczne inskrypcje. Za nią rozciągał się obszar pokryty dołami, z daszkiem nad każdym z nich. Na dnie dołów leżały szkielety. Okrywały je szczątki odzienia: wyszywane suknie kobiet i luźne tuniki mężczyzn. Niektóre piszczele były połączone ze sobą powrozami lub drutem kolczastym. To tutaj Nur Ahmad stał na straży, kiedy buldożery zakopywały żywcem wrogów ludu. Tutaj odnaleziono tych, których podczas wojny przeniesiono rzekomo z miejskiego więzienia do Kabulu i po których zaginął potem wszelki ślad. Miejsce to nazwano *Szochade Gumname*, Nieznanego Męczennika. Powiedziano mi, że odkopano już trzy tysiące ciał (osobiście widziałem kilkadziesiąt); przypuszczano, że będzie ich więcej.

Ismaela Chana nie było chwilowo w mieście; poleciał helikopterem do Farah na południu, aby organizować administrację. Oddałem się więc zwiedzaniu. Baburowi, który podbił Indie, zabrało w 1506 roku czterdzieści dni, zanim się przekonał, że widział w Heracie wszystko, co było godne obejrzenia. Teraz, gdybym się uparł, wystarczyłby mi na to dzień. Aby sobie przedstawić dawną świetność Heratu, trzeba mieć silną wyobraźnię, umieć odtworzyć cały budynek z ułamka marmuru, nie zważać na warstwy nieudolnych rekonstrukcji. Odwiedziłem starych przyjaciół, minarety szkoły Husajna, między którymi w poprzek dawnego dziedzińca wiła się droga wylotowa na północ. Niekonserwowane przez piętnaście lat wieże straciły jeszcze więcej swych mozaik. Podniosłem z ziemi turkusowy ułomek leżący u stóp minaretu musalli Gauhar Szad – tego, którego zniszczenie udokumentowałem już wcześniej. Po być może najwspanialszej budowli świata islamu został teraz zaledwie gliniany kikut.

Doszczętnie zniszczono też piękny mihrab meczetu w Ghalwarze. W 1987 roku w timurydzkiej mozaice było kilka dziur, które dałoby się jeszcze uzupełnić. Teraz już tylko fragmenty kafli walały się po podłodze. Suche były wszystkie miejskie cysterny na wodę, większość łaźni leżała w gruzach. Nie pozostał ślad po trzech herackich synagogach, z największą, Kalisa-i Mulla Aszor, włącznie. Około dwustu herackich Żydów przemycono do Izraela już w pierwszych miesiącach panowania komunistycznego. Natomiast praca wrzała przy grobie Dżamiego. Wprawdzie meczet, który przedtem stał na „ziemi niczyjej" (bałem się do niego wejść ze względu na miny), nadal tonął w gruzach, a marmurowy nagrobek poety był poszczerbiony przez odłamki, lecz wokół przybytku schły warstwy świeżego błota – jeden z herackich kupców fundował nowe ogrodzenie.

Al-masdżid al-dżam'a, meczet piątkowy, główna świątynia miasta, jest najprawdopodobniej jego najstarszym budynkiem. Ghorydzki kształt wielkich łuków, ghorydzkie wzornictwo na jednym ze sklepień i zachowany ghorydzki portal z grobowcem sułtana Guriego, z najstarszymi mozaikami, sugerują co naj-

mniej dwunasto-, trzynastowieczne pochodzenie. A gdyby mułłowie zgodzili się na badania archeologiczne, być może meczet
zdradziłby swą tajemnicę. Zagadkę stanowi to, że jego mihrab
nie jest skierowany prawidłowo w stronę Mekki, to znaczy na południowy zachód, tylko prosto na zachód, co byłoby charaktery-
styczniejsze dla kościoła chrześcijańskiego. Mogłoby się okazać,
że meczet piątkowy wyrósł na ruinach katedry Kościoła nestoriańskiego, który miał kiedyś w Heracie siedzibę archidiecezji.
A może istniała tu przedtem świątynia buddyjska? Nie byłby to
pierwszy ani ostatni przypadek, kiedy zwycięska religia ustana-
wia swą świątynię na ruinach pokonanej. Jak powiedział mi wuj,
długoletni kustosz archikatedry gnieźnieńskiej, kolebka polskiego chrześcijaństwa też najprawdopodobniej wyrosła na gruzach
świątyni pogańskiej.

Meczet piątkowy jest jednocześnie jedynym budynkiem Heratu, który w XX wieku zyskał na wyglądzie. Gdy w latach trzydziestych budowlę oglądał Robert Byron, nie było już śladu po
kaflach i mozaikach, których kładzenie nadzorował tuż przed
śmiercią Mir Aliszer Nawoi, wezyr sułtana Husajna. Byron widział ściany straszące łuszczącym się tynkiem. A dziś *al-masdżid
al-dżam'a* olśniewa mozaikami. Ich kolory, szczególnie niebieski, nie mają tej głębi co timurydzkie oryginały, ale nadal cieszą
oko – ściany sprawiają wrażenie obwieszonych perskimi dywanami. Stało się tak za sprawą warsztatu ceramicznego, który zajmuje cały południowo-wschodni róg budowli i produkuje kafle
oraz mozaiki niezmiennym od wieków sposobem. Potwierdziły
się wieści, że w *al-masdżid al-dżam'a* trafił pocisk i uszkodził jeden z minaretów, ale ubytki zostały już uzupełnione. Teraz
w warsztacie przymierzano się do naprawienia mozaik na dziedzińcu, podziurawionych przez kule w 1990 roku. Podczas piąt-
kowych modłów partyzanci zastrzelili Amira Sajida Ahmada,
jednego z przywódców powstania dwudziestego czwartego hut,
który później wybrał kolaborację. Główny mułła meczetu, hadżi

Abdul Kadiri, powiedział mi w swym wyściełanym dywanami biurze, że komuniści dwukrotnie użyli meczetu jako więzienia. W 1985 roku ostrzelali dziedziniec z rakiet, chcąc spowodować masakrę, za którą zamierzali obwinić partyzantów.

W towarzystwie ministra kultury Heratu i reportera lokalnego dziennika „Ettefaq Islam" (Jedność Muzułmańska), w którym najważniejsze miejsce zajmuje codzienna porcja poezji, przyglądałem się pracy rzemieślników w warsztacie. Moją uwagę zwrócił siedzący w kucki starzec, który żłobił dłutem inskrypcję, przytrzymując kamień stopami. W tym momencie dołączył do nas kierownik warsztatu, inżynier Ibrahim Szarifi, młody jeszcze, szczupły mężczyzna o schorowanej twarzy i siwiejącej brodzie. Gdy się przedstawiłem po angielsku, odpowiedział po polsku:

– Pan autor *Chak-i Ułlija*? No to pan Polak?

– Tak.

– A ja mam żonę Polkę, Małgosię.

– Tak?

– Mieszkałem w Polsce jedenaście lat.

Okazało się, że tytuł inżyniera zdobył w Wyższej Szkole Rolniczo-Technicznej w Olsztynie. Ostatni list od żony i wieści o córce otrzymał siedem lat wcześniej. Pokazał mi złożone nabożnie zaproszenie do Polski z sierpnia 1978 roku. Przyjechał do Afganistanu tylko na kilka miesięcy, w odwiedziny. Ale nowo zainstalowana władza ludowa już go ze swego uścisku nie puściła. Z afgańskiej rodziny Ibrahima zginęło dwadzieścia osób. On sam cudem przeżył kilka lat więzienia, podejrzany o kontakty z partyzantami. Ożenił się po raz drugi, miał tu czworo dzieci, ale nadal tęsknił za Polską. Tej wiosny był w Heracie polski ambasador Andrzej Wawrzyniak. Obiecał przekazać wiadomość rodzinie Szarifiego w Iławie, ale jak dotąd nie było odpowiedzi.

Kilka miesięcy później w ogrodzie mojego domu nad Notecią, przy drewnianym stole, piły kawę przystojna kobieta i ciemnooka dziewczyna o temperamencie źrebaka. Zdjęcia inżyniera

Ambasador RP, ewakuując placówkę, nie raczył zabrać flag państwowych

Szarifiego, które wykonałem na dziedzińcu i na dachu meczetu piątkowego, były pierwszymi, jakie widziały od wielu lat. Z mojego listu wypadły na podłogę slajdy. Podniosła je córka Szarifiego; odgadła, że to ojciec, którego nigdy nie widziała. Płakały ze wzruszenia, dowiedziawszy się, że żyje. Pani Szarifi też już miała drugiego męża, ale i ona chciała, aby córka mogła poznać ojca. Podałem im adres biura ONZ w Islamabadzie, poprzez które mogły nawiązać korespondencję. Mój list był dla nich pierwszym źródłem informacji. Od pana ambasadora nie przyszła nawet kartka pocztowa.

Ze wszystkich zabytków Heratu najlepiej na wojnie wyszła stara forteca. W latach siedemdziesiątych nie miała już załogi wojskowej, a na dziedzińcu budowano gmach muzeum. Mury i resztki timurydzkich zdobień na wieżach zabezpieczała ekipa UNESCO. Co zastanawiające, nie przerwała pracy, nawet kiedy komuniści ponownie uzbroili warownię i użyli jej do terroryzowania miasta; natomiast teraz, gdy nadeszła wolność i z konserwacją oraz odbudową pozostałych zabytków można było ruszyć pełną parą, UNESCO było nieobecne.

Ze szczytu bastionów rozciągał się piękny widok na zachodnie przedmieścia, dawne pozycje partyzanckie. Na jednej z wież stała jeszcze zepsuta armata, z innej mierzyła w niebo lufa ciężkiego karabinu maszynowego. Ismael Chan obsadził fortecę symbolicznym garnizonem. Wypiłem herbatę z żołnierzami na szczycie jednej z wież. Wśród nich na pryczy siedział Nadir Szah, osiemnastoletni chłopak, któremu dwa lata wcześniej mina urwała obie nogi.

Jak każdy, kto zwiedza Herat, zajrzałem do Gazargi, starej świątyni na północnych wzgórzach, której architekt waruje przed bramą w postaci marmurowego lwa. Zachowały się tu resztki dawnych budowli: delikatnie rzeźbione marmurowe stoły ze szkoły Husajna, kilka starych nagrobków, bryły bazaltu rzeźbionego z kunsztem, jakiego współcześni mieszkańcy Heratu nie potrafią naśladować. Komunizm pozostawił tu po sobie jedną tylko zmianę: odebrał świątyni prawo azylu. Po raz pierwszy od wieków jej przedsionek – wielkie ciemne pomieszczenie z wysokim sklepieniem – był pusty. Nie koczowali w nim już złodzieje, mordercy, dłużnicy ani inni wyjęci spod prawa. W furtce pojawił się naczelny mułła, hadżi Mir Mohammad, i sam mnie oprowadził. Obeszliśmy grobowiec mędrca Ansariego, z drzewem wyrastającym spod nagrobka i przybitymi do tyczek setkami wotywnych gwoździ. Hadżi potrząsnął pękiem kluczy i otworzył ohydne szklane drzwi w nowobogackich aluminiowych ramach. W środku wnęki, pod dopiero co zamontowaną szybą, znajdował się wielki ciemny sarkofag, tak gęsto zdobiony inskrypcjami, że nawet centymetr kwadratowy jego powierzchni nie pozostał gładki. To słynny Haft Kalam, kamień Siedmiu Pism (faktycznie tylko trzech), którego wykonanie miało zabrać ponoć dziesięć lat i który tradycja uważa za nagrobek samego sułtana Husajna.

Hadżi wyświadczył mi też specjalny zaszczyt – wpuścił mnie schodkami na mały podest nad głównym łukiem dziedzińca, gdzie rzadko kto przeszkadzał gnieżdżącym się gołębiom. U mych stóp, w rytm zawodzenia muezina, mężczyźni klękali właśnie na marmurowych i turkusowych płytach do wieczornej modlitwy. W oddali rdzawe bryły domów zlewały się z pasmem pustyni. Za nią zanurzone w zieleni miasto kąpało się w ostatnich promieniach słońca. Minarety szkoły Husajna zaświeciły jak pochodnie na tle wielkiego tumanu pyłu – nadciągał „wiatr stu dwudziestu dni". Był to widok niezmienny od wieków, dramatyczny i kojący zarazem. *Islam* znaczy „pokój".

Nieobecność Ismaela Chana przedłużała się, ale mnie to nie martwiło, gdyż w ten sposób miałem czas na rozeznanie się w jego polityce. Po kilku dniach odetchnąłem z ulgą. Dotychczas prawie nikt nie narzekał, mimo że w mieście nadal obowiązywała godzina policyjna, a elektryczność działała tylko dwie godziny na dobę. Z każdym miesiącem rosły dochody z punktu kontroli celnej na granicy. Starczało środków na utrzymanie lokalnej stacji telewizyjnej o zasięgu dziesięciu kilometrów i na niewielkie dotacje dla warsztatu ceramicznego przy meczecie. Dzięki Ismaelowi Chanowi Herat był jedynym miastem w Afganistanie, do którego wracała jaka taka normalność. Swą autonomię zachowała mniejszość szyicka – Chan nie spróbował nawet odebrać jej broni, mimo że odebrał ją własnym mudżahedinom, a pilnowanie porządku przekazał w ręce policji i wojska. Natomiast w swej polityce ekonomicznej nie zasłużyłby na miano thatcherysty. Próbował bowiem okiełznać inflację przez narzucenie na bazarze cen urzędowych, przynajmniej na podstawowe produkty, takie jak chleb i baranina. Jak można było przewidzieć, hodowcy przestali przyprowadzać zwierzęta na ubój i w ciągu tygodnia zastrajkowali rzeźnicy.

Największe jednak spory wywołała jego wersja „grubej kreski": na bazarze można było spotkać byłego komunistycznego wojewodę, który jakby nigdy nic robił zakupy. Było to o tyle uzasadnione, że najgorsi przestępcy – towarzysze z CHAD, afgańskiej służby bezpieczeństwa, którzy przodowali w wyrywaniu paznokci i rozstrzeliwaniu więźniów – spakowali walizki już dobre kilka miesięcy przed poddaniem miasta. Ponadto Ismael Chan wiedział, że afgański sposób dokonywania rozliczeń jest wielkim zagrożeniem dla porządku publicznego. Gdy w pierwszych dniach po wyzwoleniu jedna z rodzin zabiła w akcie zemsty donosiciela odpowiedzialnego za śmierć ziomka, kazał rozstrzelać winnych samosądu.

Choć niewielu to dziś pamięta, przedwojenny Afganistan nie był obyczajowo rygorystyczny, a przynajmniej nie był pod tym względem jednolity. Burki i czadory mieszały się na ulicach z krótkimi spódniczkami. Teraz, w reakcji na komunistyczną próbę zniszczenia tradycji i obyczajów, spodziewałem się większego konserwatyzmu. Pod naciskiem mułłów Ismael Chan nakazał, podobno niechętnie, aby za wzorem Proroka urzędnicy zapuścili brody.

Zdumiałem się, gdy córka Abdula Satara powiedziała mi, że ona i jej koleżanki odetchnęły, gdy partyzanci zdobyli miasto. Abdul Satar był w 1987 roku moim tłumaczem – ryzykował życie, przechodząc z kontrolowanej przez komunistów części miasta do enklawy partyzanckiej. Teraz pracował w jednej z agend ONZ pomagającej uchodźcom. Na dziedzińcu jego domu widniały świeże ślady po wybuchach moździerzy: jeden koło studni, drugi na samym progu. W domowym zaciszu kobiety chodziły nieosłonięte i wcale nie bały się spojrzeć niewiernemu prosto w oczy. Ich uścisk dłoni był mocny, a ruchy pewne. Siedząc w kucki wokół ceraty, na której stały tace z ryżem, warzywami i jogurtem, wyrażały swe zdanie bez ogródek:

– Komuniści mówili w kółko o wyzwoleniu kobiet, ale nic dla nas nie zrobili. Ich żołnierze i milicjanci nagabywali, a nawet gwałcili kobiety, musiałyśmy więc cały czas siedzieć w domu. A teraz możemy bezpiecznie iść na bazar, do meczetu albo na piknik w ogrodzie.

Obie córki Satara przygotowywały się do pracy w charakterze nauczycielek. W burce jest gorąco i niewygodnie w niej chodzić, bo pęta się wokół nóg, ale lepsze to niż miesiące bezczynności, powiedziały. Jak na islamskich fanatyków, rodzina Abdula Satara wyrażała sporo zdrowego antyklerykalizmu.

– Ci głupi mułłowie straszą ludzi, że pójdą do piekła, jeśli zgolą brodę, podwiną rękaw lub pokażą kostkę – nawet mężczyźni! Zabraniają też oglądania telewizji i słuchania muzyki. A gdzie to jest powiedziane w Koranie?

Kontakt z Ismaelem Chanem utrzymywałem przez młodego Jusufa Herawiego, dawniej członka gwardii przybocznej, który na konferencji w Sargahu chodził w nimbie bohatera, bo kilka dni wcześniej zestrzelił helikopter. Teraz był sekretarzem Ismaela Chana. Pomagał negocjować umowę z Turkmenią w sprawie dostaw elektryczności w zamian za owoce. Marzył o wyjeździe na kurs dla dyplomatów w Anglii. Chciał pracować nad swoim angielskim i może dlatego, gdy któregoś dnia wracaliśmy z zawodów zapaśniczych, zachęcił mnie do odwiedzenia sklepu z kasetami magnetofonowymi. Nad ladą, w szafach za szybą, piętrzyły się rzędy kaset z ręcznie dopisanymi oznaczeniami: Madonna '91, Tangerine Dream '92, Michael Jackson '89. Zorientowałem się, że oznakowanie nie odnosiło się do daty wydania albumu na Zachodzie, tylko do roku pojawienia się go w Heracie, co utrudniało identyfikację.

– Wybierz taką, na której dobrze słychać słowa – powiedział Jusuf po angielsku.

– Ale ja nie chcę tych kaset. Mam swoje, w domu. Zresztą te pirackie nagrania są na pewno złej jakości.

– Mimo to wybierz. Proszę.

Wskazałem palcem taśmę oznaczoną jako Pink Floyd '92. Po włożeniu do odtwarzacza wydała z siebie zniekształcone jęki nagrania z albumu *The Wall*, który pamiętałem jeszcze z liceum.

– A teraz powiedz, że ta ci się podoba – poprosił znowu. – Oni ją przegrają i będzie do odebrania jutro.

– Ale ja jej nie chcę!

– Ja chcę. – Jego oczy błagały. – Powiedz, że życzysz sobie, abym ją jutro dla ciebie odebrał.

Nareszcie zrozumiałem. Człowiek, który nie bał się stać na wprost plującego ogniem helikoptera, bał się podejrzenia, że może po kątach słuchać zachodniej muzyki.

– Boisz się? Przecież to jest sklep, więc inni muszą kupować takie kasety.

– Tak, ale ja jestem mudżahedinem. Mnie nie wolno.

Wreszcie Jusuf zadzwonił – telefony w Heracie działały! – że Ismael Chan wrócił i oczekuje mnie u siebie. Pojechałem jeepem do garnizonu, tego samego, w którym trzynaście lat wcześniej Ismael dowodził powstaniem dwudziestego czwartego hut. Po przymilnym zachowaniu się żołnierzy mogłem się zorientować, jak świeża była jeszcze zmiana władzy. Pokoje gmachu sztabu zdobiły teraz religijne inskrypcje, portrety Rabbaniego, przywódcy Dżamijatu, i Ismaela Chana. Nawet ściany, być może przez przypadek, pomalowano na zielono: kolor islamu. W mojej wyobraźni Ismael Chan nie pasował do pokoju z kanapą i fotelami, w którym go zastałem. Na biurku stał model samolotu i wazonik ze sztucznymi kwiatami.

Po Ismaelu Chanie nie można było poznać, że od roku pości, jedząc tylko przed wschodem i po zachodzie słońca, w podzięce Bogu za przeżycie morderczej bitwy wokół miasteczka Zindadżan. Niewiele się zmienił. Jego skóra była ciemniejsza, a w brodzie przybyło białych pasm. Miał na sobie niebieską tunikę, wyszywaną jedwabiem na piersi, i białą kamizelkę. Nad nią świeciły spokojnym dostojeństwem te same brązowe oczy. Uścisnęliśmy się i długo nie puszczaliśmy swoich dłoni. Gdy widzieliśmy się poprzednio, Ismael Chan przygotowywał się na dwadzieścia lat oporu. Żaden z nas nie śmiał przypuszczać, że tak szybko nasze ojczyzny będą wolne.

Powspominaliśmy dawne czasy i Ismael zrelacjonował mi szczegóły zwycięskiego ataku na Herat.

– Gdybym wiedział, jak słabi są komuniści, zaatakowałbym rok wcześniej.

Po zwycięstwie okazało się, że reżim pozbawił się środków, a nawet broni, bo próbował przekupywać oddziały różnych lokalnych dowódców. Gdy przyszło co do czego, tak zwane milicje biernie się przyglądały, jak Isamel Chan przypuszcza szturm na miasto.

Tego wieczoru jedliśmy kolację u niego w domu – w willi oddanej mu do dyspozycji przez jednego z kupców. Na dziedzińcu stał zaparkowany średniej klasy mercedes – na razie wyglądał na nieużywany. Pokój chłodziło kilka ogromnych stojących wentylatorów. Dziwnie było siedzieć z Ismaelem Chanem przy stole i używając sztućców, jeść kolację na sposób europejski. Planował wkrótce wyruszyć na południe – aby spróbować rozszerzyć swój wpływ aż na Kandahar, i dalej pod Kabul, aż do połączenia z wojskami Masuda.

– Nie nadawaj tego w BBC – powiedział – ale gdy zaprowadzimy pokój w Afganistanie, nie spoczniemy. Dosyć już tego stosunku pan–niewolnik, jaki mają do nas Rosjanie. Musimy wyzwolić naszych muzułmańskich braci w Bucharze, Taszkencie i Samarkandzie.

Przed odlotem musiałem odwiedzić jeszcze jeden przybytek. Na tych samych wzgórzach co Gazarga, tylko trochę dalej w kierunku Iranu, wyrasta z nieużytków łuk bramy wejściowej do kaplicy Chodży Galtana. To tu, na wzgórzu za kaplicą, stary Chodża Galtan Tocznik wykrzyknął w zachwycie na widok miasta: „Oto prochy świętych!" W czasie wojny oglądałem kaplicę przez teleobiektyw, ale dzieliło mnie od niej pole minowe i droga pod kontrolą nieprzyjaciela. Teraz mogłem stwierdzić, że marmurowy nagrobek świętego nie został zniszczony; opiekował się nim stary mułła w łachmanach. Gdy wrzuciłem do glinianej miseczki ofiarę, położył się na ziemi u stóp grobowca i naśladując swego patrona, poturlał się po żwirze kilkadziesiąt metrów, aż uderzył w gliniane ogrodzenie. Nakazał, abym ścisnął w dłoni kamyk, nad którym wyszeptał zaklęcie, i położył się tak jak on u stóp grobu. Przywarłem do marmuru, a dłonie przycisnąłem do piersi. Mułła przytknął dłoń do ucha i zaintonował rytmiczny suficki hymn. Teren wydawał się płaski, więc jedynie rozluźniłem mięśnie, lecz po kilkudziesięciu sekundach poczułem, jakby coś podnosiło i skręcało moje ciało. Turlałem się! Gwarantuje to podobno spełnienie życzenia.

Zobaczymy, czy moje życzenie, aby wrócić do Heratu, gdy w całym kraju zapanuje pokój, rzeczywiście się spełni.

Epilog

Życzenie, które wyraziłem u stóp mogiły Chodży Galtana, spełniło się dekadę później, latem 2004 roku. Tymczasem z Afganistanu napływały wieści złe, tragiczne, katastrofalne... i pełne niespodziewanej nadziei. W pierwszej połowie lat dziewięćdziesiątych popierane przez ościenne państwa frakcje afgańskie rozdarły kraj między siebie jak postaw czerwonego sukna. Byle watażka, któremu udało się skrzyknąć kilkudziesięciu ludzi z kałasznikowami, pobierał „myto" za przejazd drogą lub „podatek" od uprawy maku i rządził jak udzielny książę. Zamiast pokoju, nie mówiąc o sprawiedliwości czy demokracji, zapanowało prawo pięści. Barometrem, jak zwykle, była reakcja uchodźców, którzy, zamiast wracać, ważyli się na desperackie kroki, aby wyjechać jak najdalej od ojczyzny.

W 1994 roku w okolicach Kandaharu pojawiła się nowa siła. Gdy gwałty i pazerność lokalnych kacyków przebrały miarę, kilkudziesięciu młodzieńców pod dowództwem paru kalekich mułłów wzięło sprawiedliwość w swoje ręce. W jednej wsi na lufie czołgu zawisł gwałciciel dziewczynek, w innej uwolniono chłopca, na którego cnotę czyhało dwóch lokalnych dowódców. Młodzieńcy nazwali się talibami – czyli studentami, gdyż większość ich na uchodźstwie w Pakistanie uczęszczała do szkół koranicznych. Oderwani od tradycyjnego rytmu życia swego kraju, niedojrzali emocjonalnie z powodu zupełnego braku kontaktu z płcią przeciwną, traktujący Koran jako jedyne źródło wiedzy o świecie, talibowie byli użytecznym narzędziem realizacji anachronicznej utopii. Jednak w wyczerpanym wojną kraju ci młodzi ludzie, którzy przywracali elementarną sprawiedliwość, nie żądając w zamian nic poza wzmożoną pobożnością, zostali powitani jak ktoś między Robin Hoodem a Prorokiem. Wkrótce poparło ich potężne lobby transportowe, mające już dość opłacania się każdemu łachudrze, który przeciągnął przez drogę kawał łańcucha.

Talibowie obiecywali wprowadzenie jednolitej kontroli nad całym krajem, rozbrojenie band i powrót do piękna wczesnego islamu. Gdy tylko opanowali swój pasztuński matecznik wokół Kandaharu, uzyskali nowego sprzymierzeńca. Wywiad pakistański ISI, ten sam, który wcześniej pomagał mudżahedinom w wojnie przeciw ZSRR, a później popierał Gulbuddina Hekmatjara w jego morderczej wojnie o Kabul, teraz sypnął bronią i pieniędzmi dla talibów. W 1995 roku w ich rękach znalazł się Herat, w następnym Kabul, później Mazar-i Szarif. Tylko na północno--wschodnim skrawku Afganistanu, przylegającym do granicy z Tadżykistanem, bronił się jeszcze Ahmad Szah Masud z garstką wojowników. Trwał jedynie dzięki pomocy Rosji, która wolała starego wroga niż talibów i al-Kaidę, nieukrywających ambicji eksportowania swej rewolucji do Azji Środkowej. Również Iran, któremu nie w smak był sunnicki fundamentalizm władz w Kabulu, wspierał Sojusz Północny. Natomiast Stany Zjednoczone umyły ręce od spraw afgańskich. Nawet CIA przestała podtrzymywać większość starych kontaktów.

Herat, miasto tradycyjnie wysokiej kultury, zaznał ze strony talibów wyjątkowo okrutnego ucisku. Na różnice temperamentu nałożyły się tam jeszcze różnice plemienne i religijne. Talibowie, przeważnie sunniccy Pasztunowie, byli obcym elementem w tadżyckim, po części szyickim Heracie. Traktowali miasto jak terytorium podbite, odsuwając rodowitych heratczyków od wszystkich odpowiedzialnych stanowisk. Zamknęli nie tylko szkoły dla dziewcząt, lecz także uniwersytet. Handel na bazarze zamarł. Miasto wegetowało. W miarę odrywania się reżimu talibów od własnego narodu coraz większą rolę zaczęli odgrywać ludzie Osamy Bin Ladena – ogarnięci fanatyzmem Arabowie, szczególnie znienawidzeni przez miejscową ludność. Latem 2001 roku otrzymałem za pośrednictwem Międzynarodowego Czerwonego Krzyża desperacki list od Abdula Satara, który pisał, że sytuacja jest tak beznadziejna, iż nie widzi dla siebie i swojej rodziny innego wyjścia poza emigracją.

Ze smutkiem przyjmowałem wiadomości o losach moich afgańskich przyjaciół. Ismael Chan został zdradzony wyjątkowo perfidnie, nawet jak na tamtejsze standardy. Jeden z dowódców uzbeckich zaprosił go na kolację, po czym wydał talibom. Ismael Chan spędził dwa lata w więzieniu w Kandaharze, z którego salwował się brawurową ucieczką w towarzystwie... samego naczelnika.

Co szczęśliwsi trafili na Zachód, gdzie przeważnie nieźle sobie radzili. Mohammad, młody oficer polityczny Dżamijatu, który pomógł zorganizować moją pierwszą wyprawę do Afganistanu, był teraz szefem restauracji Kentucky Fried Chicken w Wirginii. Jusuf, który strzałem ze stingera strącił sowiecki helikopter, dotarł aż do Australii, gdzie został programistą komputerowym. Amanullah, mój przewodnik i przyjaciel w drodze do Heratu, piastował stanowisko ambasadora w Berlinie – ambasadora rządu, który kontrolował dziesięć procent terytorium kraju.

Tak się złożyło, że jako wiceminister spraw zagranicznych w rządzie Jerzego Buzka odpowiadałem za stosunki Polski z krajami Azji i siłą rzeczy Afganistanowi poświęcałem więcej uwagi, niżby to wynikało z chłodnej kalkulacji naszego interesu narodowego. Nigdy zresztą tego nie taiłem. Doktor Abdullah, którego poznałem podczas ostatniego spotkania z Masudem w Pandższirze w 1993 roku, został mianowany przez prezydenta Rabbaniego ministrem spraw zagranicznych, ale w stolicach europejskich na ogół nie traktowano go odpowiednio do tej rangi. Natomiast w Warszawie dwa razy odbył pełne konsultacje międzyrządowe, z uroczystym obiadem w pałacyku MSZ na Foksal włącznie. Warszawę odwiedzili też Abdul Kadir, Wali Masud i Amanullah. Z Polski do Afganistanu odprawiono wielki kontener leków ufundowanych przez rząd RP oraz konwój z pomocą Polskiej Akcji Humanitarnej Janiny Ochojskiej. Minister Bartoszewski przekazał pieniądze dla uchodźców afgańskich w Iranie, a moje konsultacje w tym kraju zakończyły się podarowaniem im nowego ambulansu.

Próbowałem interweniować na rzecz uwięzionego Ismaela Chana. Adresowany do niego list wręczyłem ambasadorowi Pakistanu – jednego z trzech krajów uznających reżim talibów, a jedynego, który miał ambasadę w Warszawie. Dyplomata obiecał solennie, że pismo dotrze do więźnia, ale po kilku miesiącach wróciło ono do mnie w stanie dziewiczym – jak gdyby nigdy nie opuściło Warszawy. Prowadziliśmy z ambasadorem fascynujący dialog: on, elegancki starszy pan, z perfekcyjnym angielskim, w londyńskich garniturach, koneser wina i whisky, próbował nakłonić mnie do złagodzenia bojkotu talibów, którzy się jakoby cywilizowali. Człowiek, którego sami talibowie najchętniej by ukamienowali, bronił ich egzotycznych zachowań. Miałem niemiły obowiązek wezwać go w trybie pilnym do MSZ, aby oficjalnie zaprotestować, gdy jego „cywilizujący się" talibowie wysadzili w powietrze starożytne posągi Buddy w Bamjanie, jeden z pomników kultury ludzkości.

Nasze zaangażowanie, choć w zasadzie symboliczne, było większe niż niektórych mocarstw. Jeszcze w styczniu 2001 roku, gdy podczas konsultacji w Departamencie Stanu w Waszyngtonie skierowałem rozmowę na sprawy afgańskie, spotkałem się z grzecznym brakiem zainteresowania. Tak, czytali niedawny artykuł w „New York Timesie", wiedzieli, że talibowie wyrabiają straszne rzeczy, ale nie mieli koncepcji działania. Wyczuwało się lekceważenie sprawy. Jakie ten odległy, egzotyczny kraj może mieć znaczenie dla Stanów Zjednoczonych? Gdy dziewiątego września 2001 roku nasłani przez Osamę Bin Ladena algierscy zamachowcy zamordowali Masuda, zacząłem przeczuwać, że zanosi się na coś znacznie gorszego. Nie przypuszczałem jednak, że nastąpi to tak szybko. Późniejszy amerykański blitzkrieg, który umożliwił Sojuszowi Północnemu wykurzenie talibów i al-Kaidy, przyjąłem jako spłatę zadawnionego długu.

W 2004 roku zatrzymałem się w Kabulu w „Gandamack Lodge", willi, gdzie uprzednio Osama Bin Laden ulokował dwie ze swoich żon, te starsze. Peter Jouvenal, przedsiębiorczy brytyjski kamerzysta otworzył tam hotelik z trawnikiem, jakby w całości przeniesiony z Surrey. Otóż Osama nie zachowywał się, jak przystało na dobrego muzułmanina. Prorok pozwalał swym wyznawcom mieć do czterech żon, pod warunkiem wszakże, że będą one traktowane sprawiedliwie pod każdym względem. Tymczasem Osama zaniedbywał starsze żony na rzecz młodszych, co zresztą wyszło mu na zdrowie, ponieważ willę obserwowali Amerykanie i gdyby przestąpił jej próg, zostałaby po niej dziura w ziemi.

Po wyzwoleniu Hadżi Kadir – mój gospodarz w Tora Bora – został wiceprezydentem Afganistanu, lecz w dwa tygodnie po zaprzysiężeniu padł ofiarą zamachu. Amanullah nadal był dyplomatą, a doktor Abdullah ministrem spraw zagranicznych, z tym że teraz stał się jedną z najczęściej pokazywanych twarzy CNN. Dzięki przyjaźni Abdula Haidera, ambasadora Afganistanu w Polsce, miałem w Kabulu dobre kontakty.

Wzruszyłem się, rozmawiając z dziewięćdziesięciotrzyletnim królem Zahirem Szahem, który po trzydziestu latach wrócił do swego pałacu. Biorąc pod uwagę tragiczny wygląd reszty Kabulu, królewska siedziba była w niezłym stanie, jak gdyby Afgańczycy umówili się, że przynajmniej na tym małym skrawku ziemi utrzymają pamięć dawnej świetności kraju. Ujrzałem stare platany, wypielęgnowane trawniki, głowy rogaczy na ścianach,

Król Zahir powrócił do swego pałacu w Kabulu

nawet miniaturkę z weneckim pałacem dożów. Zahir Szah nie był wielkim władcą; liczni Afgańczycy zarzucają mu wręcz, że to za jego rządów przeniknęły do kraju wpływy sowieckie, które doprowadziły do wszystkich późniejszych nieszczęść. A jednak do czasu Hamida Karzaja był jednym z niewielu władców Afganistanu, którzy nie zabijali swych rodaków na masową skalę. Dlatego wydaje się cudem, ale i aktem sprawiedliwości, że teraz ma szansę umrzeć z przyczyn naturalnych we własnym łóżku, a nie – jak większość jego poprzedników – zginąć z rąk morderców. Powiedział mi, że najlepiej wspomina wizytę oficjalną w Wielkiej Brytanii. Królowa powiedziała mu, że przy wyjściu z pałacu czekać będzie na niego kilkuset jego pobratymców. I rzeczywiście, powitał go tłum Anglików z chartami afgańskimi na smyczach.

Na rondzie przy pałacu stała wieżyczka policji drogowej, wsławiona tym, że w 1992 roku zawisło na niej wykastrowane ciało Nadżibullaha, ostatniego komunistycznego przywódcy Afganistanu. Ktoś mógłby to nazwać przykładem udanej dekomunizacji i trzeba przyznać, że na niewinnego nie trafiło. Wcześniej Nadżibullah był szefem słynącej z okrucieństwa policji politycznej CHAD. Obiecywałem sobie, że utrwalę wieżyczkę na zdjęciu. Jakież jednak było moje rozczarowanie, gdy okazało się, że dawny hotel „Ariana" przy rondzie został przejęty na rezydenturę CIA, a obecność snajperów na dachu nie pozwała mi zlekceważyć zakazu fotografowania.

Kabul był nadal miastem czasu wojny. Na lotnisku skurczyłem się instynktownie na dźwięk wirników nad głową, ale tym razem nadlatywały śmigłowce z przyjazną białą, a nie czerwoną gwiazdą. Elektryczność działała kilka godzin na dobę, kanalizacja istniała dopiero na papierze. Wchodzących do budynków publicznych witały plansze zakazujące wnoszenia karabinów maszynowych i plakaty instruujące, jak rozróżnić rodzaje min. Muzeum narodowe, większość ministerstw, pałac prezydencki straszyły szkieletami. Ogród z mogiłą Babura, który jeszcze w 1993 roku był bujnym parkiem na linii frontu pomiędzy wojskami Hekmatjara, Masuda i Hazarów, teraz stanowił krater brudnej gliny, z kikutami wyschniętych drzew terkoczącymi na wietrze. Po polskiej ambasadzie nie pozostał ślad, a amerykańskiej strzegł *hummer* na wysokim rusztowaniu, z zarepetowanym karabinem maszynowym. Jedynie w dzielnicach mieszkaniowych wyrastały nowobogackie wille skorumpowanych ministrów i handlarzy narkotyków.

Oznak normalności jednak przybywało. W hotelu „Intercontinental", który dziesięć lat wcześniej zionął dziurami po granatnikach, teraz odbudowywano basen, a w holu można było kupić telefony komórkowe dwóch konkurencyjnych sieci. Przy ambasadzie Włoch funkcjonowała kaplica katolicka; jakimś cudem talibowie jej nie zniszczyli, mimo że wiedział o niej mułła Omar. Wstąpiłem do szkoły rzemiosła, której odbudowę pomogła sfinansować fundacja Janiny Ochojskiej. Dzieci pilnie się uczyły, tylko na razie marne były widoki na to, że pojawią się wystarczająco liczni zachodni turyści, którzy zechcą kupić wytwory ich rąk.

Jednym z niewielu podróżnych w Kabulu był inny bywalec „Gandamack Lodge", mój przyjaciel ze studiów Matthew Lemming, autor najlepszego przewodnika po Afganistanie. Teraz podjął się udowodnienia teorii, jakoby mieszkańcy Nuristanu pochodzili w linii prostej od żołnierzy Aleksandra Macedońskiego, który przeszedł tamtędy w drodze do Indii. Nie byłoby w tym niczego zaskakującego. W ruinach miast z tamtego okresu walają się jeszcze szczątki greckich kolumn. Po drugiej stronie przełęczy Chajber, wokół Peszawaru, przez ponad trzysta lat kwitła cywilizacja Gandhary, gdzie wątki greckie i indyjskie splotły się także w sztuce – płaskorzeźby hinduskich bóstw umieszczano tam pod arkadami greckich kolumn. Reichsführer Himmler miał obsesję na punkcie tej teorii i wysłał kilka ekspedycji, ażeby udowodnić, że tu właśnie przetrwali nieskalani Aryjczycy. W tym przekonaniu utwierdzał go fakt, że w Nuristanie rzeczywiście występuje wysoki procent ludzi o niebieskich oczach i blond włosach. Matthew udało się pozyskać DNA z czaszki Filipa Macedońskiego i jeździł teraz po Afganistanie, wtykając wieśniakom do buzi patyk z watą. Mam tylko jedną wątpliwość co do jego teorii: jeszcze nigdy nie spotkałem jasnowłosego Greka.

Piękna afgańska żona właściciela „Gandamack Lodge" poprowadziła mnie na bazar. Ulicami szła bez burki, z muślinowym szalem zarzuconym na ramię, co jeszcze trzy lata wcześniej równałoby się samobójstwu. Sympatyczny sklepikarz sprzedał mi okazyjnie kilkukaratowy rubin z kopalni w Dżegdalek, z tej samej okolicy, gdzie w 1986 roku fotografowałem zasadzkę na konwój sowiecki na drodze Kabul–Dżalalabad. Rosyjskie samoloty zbombardowały nas potem w odwecie, co zresztą ucieszyło partyzantów, którzy chodzili po kraterach, wydobywając rubiny ze skruszonych skał. Nabytek miał więc wartość sentymentalną – i dobrze, bo gdy oddałem go do oprawienia, okazało się, że kamień jest sklejony, a obróbkę wykonano w Karaczi. Mimo wielu ciężkich przeżyć Afgańczycy wyraźnie nie stracili smykałki do interesów.

Oczywiście chciałem jak najszybciej dostać się do Heratu. Tym razem okazało się to zupełnie proste. Minister transportu był zaufanym człowiekiem Ismaela Chana i osobiście zarezerwował mi bilet na samolot. Powierzyłem swe życie przedpotopowemu An-24, który przypomniał mi podróżowanie w epoce Edwarda Gierka.

Zadawałem sobie to samo pytanie co dekadę wcześniej: czy Ismael Chan będzie równie dobrym zarządcą czasu pokoju jak wojownikiem czasu wojny? Czy aby nie będę musiał świecić za niego oczami? Było to tym bardziej uzasadnione, że w prasie zachodniej pisano o nim jako o jednym z tak zwanych szogunów, którzy utrzymywali prywatne armie i stanowili przeszkodę na drodze do normalizacji kraju. Przy czym szogunami nazywano zarówno zasłużonych dowódców partyzanckich, jak i byle łobuzów żyjących z handlu narkotykami i terroryzujących całe gminy.

Zmiany były widoczne już na lotnisku, przy którym rozbił namioty kontyngent armii włoskiej pod flagą NATO. Na placu przed terminalem kompania nowej armii afgańskiej ćwiczyła musztrę. Droga z lotniska do centrum miasta, niegdyś pełna dziur, teraz stała się prawdziwą aleją powitalną. Położono nowy, gładki asfalt, a pośrodku wytyczono pas zieleni z setkami sadzonek pinii. Po obu stronach wznosiły się mury fabryk i warsztatów, a w jednym miejscu – rzecz w Afganistanie niezwykła – ciągnęła się ku zachodowi linia wysokiego napięcia. Miejsce w pobliżu mostu Pasztun, gdzie w 1987 roku przekraczaliśmy nocą rzekę Harirud – wtedy położone w szczerym polu – dziś ledwo mogłem zlokalizować pośród rozrastającego się przedmieścia.

Zatrzymałem się w hotelu o krok od starego miasta i tu prawdziwy szok – w Heracie działał Internet! Miejsce, które było dla mnie definicją przednowoczesności, z którego kiedyś wysyłałem korespondencję najstarszą możliwą metodą – sztafetą ludzi dobrej woli – było już częścią globalnej wioski. Podczas obiadu poznałem uczestników kongresu rektorów i dziekanów, którzy zamierzali wprowadzić w całym kraju jednolity system punktowania studentów. Większość ich czytała perskie wydanie mojej książki, znalazłem się zatem od razu w gronie przyjaciół. Zaintrygowała mnie obecność kobiety, profesora literatury rosyjskiej na kabulskim uniwersytecie.

– Jak się pani jako kobiecie udało przetrwać czasy talibów? – spytałem.

– Wspominam je bardzo dobrze – odparła z iskrą w oku.

– Jak to?

– A tak, odesłali mnie do domu na sześć lat. Studenci nie zawracali mi głowy, więc mogłam spokojnie przetłumaczyć siedem książek.

Pomyślałem, że skoro powróciło afgańskie poczucie humoru, sprawy mają się nie najgorzej.

I rzeczywiście, Herat rozkwitał. Szkoły otoczone były wianuszkiem namiotów, w których dzieci uczyły się zmianowo. Nigdy nie sądziłem, że pospolity widok nauczycielek prowadzących lekcje sprawi mi taką satysfakcję. Podnóża północnych wznie-

*Po kilku latach rządów talibów widok uczących się dziewcząt
jest przyjemnym zaskoczeniem*

sień były wręcz nie do poznania. Przy grobie Dżamiego, pomiędzy świątynią Gazarga a pustelnią Tocznika, gdzie niegdyś wystawała z nieużytków jedna oskubana sosna, teraz trudno było
się zorientować w gąszczu nowych budynków i ulic. Na wschód
od przybytku Chodży Galtana, przy drodze do Iranu, wyrósł terminal celny z miejscami parkingowymi dla setek ciężarówek.
W pobliżu – hotel, mauzoleum powstania dwudziestego czwartego hut, muzeum wojny przeciw Sowietom i park miejski z sa

dzawkami, po których kobiety w niebieskich burkach śmigały na rowerach wodnych. Tu, na skraju pustyni!

„Mała Hiroszima", czyli cały wielki pas przedmieść na zachód od starego miasta, pomiędzy drogą do Iranu a Harirud, powstała z popiołów. Układ urbanistyczny zmienił się, gdyż tam, gdzie kiedyś do starych glinianych murów tuliły się domy i sklepy, teraz Ismael Chan wytyczył obwodnicę i zabronił tirom przejazdu przez starówkę. W miejscu jednej ze starożytnych bram do miasta stanął łuk triumfalny, który może nie grzeszy pięknością, lecz stanowi zwieńczenie nowej, znacznie poszerzonej alei. Podmiejskie wille, wśród których przekradałem się, aby pstryknąć zdjęcie meczetu piątkowego, nie zostały odbudowane, gdyż handlowa część miasta rozrosła się w tym kierunku o kilka kilometrów.

Najlepsze jednak miało dopiero nastąpić. Był piątek i po wieczornych modlitwach Ismael Chan zaprosił mnie razem z obradującymi profesorami na kolację do restauracji na tych samych północnych wzgórzach, na których Husajn Bajghara zbudował przybytki uciech. Po posiłku wyszliśmy na taras i patrzyliśmy, jak pastelowa poświata niewidocznego już słońca ustępuje nocy. I wtedy, niczym za dotknięciem magicznej różdżki, pojawiły się rzędy i kwadraty jaśniejących punktów. Herat, w odróżnieniu od Kabulu, miał elektryczność przez całą dobę i światło sodowych lamp czyniło miasto tak bezpiecznym, że rodzinne pikniki trwały w parkach do północy. „Zupełnie nie jak Afganistan" – usłyszałem westchnienie jednego z profesorów. Był to najwyższy komplement, na jaki było go stać.

Jak na szoguna Ismael Chan wiódł wyjątkowo aktywne życie. Od czasu naszego poprzedniego spotkania przybrał na wadze, posiwiał i posmutniał – kilka miesięcy wcześniej stracił w lokalnym konflikcie ukochanego syna. Mimo to w ciągu tych paru dni, które spędziłem w jego towarzystwie, niełatwo mi było dotrzymać mu tempa. Budził się do modlitwy przed świtem, kończył

*Najprostsza droga do przychylności Ismaela Chana to sprezentować
portret jego zmarłego syna*

pracę koło północy. Siedziałem na skraju biurka w wielkim gabinecie herackiego urzędu wojewódzkiego, przysłuchując się kolejnym rozmowom. A to kobieta w niebieskiej burce prosiła o prawo do rozwodu z brutalnym mężem. A to dyrektor terminalu przynosił sprawozdanie dotyczące ściągania opłat celnych. A to rzemieślnicy przynosili mu w darze podobiznę jego zmarłego syna. Na wzór weneckiego doży Ismael Chan utrzymywał w mieście dwa rodzaje skrzynek, do których mieszkańcy mogli składać skargi na urzędników i na siebie nawzajem. Osobiście otwierał skrzynki i zazwyczaj dymisjonował urzędników, jeśli skargi się potwierdzały.

Pojechaliśmy do Szindandu, stolicy powiatu, w którym niegdyś dowodził mudżahedinami Sajid Odżan. Ismael Chan, mając na względzie, że działa tu jeden z jego rywali politycznych, zabrał do łazika – jak za dawnych czasów – zdobyczny pistolet maszynowy. Przez kilkadziesiąt kilometrów ciągnęły się ruiny gigantycznej sowieckiej bazy lotniczej z lat osiemdziesiątych. Wybebeszone kadłuby samolotów transportowych, wieżyczki strażnicze, betonowe płoty sterczały z piasku pustyni niczym relikty jakiejś starożytnej cywilizacji. Podobnie jak imperium rzymskie w fazie rozpadu stawiało forty bez ładu i składu, tak i sowiecka inwestycja w Szindandzie nie dawała się wytłumaczyć potrzebami operacyjnymi okupacji Afganistanu – od ówczesnej sowieckiej Azji Środkowej dzieliło nas zaledwie kilka minut lotu odrzutowcem.

Powitanie Ismaela Chana w Szindandzie, jak na mój ukształtowany w obozie postępu gust, miało zbyt wiele cech kultu jednostki: wiwatujące tłumy, dzieci recytujące wierszyki, entuzjaści zatrzymujący samochód, kobiety obsypujące nas płatkami róż. Jednak Ismael Chan udowodnił, że w swoim działaniu kieruje się przede wszystkim zasadą dbałości o interesy wyborców i że czyni to ze skutecznością, jakiej nie powstydziłby się amerykański senator. W Heracie podłączył elektryczność najpierw w dzielnicach najbardziej dotkniętych wojną. Podczas wizyty w Szindandzie uruchomił generator zespołu pomp, które dały miejscowej ludności wodę w kranach, odwiedził budowę nowej siedziby starostwa, a na górze ze starym posterunkiem przeciwlotniczym zainaugurował pierwszą lokalną stację telewizyjną. Nadajnik był sowiecki, a program stanowiła odtwarzana z taśmy recytacja Koranu, ale i tak była to rewolucyjna zmiana. Kilka dni wcześniej buldożery przeorały cały Szindand wzdłuż

Podczas przemówienia Ismaela Chana kobiety miały swój sektor

i wszerz, pozostawiając w glinianych murach olbrzymie wyrwy. Na średniowieczny plan miejscowości, który utrudniał handel i rozwój budownictwa, inżynierowie narzucili regularną siatkę nowych ulic.

Przemówienie Chana w miejscowym gaju było za długie, a jego znudzeni ochroniarze słyszeli je już zbyt wiele razy, mnie jednak zaciekawiło.

– Ludzie trzymający swoje żony zamknięte w domu, co niektóre z nich doprowadza do samobójstwa, nie są dobrymi muzułma-

nami – perorował. – I co z was za mężczyźni – drwił – że nie po-
traficie sami zdobyć sobie żony, tylko musicie ją kupować?

Ismael Chan był konserwatystą w religijnym kraju i nie ściskał
na powitanie rąk kobiet, ale podejrzewam, że tubylcy łatwiej
przełkną jego perswazje niż apele jakichś zawodowych dobro-
czyńców z ONZ.

– To, co widziałeś w Szindandzie, zrobiliśmy sami w dwa miesiące – powiedział mi z dumą w głosie. – Gdybym poprosił o pomoc zachodnie organizacje, marudziłyby pół roku i wydały miliony.

Zaczynałem podejrzewać, że niechęć, jaką Ismael Chan wzbudzał w Kabulu wśród personelu dwóch i pół tysiąca zarejestro-
wanych tam organizacji pomocowych, wynikała częściowo z za-
wiści i poczucia zagrożenia. Było faktem, że Herat rozwijał się
szybciej niż stolica i że nie odkryłem w nim oznak ucisku politycznego ani osobistej korupcji jego zarządcy. Profesjonalne badania opinii publicznej w Heracie, zlecone przez jedną z zachodnich ambasad, wykazały, że Chan miał wtedy około pięćdziesięciu procent poparcia – niezły wynik dla polityka w środku kadencji.

Mimo to kilka tygodni później stracił stanowisko gubernatora
Heratu. W kraju, gdzie rząd centralny nie miał silnej władzy
w terenie, obawiano się zapewne niezależności Ismaela Chana.
Podszeptano, komu trzeba, że w każdej chwili może uaktywnić
swoich starych towarzyszy broni i stawić opór legalnej władzy.
Decyzję o odwołaniu przywitały w Heracie zamieszki, podczas
których tłum spalił siedzibę jednej z agend ONZ. Podejrzenia, że
za aktami przemocy stali ludzie odwołanego gubernatora, potwierdził niejako fakt, że ustały one natychmiast, jak tylko
Ismael Chan zaapelował o spokój. Prezydent Karzaj złożył mu
propozycję nie do odrzucenia – objęcia teki ministra energetyki.
Człowiek, który całe życie poświęcił rodzinnemu miastu i dla
którego ten awans był ewidentną próbą odseparowania go od

osobistej bazy politycznej, stanął przed niewątpliwie trudnym wyborem. Oznaczał on albo wpisanie się w realia nowego, demokratycznego Afganistanu, albo obronę nieformalnych struktur i sposobów działania czasu wojny. Ku mej radości Ismael Chan przyjął zaproszenie do Kabulu.

Nie mogłem opuścić Heratu, nie odwiedziwszy jeszcze jednego miejsca. Powiat Pasztun Zargun, ze stolicą o tej samej nazwie, leży pośrodku pasa zieleni ciągnącego się wzdłuż rzeki Harirud. „Stolica" to zresztą zbyt szumne słowo na określenie kilku mizernych ulic, z bazarem i komisariatem policji za wysokim glinianym murem. Do dziś nie prowadzi tam żadna droga, ale dwugodzinna podróż furgonetką po żwirze na skraju pustyni wydała mi się mgnieniem oka, gdyż siedemnaście lat wcześniej, przemierzając te okolice, liczyłem czas w dniach i tygodniach.

Martwiłem się, czy odnajdę teraz miejsce, którego szukałem. Szczęśliwie podczas posiłku w komisariacie rozpoznał mnie jeden z policjantów.

– Ty jesteś Rahim, prawda? Byłeś z nami podczas dżihadu z Sowietami – zagadnął mnie przyjaźnie. Należał do mudżahedinów Ismaela Chana, gdy komisariat był jedynym siedliskiem władzy okupacyjnej w powiecie. – Patrz, a to jest komendant z komunistycznych czasów, teraz nasz kolega, szeregowy. Podsyłał nam wtedy broń i informacje, więc tylko go zdegradowaliśmy.

Jeszcze kilkaset metrów i stanęliśmy w miejscu, gdzie w pamiętnym dniu sowieckiego ataku sfotografowałem tragedię zbombardowanej wioski, między innymi kobietę w welonie, z dwójką dzieci u boku – kobietę, której imienia wtedy nie poznałem.

Czas się tu zatrzymał. Ponieważ zginęły całe rodziny, nie było komu odbudować siedzib i zgliszcza jedynie się wygładziły.

Wyrwa w zabudowaniach wioski z ruinami glinianych domów wyglądała jak stopniały na słońcu tort czekoladowy. Jedynie meczet, w którym niegdyś złożono ciała zabitych, dorobił się brzydkiego betonowego pomostu nad zbiornikiem do ablucji. Jak się spodziewałem, w ciągu kwadransa od mojego przybycia połowa męskiej ludności wioski przyszła zbadać, czego chce niespodziewany Frank. Kilka głów pochyliło się nad fotografiami zamieszczonymi w pierwszym wydaniu mojej książki i rozgorzała dysputa. Jeden mężczyzna stwierdził, że to jego rodzina, ale reszta była innego zdania. W ciągu pół godziny osiągnęli konsensus: to żona Ibrahima i jego dzieci. Niestety, tego dnia przebywał on poza wioską, ale – być może zachęcony wzmianką o zapomodze, jakiej chciałem udzielić – odwiedził mnie następnego dnia w Heracie.

Był nędzarzem w sandałach zrobionych z opon samochodowych, lecz turban miał czysty. Zza pazuchy nabożnie wydobył złożony plakat Dżamijatu z lat osiemdziesiątych ze słynnym zdjęciem. Tego dnia w 1987 roku – wspominał ze łzą w oku – cała bliższa i dalsza rodzina zjechała do nich w gości. Gdy usłyszeli samoloty, zebrali się w najlepiej umocnionym pomieszczeniu w całym domu – w piwnicy. Żona miała wtedy około czterdziestu lat, nazywali ją Bibi Gul. Zmarła zasłonięta welonem, gdyż akurat się modliła. Ibrahim stracił całą rodzinę, z wnukami włącznie, razem dwadzieścia jeden osób. Mieszkał teraz kątem u sąsiadów i czasami odchodził od zmysłów z tęsknoty. Odwiedzał cmentarz, modlił się, nieraz mu się wydawało, że z nimi rozmawia.

Zapytał, czy mógłbym udzielić pomocy, aby ulżyć mu na starość. Czy dałbym tyle, żeby starczyło na nową żonę?

– Nie chcę młodej żony, do spania, takie są bardzo drogie. Wystarczy mi stara, taka do gotowania. Tylko dwa tysiące dolarów.

W Koszk-e Serwan opłaty, jakie pan młody (nieraz tylko z nazwy) wnosił z okazji zaślubin, były niemal jedynym źródłem do-

Modlitwa nad grobem ofiar bombardowania w Koszk-e Serwan

chodu. Osada wydała mi się jeszcze biedniejsza, niż ją zapamiętałem. Okazało się, że od trzech lat panuje susza. Rzeka, wzdłuż której jechałem motorem na miejsce tragedii, była teraz kamienistą wstęgą piachu. Mieszkańcy mieli nadzieję, że może gdy Ismael Chan dokończy budowę zapory na Harirud, rozpoczętą jeszcze w czasach panowania króla, susze się skończą.

Razem z policjantami udałem się na cmentarz, gdzie nad wielką mogiłą obłożoną polnymi kamieniami mułła zaintonował hymn żałobny.

Rodzina Ibrahima zapłaciła straszliwą cenę za opór Afgańczyków przeciw sowieckiej okupacji, wioska była nadal bardzo biedna, ale nie wyjechałem stamtąd przybity. Spytałem mułłę, jaki procent ludności zarejestrował się, by wziąć udział w zbliżających się wyborach – pierwszych w historii Afganistanu demokratycznych wyborach parlamentarnych.

– Wszyscy – odrzekł z dumą w głosie. – I mężczyźni, i kobiety.

– A ile dzieci chodzi do szkoły?

– Też wszystkie, obojga płci.

Pomyślałem, że dla takiego rezultatu warto było ryzykować. Zarówno wtedy, jak i teraz.